U0841609

荊楚文庫

〔道光〕施南府志

〔清〕王協夢 修
〔清〕羅德崑 纂

荊楚文庫編纂出版委員會
湖北人民出版社

〔道光〕施南府志

DAOGUANG SHINAN FUZHI

圖書在版編目（CIP）數據

〔道光〕施南府志 /〔清〕王協夢修，〔清〕羅德崑纂．
—武漢：湖北人民出版社，2023.12
ISBN 978-7-216-10741-9

Ⅰ．①道…
Ⅱ．①王… ②羅…
Ⅲ．①恩施土家族苗族自治州—地方志—清代
Ⅳ．①K296.32

中國國家版本館CIP數據核字（2023）第218286號

責任編輯：陳　典　高承秀
整體設計：范漢成　曾顯惠　思　蒙
美術編輯：董　昀
責任校對：范承勇
責任印製：肖迎軍
出版發行：湖北人民出版社（中國・武漢）
地址：武漢市雄楚大道268號
電話：(027)87679656　郵政編碼：430070
録排：武漢鑫偉創圖文設計有限公司
印刷：湖北新華印務有限公司
開本：787mm×1092mm　1/16
印張：27.25
字數：379千字
版次：2023年12月第1版　2023年12月第1次印刷
定價：148.00元

ISBN 978-7-216-10741-9

《荆楚文庫·方志編》編纂組

組　　長：劉偉成　陽海清（執行）

副組長：劉傑民（執行）　王　濤　謝春枝　郝　敏　嚴繼東

范志毅（執行）

參編人員（以姓氏筆畫爲序）：

王　濤　李云超　宋澤宇　范志毅　郝　敏　柳　巍　馬盛南

陳建勛　夏漢群　梅　琳　陽海清　彭余焕　彭筱溦　楊　萍

楊愛華　劉水清　劉偉成　劉傑民　謝春枝　戴　波　嚴繼東

編　　審：周　榮

顧　　問：沈乃文　李國慶　吴　格

出版説明

湖北乃九省通衢，北學南學交會融通之地，文明昌盛，歷代文獻豐厚。守望傳統，編纂荆楚文獻，湖北淵源有自。清同治年間設立官書局，以整理鄉邦文獻爲旨趣。光緒年間張之洞督鄂後，以崇文書局推進典籍集成，湖北鄉賢身體力行之，編纂《湖北文徵》，集元明清三代湖北先哲遺作，收兩千七百餘作者文八千餘篇，洋洋六百萬言。盧氏兄弟輯録湖北先賢之作而成《湖北先正遺書》。至當代，武漢多所大學、圖書館在鄉邦典籍整理方面亦多所用力。爲傳承和弘揚優秀傳統文化，湖北省委、省政府决定編纂大型歷史文獻叢書《荆楚文庫》。

《荆楚文庫》以『搶救、保護、整理、出版』湖北文獻爲宗旨，分三編集藏。

甲、文獻編。收録歷代鄂籍人士著述，長期寓居湖北人士著述，省外人士探究湖北著述。包括傳世文獻、出土文獻和民間文獻。

乙、方志編。收録歷代省志、府縣志等。

丙、研究編。收録今人研究評述荆楚人物、史地、風物的學術著作和工具書及圖册。

文獻編、方志編録籍以一九四九年爲下限。

研究編簡體横排，文獻編繁體横排，方志編影印或點校出版。

《荆楚文庫》編纂出版委員會

二〇一五年十一月

前言

《（道光）施南府志》三十卷首一卷，清王協夢修，清羅德崑纂，清道光十四年（一八三四）刻本。牌記鐫『道光丁酉孟秋 施南府志 揚州府東街張有耀齋刊』。

王協夢，字松廬，江西新建人，進士，道光十四年官施南府知府。羅德崑，字子峰，興國州（今湖北陽新）人，舉人，官府學訓導。

施南東臨荆楚，西連巴蜀，歷爲兵家必争之地。古爲廩君國，春秋爲巴子國，戰國屬楚，秦以降，其建制屢更，分隸不常，先後置黔中郡、南郡、建平郡、宜都郡、清江郡、清化郡。明屬荆州府施州衛，建土司，清雍正六年（一七二八）改施州衛爲恩施縣，雍正十三年（一七三五）改土歸流，置施南府。

據卷首所載修志舊序及舊志稿姓氏，明以前府志無考，明景泰間沈慶創修府志，其後屢有續纂，經易代兵燹而志稿無存。入清後，先有衛庠生王封鎮繼修，至乾隆二十一年（一七五六），恩施訓導宋鰲輯府志四卷，乾隆四十二年（一七七七）府學訓導李宗汾續爲八卷，惜未刊行，今俱無傳本。王協夢蒞任，搜求舊志，所剩無幾，恩施志有刻本，建始志僅有抄本，來鳳志毁於兵燹，餘縣皆無志乘。是時，王志抄本尚存，然僅粗具衛事，而於各土司事未詳，歷代沿革闕如，宋志則實爲府志，無所增益，李志雖間有刊正，卻擇焉不精，秕糠雜糅，羅德崑以三志爲藍本，已輯成府志稿本。協夢索而觀之，其大抵以宋、李二家爲粉本而增益之，詳於往而略於今，惜非完書，乃延德崑主其事而重加纂輯，檄各邑大令及學師，遴選諸生，廣爲采訪，於道光十三年（一八三三）秋開局編纂，六閲月而告成。

志分十門，内容依次爲疆域志、建置志、典禮志、食貨志、武備志、官師志、選舉志、人物志、藝文志、雜志。卷首收邑令王協夢、前知府吴式敏、湖北督學使者王贈芳、主纂人羅德崑所做序文四篇，例言八則，目録，另載舊志稿姓氏，明施州衛學教授龐一德《施州衛掌故初編序》，明施州衛儒學教授高維勉《施州衛志原序》，明南京太仆寺卿、右僉都御史鄒維璉《重修衛志原序》，清乾隆施南府知府王如珪《施南府志序》，可考修志源流。另收施南府疆域圖、施南府治圖，恩施縣境圖，宣恩、來鳳、咸豐、利川、建始五縣縣境圖與縣治圖，府署圖，協署圖，校場圖，都司署圖，文廟圖，南郡書院圖，考棚圖，清江源流圖，種類豐富，可供詳參。

是志汲取前志精華，經過半年的采訪考證，較前志體例更爲嚴謹，内容更加豐富，惜前志皆散失，不能詳析，但從序文及後人評述皆可見端倪。據羅德崑自序，是志『星野、疆域則考之列史，山川、城池則參之省志，賦役、職官、選舉則稽之檔案，人物、風俗、藝文則得之採訪……其間更定體例，訂正舊稿，殆過半焉』。據例言：山川分四正四隅，由近及遠，先山後水，條分縷析；人物所收稍寬，品誼文章，胥俟蓋棺論定，故凡其人現存，概不立傳，惟節孝婦女，核其守節年例相符，無論曾否呈請旌表存歿，皆得備書；前代詩文，凡有關於風土者，皆據本録存，近人之作，凡尋常贈答寄興之篇，無關施郡事蹟者，雖工不録。《中國地方志總目提要》亦稱『是志援引古史舊聞，記事必有據，記言必有所出，非漫漶無依據者可比擬』。

據《中國地方志聯合目録》，是志國圖、北大、大連等館有藏，本次影印所據底本版面清晰，字迹工整，整體書品較好。卷十六一、九、十一至十三、十六頁原缺。

（彭余煥）

目録

施南府志

道光丁酉孟秋

施南府志

夔州府東街
張存維齋刊

施南府志序

文人之心可以騰九天入九淵汪洋自恣而莫可究詰故莊列多寓言而佛經亦間出於六朝文士之手獨至於修志則不容一字無來歷蓋書成足以供後人之考据而不欲自疏於考證重誤後人也古來著書之不必

自已出者如郭象之注莊齊邱之化書指不勝屈近代如橫雲山人之明史稿爲萬季野作靈壽傅觀察之行水金鑑爲鄭芷畦作百年之後終有發其覆者獨至於修志則不容此譏蓋守令簿書鞅掌牒訴倥偬無閑戸著書之暇日而採訪責之紳士稽覈

責於吏胥斷非一人所可措手故秉筆者知所鑒裁亦第綜其成而已施南舊爲土司地前明設施州衛乾隆元年始改土歸流而置郡縣焉余以道光壬辰監試秋闈拜出守施南之命下車以來首詢疆域之毘連版籍之息耗非志乘莫詳也恩施志有刻

本建始志僅有寫本來鳳故有志燬於兵此外向無邑志爲悵然者久之學博羅君好古績學司鐸有年聞其輯有府志稿本因索觀之大抵以宋李二家爲粉本而增益之詳於往昔略於今時猶非完書也乃檄各邑大令及學師遴選諸生廣爲採訪遂於

施南府志序

事莫易於因莫難於創創之難難於無所因也顧亦有僅有所因實同於創者則不惟創者難即因者亦難余於道光十年出守施南蒞郡數日羅君即以所輯府志見示觀其蒐散佚摭新聞書事以實詳而不濫既喜李

司訓之先有所創而[illegible]君之善爲因也因以告羅君曰子知爲志之難亦知施南志之所以難乎夫爲志難爲郡邑志而至文無可徵獻無可考則尤難予之爲斯志也自謂因於李君而李則未詳所因君亦實同於創耳余因之重有慨矣彼當文物聲明之

癸巳之秋開局編纂而屬羅君蕆其事六閱月而告成蓋自乾隆四十二年權太守呂公奉部咨取志書有事於此迄用無成歷五十餘年而始克就緒噫嘻艱哉余繙閱之餘見夫山川形勢之襄延土地人民之殷庶政典禮制之賅載戶口賦役之區別莫

不瞭如指掌而此邦人士之嘉言懿行與夫軼事舊聞皆得以有傳於世未嘗不歎羅君之用力甚勤而其游談無根者之所可擬也已

道光十四年太歲在閼逢敦牂月在修陬知施南府事豫章王協夢譔

郡又遇名公鉅卿其人其爲志也既詳且備而後之官其土者又欲重考而詳核焉操觚者或希意旨爲之[illegible]年累月前之人無缺略可尋則又[illegible]而訾議之增減之意謂吾繼古人[illegible]後而能指摘其短救補所缺吾所爲不已難乎嗟乎本詳也而妄減之則

缺本簡也而妄增之則繁以斯爲藝亦何如善守古人之書而自爲其是乎施之爲志非好爲志也不得已而志也不得已而志則雖以李君敢於前羅君繼於後而無文可考無獻可徵創者本無可因因者實同於創而卒不敢以此自諉者亦謂吾不敢謂吾志之必爲完書也要亦使後之因吾所因者爲更善於因耳今觀所志如天文本不宜圖而兼設有二義將何歸施州衛方輿書竟登雷君原書全卷義亦未安其餘間有未協體要者皆不惜辨而存之則其因同於創與其不得已而作之苦心要非繼古

人後而妄爲增減者比也余方欲依康對山武功陸清獻靈壽二志與羅君相爲詳訂而以憲檄趣知武昌未返郡旋奉分巡鞏秦階之

命行且去楚矣夫志亦政也李君創無可因羅君因同於創而卒能創之能因之以視余之得繼李羅二君之

後而終未能善因所因益增余憾矣
夫余所憾者固憾於志也實亦憾於
政耳果能偕吾民而使浹洽
聖化而又鼓勵人材以輔
文治則雖荒陋之地且與文物聲明
之郡相頡頏矣志猶其後焉者耳吾
願即吾所憾於政與志者告吾羅君

且告吾施郡之士民而仍欲以政與
志之善爲創善爲因者屬之新太守
云
賜進士出身分巡甘肅鞏秦階道前
施南府知府海豐吳式敏撰

施南府志序

施郡域介荆梁星分翼軫古爲廩君
區地與夜郎接壤漢以來雖設沙渠
建始二縣然分隸不常
本朝改衛爲府統縣六咸豐來鳳五
代宋爲羈縻州宣恩利川則皆土司
地也明鄒公維璉謫戍衛所既稱其

士紳文學子弟彬彬乎云去城數里
即在不華不夷之列是有漢官威儀
特附郭左右爲然耳予奉
命視學楚北丙戌秋由省垣溯江二
千餘里崎嶇萬山中復三四百里始
達於施私念地僻陋倘文風稱是亦
固然無足怪將抵郡遥望山川清[illegible]

城郭莊嚴物豐饒而人秀潔已灑然異之比屆試士莘莘循禮奏藝皆了無俗韻予爲擊節歎賞亟欲徵求文獻而屢經兵燹蕩廢無存僅得建始縣抄本志一册恩施縣刊本志二册建始志簡核有餘韻髣髴韓邦奇朝邑志之遺最爲善本然不著撰人名

氏亦無序跋恩施志修於嘉慶戊辰規模粗具中載建元子傳姓王名封鎮稱雍正甲辰館容美土司署中實施州衛志其用筆謹嚴簡潔者今亦未見傳本予甚悵悵而府學轉羅君乃出其所纂府志二十餘卷相質凡山川封域沿革建置以及土田賦役官師人物古蹟藝文數千年埋沒於蠻烟瘴雨中者皆了了得窺其眉目其用心甚勤而載筆亦芟不苟矣予乃作而言曰猗歟休哉

聖朝郅化之隆至此極哉憶斯地當十八峒土司時不惟無以自拔於侏㒧椎髻而弱肉强食亦莫保其生迨

郡縣建置一同內地易獷悍爲醇良以文章澤椎魯自乾隆改元以來迄今九十餘年

列聖相承重熙累洽人皆知禮義而習詩書嘉慶初年教匪闌入守土之臣督率士民兵勇奮力攻圍殲擒淨盡讀

仁宗皇帝嘉獎諭旨可知此邦之有人而不虛

宣宗皇帝生聚教訓歲糜數萬金之大澤矣羅君績學好古振鐸於此能以餘力網羅遺文裒成大帙吾知經義治事之所陶鑄必更有詹邈其人出而膺宏博之選者山川英華積久必發吾固有望於諸生而此書之成亦望賢太守及各屬良司牧速付梨棗以爲雞文之典可也

道光七年丁亥冬十月湖北督學使者廬陵王贈芳撰

施南府志後序

修史之難莫難於志文通江氏嘗言之矣蓋綜一代之典章制度徵文考獻勒成一書非才學識之兼長烏能折衷體要以傳世而行遠乎此史志之所以難也若郡縣之志雖與史志差同而成之較易蓋地近則見聞皆眞事約則網羅亦易釆而輯之不資著作之才也顧亦有難焉者遐方僻壤沿革無稽貿俗殊區敷陳非典則討論難且其體兼表傳官師人物或不盡可傳古蹟藝文或不堪稱述則潤色難至一方之孝子貞婦義烈可風者或貧賤而不能上達或年遠而事蹟失記九原不作望古徒勞則難在採訪若其稍有勢力者則又妄意干名賄邑紳兗當事佳傳索米穢史貽譏則難在核實各郡邑志類然今於施志觀之猶信施在勝國爲各土司地至

本朝始悉列郡縣求之前史已缺略不備又安有圖籍傳記可考哉是以改設近百年郡志尚無成書亦難之也余於辛巳夏五秉鐸斯郡搜訪詁[illegible]志大半散佚無存僅得李司訓舊稿頗嫌缺略爰不揣固陋從而增修焉

星野疆域則考之列史山川城池則參之省志賦役職官選舉則稽之檔案人物風俗藝文則得之採訪蒐遺補闕釐爲三十卷其間更定體例訂正舊稿殆過半焉既成以質郡伯朱勳楣先生謬蒙許可即擬鳩工付梓旋擢清河觀察以去乃以稿授左晦亭明府囑蕆事焉夫以崑之譾陋而輒犯所難極知僭妄有愧文通之言然使問俗兹土者知我

朝文德覃敷能使苗蠻向化變獉狉而爲文明斯亦千載一時也則藉此以敷揚

美盛歌頌

昇平外史之本職亦儒生之素志也夫是爲序

道光二年十一月朔雍城羅德崑撰

例言

一衛志有唐氏箴童氏景王氏封鎮抄本今祇存王志其書蓋亦本唐童二志而成粗具衛事其於各土司事已不能詳至於歷代沿革闕如也朱氏鼇本之爲府志無所增益李氏宗汾府志考及沿革間有刊正猶嫌擇焉不精未免秕糠雜糅然猶賴三書之存得以藉爲粉本焉

一各土司傳授爲兹地沿革大端蓋自唐宋以來已有土司宋史既有施州徼外蠻列傳而西南溪峒諸蠻

傳中間涉施州事爲施志者遂將傳中諸峒長事雜然引入此疆爾界不割鴻溝踵謬承訛幾同蜃市兹詳爲刊正不敢稍爲附會致類尋源鑿空

一郡境山川各邑所賫清册倫次不一兹分四正四隅由近及遠先山後水眉目較清

一舊志載名宦十七人鄉賢八人此外尚有其人緣未經呈請咨題不敢率爲品目今各爲小傳附列名宦鄉賢傳後則知馨香未薦頌遍棠陰綽楔未崇型垂梓里固不必以人往風微爲憾也

一人物志中所收稍寬蓋善善從長之義然品誼文章胥俟蓋棺論定故凡其人現存概不立傳惟節孝婦女核其守節年例相符無論曾否呈請　旌表存歿皆得備書至於已入人物節孝諸志者其子若孫或係貢衿亦附入傳中以見善人之有後焉

一前代詩文凡有關於風土者皆據本錄存至近人之作未能徧徵其尋常贈答寄興之篇無關施郡事蹟者雖工不錄

一各郡邑志別出金石一門施郡鐘銘鼎識經見無多斷碣殘碑摩挲不數其有足備文獻者已附見藝文志中故不更列此部

一志中六邑事蹟詳略間有不同由所賫清册原有詳略故也其不能詳者又由向無邑志草創綦難也是所望於博雅君子因略求詳各爲邑志庶幾補苴罅漏後之秉筆者有事半功倍之幸焉

舊志稿姓氏

明

沈　慶　僉事聘士修志

彭　鏞　衛廣文

黃　溥　由蜀臬謫衛經歷

高維勉　衛廣文

葉庭蘭　建司訓沈僉事聘修志

王　聰　衛廣文

鄒維璉　吏部郎謫戍施州

麗一德　衛廣文

童　景　衛指揮靖州參戎

童希益　衛庠生

李一鳳　衛孝廉

鮑揮金　衛庠生

鄧宗啟　衛貢生

周　鎬　衛歲貢生

張延齡　衛歲貢生

按諸家志稿兵燹之後無一存者

童天衢　衛歲貢生

唐箴　衛歲貢生

國朝

王封鎮　衛庠生

按三家志稿宋司訓修志時猶存今僅得王志抄本餘佚

宋薲　恩施訓導乾隆二十一年輯府志四卷未刊時改設未久又未開局徵取其書甚略

李宗汾　府學訓導乾隆四十二年續修府志八卷未刊亦未開局徵取

施州衛掌故初編序

明　龐一德

人恒言王者有分土無分民蓋衆建諸侯之勢也有明天下一家戴髮含齒之倫莫不尊親尚以分土言乎十四司則吾土也述封域第一　文武並重長久之道修城屬兵戎尚矣兩階舞而有苗格重譯貢而越裳來今何如耶述建置第二　耳目心志無尺寸不兼愛焉故曰必再食若併日而食卽養體不充如兼愛何以食爲天而旅則仰重虁以給不富可知述食貨第三　建置食貨事權並重然地利也總而理之存乎其人備錄文武職官而附以土司是國之制也述官司第四　施州冠帶肇自隋代卽先世猶然左衽而巴蔓子効忠乃在成周之季非其地靈異乎由今而家伊呂戶程周矣述人物第五　堯言布於天下二百年來存者亦何寥寥幸而其書及覩敢勿一載乎述制書第六　深山大澤實生龍蛇聖皇在宥日久四境承平而蹟不忘起寧詎無人述前事第七　稽古無寧居今彼歷其地親其事非實見得誰肯嘵嘵取罪述前言第八　天有星辰地有草木而後天地之文顯掞華摛藻煥然可觀述藝文第九　集既成因題

其首曰掌故初編授之都人士以俟異日討論云爾

施州衛志原序

明 高維勉

施州衛荊梁二州之域秦漢以來或隸黔或隸蜀至後周置亭州又置施州後改爲庸爲業又改爲淸江郡宋元稍仍其舊國朝因時制宜廢州入衛以統軍民而轄蠻夷初年規制荒略舊志脫誤久矣景泰中東溪沈公涖施嘗修其志然而漏鈌尚多予來施靑壇多暇徧訪山水古迹乃知唐宋儒先君子若裴山陵李供奉黃文節喬大博朱相國張使君與夫杜少陵蘇文忠輩或謫

宦或寄遊觸景題咏猶傳誦於鄉人彰彰可驗間與建始教諭葉君庭蘭讐校其無疑者悉收入之嗚呼是豈徒哉之數君子者道德文章皆足以垂世範俗天下仰爲高山者也志之於兹庶幾高風雅韻草木爲香後之來斯者以是求之想見其人而思慕興起士習得不益美風俗得不益厚乎於以是仰副皇上採風問俗之意或亦無愧焉耳

重修衛志原序

鄒維璉

夫天地風氣始於樸樸則開開則盛故聖人不能不風以救忠質之窮第其過靡則節之故曰文明以止令觀施域雖隣夷而漢官威儀士佾文學父老子弟彬如也乃去城不數里民則處於不華不夷之間以先王垂世大教莫如冠裳而民且有不冠之首他又可知若然者豈以種雜槃瓠雖遊文明之治乎夫三代以上之中國南不過江黃吳楚四大國春秋夷之至於兩浙七閩百粵之區漢武始入職方前此斷髮文身章甫無用者今則家絃戶誦文學比於鄒魯何盛也無亦風氣有必開之漸而人事又迎其機與之更始也且漢武初通西

南夷使司馬相如馳檄諭蜀不有蜀不變服巴不化俗之語乎施隣巴蜀此亦可鑒也則安見其有作新而槃瓠不可化而中國荒服不可進而鄒魯耶施自隋唐以來本列州郡高帝爲控馭十四土司省州入衛要非得已其設學餼諸生則數更豐於他郡可見聖神本意亟欲用夏變夷新此一方民而民可自外德化上可漫無勞來匡直之計哉然欲化民成俗又當先體省州入衛之故而後措諸安全夫國初設衛以衛民耳其弊也皆民衛衛又其弊也土著不能衛衛乃借客兵以[illegible]

天下軍政之大弊也施更可異戶籍減額餉停矣既不能自衛矣而土著客兵之衛衛者亦安在且登陴擊圮藩籬可撤此不過尋漢而溺鶩馬有戀棧之恩速雞無俱儀之勢他則孰以僻陋為虞耳不思僻陋而不備莒之所以見襲於楚者語曰非我族類其心必異安有斗大孤城逼處豺狼窟中而幸彼為孝子順孫永遠弗我戎索哉且今雖羈縻漢法能如數十年前肅然不惑尺寸而察影見形智者事也吾願蒞斯土者無以處燕樂之制者無以懷長勒馬之經典對高帝用夏變夷之休命則李大夫岐陽修乘深意不過在是即璉借空言以維封疆少報聖天子不殺之恩亦端在是矣僭為之序

國朝　王如璉

施南府志序

施南府土流相間處也西通巴蜀南接辰湘屹然荊楚屏蔽自唐宋來為州為郡間有開擴率未盡冠帶之倫明祖省州入衛衆建土司而羈縻之豈棄此一方民哉抑徐以俟之也我

朝初任舊制而聲靈赫濯遠邁於前故雖鼠穴自鬬而狠奚無聞非復前此之蠢茲不恭矣逮其後

聖聖相承重熙累洽無微不徹而苗頑之負固者皆回心向化此府之所由設也問考苗民逆命始自唐虞其見於虞書者曰舞干羽於兩階七旬有苗格呂刑曰哀矜庶戮之不辜報虐以威遏絕苗民無世在下今東鄉忠建施南三司之以罪改流則苗民遏絕之威也忠峝等十五土司之自請歸流則干羽兩階之德也世之相後數千餘歲而心法治法無不脗合方且舉堯舜來引而未伸者盡衽席之則我

朝之深仁厚澤為何如哉臣如璉承乏施南守討其賦役之科俸工兵餉之額未始不有著獲石田之疑也繼乃檢閱卷宗得悉土官種種罪惡然後歎

大聖人之如天好生歲捐數萬金以救此一方民固如此其至也今之踐土食毛者寧可不思耕田鑿井之自官斯土者國計民生苟不深籌熟慮振興撫恤何以塞尸素責哉舊衛志在荊府中不逮三分之一附見於荊志矣頃以荊府修志行當乙去不惟慮前賢之湮晦且恐歲久文湮傳聞異辭我

國家百年涵濡並育之量安能家喻而戶曉乎顧以前

無善志創始維艱郡在叢山蠻谷中四方人文罕至用
是遲迴久之繼乃得郡人王生所輯志略頗見一斑恰
然日恩建二縣原屬內地因陋就簡粗可成書其他新
之處謹按其山川封域及其改設源流以志我
國家之仁育義正振古無前斯亦守土之責而勸忠之
矣至改設以來章程未定垣墉暨亥樸斵丹雘之功
自茲始雖非空言之所能效而覽是書者或亦行遠
登高之一助也爰命恩施訓導臣宋鏊查校舊聞及新
聞之制而纂輯之以存草創之[illegible]是爲序

施南府志目錄

施南府志　卷首目錄　四

海南府疆域圖

施南府疆域全圖

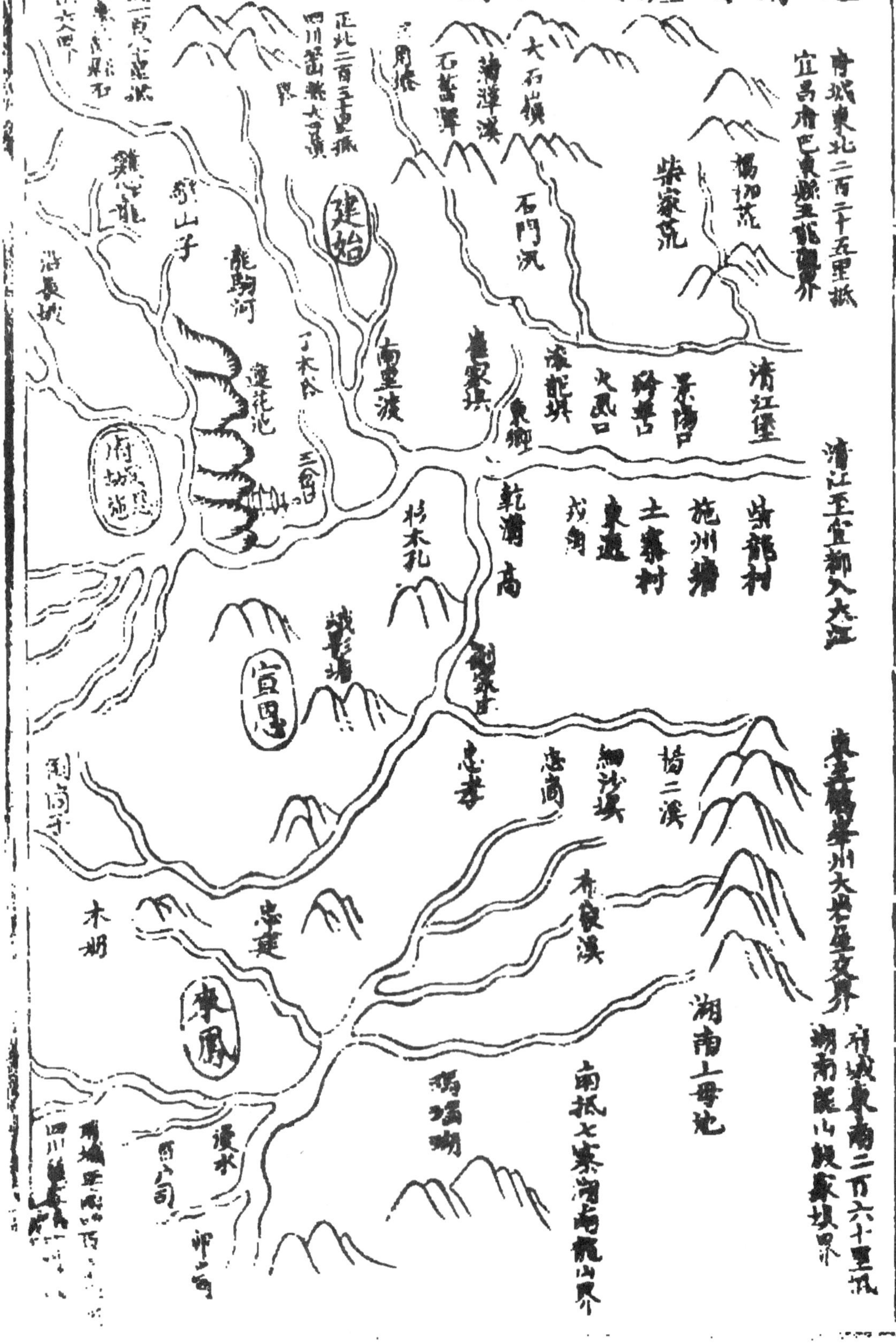

府城東北二百二十五里抵宜昌府巴東縣三龍觀界
楊柳坑
柴家坑
大石山嶺
清潭溪
石門坎
正北二百三十里抵四川雲陽縣大堰
建始
龍駒河
雞心嶺
沿長坡
南里渡
丁木谷
蓮花池
清江堡
景陽口
火風口
崔家壩
東鄉
清江至巴東都入大江
崇鄉村
施州壩
土寨村
東道
乾濱高
杉木孔
府城恩施
宣恩
細沙溪
忠峒
忠建
來鳳
漫水
百戶司
卯峒
湖南土番地
南抵七寨湖南龍山界
府城東南二百六十里抵湖南龍山縣旗鼓壩界

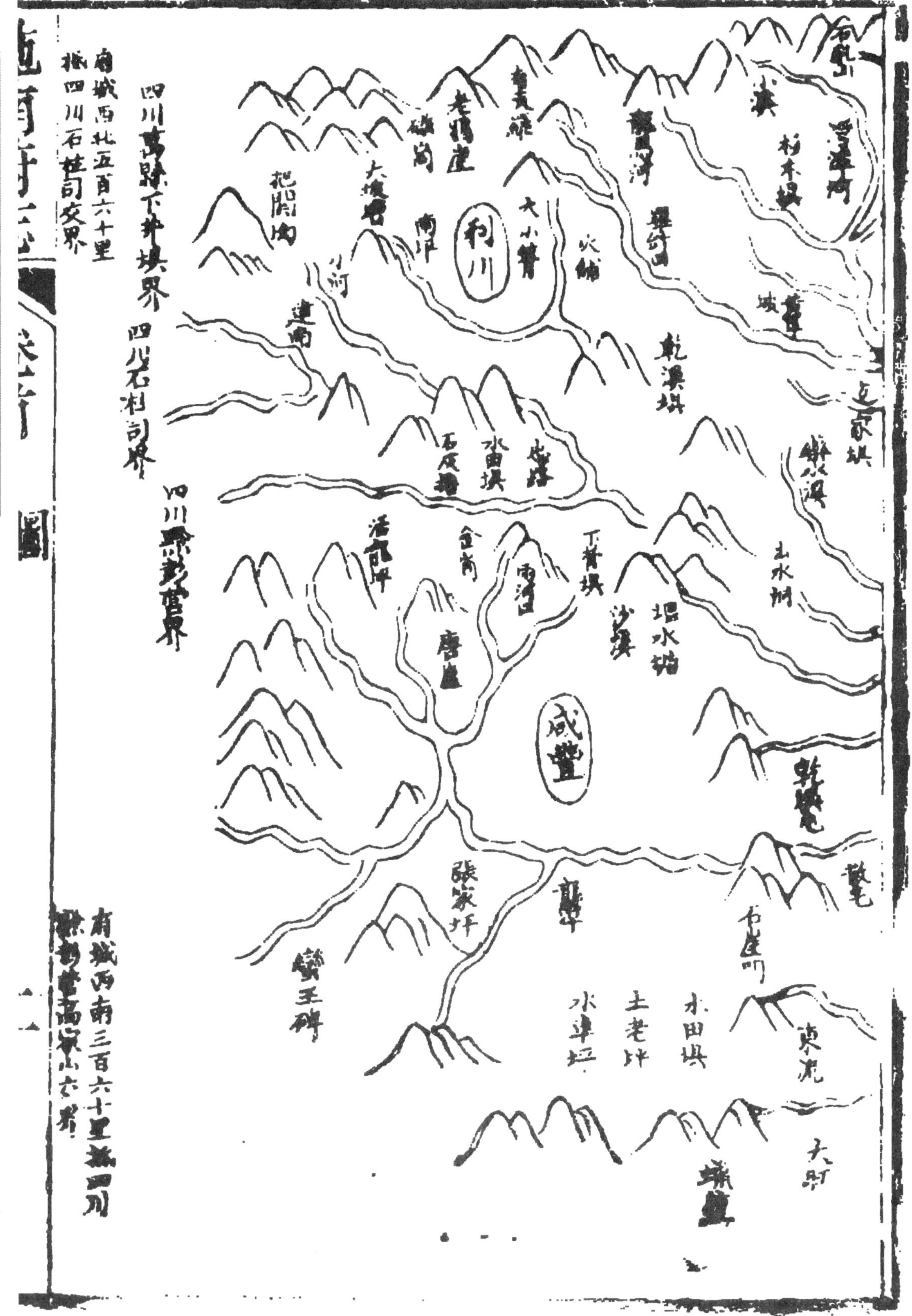
府城西北五百六十里
抵四川石柱司交界
四川萬縣下井壩界
四川石柱司界
四川黔彭營界
府城西南三百六十里抵四川
黔彭營高崗山交界
利川
咸豐
大小營
乾溪壩
水田壩
大旗營
杉木壩
馬鞍山
連南
張家坪
金洞
沙溪
丁寨壩
水田壩
土老坪
水車坪
大路

施南府志　卷首

二一

施南府治圖

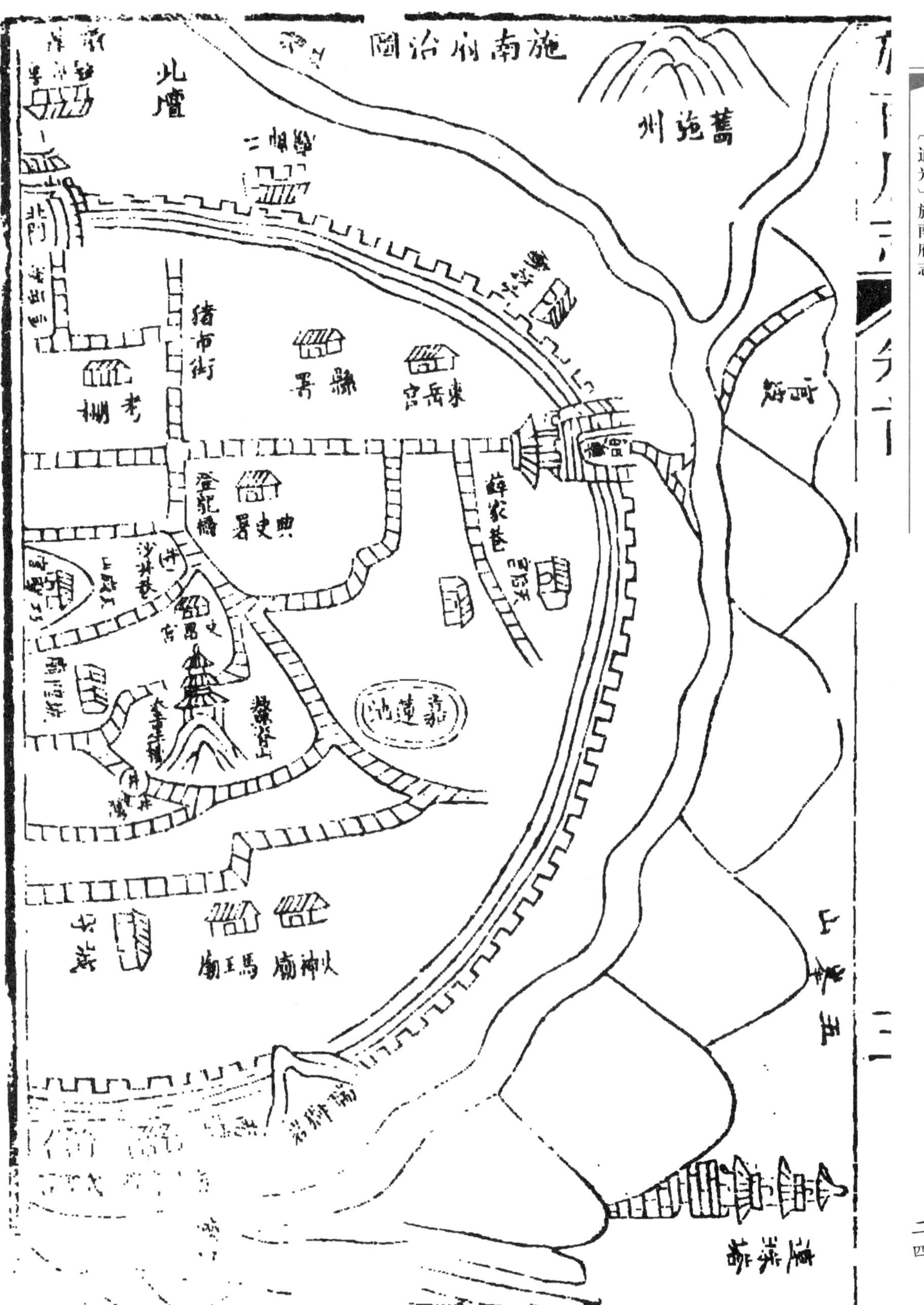
施南府治圖
舊施州
北門
考棚
猪市街
縣署
東岳宫
典史署
登龍橋
薛家巷
清蓮池
火神廟
馬王廟
五峯山

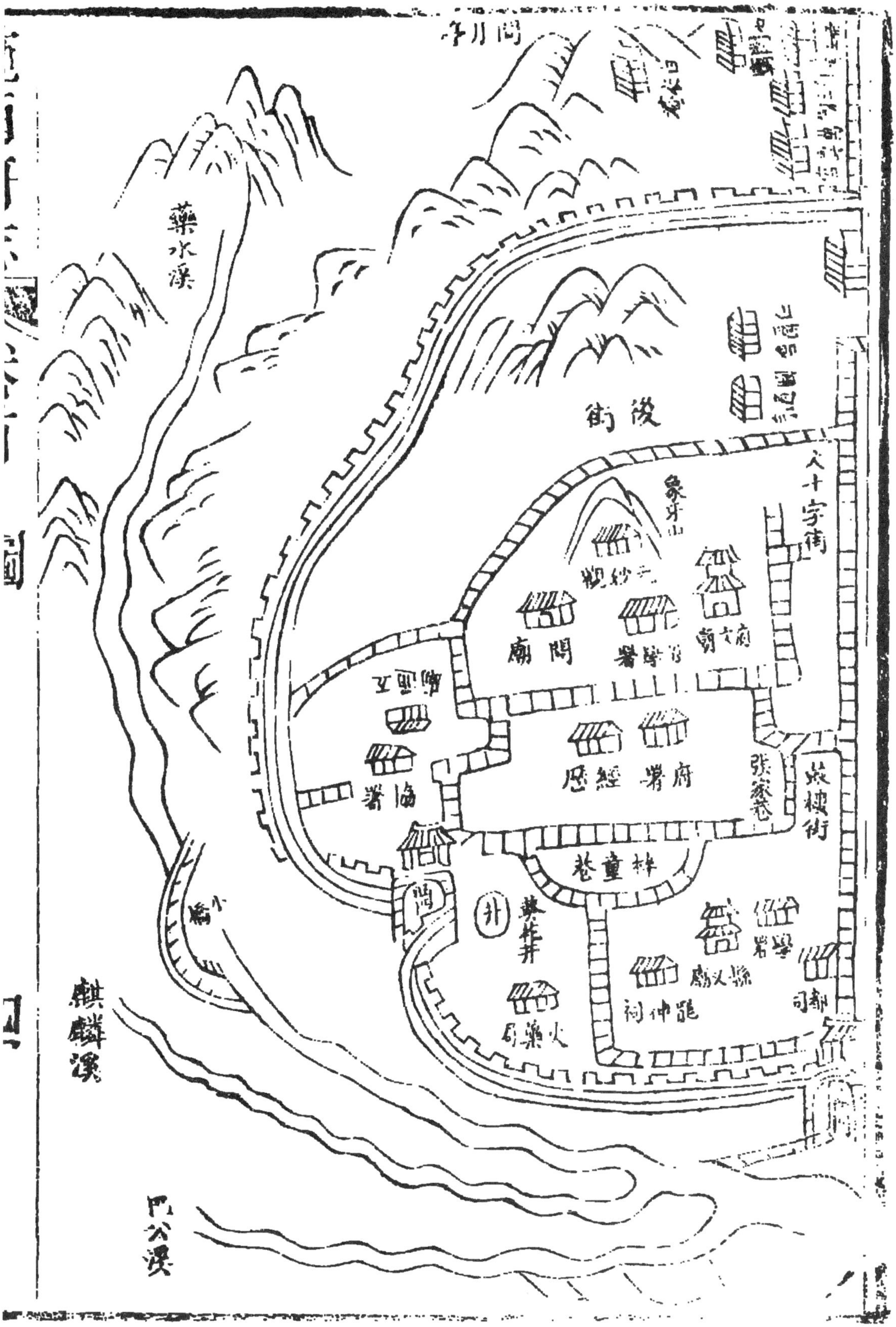
藥水溪
後街
十字街
象牙山
玄妙觀
關廟
學署
府署
經歷
協署
張家巷
鼓樓街
梓童巷
井
龍神祠
學署
都司
火藥局
小橋
麒麟溪
公溪

施南府志　卷首　四

恩從縣境圖

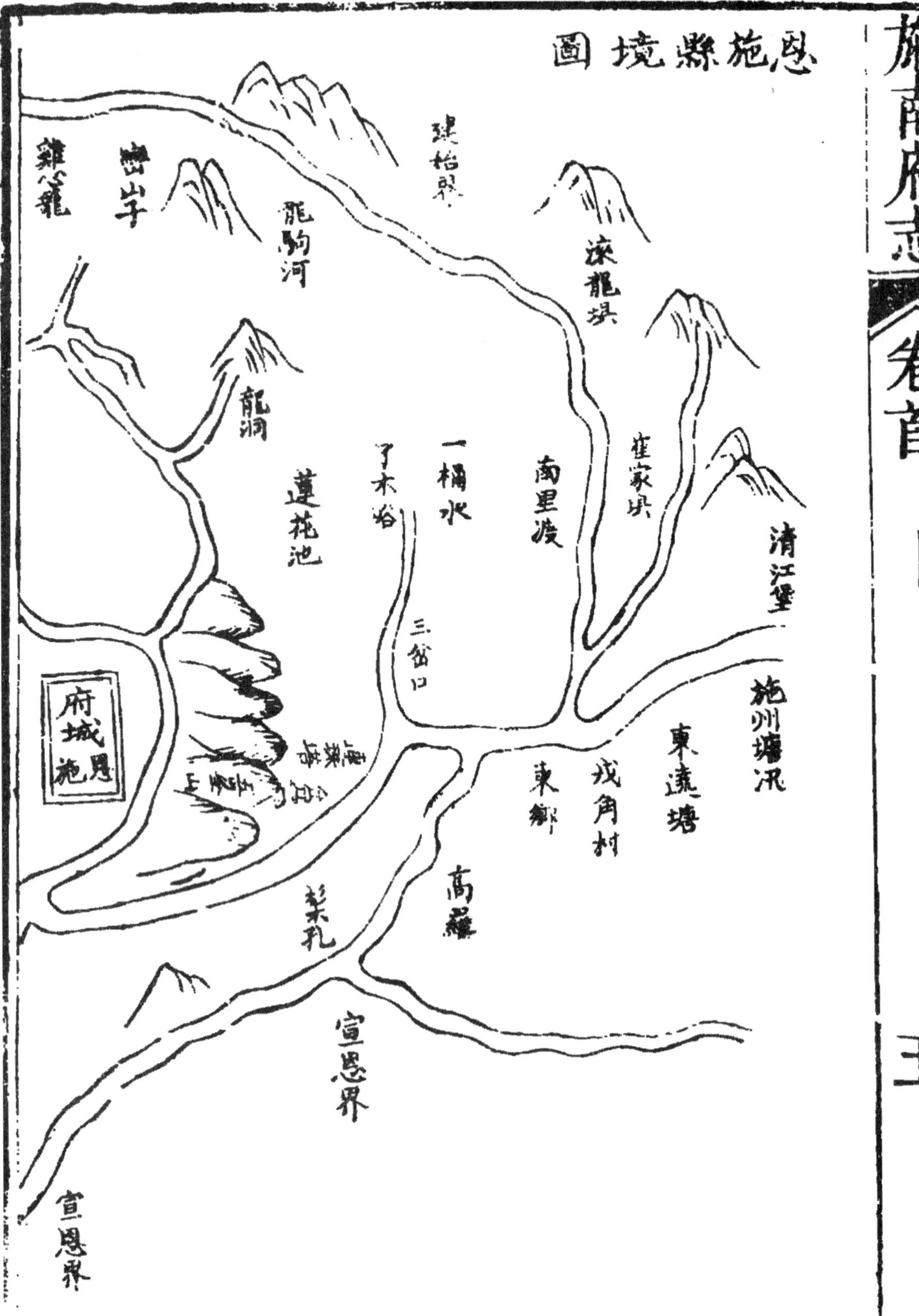
恩施縣境圖
建始界
龍駒河
滚龍坝
龍洞
崔家坝
南里渡
一桶水
了木谷
蓮花池
清江堡
三岔口
施州塘汛
東遠塘
戎角村
東鄉
府城
高羅
宣恩界
宣恩界

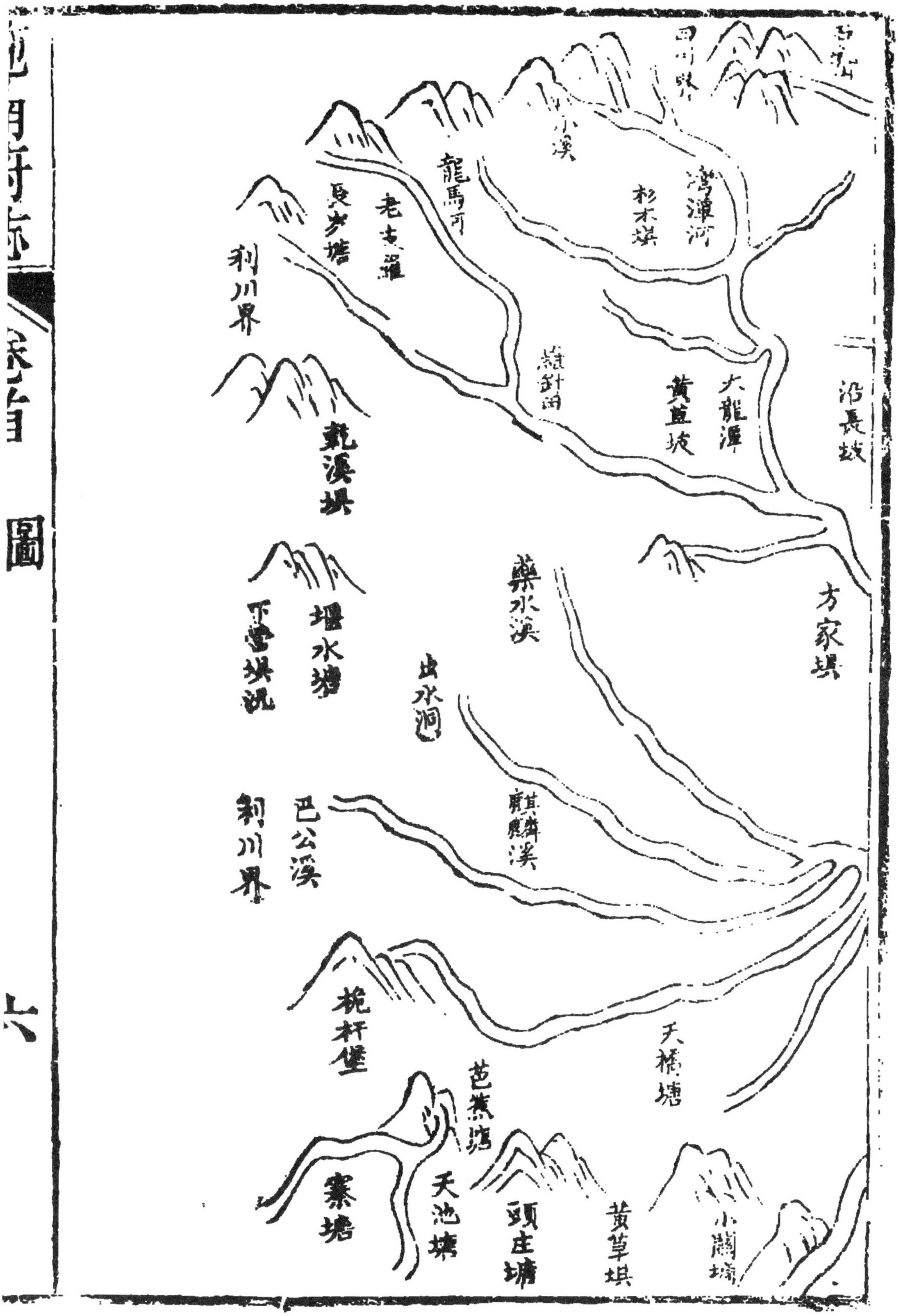

施南府志　卷首　圖　六

西南山
四川界
小溪
龍馬河
杉木壩
灣潭河
老虎羅
長岁塘
利川界
綠針田
黃荁坡
大龍潭
沿長坡
乾溪壩
藥水溪
方家壩
出水洞
壋水塘
下雪壩洞
麒麟溪
巴公溪
利川界
桅杆堡
天橋塘
芭蕉塘
寨塘
天池塘
頭庄塘
黃草壩
小關塘

宣恩縣境圖

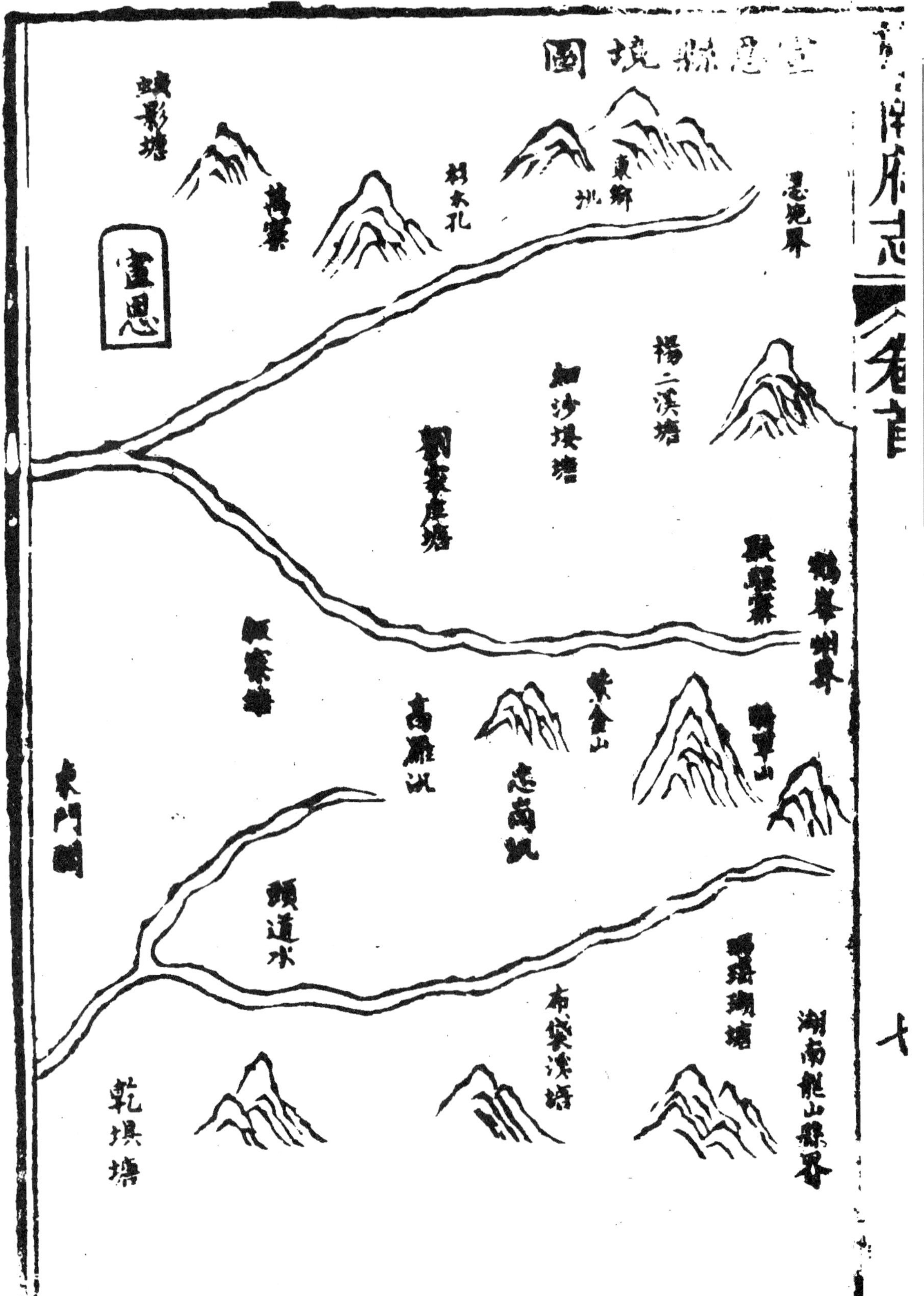
宣恩縣境圖
施南府志 卷一
七
宣恩
杉木孔
東鄉
恩施界
楊二溪塘
細沙堤塘
劉家庄塘
鶴峯州界
黄金山
高羅汛
東門關
頭道水
布袋溪塘
湖南龍山縣界

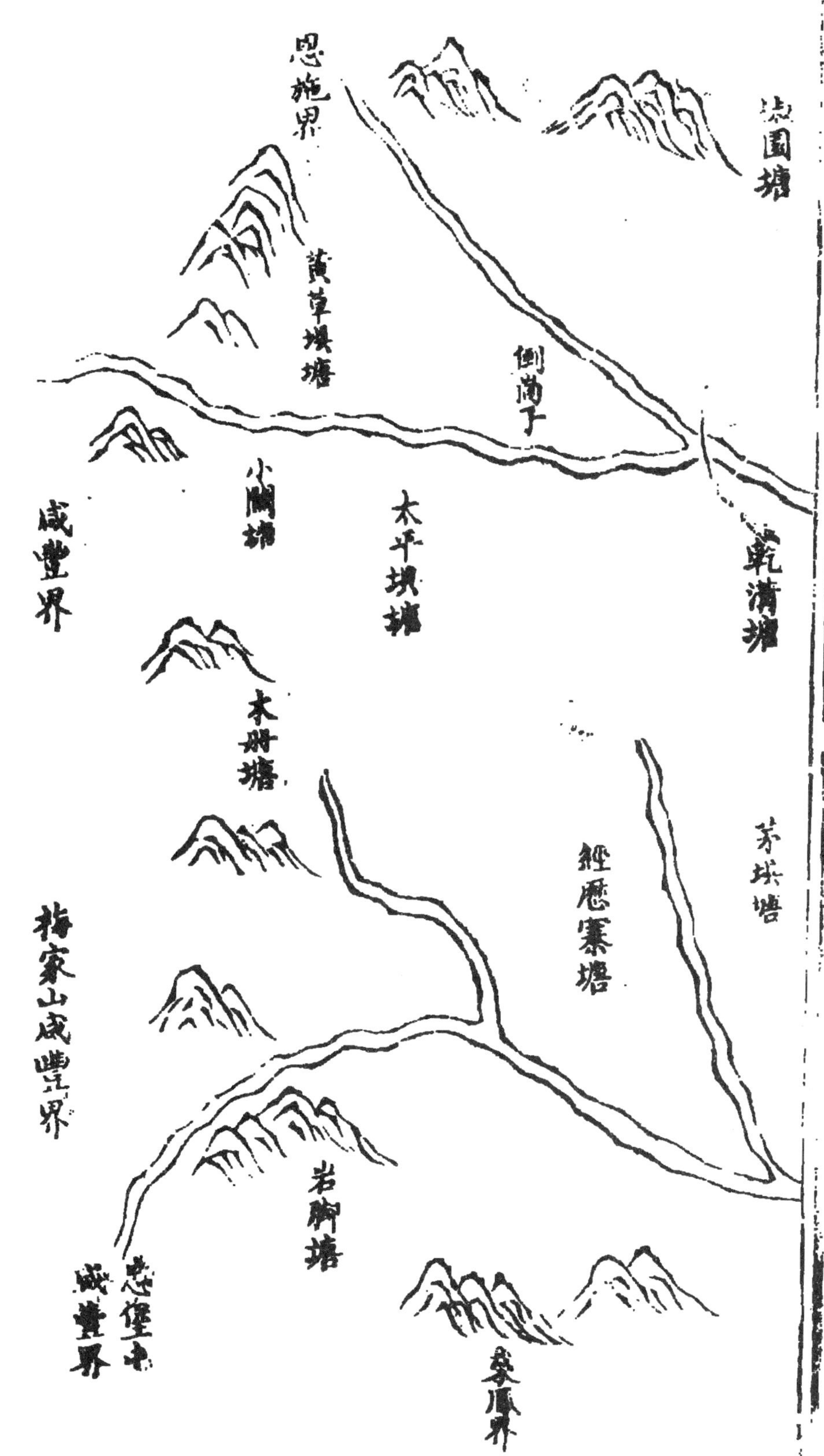
恩施界
忠園塘
黄草垻塘
倒淌子
小關塘
太平垻塘
咸豐界
乾清塘
木册塘
茅垻塘
經歷寨塘
梅家山咸豐界
岩腳塘
忠堡水
咸豐界
來鳳界

宣恩縣治圖

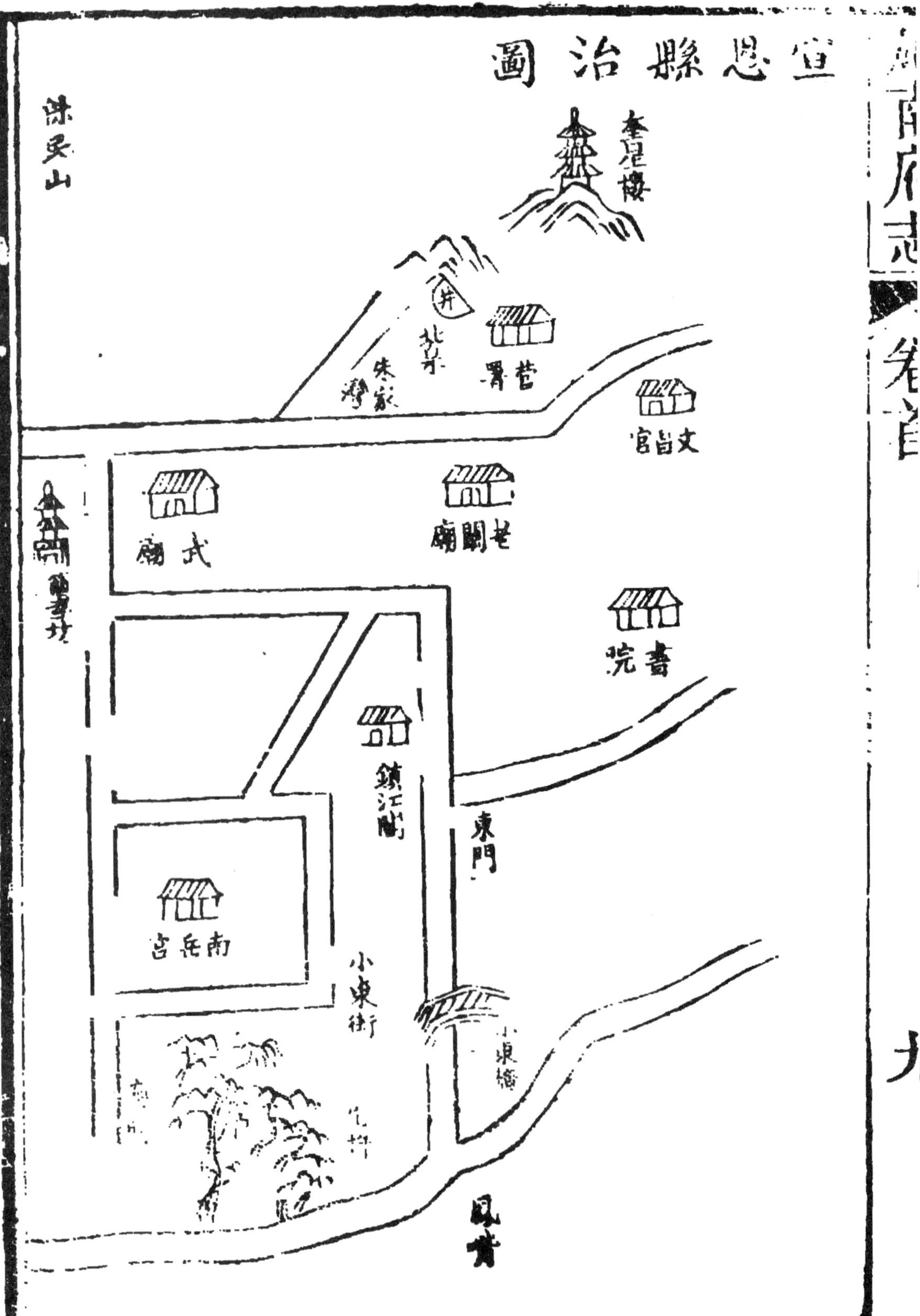
宣恩縣治圖
奎星樓
營署
朱家灣
文昌宮
老關廟
武廟
書院
鎮江閣
東門
南岳宮
小東街
小東橋
施南府志 卷首
九

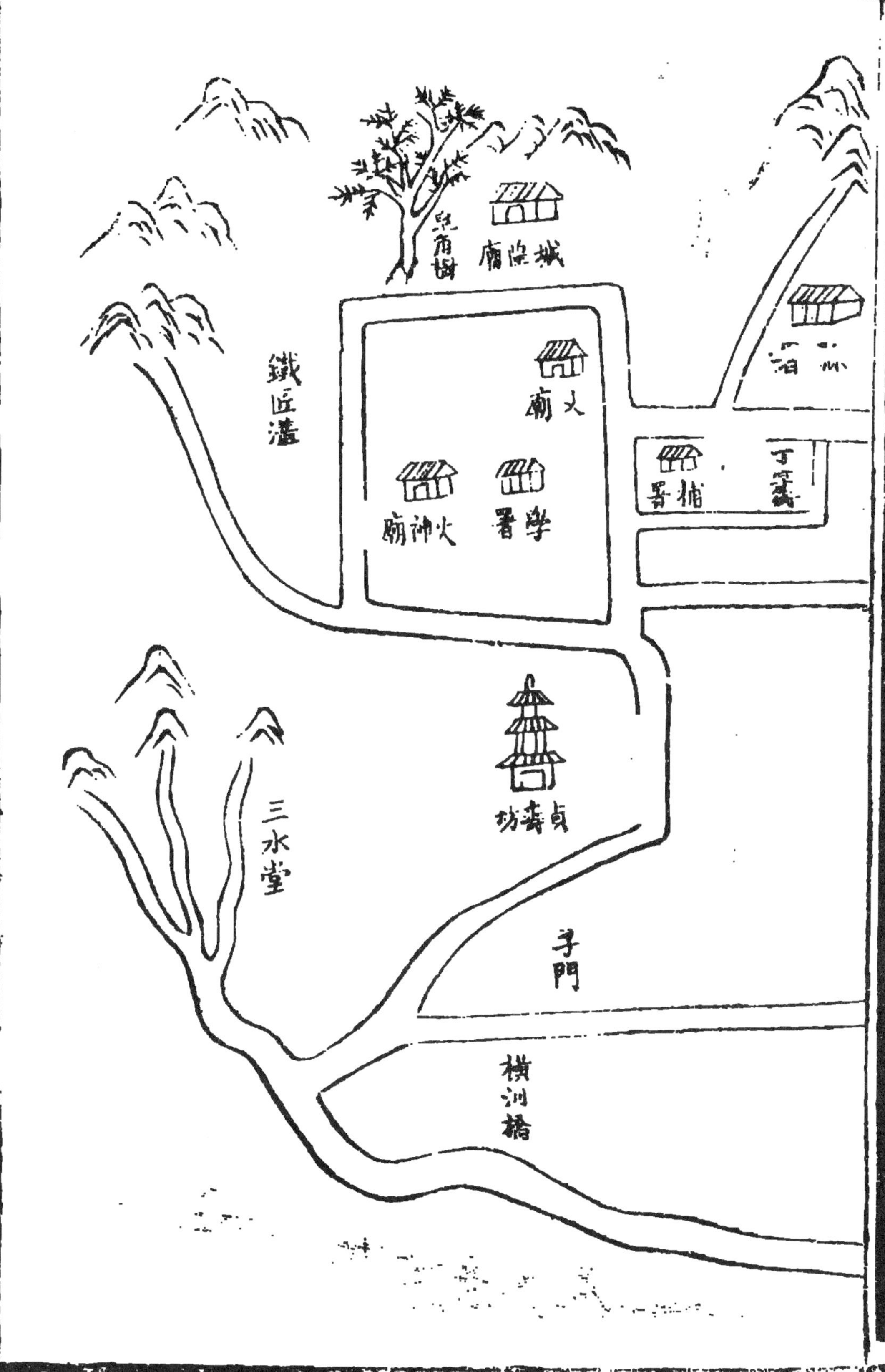
德安府志　卷之首　圖
城隍廟
鐵匠濫
火神廟
學署
捕署
貞壽坊
三水堂
横洲橋

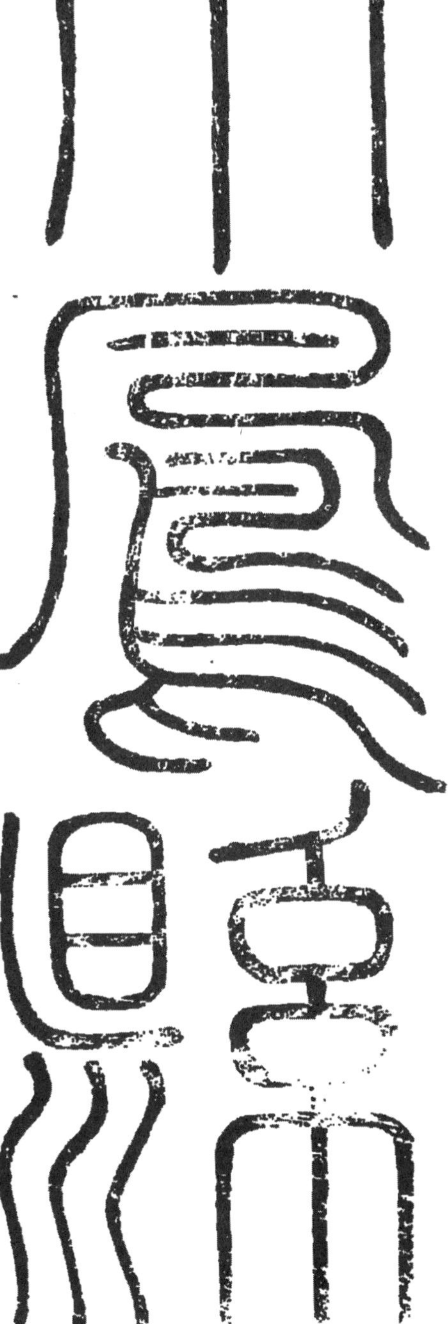

境圖

来鳳縣境圖

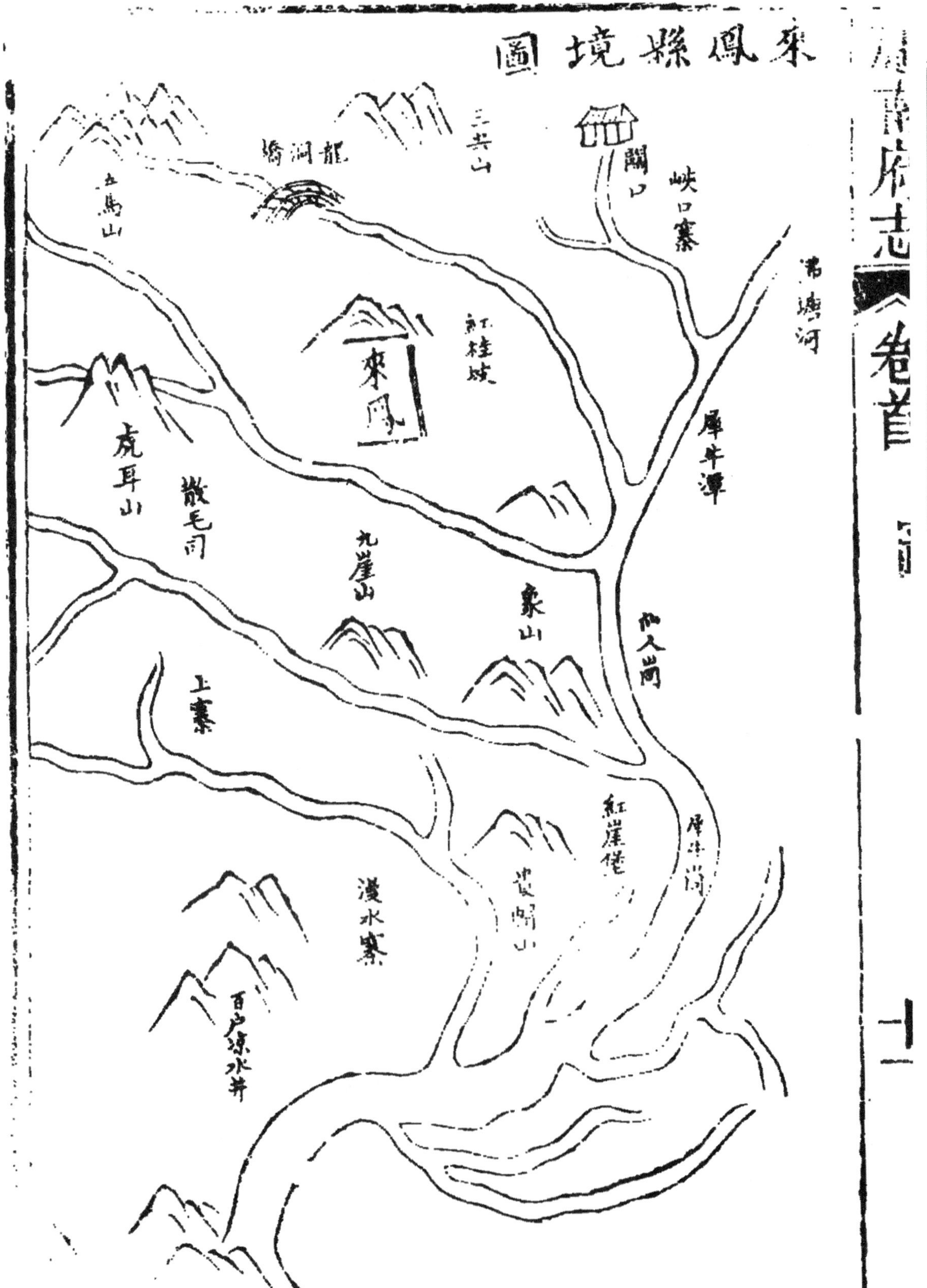
龍洞橋
三岔山
五馬山
關口
峽口寨
清滷河
紅桂坡
來鳳
犀牛潭
虎耳山
散毛司
九崖山
象山
仙人崗
上寨
紅崖堡
漫水寨
百戶凉水井

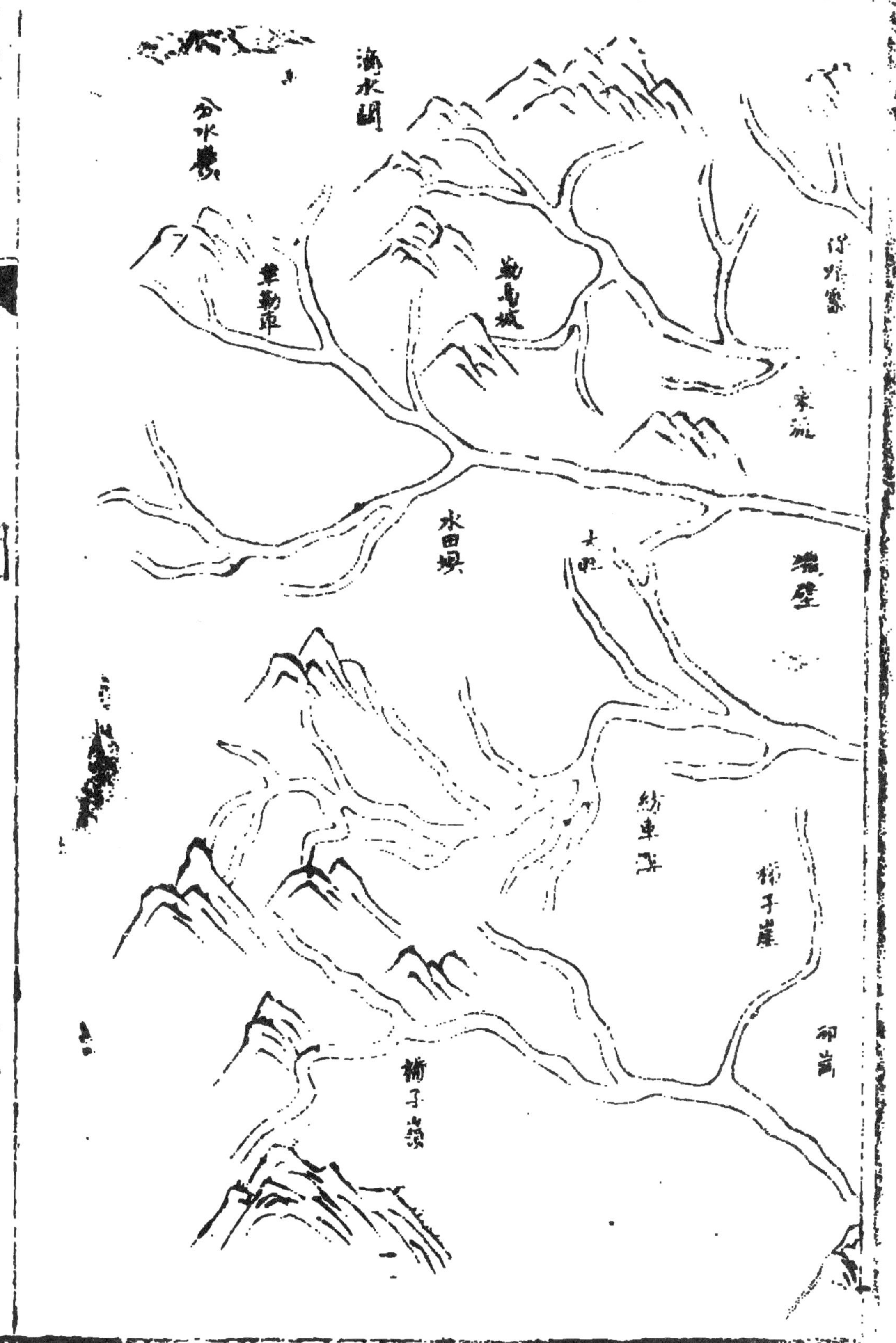
分水嶺
水田壩

施南府志卷首

二

萊蕪縣治圖

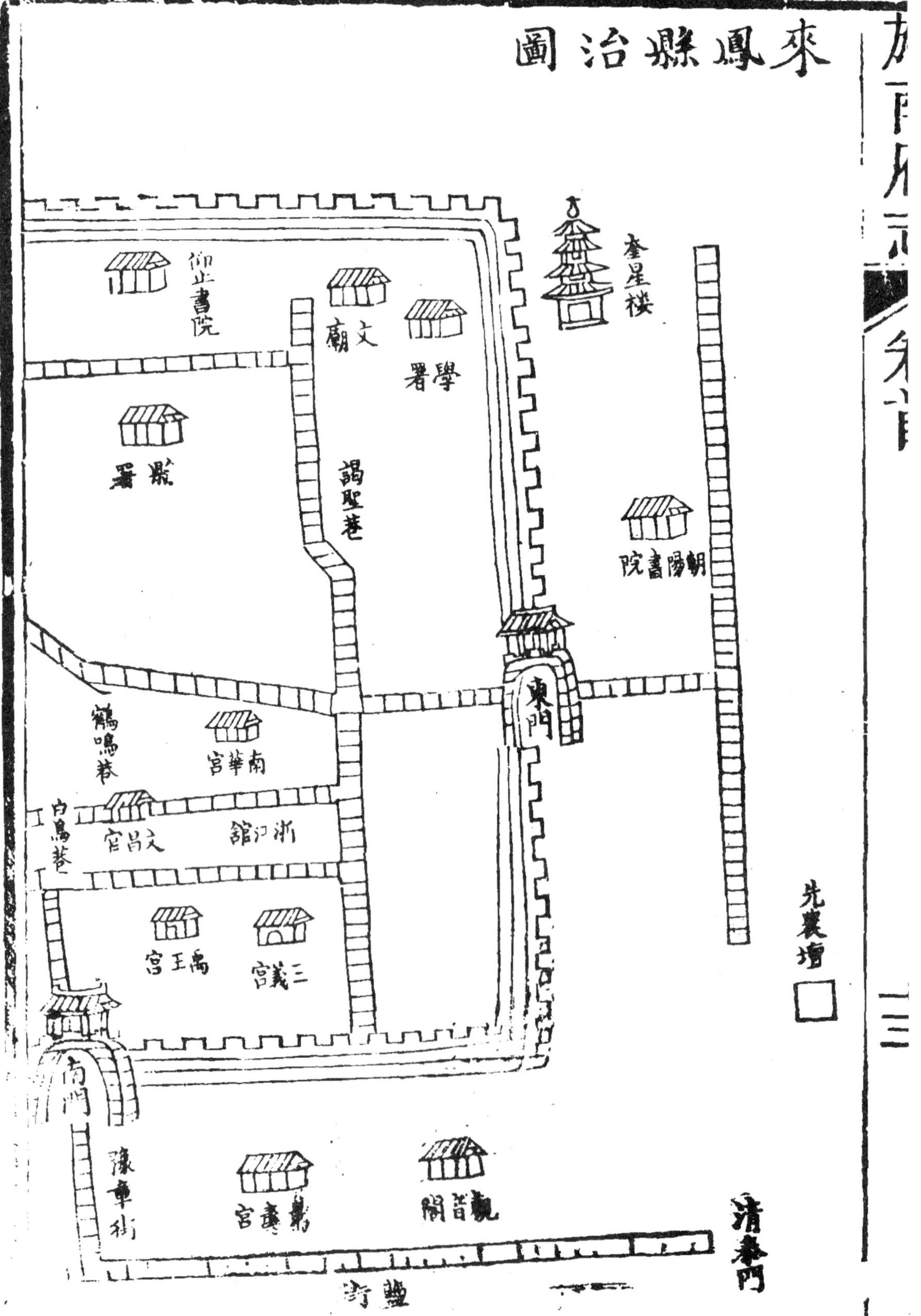
來鳳縣治圖
奎星楼
仰止書院
文廟
學署
縣署
謁聖巷
朝陽書院
東門
鶴鳴巷
南華宮
浙江館
文昌宮
禹王宮
三義宮
南門
先農壇
豫章街
萬壽宮
觀音閣
清泰門
鹽街

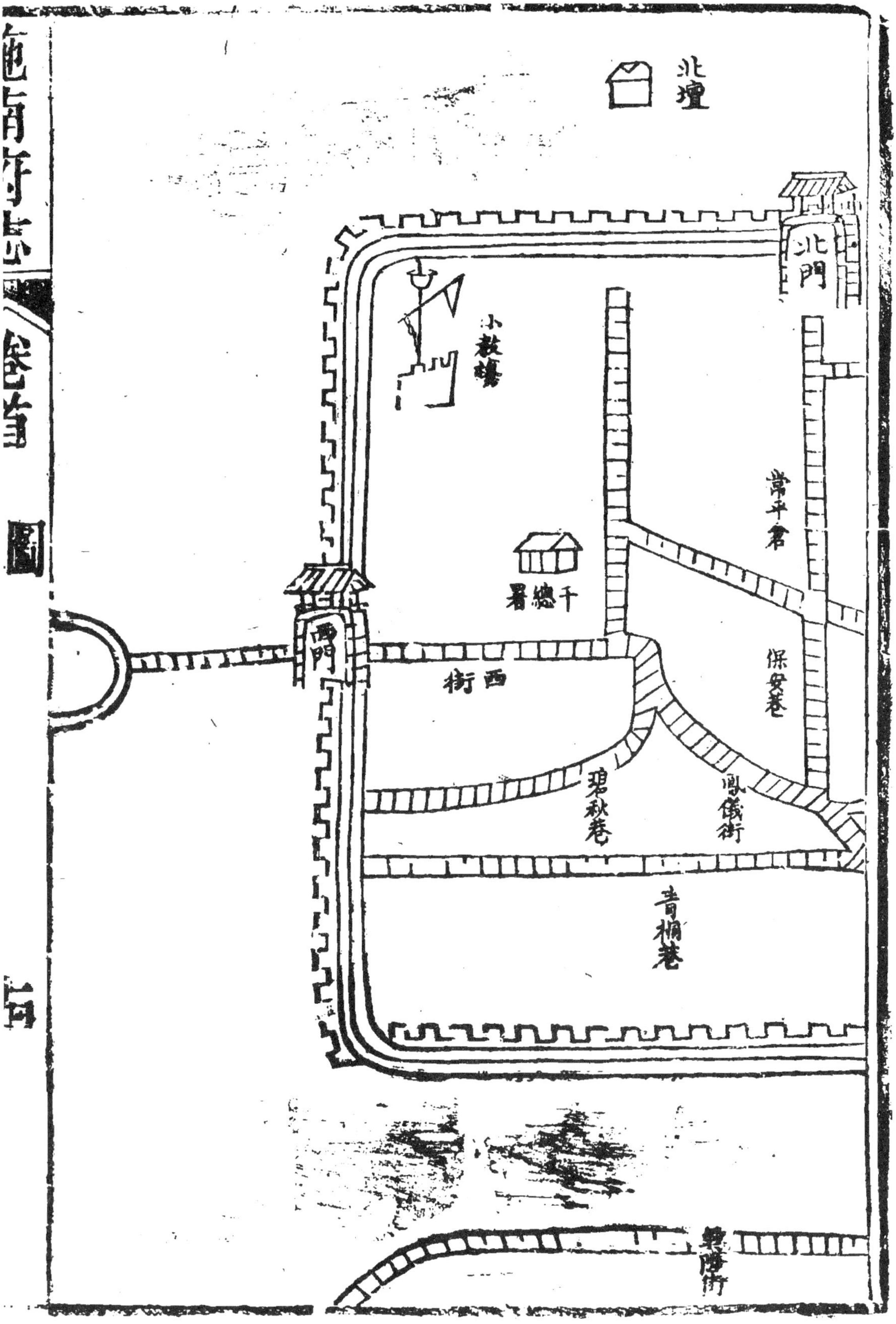

北壇
北門
小教場
常平倉
千總署
西門
西街
保安巷
碧秋巷
鳳儀街
青桐巷
鼎陽街

咸豐縣境圖

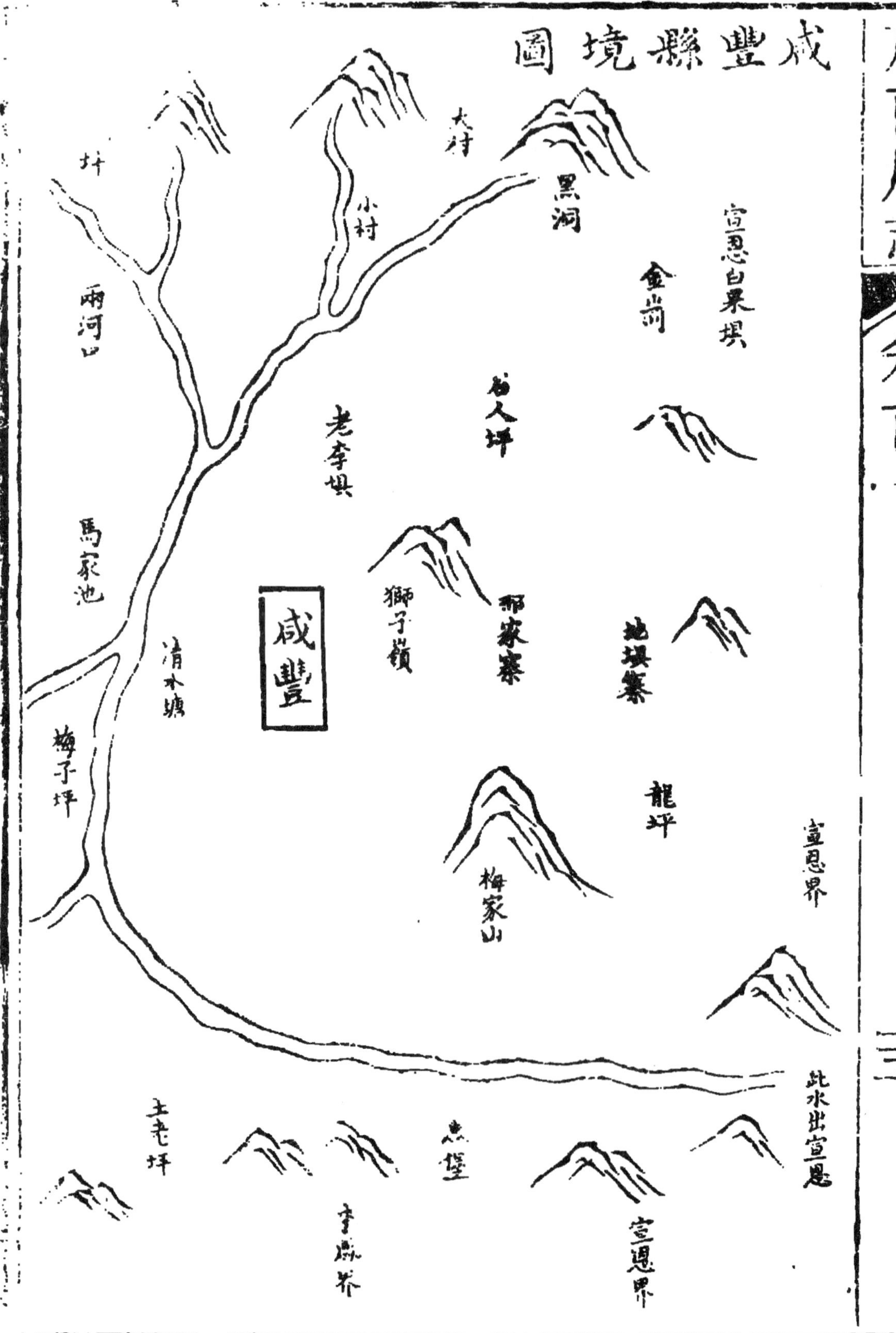
咸豐縣境圖
咸豐
黑洞
大村
小村
金峝
宣恩白果垻
兩河口
老李垻
馬家池
獅子嶺
地垻寨
龍坪
梅家山
宣恩界
清水塘
梅子坪
此水出宣恩
土老坪
宣恩界

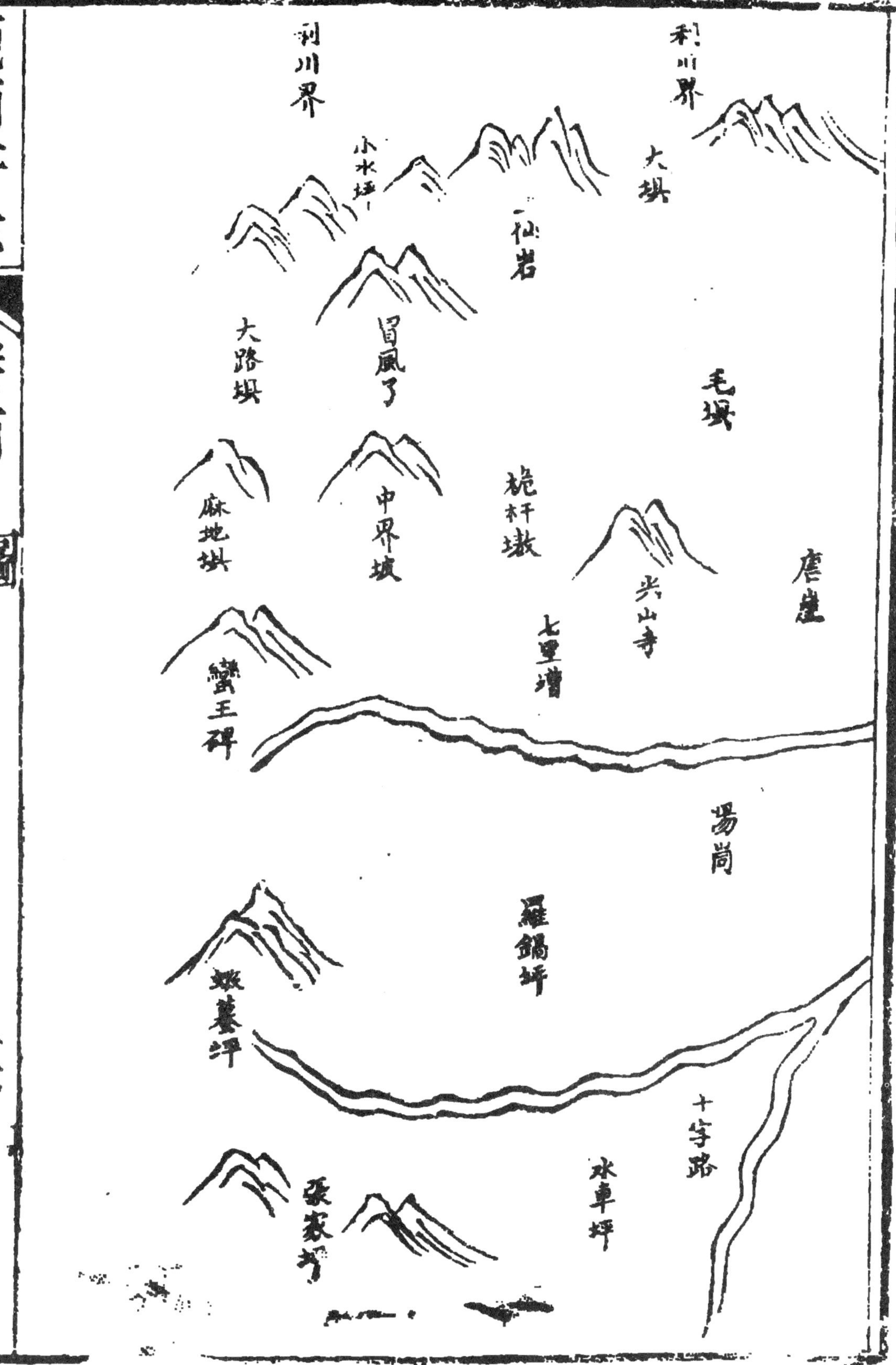
施南府志
卷首
圖
利川界
利川界
小水坪
大坝
仙岩
大路坝
冒風丫
毛坝
麻地坝
中界坡
桅杆墩
尖山寺
唐崖
七里墻
蠻王碑
湯崗
羅鍋坪
蝦蟇坪
十字路
水車坪
張家坪

咸豐縣治圖

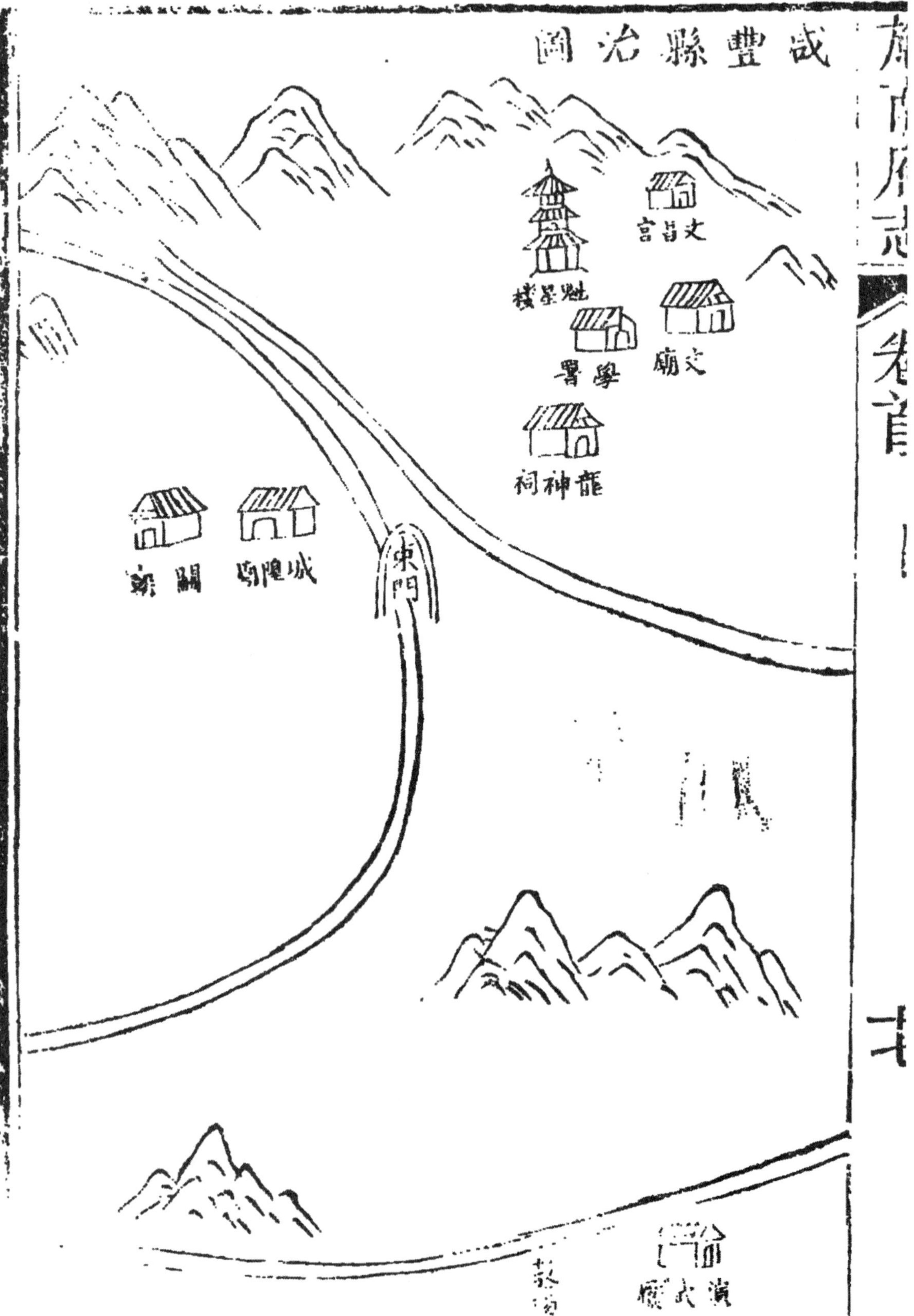
施南府志
卷首
七
咸豐縣治圖
文昌宮
魁星樓
學署
文廟
龍神祠
關廟
城隍廟
東門
教場
演武廳

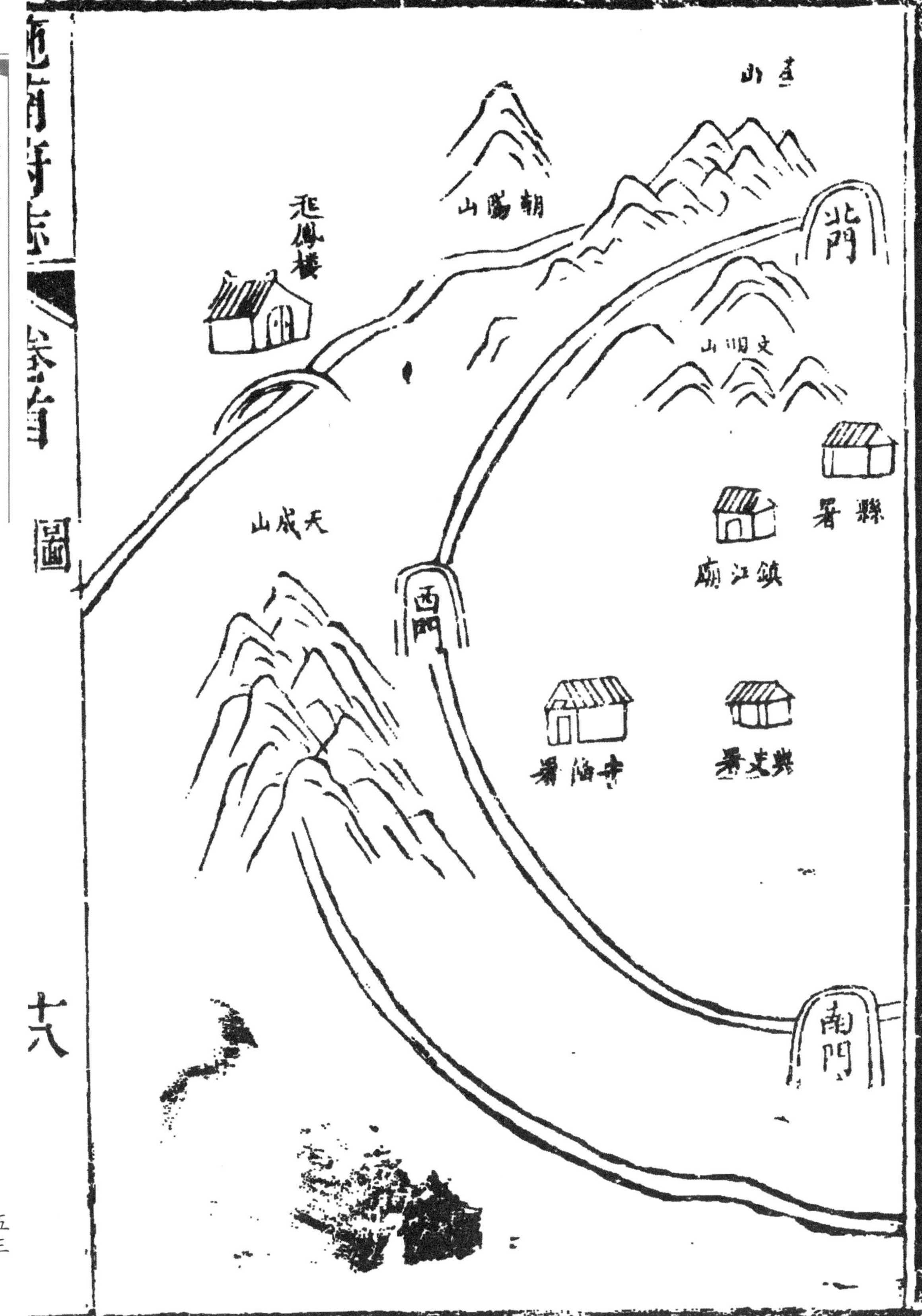
奎山
朝陽山
飛鳳樓
北門
文明山
縣署
鎮江廟
天成山
西門
守備署
典史署
南門
圖
十六

利川縣境圖

施南府志 卷首 圖 十九

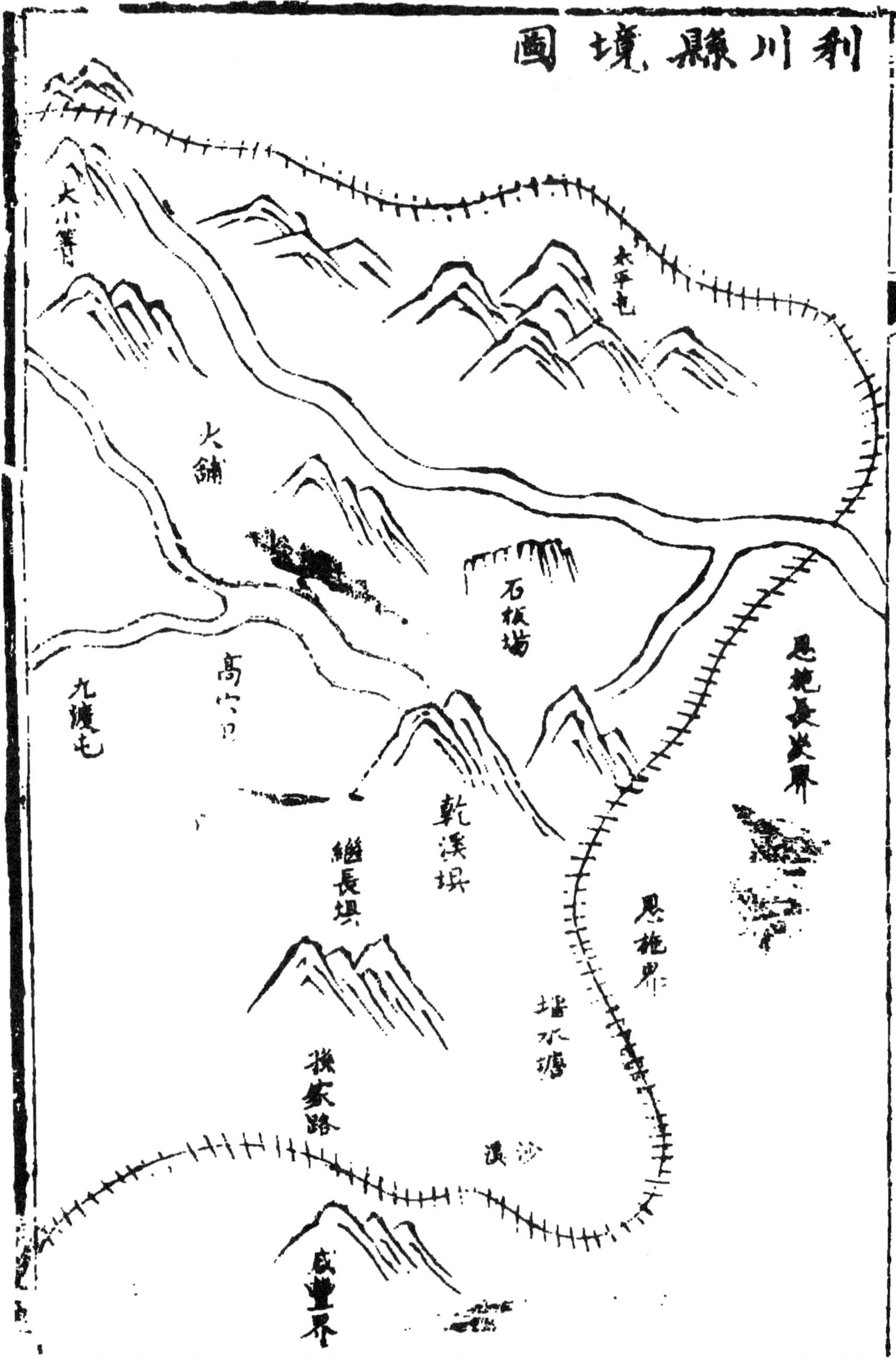
利川縣境圖
大小箐
太平屯
火鋪
石板場
恩施長炭界
高岡
九塘屯
乾溪垻
繼長垻
恩施界
撈家路
沙溪
咸豐界

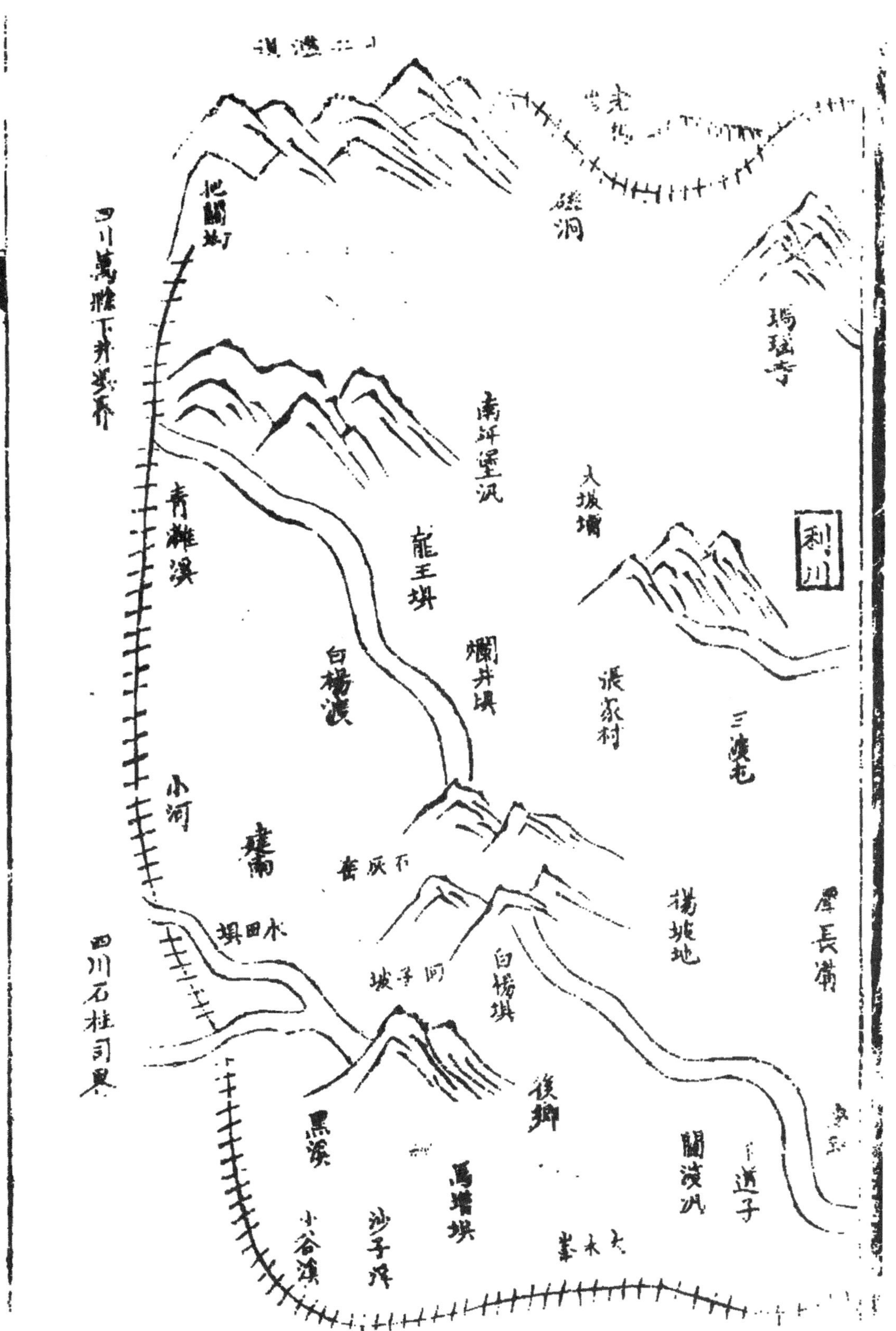
施南府志
卷首
圖
二十
利川
瑪瑙寺
南坪堡汛
磁洞
龍王垻
白楊渡
張家村
青灘溪
小河
建南
石灰窰
水田垻
白楊垻
四川石柱司界
後鄉
黑溪
小谷溪
沙子坪
長嶺

施南府志　卷

二

新河縣治圖

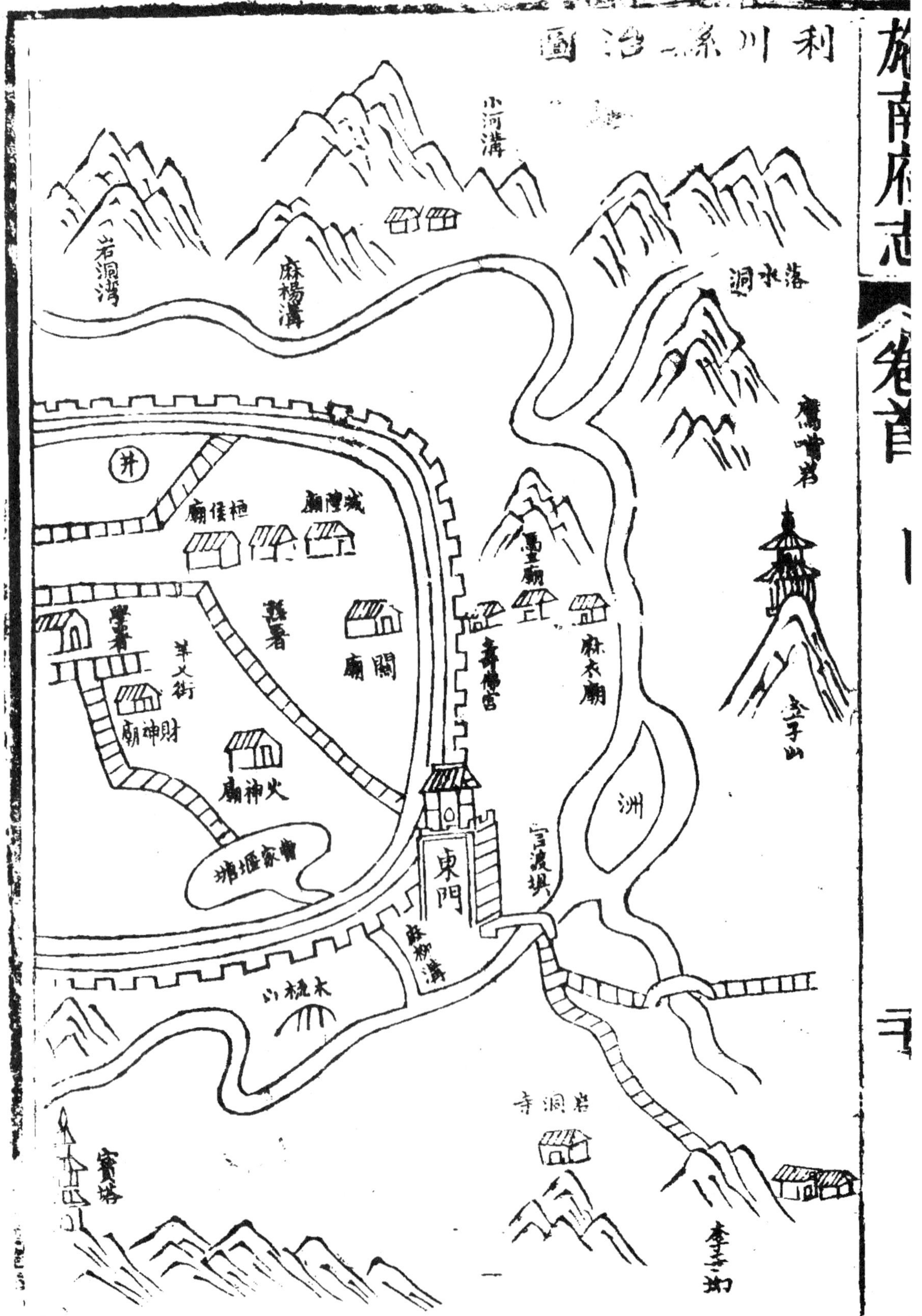
施南府志
卷首
利川縣治圖
小河溝
岩洞灣
麻楊溝
落水洞
鷹嘴岩
井
桓侯廟
城隍廟
學署
縣署
關廟
財神廟
火神廟
曾家堰塘
東門
麻柳溝
萬壽宮
洲
岩洞寺
寶塔

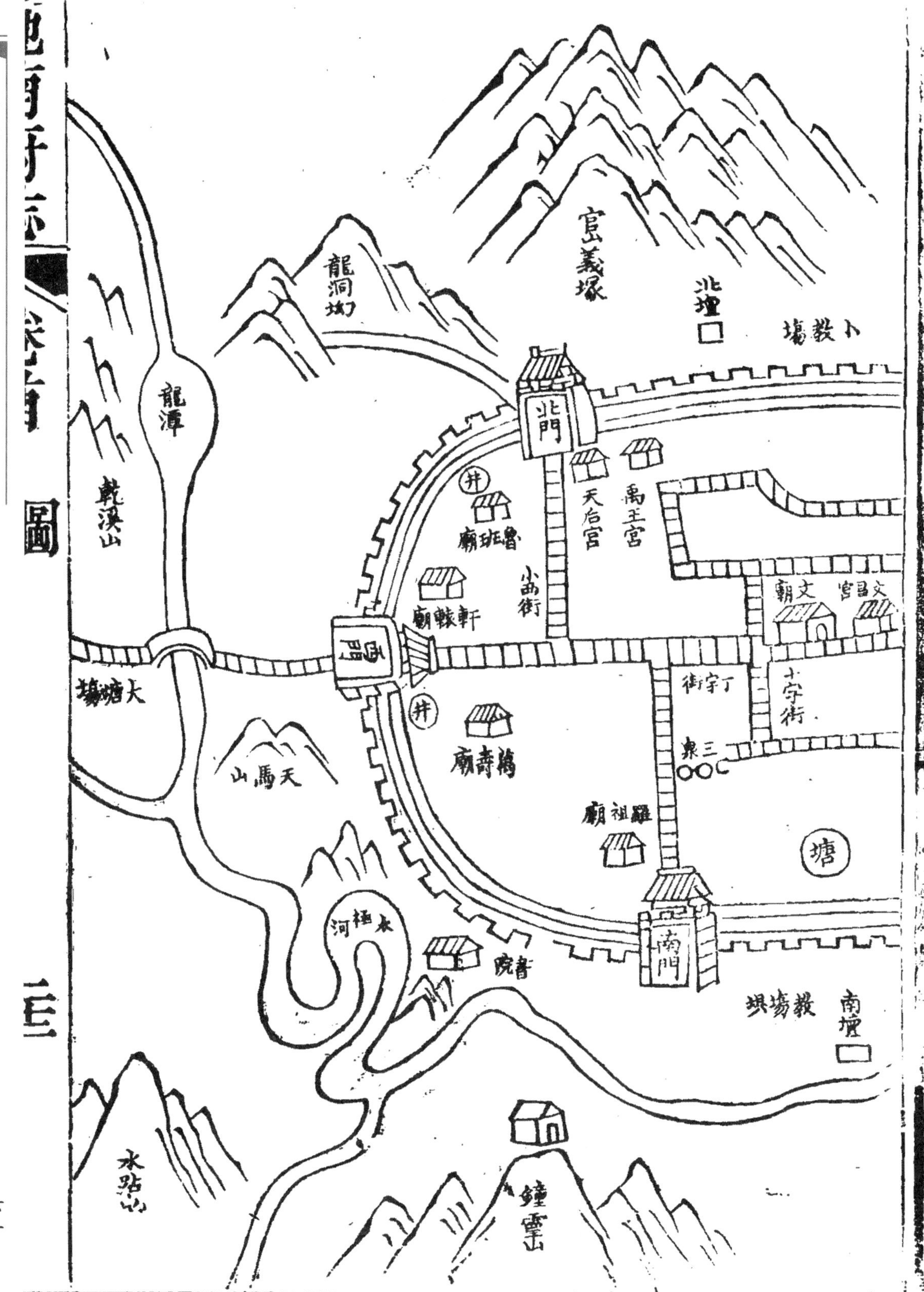
龍潭
龍洞坳
宣義塚
北壇
卜教場
北門
天后宫
禹王宫
魯班廟
軒轅廟
文昌宫
文廟
大塘壩
天馬山
丁字街
十字街
三泉
羅祖廟
塘
南門
書院
教場壩
南壇
水站山
鐘靈山

施南府志〈卷首

二三

建始縣境圖

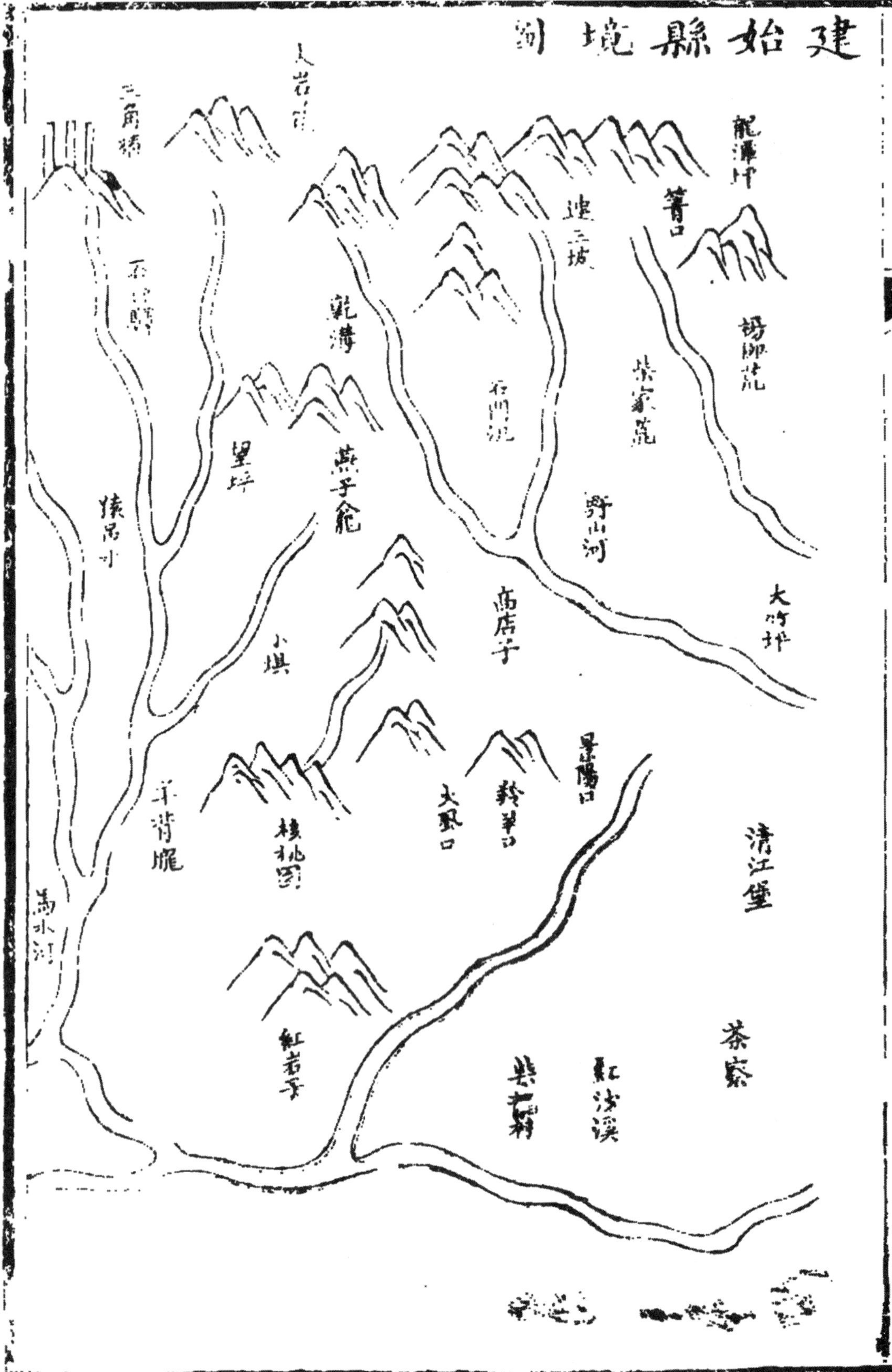
建始縣境圖
龍潭坪
箐口
連三坡
乾溝
燕子巃
望坪
猿吊寸
羊背巃
馬水河
核桃園
紅岩子
清江堡
茶寮
紅沙溪
野山河
大竹坪
景陽口
大風口
鈴草口
小棋

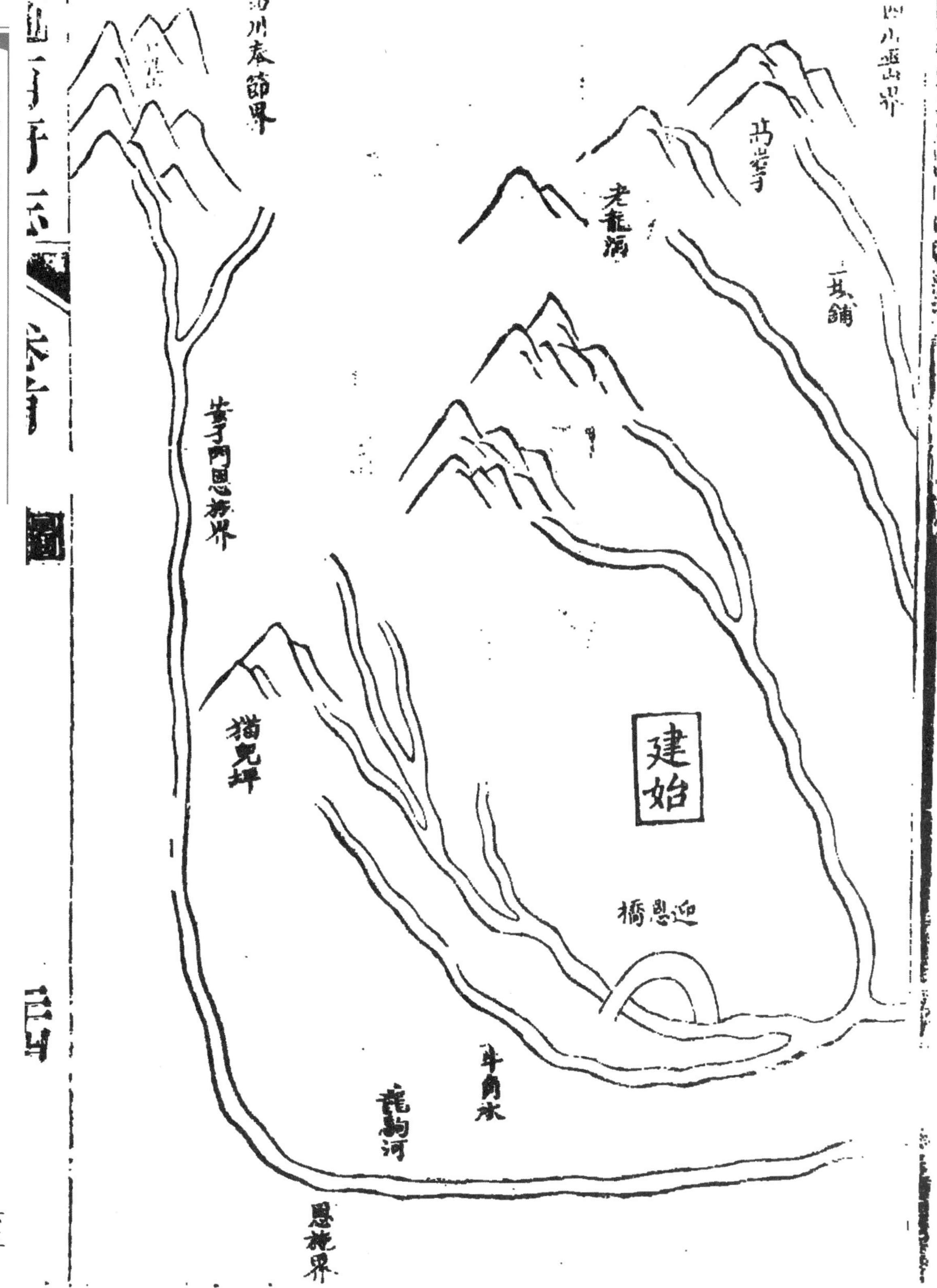

四川奉節界
四川巫山界
老龍洞
貓兒坪
建始
迎恩橋
牛角水
龍駒河
恩施界

施南府志 卷首

建始縣治圖

建始縣治圖

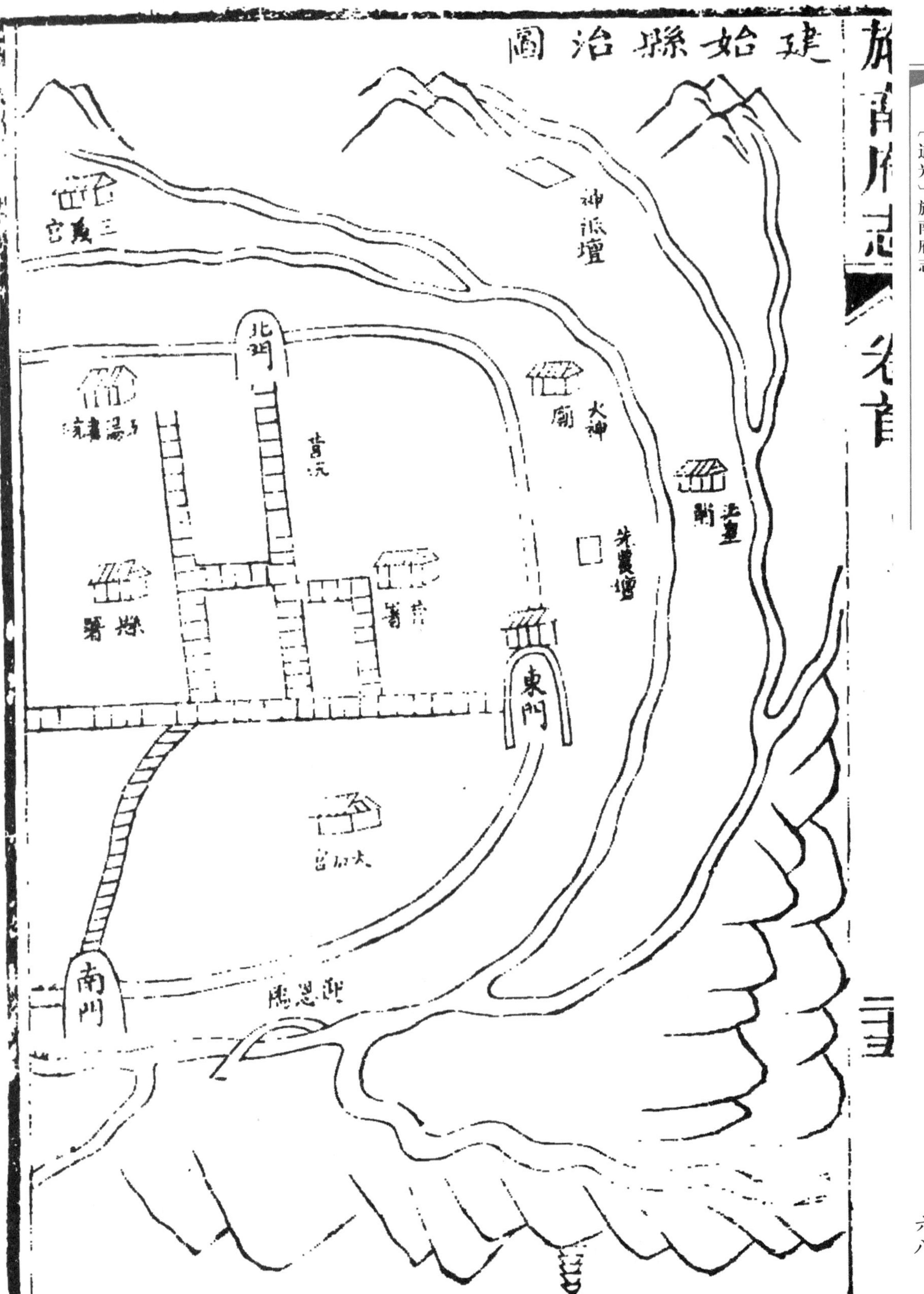

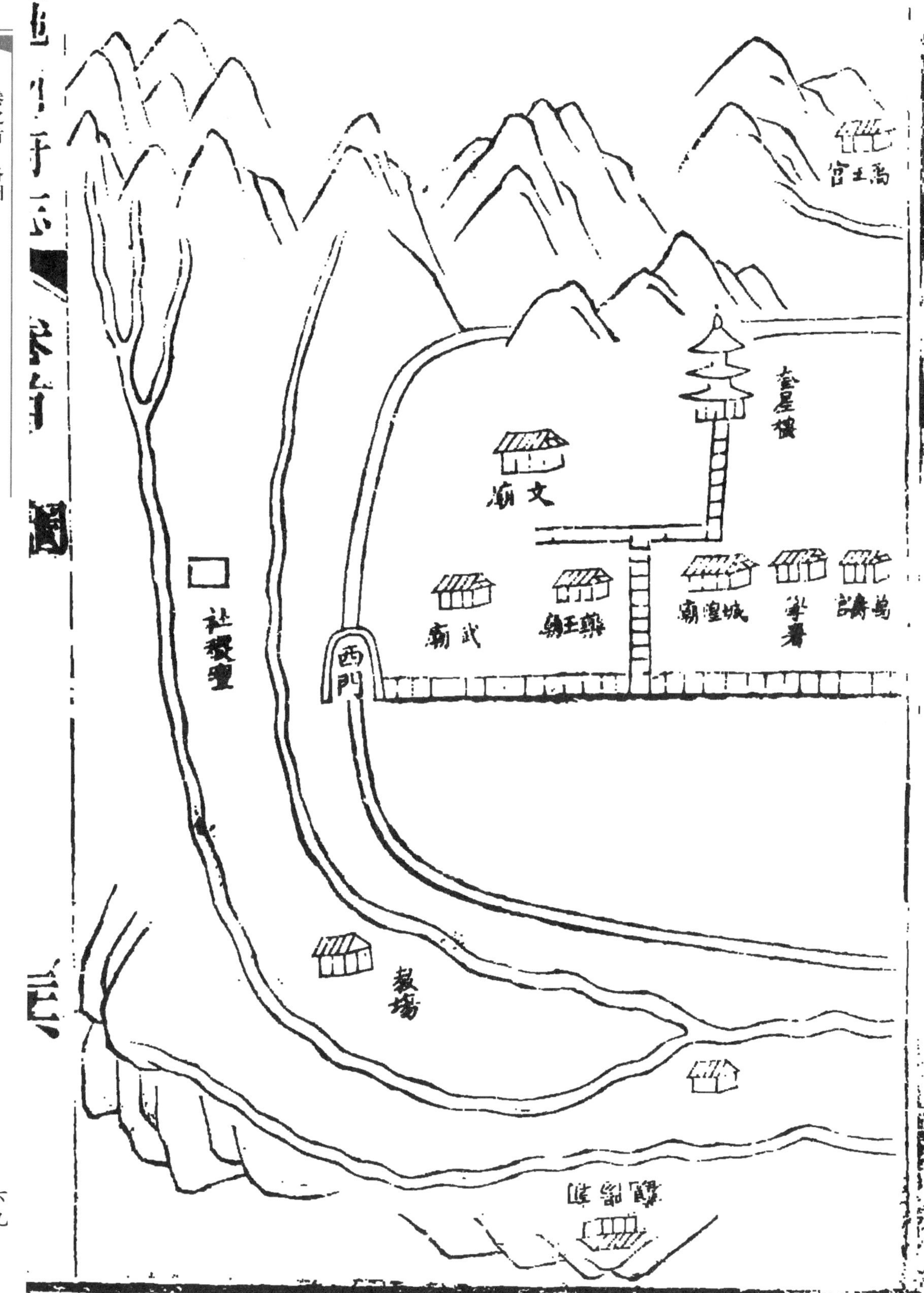
禹王宮
奎星樓
文廟
武廟
龍王廟
城隍廟
學署
萬壽宮
西門
社稷壇
教場

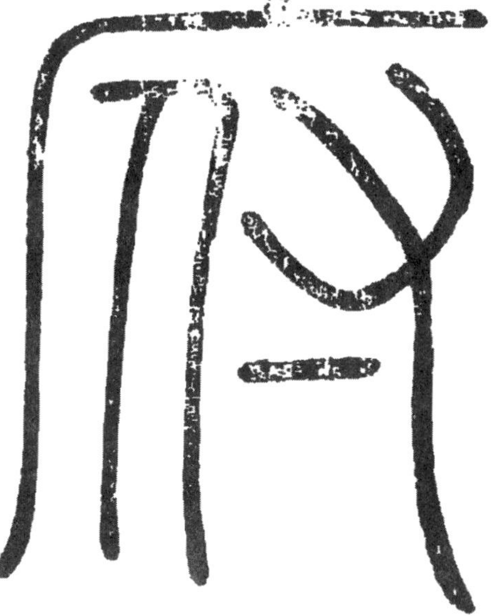

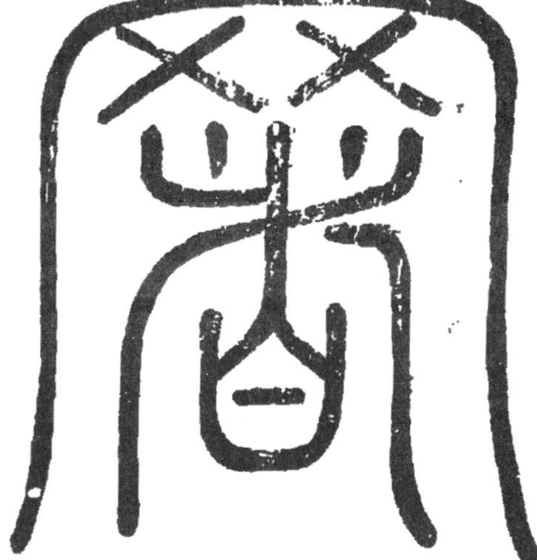

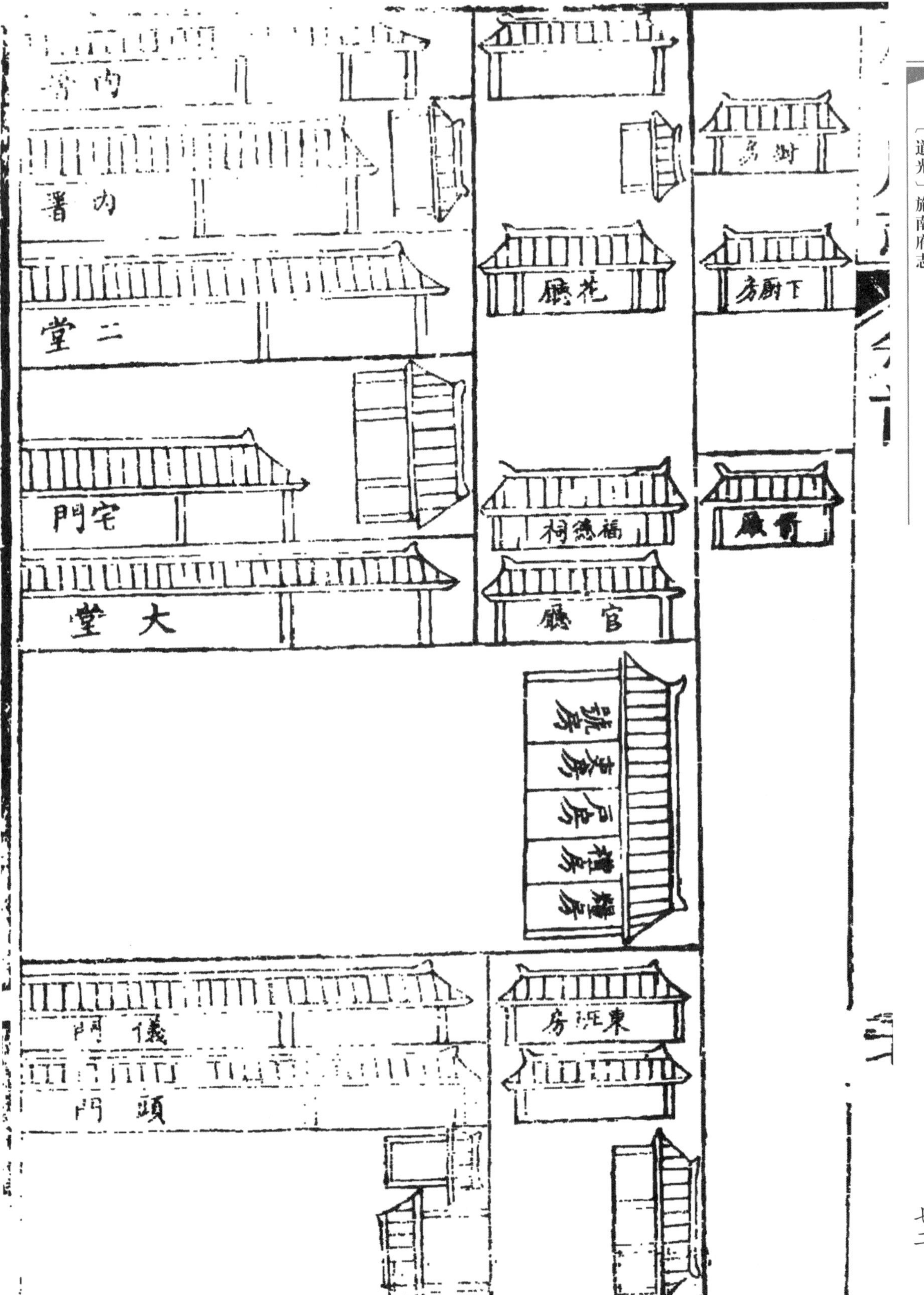
內署
二堂
宅門
大堂
花廳
下廚房
福德祠
官廳
號房
吏房
戶房
禮房
糧房
東班房
儀門
頭門

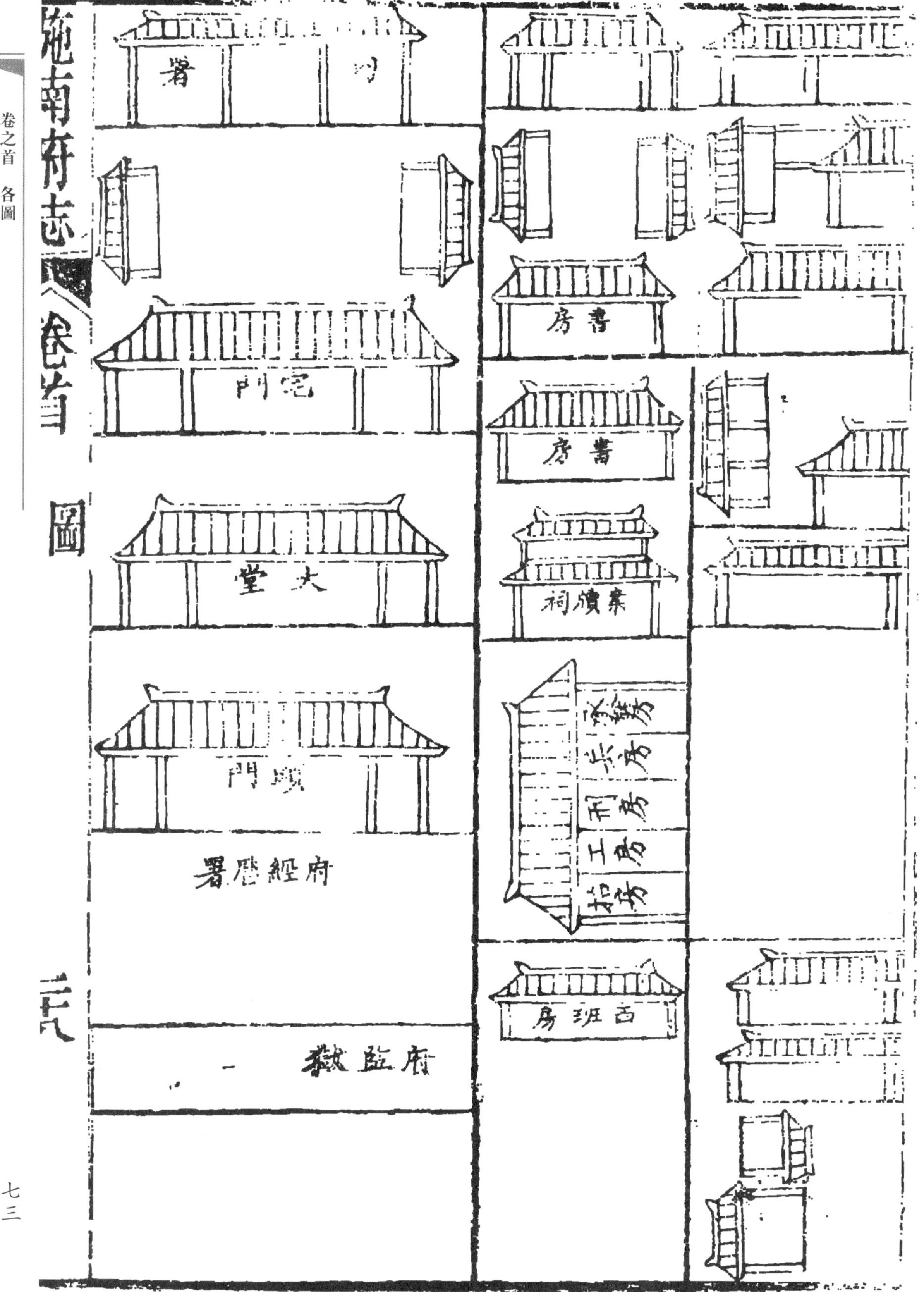
施南府志　卷之首　圖　三八
門署
宅門
大堂
儀門
府經歷署
府監獄
書房
書房
案牘祠
承發房
兵房
刑房
工房
招房
西班房

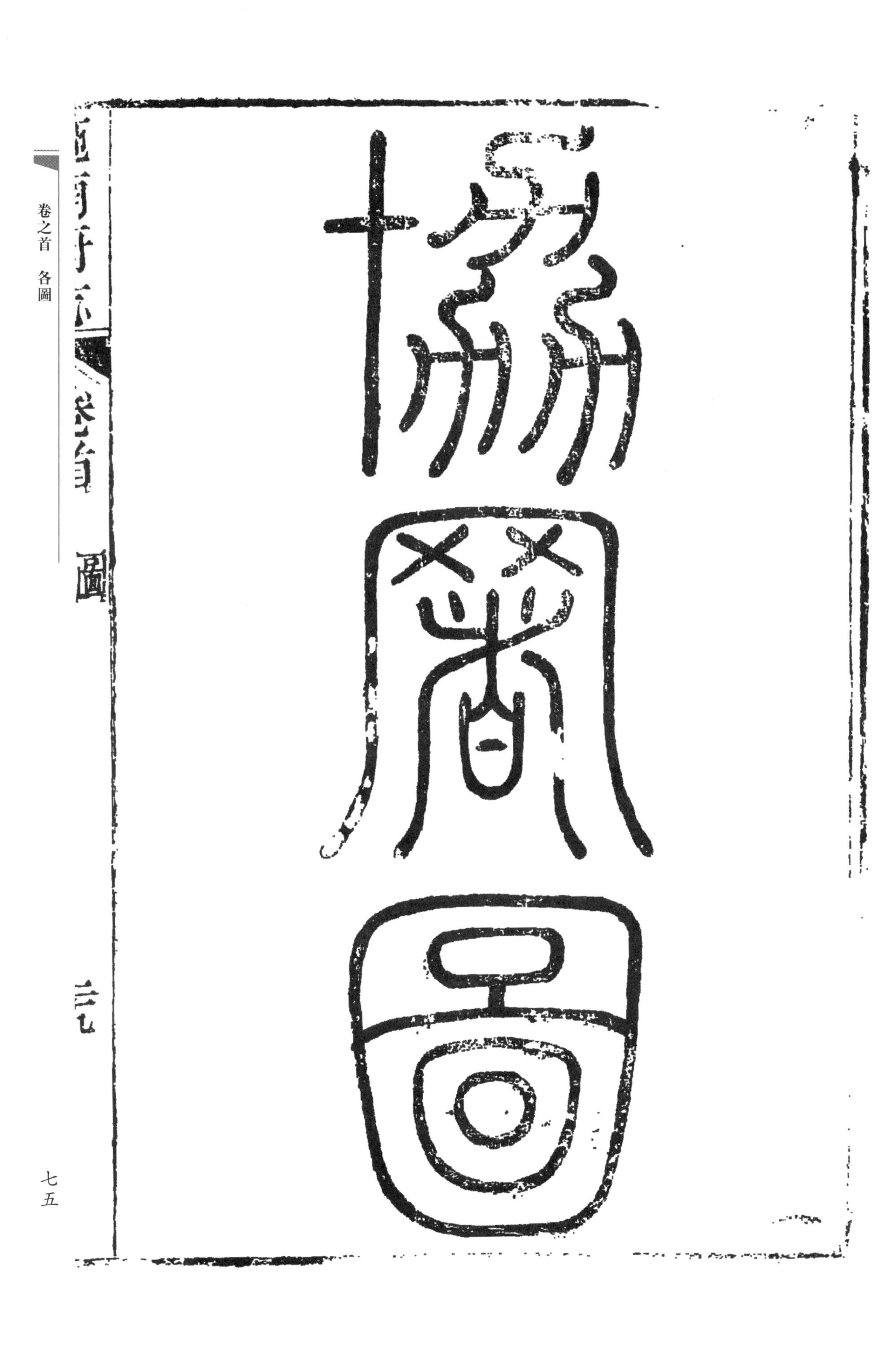

演武廳
官廳

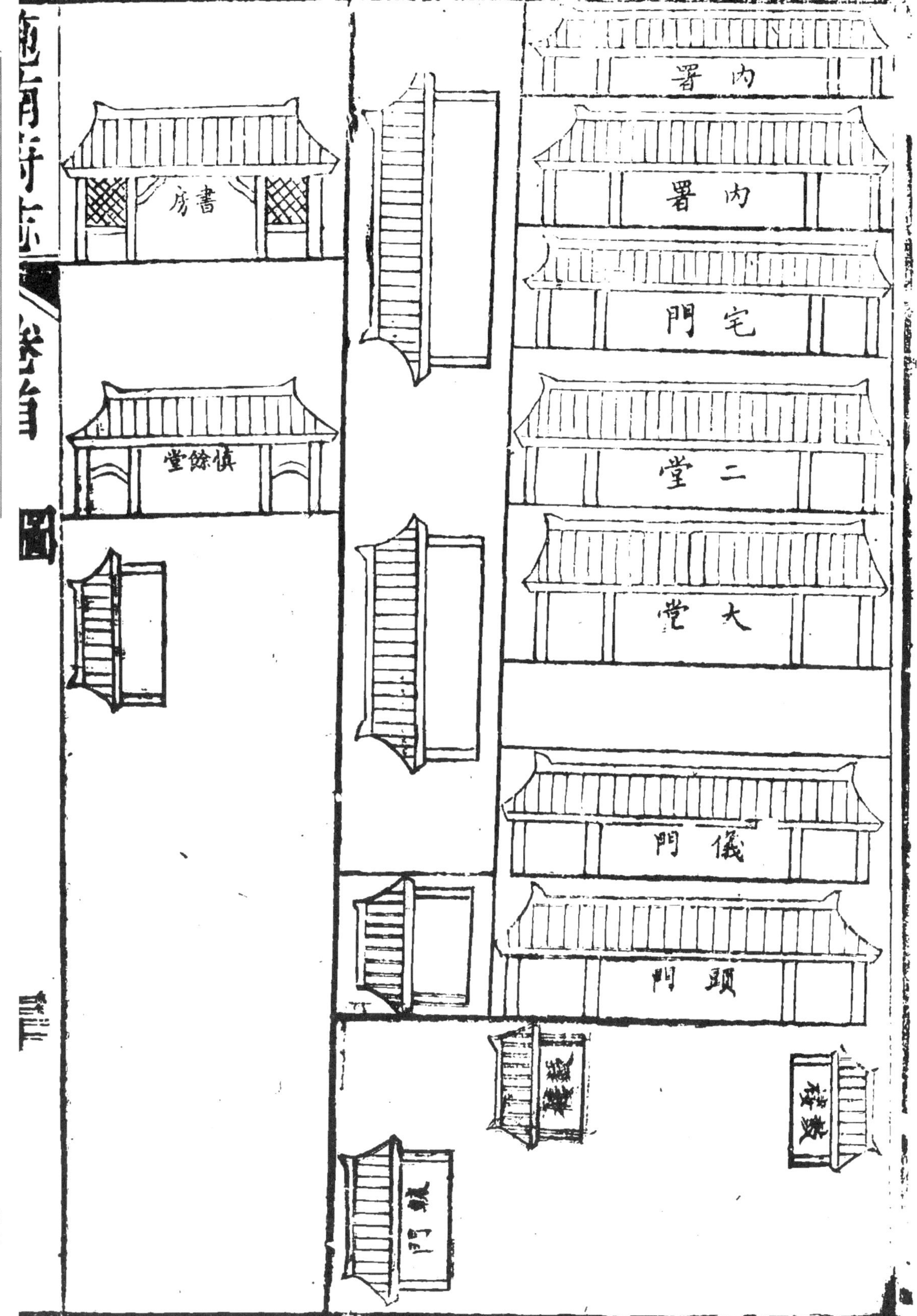
內署
內署
宅門
二堂
大堂
儀門
頭門
書房
慎餘堂

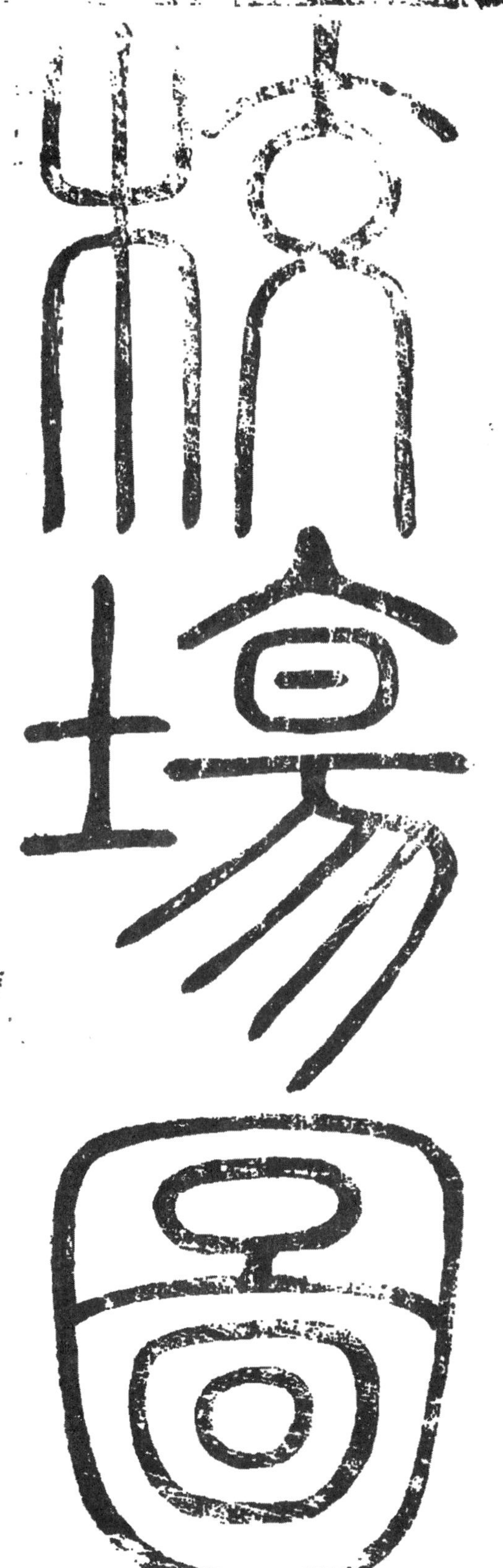
校場圖

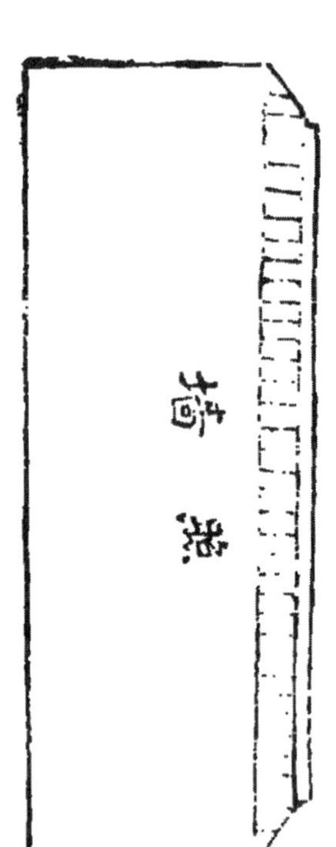

馬道

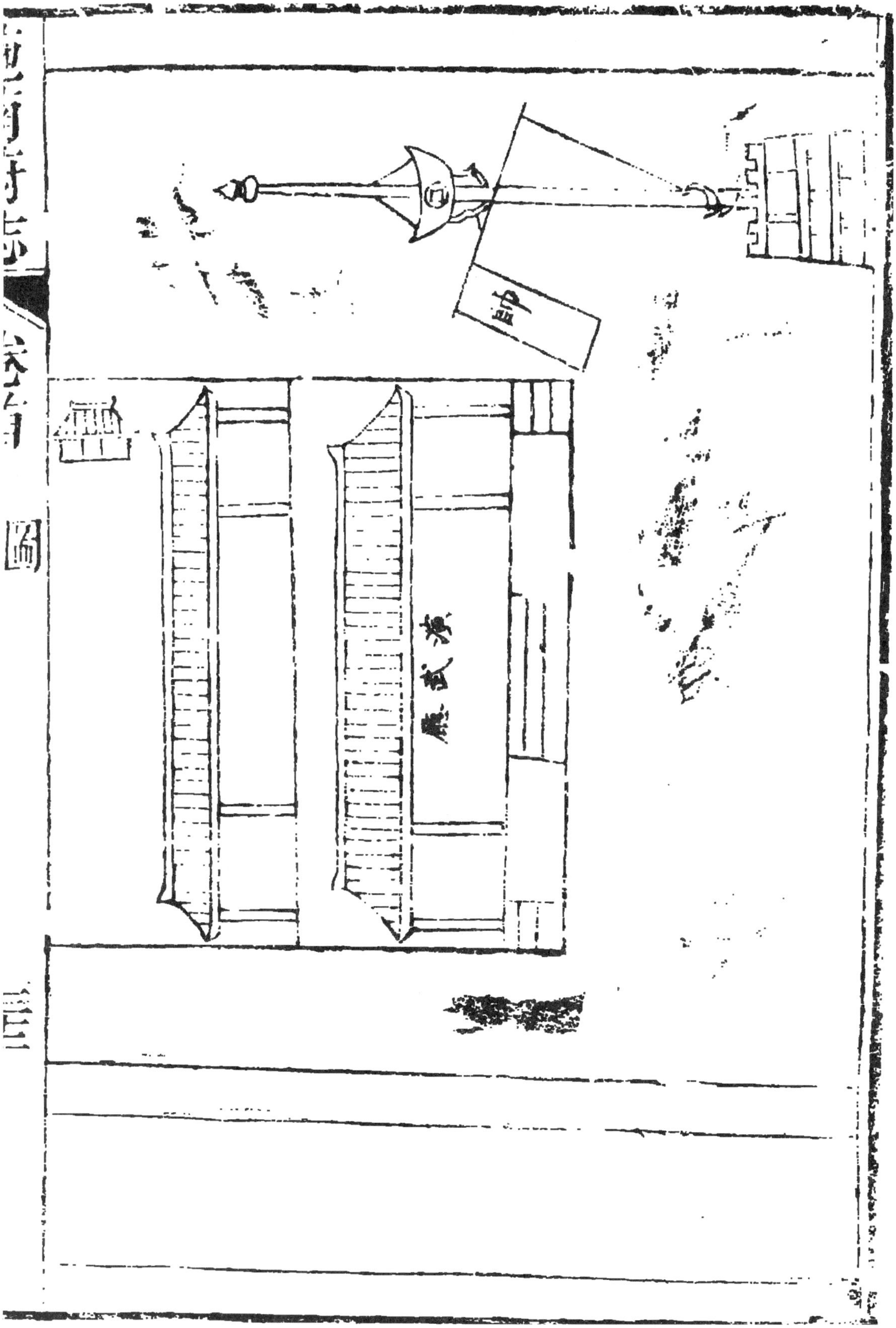

演武廳

帥

圖

三三

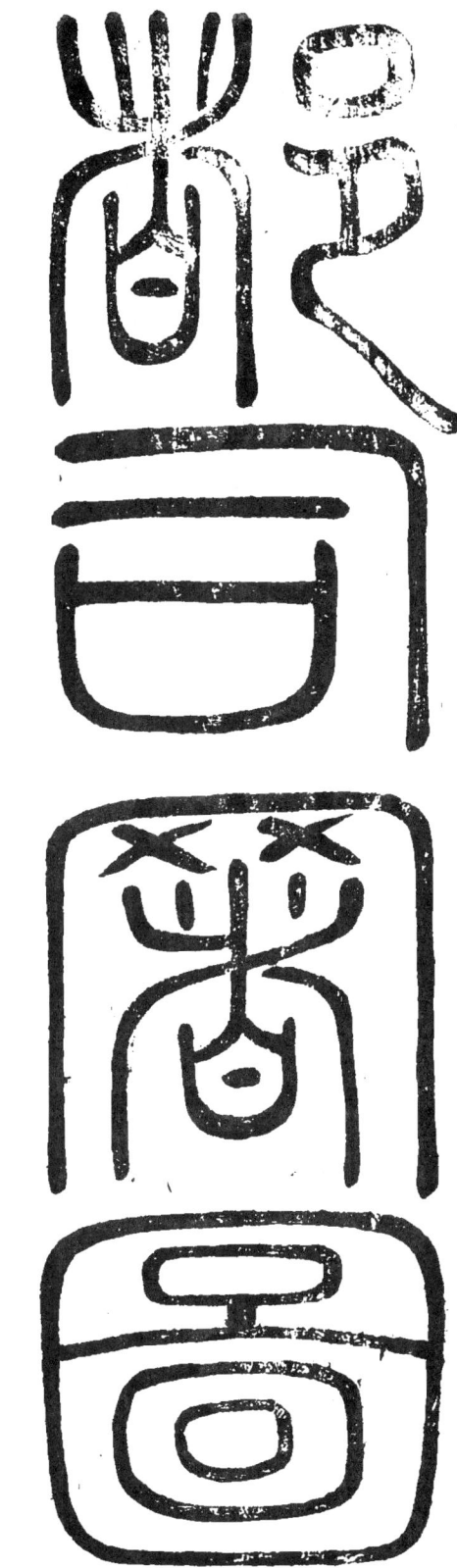

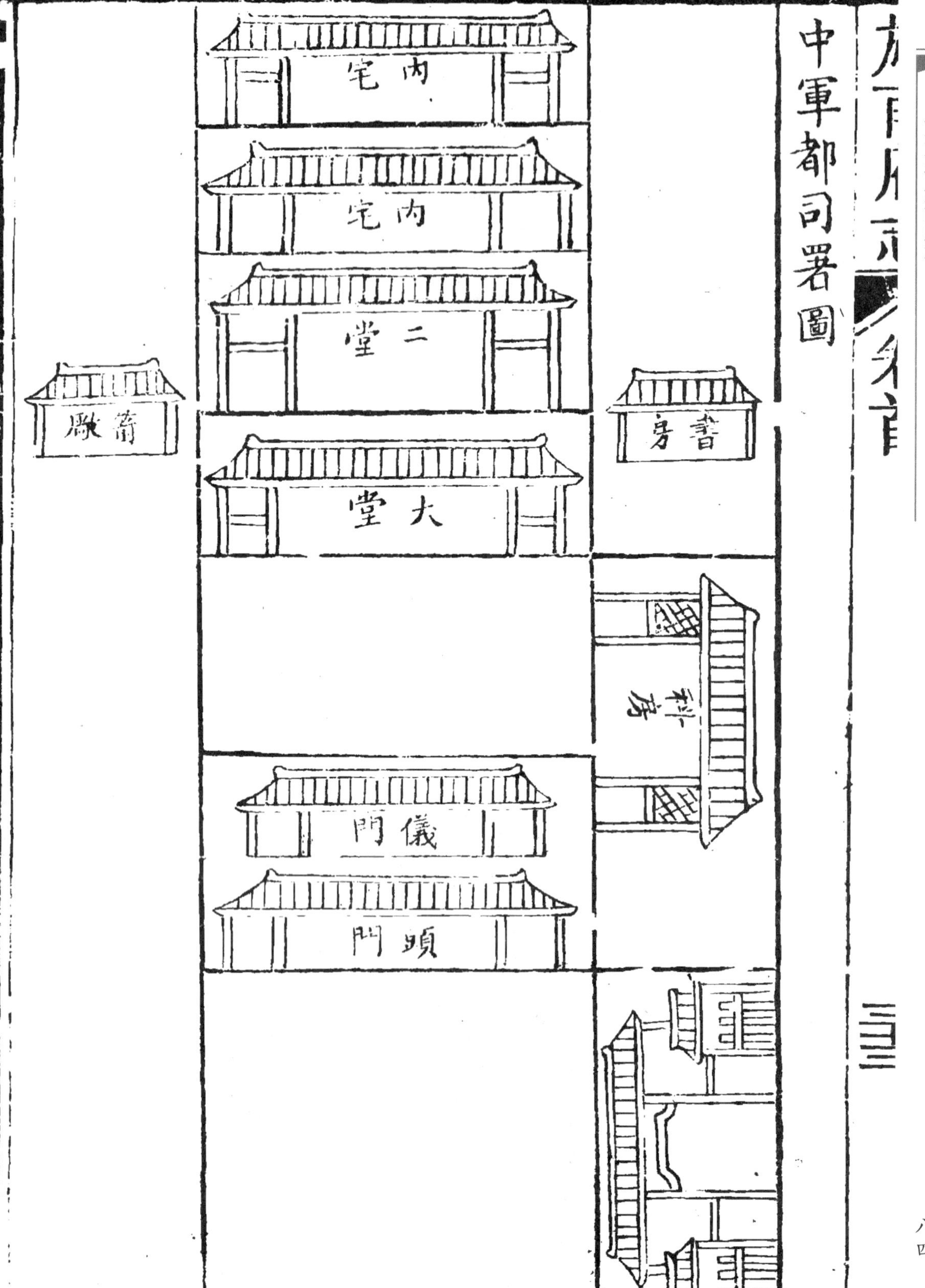

施南府志　卷首
中軍都司署圖
內宅
內宅
二堂
大堂
儀門
頭門
齋廚
書房
科房
三

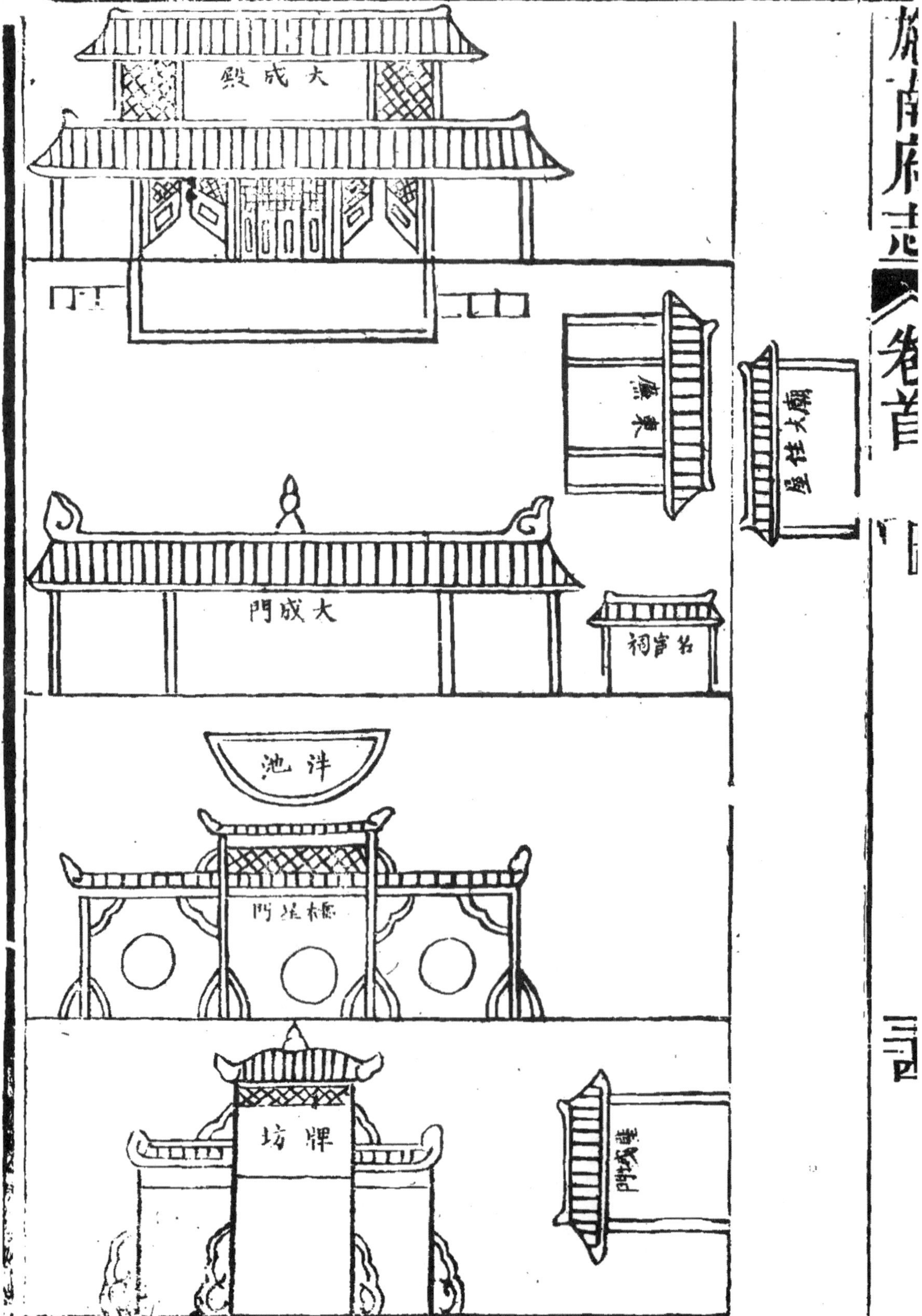
大成殿
東廡
大成門
名宦祠
泮池
欞星門
牌坊

德安府志　卷首　圖　三五

崇聖祠

內署

西廡

尊經閣

鄉賢祠

儒門

學署

明倫堂

賢關門

頭門

南郡書院圖

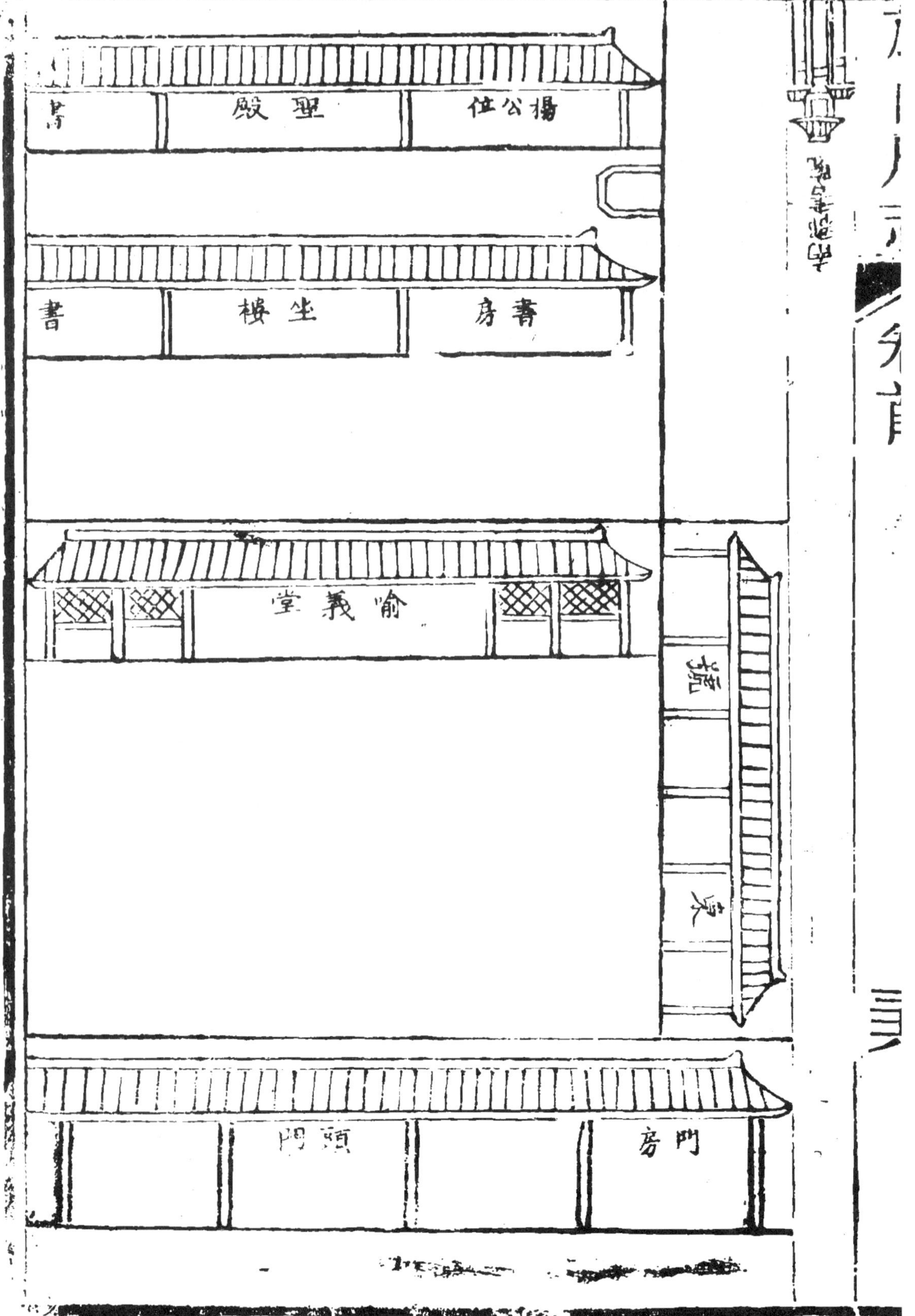

楊公位
聖殿
書房
坐樓
喻義堂
門房
頭門

廚房
房
房
花廳
花棚
魚池
門房

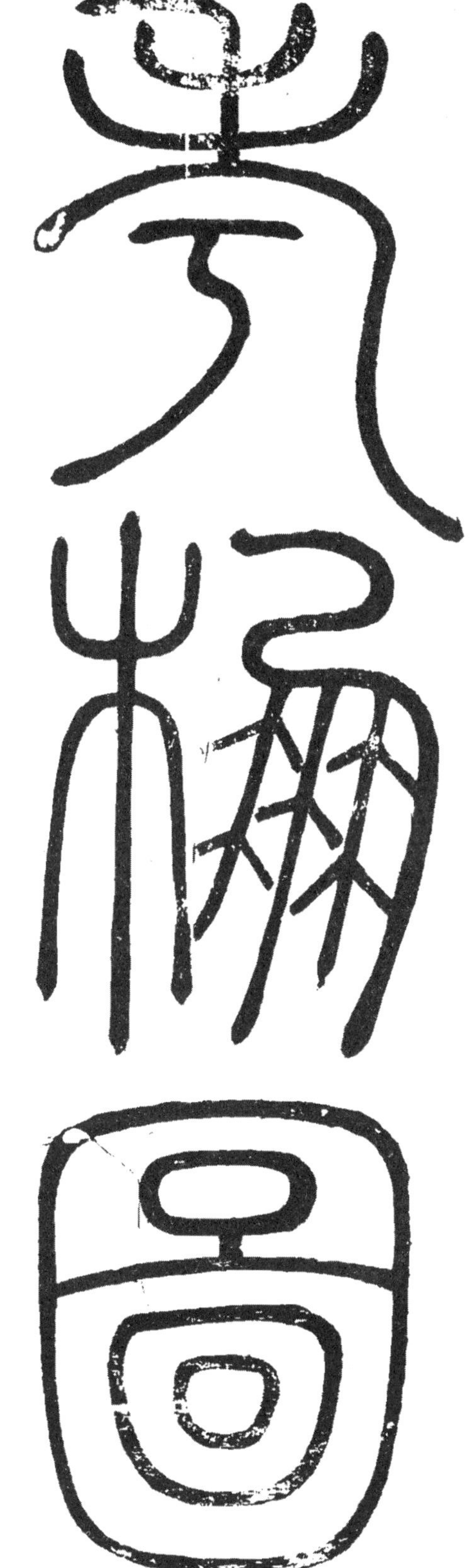

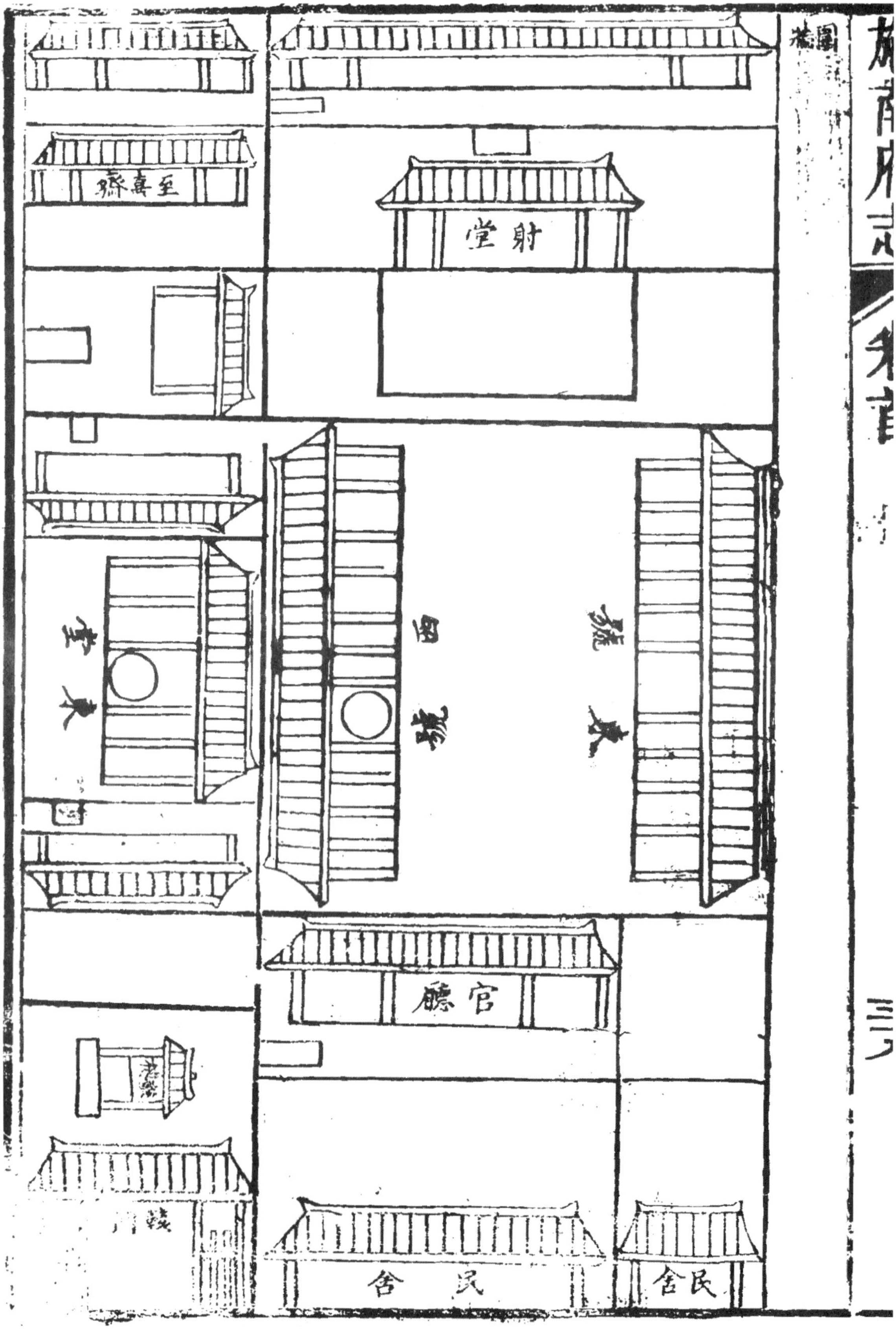

至喜齋
射堂
東書房
西號房
東號房
官廳
民舍
民舍

内署
二堂
宅門
大堂
儀門
頭門
供應屋
民舍

漢江源流圖

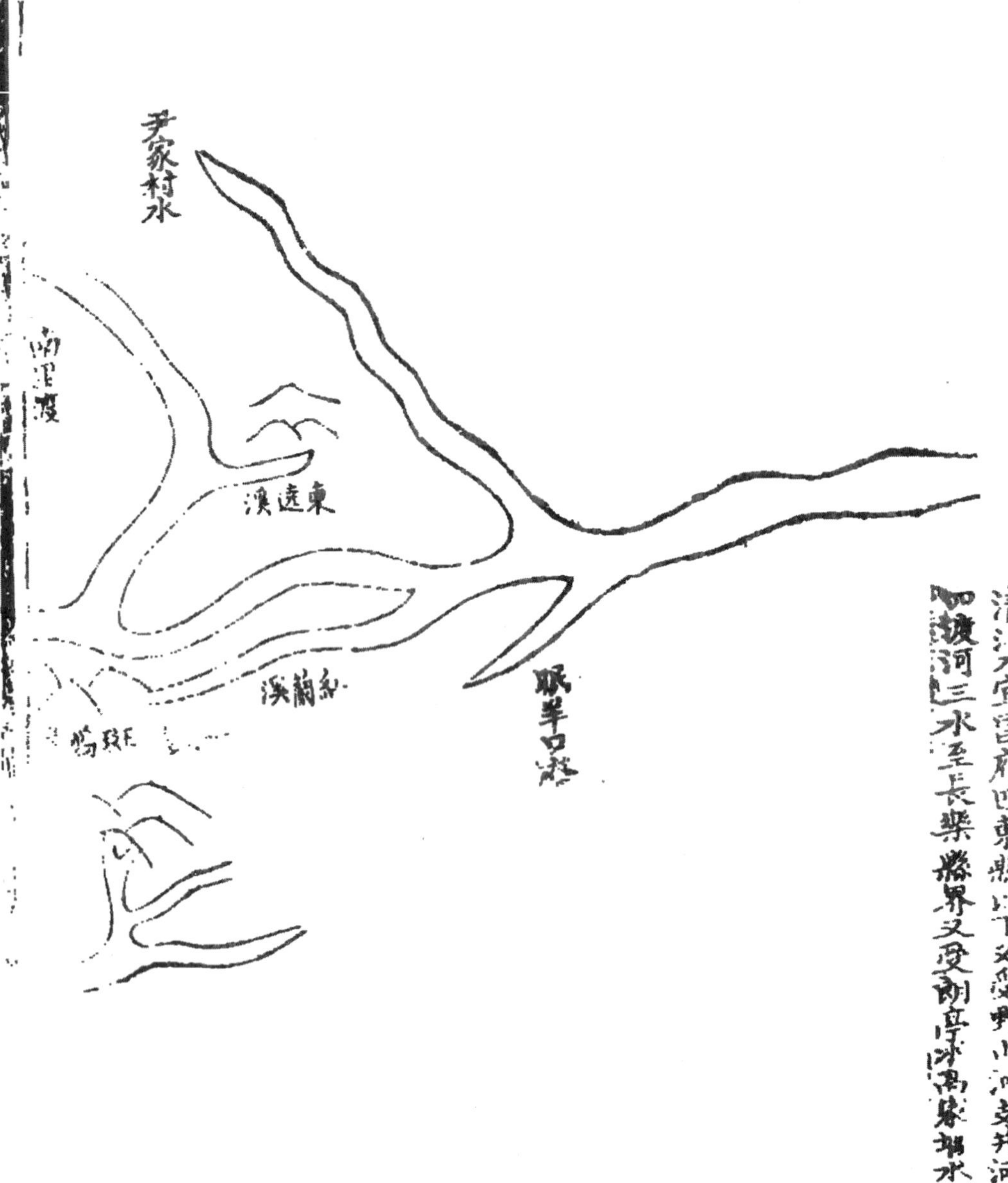

清江入宜昌府巴東縣以下又受野山河支井河

[illegible]渡河三水至長樂縣界又受朗亭溪周家堋水

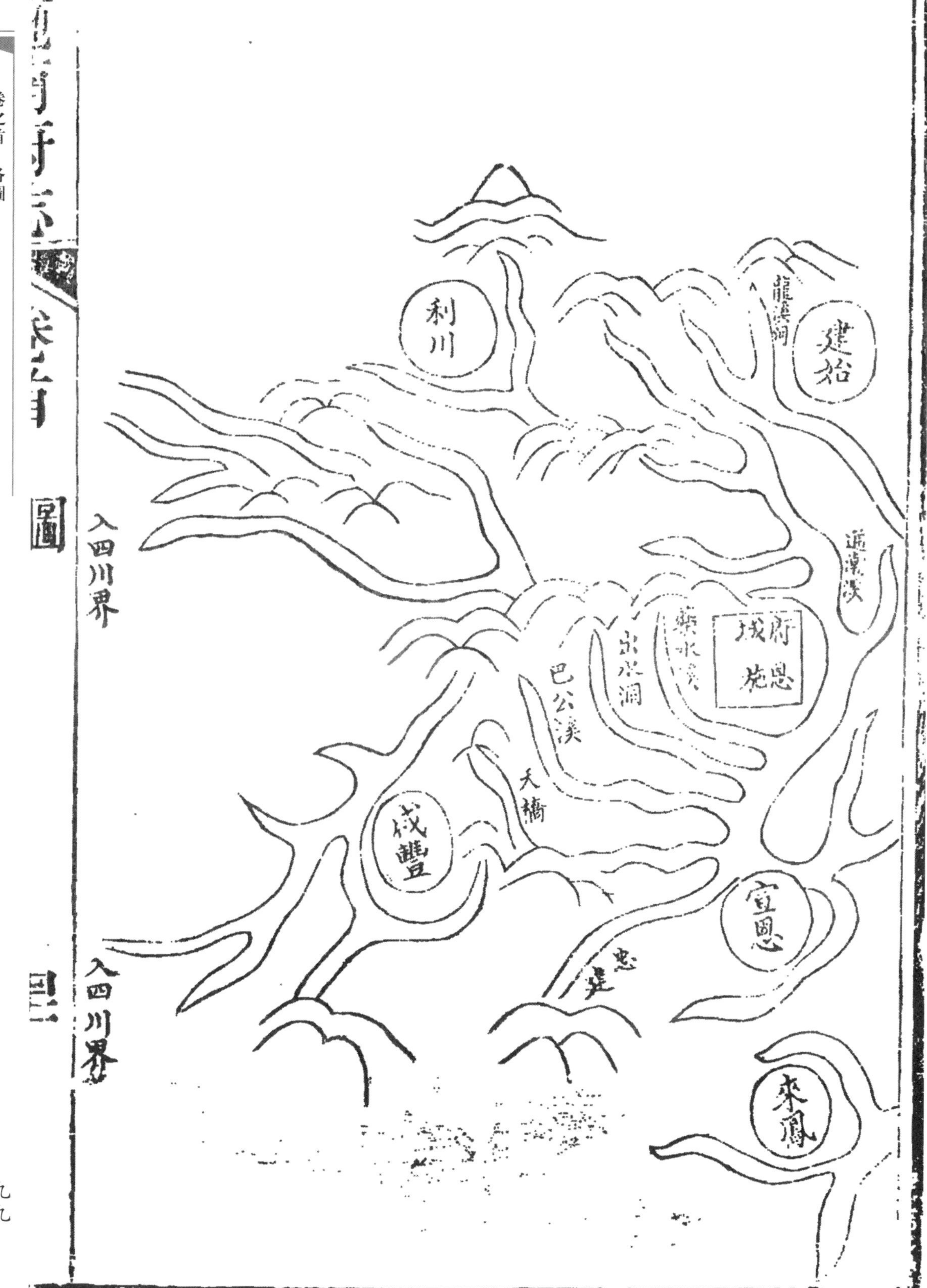
圖
利川
建始
恩施府城
巴公溪
天橋
咸豐
宣恩
忠建
來鳳
入四川界
入四川界

施南府志卷之一

知施南府事王協夢監修

疆域

方輿

天有分星宿度匾之地有疆域山川限之雖郡邑分併歷代攸殊而地理亘古不易異同之迹可考而知則分星之應乎疆域者亦無難定也施本楚地翼軫分野前代或隸荆或隸夔或爲建平或爲清江而楚地楚星則不可易志疆域

即著星野而備考歷代之沿革焉

施南府隸湖北布政司在省城西南一千九百八十七里至京師三千七百里

東抵宜昌府鶴峯州大崖屋交界距府城二百二十里

東南抵湖南永順府龍山縣殷家壩交界距府城二百七十五里

南抵永順府龍山縣七寨交界距府城四百三十里

西南抵四川黔江縣高家山交界距府城三百六十里

西抵四川夔州府萬縣龍駒壩交界距府城三百一十八里

西北抵四川石砫廳交界距府城五百六十里

北抵四川夔州府巫山縣五龍觀交界距府城三百三十五里

東北抵宜昌府巴東縣三尖觀交界距府城二百二十五里

東西距五百三十八里南北距七百六十五里領縣六

恩施縣　附郭

東至施州塘與建始縣金鹿塘交界距城一百八十里

東南至抱木埡與宣恩縣白地壩交界距城七十里

南至大崖與宣恩縣太平壩交界距城一百五十里

西南至杉木孔與利川縣粗石溪交界距城一百八十里

西至中塘與利川縣長峽塘交界距城九十里

西北至太陽河與四川奉節縣石乳關交界距城一百七十里

北至新水田與建始縣青崖交界距城一百十四里

東北至龍生坝與建始縣邱佩塘交界距城一百二十

里

東西距二百七十里南北距二百六十里

宣恩縣

府南九十里

東至牛喫水與宜昌府鶴峯州上塘交界距縣治一百三十里

東南至經歷寨與湖南龍山縣殷家壩交界距縣治一百四十里

南至瑪瑙湖與湖南龍山縣分水嶺交界距縣治一百六十里

西南至關口與來鳳縣夾口寨交界距縣治一百六十里

西至土魚塘與咸豐縣馬蟥垱交界距縣治九十里

西北至天蒜坪與恩施縣車窰交界距縣治八十里

北至抱木埡與恩施縣九道水交界距縣治三十里

東北至萬寨與恩施縣三岔口交界距縣治七十里

東西距二百五十里南北距一百九十里

來鳳縣

府南二百七十里

東至簡家塘與湖南龍山縣正南壩交界距縣治五里

東南至近鳳河與湖南龍山縣謝家壩交界距縣治三里

南至界址溝與龍山縣七寨交界距縣治一百六十里

西南至梅子坳與四川酉陽州馬蟥溝交界距縣治二百一十里

西至羅二溪分水嶺與咸豐縣土老坪交界距縣治八十里

西北至老鴉關小箐與咸豐縣忠堡交界距縣治一百五里

北至寮葉船分水嶺與宣恩縣冉大河交界距縣治五十里

東北至關口塘與宣恩縣爛泥壩交界距縣治二十里

東西距八十五里南北距二百一十里

咸豐縣

府西二百四十里

東至龍坪與宣恩縣宋家溝交界距縣治八十里

東南至老鴉關與來鳳縣三堡嶺交界距縣治四十五里

南至分水嶺與來鳳縣羅二箐交界距縣治四十里

西南至水井塘老鴉關與四川黔江縣白家河交界距縣治一百四十里

西至黑崗與利川縣洗松坡交界距縣治一百五十里

西北至牛池子與西興壩四川彭水縣林水交界距縣治二百一十里

北至龍背河與利川縣石門坎交界距縣治二百四十里

東北至石人坪與宣恩縣太平壩交界距縣治一百五里

東西距二百五十里南北距二百二十五里

利川縣

府西北一百八十里

東至石板頂與恩施縣黎兒城交界距縣治一百八里

東南至金東坡與咸豐縣小水坪交界距縣治一百三十里

南至天望坡與咸豐縣東鄉交界距縣治一百六十里

西南至後鄉塘與四川彭水縣交界距縣治二百五十里

西至掛子山與四川石砫廳桅杆壩交界距縣治二百二十五里

西北至銅鑼關與萬縣交界距縣治[illegible]百[illegible]十里

北至支羅屯與四川萬縣龍駒壩交界距縣治一百四十里

東北至窖金堆與四川奉節縣交界距縣治四十里又

與恩施縣交界距縣治九十五里

東西距三百二十八里南北距三百里

建始縣

府東北一百二十里

東至宜昌府巴東縣土地嶺交界距縣治一百六十里

東南至宜昌府鶴峯州虎鷄嶺交界距縣治二百九十里

南至恩施縣龍駒河分界距縣治三十里

西南至恩施縣貓兒坪分界距縣治十五里

西至鹿子渡石梯子與恩施縣交界距縣治三十里

西南至四川夔州府奉節縣三角椿分界距縣治八十五里

北至四川巫山縣界石嶺交界距縣治一百二十里

東北至巫山縣楊柳荒交界距縣治九十里

東西距一百九十里南北距四百四十里

形勝

施南府東北入南郡之巫縣西北入巴郡魚復朐忍東入南郡之佷山南入牂牁之夜郎山明水秀 圖經

地當巴荆之會隱然爲西南重鎮 舊志

五峯環其東客星峙其西天樓面其南石乳攔其北清江麟溪合流於前 方輿勝覽

東臨荆湖西抵巴蜀近瞰巫峽遠控夜郎 湖北通志

恩施縣

清江自北來曲繞郡城至城南入峽兩岸山對峙如門

郡西藥水麒麟巴公諸溪水至此俱會春夏水漲迴瀾轟雪洶屬大觀峽口舊有觀瀾寺今廢

問月臺在郡北門外碧波峯上清江繞其下相傳李太白謫夜郎過此把酒問月有亭今圮

卓筆峯正當南離一名雙翠兩峯並峙如案頭雙管翠色欲流

城東五峯山纍纍如貫珠清江環其麓水秀山明洵一郡之勝也

龍洞在城東十五里中有泉子午二時水輒漲起尺餘俗傳與潮汐相應歲旱禱雨輒應下爲通潮溪

城西猿啼山複嶺相連横亘天表三冬積雪皭然不可正視郡人以雪盛占來歲有年

官坡在郡東門外下當清江渡口朝陽初上水光日影交相映射極爲可觀

郡西五里客星山重嶂複嶺每當夕陽在山餘霞徧照如萬道金繩洵巨觀也

宣恩縣

紫荆翠聳玉帶清流　萬山環繞一郡胸腹

來鳳縣

龍山西峙鳳亭北翥　川湖肘腋滇黔咽喉

咸豐縣

後擎仙掌前列秀屏

利川縣

龍泉西峙金山東盤　凌雲塔在縣北六十里南坪

建始縣

五陽之地楚蜀咽喉

分野

星經翼二十八星凡十八度

星經軫四星凡十七度

施州衞禹貢荆梁二州之域天文翼軫分野明一統志

江南道古揚州南境岳鄂潭衡永道郴邵黔辰錦施敘奬夷播思費南溪溱爲鶉尾分唐書地理志

南郡江夏零陵桂陽武陵長沙及漢中汝南諸郡皆古荆州而同分翼軫今之江陵公安石首松滋枝江夷陵宜都長陽遠安歸州巴東興山則荆之南郡止分翼四度而襄陽宜城南漳及安陸鍾祥潛江荆門當陽沔陽天門華容之東境與焉由施州溯瞿塘諸衛其地跨梁益屬巴郡參八度井鬼相接之野而荆

其餘分舊荆州府志

九州十二域各有分星或係之北斗或係之二十八宿或係之五星夔州荆梁二州之域州主於衡梁主於開陽此係之北斗者也鶉尾之次其州曰荆實沈之次其州曰梁此係之二十八宿者也熒惑主楚鎮星主梁此係之五星者也夔界其中厥宿翼軫厥次鶉首厥辰爲未厥星熒惑厥斗衡皆其分野舊夔州府志

南方七宿曰鶉首鶉火鶉尾石氏星經云南宮赤帝其精朱鳥爲七宿井首鬼目柳喙星頸張嗉翼翮軫

尾司夏司火司南嶽蓋鶉無尾故以軫爲尾也午上有鶉鳥星在星之東首西尾東故爲朱鳥星未爲鶉首巳爲鶉尾南嶽正當午位而中分則所屬之躔次可得而言矣今按晉之南郡止自遠安以下其夷陵而上則别爲建平郡而隸之夔故分止翼十度作荆志者乃並歸州巴東長陽興山數之是將建平一郡混入南郡大非晉書之意不然施州與巴東接壤安有巴東入翼十度而自施以上即入井鬼相接者乎以天之午位分之施直南嶽稍西則夔志云其次鶉

首其辰未者甚爲有據又按永順施東境也翼軫分野夔施西境也翼軫分野則施雖分翼而其與軫相接也明矣湖廣通志所云星蜀地楚文獻通考所云得秦餘分者亦占驗之一助云耳其實施去房陵白帝尚遠也然則地固楚星亦楚謂翼分野亦可惟以巴東爲入翼十度則施郡分野不明此大不可也宋氏府志稿

施本楚地星亦楚分一統志所云翼軫分野者本無可疑自宋氏採及荆夔二志遂滋疑竇其論以荆志爲非以夔志爲可據實則鶉首之次其辰未者卽屬井鬼宋氏蓋不明列宿之位也要之施屬荆州翼軫分野唐書天文志地理志已有明文不得因地接梁益遂疑分野之有異也又晉書地理志建平與南郡俱屬荆州宋氏謂建平隸夔者亦無據施州至宋始隸夔州路

施南府志卷之一終

施南府志卷之二

知施南府事王協夢監修

疆域

沿革

凡郡邑志必詳沿革顧考施郡之沿革較各郡邑爲難蓋施在勝國以一衛控諸土司從前爲衛志者於衛事已不能詳追問土司事哉至於建始一邑自蜀歸楚爲邑志者更不及上詳衛事此考証之難也茲詳稽各史地理志得其大畧列表於前並備錄原文爲沿革志惟期信而有徵焉後有作者更能博考旁參則溯委尋源此亦其嚆矢也夫

沿革表

上古	廩君國	州郡府直隸州縣土司羈縻州
唐虞夏商	荆梁二州之域	
周	夔子國地	
春秋	巴子國地	
戰國楚秦	巫郡	

秦	黔中郡		
漢	南郡		
三國吳	荆州	建平郡	沙渠 信陵 建始
晉	荆州	建平郡	沙渠 建始
宋	荆州	建平郡	沙渠 建始
梁	荆州	宜都郡	宜昌
後周		施州 清江 江州 鹽水	烏飛
		資田郡 亭州 業州	
隋開皇	荆州總管	清江郡 津州	清江 鹽水 開夷 建始
大業		清江郡改爲庸州	巴山
義寧			開夷
唐開元	江南道黔中採訪使	清江郡	清江 建始
天寶		清化郡	
乾元		施州	
宋	夔州路	施州 清江郡	清江 建始 羈縻懿州
			羈縻安定州
元	四川省夔州路	施州	清江 建始 都元帥一
			軍民府三 千戶五 土司七
明	湖廣都司	荆州府 施州衛	五所 二十五土司
國朝康熙	湖廣	荆州府 施州衛	十八土司
雍正六年	湖廣湖北	直隸歸州	改衛爲恩施縣 土司仍舊
雍正十三年		施南府	
乾隆元年		施南府	恩施縣附府 改十五土司爲宣恩來鳳咸豐利川四縣 建始自夔州府來屬 共六縣

施南府志　卷之二　沿革表　二

沿革表　前表統系六縣不能清晰茲更分縣爲表

	施南府	恩施	宣恩	來鳳	咸豐	利川	建始
周	初爲巴子國地後爲夔子國地戰國屬楚巫郡地後入於秦						
秦	黔中郡						
漢	南郡地						
三國吳	建平郡	巫縣地					巫縣地
	永安中分宜都郡置						
晉宋	建平郡	沙渠信陵					建始縣

施南府志　卷之二　沿革表　三

齊梁	宜都郡梁置	巴山					
陳魏		川郡治不置縣					
後周		鹽水烏飛					業州建德三年
		江州					復置併置貢田郡
隋	施州	清江縣					建始縣
	初廢郡大業初廢州	開皇五年置屬清江					開皇廢郡大業廢州
	義寧二年復	縣					以縣屬清江郡
唐	施州清江郡	清江縣州治					建始縣
							貞觀八年以屬施州
五代	施州屬蜀			羈縻感化州			
宋	施州清江郡	清江縣州置	羈縻地	初爲富州羈縻柔遠尋爲柔遠州			建始縣
				州並羈縻地			
元	施州	清江縣至元	施南宣慰司治邊溪	散毛司	散毛司	官渡壩屬施州	建始縣
		二十二年併入州	尚招討司				
明	施州衛指		施南宣撫	散毛宣撫	大田所	官渡壩屬施	建始縣洪武
	揮使屬湖廣都		司忠峒高羅木册	司蠟壁東流大旺	唐崖龍潭金峒三土	州衛又忠路忠孝沙	中改屬四川夔州府
	司		忠建共六	卯峒漫水司		溪三土司及	
			土司	共六土司		支羅南坪	

歷代沿革

施州禹貢荆梁二州之域春秋爲巴國界戰國屬楚巫郡地秦屬黔中郡漢屬南郡三國吳及晉屬建平郡後周於此置亭州及清江郡隋初郡廢州存大業初改名庸州治清江縣尋改州爲清江郡義寧初改爲施州唐以州隸江南道開元間改清江郡天寶初改清化郡乾元初復爲施州宋屬四川夔州路元以清江縣省入州屬夔州路明洪武初仍置施州屬夔州府後置施州衛二十三年省州入衛改置施州衛軍民指揮使屬湖廣都司編戸三里領軍民千戸所一宣撫司三安撫司八

長官司八蠻夷長官司五而容美長官司亦在境内焉

明一統志

後漢書南蠻列傳巴郡南郡蠻本有五姓巴氏樊氏瞫音審氏相氏鄭氏皆出於武落鍾離山代本曰廩君之先故出巫誕也其山有赤黑二穴巴氏之子生於赤穴四姓之子皆生黑穴未有君長俱事鬼神乃共擲劍於石穴約能中者奉以爲君巴氏子務相乃獨中之衆皆歎服又令各乘土船約能浮者當以爲君餘悉沉惟務相獨浮因共立之是爲廩君乃乘土船從夷水至鹽陽荆州圖曰副夷縣有溫泉古老

相傳此水元出鹽于今水有鹽氣縣西一獨山有石穴有二大石並立穴中相去可一丈俗名爲陰陽石陰石常濕陽石常燥盛宏之荊州記曰昔廩君浮夷水射鹽神于陽石之上按今施州清江縣水一名鹽水源出清江縣西都亭山水經云夷水巴郡魚復縣注云水色清照十丈分沙石蜀人見澄清因名清江也○劉攽云注夷水巴郡魚復縣按文少一經字鹽水有神女謂廩君曰此地廣大魚鹽所出願留共居廩君不許鹽神暮輒來取宿旦即化爲蟲與諸蟲羣飛掩蔽日光天地晦冥積十餘日廩君思其便因射殺之天乃開明代本曰廩君使人操青縷以遺鹽神曰嬰此即相宜云與女俱生宜將去鹽神受縷而嬰之廩君即立陽石應青縷而射之中鹽神鹽神死天乃大開也○劉攽曰注即相宜云與女俱生宜將去按文少一不字廩君於是君乎夷城四姓皆臣

之廩君死魂魄世爲白虎巴氏以虎飲人血遂以人祀焉及秦惠王并巴中以巴氏爲蠻夷君長世尚秦女其民爵比不更劉攽曰按巴氏之君可有爵耳民何故輒得之明衍民字有罪得以爵除其君長歲出賦二千一十六錢三歲一出義賦千八百錢其民戶出幏布八丈二尺雞羽三十鍭說文幏南蠻夷布也音公亞反毛詩四鍭既均儀禮一鍭一乘鄭元注四鍭猶候也候物而射之也三十鍭一百四十羽俗本幏作蒙鍭作鏃者並誤也○劉攽曰三十鍭三羽當九十若四矢爲一鍭則三百六十無緣得一百四十九未詳

漢興南郡太守靳彊請一依秦時故事

三國志吳志永安三年七月分宜都郡置建平郡

晉書地理志荊州建平郡吳晉各有建平郡太康元年合統縣八巫北井泰昌信陵興山建始秭歸沙渠

宋書地理志建平太守吳孫休永安三年分宜都立領信陵興山秭歸沙渠四縣晉有建平都守尉領巫北井泰昌建始四縣晉武帝咸寧元年改都尉爲郡於是吳晉各有建平郡太康元年吳平併合五年省建始縣後復立永初郡國有南陵建始信陵興山永新永寧平樂七縣今並無按太康地志無南陵永新永寧平樂新鄉五縣疑是江左所立信陵興山沙渠疑是吳立建始晉初

所立也領縣七按下截戶口總一郡計今不錄巫秭歸歸鄉北井泰昌沙渠晉起居注太康元年立按沙渠是吳建平郡所領吳平不應方立未詳新鄉

隋書地理志清江郡後周置亭州大業初改爲庸州統縣五戶二千六百五十八鹽水後周置縣並置資川郡開皇初郡廢大業初置清江郡巴山梁置宜都郡宜昌縣後周江州開皇初置清江縣十八年改江州爲津州大業初州廢省清江入焉清江後周置施州及清江郡開皇初郡廢五年置清江縣大業初州廢有陽瞿水開夷後周置曰烏飛開皇初改焉建始後周置業州及亭郡開皇初郡廢五年置縣大業初州廢

唐書地理志施州清化郡本清江郡天寶元年更名七貢麩金犀角黃連蠟藥實縣二清江義寧元年置開夷縣武德元年省入

焉
建始義寧二年置業州貞觀八年州廢
宋史地理志夔州路施州下清江郡軍事元豐戶一萬
九千八百四貢黃連木藥子縣二清江中下有歌羅永寧細沙亭邊夫
木夷平六砦熙寧六年五月省施州永興砦置夷平砦元豐三年七月廢永寧置行廊安雄二砦建始
中下有速天一砦監一廣積紹聖三年置鑄鐵錢
元史地理志夔路下○按戶口總一路計不能分斷不錄至元十五年立
夔州路總管府以施隸焉施州下唐改清江郡又改清化郡又復爲施州宋因
之舊領清江建始二縣至元二十二年併清江入州領
一縣建始世祖本紀至元二十五年以施州之清江縣

隸夔路總管
明史地理志施州衛軍民指揮使司元施州屬四川行省夔州路洪
武初省十四年五月復置屬夔州府六月兼置施州衛
軍民指揮使司屬四川都司十二月屬湖廣都司後州
廢存衛北有都亭山東有連珠山五峯關在山下又東南有東門山東北有清江自四川黔江縣流入
一名夷水亦曰黔江諸水皆入焉下流至宜都縣入於大江領所一宣撫司四安撫
司九長官司十三蠻夷官司五北距布政司千七百里
大田軍民千戶所洪武二十三年又四月以散毛宣
撫司之大水田置東有小關山西南有萬頃湖與酉陽界又南有深溪關北有硝場產硝
東北距衛二百二十里施南宣撫司元施南道宣慰司洪武
四年十二月因之後廢十六年十二月復置屬施州衛
二十七年復廢永樂二年五月改置長官司屬大田軍
民千戶所四年三月升宣撫司仍屬衛東有舊治後遷夾壁龍孔郎今
治也西有前江發源七藥山西南流與後江合入四川彭水縣界北距衛一百里領鎮安
撫司五東鄉五路安撫司元東鄉五路軍民府洪武四年十二月改置長官司後升
安撫司領長官司三蠻夷長官司二搖把峒長官司元又把峒安撫司後廢宣德三年五月改
置上愛茶峒長官司下愛茶峒長官司二長官司俱元容美峒地至大
二年置懷德府屬四川南道宣撫司至順二年正月升宣撫司至中正升軍民宣慰司太祖甲辰年六月改軍

民宣撫司後廢宣德三年五月改置鎮遠蠻夷官司宣德三年五月置隆奉蠻夷
官司元隆奉宣撫司洪武四年十二月改長官司後廢宣德三年五月改置蠻夷官司忠路安
撫司明玉珍忠路宣撫司洪武四年改安撫司二十三年廢永樂五年後置領長官司一劍南長
官司宣德三年五月置忠孝安撫司元置洪武四年十二月改置長官司尋復改二十三
年廢永樂五年復置金峒安撫司元置洪武四年十二月改長官司永樂五年復改宣德三年五
月領蠻夷官司一隆慶五年正月降爲峒長西坪蠻夷官宣德三年五月置中峒安
撫司嘉靖初置散毛宣撫司元至元二十年四月置散毛峒蠻夷官司三十一年五月升爲
府屬四川行省至正六年七月改散毛砦等處軍民宣慰司明玉珍改散毛宣慰使司都元帥洪武七
年改散毛沿邊宣慰司屬四川重慶衛二十三年廢永

樂二年五月置散毛長官司屬大田軍民千戶所四年三月升宣撫司屬施州衛南有白水河一名酉溪自忠建宣撫司流入又東南入永順司界東北距衛二百里領安撫司二　龍潭安撫司元龍潭宣撫司明玉珍改長官司洪武八年十二月改龍潭安撫司屬四川永樂二十五年改置領蠻夷官二　東流蠻夷官司洪武八年十二月置東流安撫司屬四川後廢宣德三年五月改置來屬　大旺安撫司明玉珍大旺宣撫司洪武八年十二月因之屬四川永樂五年改置領蠻夷官二　忠建宣撫司元忠建軍民都元帥府明玉珍因之　洪武五年正月改長官司六年升宣撫司二十七年四月改安撫司尋廢永樂四年復置宣撫司屬施州衛南有白水河源出將軍山西南流車東河自容美司來合焉

施南府志　卷之二　沿革　十

北距衛二百五十里領安撫司二　蠟壁峒蠻夷官司宣德三年五月置　忠峒安撫司元湖南鎮邊宣慰司明玉珍改沿邊溪峒宣撫司洪武五年正月改沿邊溪峒長官司後廢永樂四年三月改置南有西溪　高羅安撫司元高羅宣撫司明玉珍安撫司洪武六年廢永樂四年三月復置領長官司一　思南長官司成化後置　容美宣撫司領長官司五盤順椒山瑪瑙五峯石寶石梁下峒水盡源通塔坪今改鶴峯州屬宜昌府茲不詳　木冊長官司元木冊安撫司明玉珍改長官司　洪武四年廢永樂四年三月復置屬高羅安撫司宣德九年六月直隸施州衛　鎮南長官司元宣化鎮南五路軍民府尋改鎮邊毛嶺峒宣慰司明玉珍改鎮南宣撫司　太祖丙午年二月因之尋廢洪武八年十二月屬施州衛

十三年復廢永樂五年改置直隸施州衛　唐崖長官司元唐崖軍民千戶所明玉珍改安撫司　洪武七年四月改長官司後廢永樂四年三月復置直隸施州衛南有黔水郎清江之上源

明制施州衛轄五里三所三十一土司內容美宣撫司並所領五司所惟鶴峯州屬宜昌府施南府所轄只二十五司　市郭里　都亭里　崇寧里　附郭左右中三所　大田軍民千戶所　支羅鎮守百戶所

附

雷思霈施州衛方輿書

舊志本荊州府志載有此書其中記二所及十四土

施南府志　卷之二　沿革　十一

司溯源上古迄於勝國歷代沿革並詳各土司疆域土舍傳襲燦若列眉似若可信第細按之則其所稱上古者不過古蠻夷國古溪峒地巴子五溪地山獠夜郎地今按五溪夜郎本非施州地即與相接亦不能分孰爲五溪孰爲夜郎也又云荊梁二州西北境夫荊之西爲梁梁之東爲荊荊梁西北當在何境至稱大田散毛爲宋富州忠建爲宋保順州忠峒高羅爲唐珍州考唐書宋史俱不合詳控制志及夜郎考其載各土舍姓名皆與明史不合然出於土人記載

故辨而存之

大田所

古蠻夷國秦屬黔中郡漢屬武陵郡唐屬黔中道五季爲感化州宋爲富州地尋改爲柔遠州元爲散毛峒洪武五年定其地二十三年屬千戶所仍名散毛尋改爲大田軍民千戶所領百戶所一土官百戶所十剌惹等三峒

支羅所

古蠻夷國原支羅上下峒長舊隸龍潭司嘉靖四十四年因峒長黄中叛討平之遂割半置所立屯以百戶二員世鎮之而今峒司屬焉其出處地至詳見龍潭在衛西二百五十里

施南宣撫司　明一統志隸施州衛

禹貢荆梁二州西北境屬巴子國宋崇寧中覃都管馬始納土輸賦令隸施州元置鎮邊萬戶總管府至元二十三年改忠義軍民安撫司至正二年叛都元帥紐璘諭降之改施南宣撫司明玉珍據蜀始更宣慰爲施南宣撫司洪武四年大軍克瞿塘中山侯遣使黄述招覃

大富入朝署施南長官司七年升宣撫十四年叛討平之二十三年定其地永樂二年改長官司屬大田軍民千戶所四年復升爲宣撫仍屬衛編戶三里領東鄉忠路忠孝忠峒四安撫司後皆不屬

國朝因之東至高羅五十里西至萬縣五百五十里南至大田六十里北至本衛六十里在衛南一百里自洪武四年覃耳毛始

東鄉五路安撫司　明一統志隸施南宣撫司

古溪峒地宋爲細沙砦屬施州乃順州之西界也元仍之明玉珍置東鄉五路宣撫司洪武四年歸明六年置安撫司二十三年廢永樂五年復置宣德三年令領搖把上下愛茶三峒長官司及鎮遠隆奉二蠻夷官司五年省編戶一里東至忠峒一百二十里西至施南二十里南至高羅四十里北至本衛界三十里在衛南一百五十里天啟三年因征黔覃天允及子陣亡題加二級擬宣撫司自洪武四年覃起喇始

忠路安撫司　明一統志隸施南宣撫司

禹貢荆梁二州之域施之西北界宋屬龍渠縣元爲施

州屬明玉珍置宣撫司洪武四年歸明改安撫二十三年廢永樂五年復宣德三年令領劍南長官五年省編戸一里舊司在施城南二龍壩因隣侵改衛北東至金峝二百里西至石砫司五十里南至黔江一百里北至萬縣一百里在衛北四百里

國朝因之自洪武四年覃世旺始 按明史係覃英非世旺

金峝安撫司 明一統志隸施南宣撫司

古蠻夷國春秋蠻與羅子共敗楚師楚師復振遂屬楚秦昭王伐楚取之屬黔中郡漢屬武陵郡唐屬黔中都

督府宋為磨嵯洛浦地元屬施州明玉珍僭擬為五路總管府洪武四年歸明尋叛二十三年定其地永樂五年置安撫司宣德三年令領西坪蠻夷官司隸施南宣撫司隆慶五年土舍覃璧殺兄據地叛命將平之削其爵為峝長以次支承主其地屬支羅百戸所

國朝屬衛在衛南一百四十里後徙衛西南二百五十里東至大田五十里西至都亭一百二十里南至龍潭七十里北至市郭三十里至衛城三百里自洪武四年覃耳毛始

忠孝安撫司 明一統志隸施南宣撫司

禹貢荊梁二州西北境春秋楚子滅巴巴子兄弟五人流入五溪即其地宋為西高州元置大奴勾管等峝長官司至正十一年七月改忠孝軍民府十五年四月改軍民安撫司明玉珍改宣撫司洪武四年改安撫司二十三年廢永樂五年復編戸一里東至高羅三十里西至施南五里南至施南十里北至東鄉二十里自洪武四年田墨施始 明史田大英永樂四年置

散毛宣撫司 明一統志隸施州衛

古蠻夷國亦巴子五溪地春秋戰國皆楚地秦惠王欲楚黔中地以武關易之即此漢屬武陵郡唐屬黔中都督府五代為感化州宋為富州尋改柔遠州元因之尋廢為散毛峝至元三十一年峝主覃順入貢陞為散毛府至正六年改宣撫司明玉珍改宣慰使司都元帥洪武七年改宣慰司割其半為大田所編戸一里領大旺龍潭二安撫司東至永順一百八十里西至大田八十里南至大旺五十里北至木册一百六十里在衛西南四百五十里自洪武四年覃野旺始

大旺安撫司 明一統志屬散毛宣撫司

古未通中國宋熙寧六年章惇經制溪峒始納上爲大翁迦峒屬師壁峒安撫司至元三十一年置宣撫司洪武四年歸明尋叛六年仍置宣撫司再叛二十三年定其地永樂五年改安撫司編戶三里宣德五年令領東流蠟壁二長官司與龍潭俱隸散毛五年省入大田所東至刺惹五十里西至大田百里南至刺惹五十里北至散毛五十里在衛南五百里自洪武四年田驢蹄始

龍潭安撫司 明一統志隸散毛宣撫司

古蠻夷國秦屬黔中郡漢屬武陵郡唐屬黔中都督府宋爲施州南砦地元置安撫司明玉珍改宣撫洪武四年歸明改安撫二十三年廢二十五年復置編戶一里領上下支羅二峒後支羅叛改所東至大田二十里西至萬縣七十里南至唐崖二百里北至金峒四十里在施南西二百五十里自洪武四年田起剌始 按明史係田應虎

忠建宣撫司 明一統志隸施州衛

古蠻夷國屬楚秦代楚屬黔中漢屬武陵唐屬黔中道宋屬保順州界元置軍民都元帥府明玉珍據蜀仍忠建都府洪武四年歸明六年改宣撫尋叛十四年改安撫再叛二十三年復宣撫編戶三里領忠峒高羅二安撫司東至永順一百三十里西至散毛五十里南至木册三十里在衛南二百五十里自洪武四年田恩俊始

忠峒安撫司 明一統志隸忠建宣撫司

古蠻夷地秦屬黔中漢屬武陵充縣地吳晉屬天門郡梁置建昌縣隋開皇初屬施州十八年改充州大業廢唐爲珍州宋置順州元置湖南鎮邊宣慰司明玉珍改沿邊溪峒宣撫司洪武四年歸明尋叛十四年討平二

十三年招降永樂四年置安撫司編戶三里東至永順一百里西至高羅五十里南至高羅三十里北至東鄉一百里在衛東南二百五十里自洪武四年田鑾王始

高羅安撫司 明一統志隸忠建宣撫司

古山獠夜郎郡地唐貞觀七年開山峒置舞州龍溪郡領夜郎麗皐樂源三縣長安四年省麗皐樂源領夜郎渭溪二縣開元十三年更名鶴州大歷五年以州有珍山改名珍州置夜郎郡元和二年廢五代復名鶴州宋乾德三年七月刺史田景遷內附仍賜名珍州開寶元

年景遷言本州年歲荒沴乞改高州又名曰西高州元置石溪峝長官司後又改高羅寨長官司尋升宣撫司明玉珍改安撫洪武四年歸順尋叛六年置安撫司再叛二十三年定其地永樂五年復置編戶二里領木册長官司東至永順二百里西至施南七十里南至忠建三十里北至忠孝三十里在衛東南九十里自洪武四年田大卓始按明史係田大名非大卓

木册長官司　明一統志隸施州衛

古夜郎地元置安撫司明玉珍改長官司洪武六年歸

明置長官司尋叛永樂四年復置編戶三里東至大田一百里西至石硅司二百里南至黔江三十里北至龍潭三十里在衛西南四百里自洪武六年覃起送始按明史木册長官司田谷佐永樂四年置

東流蠟壁二蠻夷司　明一統志隸施州衛

二司沿革皆同原附大旺地徑二百餘里大旺之分族也東流自田銘始蠟壁自田大旺始

國初制衛治仍舊凡十八土司

東鄉安撫司　忠建宣撫司　施南宣撫司

右三司後各以罪廢

忠峝宣撫司　散毛宣撫司　忠路宣撫司

忠孝安撫司　高羅安撫司　木册安撫司

大旺安撫司　金峝安撫司　蠟壁安撫司

東流安撫司　唐崖安撫司　龍潭安撫司

沙溪安撫司　卯峝長官司　漫水長官司

右十五土司歸流後各予世襲

以上凡十八土司較之明史無搖把上下二愛茶鎮遠隆奉鎮南劍南中峝思南而有沙溪卯峝漫

水其沿革之故不能悉也　今按雍正年間所修會典載湖北承宣布政使分轄　該布政使司所轄土司十六　宣慰司一　容美宣撫司隸荊州府今改爲鶴峯州

宣撫司四　施南宣撫司　散毛宣撫司　忠峝宣撫司　忠建宣撫司以上俱隸荊州府

安撫司七　東鄉安撫司　忠孝安撫司　金峝安撫司　忠路安撫司　高羅安撫司　大旺安撫司　龍潭安撫司以上俱隸荊州府

長官司四　唐崖長官司　木册長官司　蠟壁

長官司　東流長官司以上俱隸荊州府

以上凡十六土司惟容美改爲鶴峯州今隸宜昌府餘十五司皆改爲縣屬施南府與舊志所載又不同當從　會典

國朝康熙三年施始歸順廢指揮千百戸設流衛制守備千總各一員教授訓導各一員廢倉使驛丞營制遊擊守備各一員千總二員把總四員一駐大田一駐支羅一駐戎角一守城廢屯軍割荊鎮馬戰守兵共五百四十二名永駐防施十三年吳三桂據雲南

叛施入於逆至十九年歸順後譚宏據四川叛施又陷於逆次年歸順

湖廣總督臣邁柱

題爲請改州縣以重地方以速案件事該臣看得湖北荊州一府管轄州縣衛所共計一十五處綿延千有餘里凡遇盤查錢糧倉庫提審命盜案件每多遲延蓋緣該府所屬之歸州巴東興山長陽四州縣施州大田二衛所俱地處山僻離府窵遠文移往返動需時日一經駁查卽逾例限且界連他省接壤土司是以田土爭訟

亦管於他邑而衛弁又無承審命盜之例每遇命案必詳委隣邑驗審往返就鞫更躭時日臂指鮮應呼應不通此事多遲悞之所由來也臣密加查訪按諸輿論隨與撫臣藩司會商必須改設州縣庶於地方有益去後今據湖北布政使黃焜詳議請將歸州改爲直隸州施州衛裁改爲縣大田所裁去所弁歸併縣轄同興山巴東長陽三縣併隸歸州管轄刑名錢穀事件俱令該州督催彙轉歸州原有州判一員今應復設以資督緝施州衛千總裁改典史一員就近查緝其官俸役食以舊

日衛所之俸薪儘數應用再施州原有專營遊擊大田所原有施州營把總一員帶兵可資彈壓無容另議再施州衛原管之施南十五土司應歸縣轄令歸州兼轄巡荊道統轄施州改設知縣典史則以守備千總衙署居住巡檢則以大田所衙署居住歸州州判有原設衙署可以居住無容另議蓋造其施州衛有原設教授訓導二員取進生員一十五名今應仍照舊制俟教授任滿再有補選之日卽改爲教諭員缺但各州縣設有祭祀鄉飲舉貢長夫孤貧花布等項銀兩應照例逐一添

設統候查核
題允之日另造細册呈請咨達等因請
題前來臣覆查歸州改爲直隸州施州衛更設爲縣在
該州管轄四縣則盤查倉庫審理刑名任專地近案件
易結一轉移間實於荆南要地大有裨益再施州衛既
改爲縣如蒙
俞允恭請
皇上欽定縣名所有該縣及大田所巡檢印信並該學
條記應請鑄給以昭職守合併聲明臣謹會同湖北撫

臣馬會伯合詞具
題伏乞
皇上睿鑒勅部議覆施行
雍正六年題改恩施縣七年設官與興山長陽巴東同
隸歸州十年東鄉司覃壽春以長子得罪正法諸子不
才呈請改流十一年忠建土司田興爵以横暴不法侵
龍山改設內地經南臬審實擬罪改流俱爲恩施縣地
雍正十三年施南司覃禹鼎以淫惡抗提擬罪改流又
容美司田明如窮凶極惡覃禹鼎及東鄉司覃壽春長
子楚昭皆其壻也每犯罪輒匿容美屢提不出當事以
其先人從征紅苗有功置弗問明如怙惡不悛至是特
參拏問明如畏罪自經忠峒司田光祖等糾十五土司
呈請歸流湖廣總督邁柱題以十五土司各境並原設
恩施縣增爲一府五縣將撥隷夔州府之建始縣割還
特設施南府轄六縣省歸州直隸改容美及所領五司
爲鶴峯州隷宜昌府乾隆元年定各屬疆域及文武官
制一切經費悉如他郡近以土流稠雜滋生日盛案件
益繁乾隆四年湖北巡撫兼署湖廣總督陳輝祖題請

施南府及恩施縣俱改爲繁疲難三字要缺

施南府領縣六

恩施 宣恩 來鳳 咸豐 利川 建始

施恩縣內地

除將原屬之支羅等處撥分各縣外仍以恩施爲附郭
首邑周圍九百八十里

宣恩縣土司地

忠峒高羅木册東鄉忠建施南石虎七司地共設一縣
周圍九百餘里縣治即施南司

來鳳縣 土司地

散毛蠟壁大旺東流卯峒漫水六司地共設一縣周圍五百餘里縣治卽散毛司屬之桐子園

咸豐縣 土流各半

大田所及唐崖龍潭金峒三司地共設一縣周圍八百餘里縣治卽大田所

利川縣 土流各半

忠路忠孝沙溪三司併恩施屬之支羅南坪堡及施南司屬之官渡壩龘石等處共設一縣周圍九百九十八

里一分縣治卽官渡壩龘石

建始縣 內地

按明一統志本漢巫縣地晉置建始縣屬建平郡後周置業州隋廢州郡以縣屬清江郡義寧初復置業州唐貞觀中州廢以縣屬施州宋元因之明初置施州衛洪武二十三年撥衛入楚割夔今建始距夔三百餘里爲施南入省必由之路故設府後仍撥歸施南周圍一千零五十五里

施南府志卷之二終

施南府志卷之三

知施南府事王協夢監修

疆域

山川

楚爲澤國而施地多山蓋居楚之上游接壤黔蜀故山獨多於諸郡焉水惟清江爲大雖源於蜀然蜀水多濁而此獨清以掩映於碧波翠濤諸山則圖經所稱山明水秀者信矣夫山嵯峨而水清駛其人亦宜磊砢而英多其有應

昌期而出者乎志山川

施南府 恩施縣

回龍山在城內昂然奇秀如龍回顧登高瞻眺城景歷歷如畫下有圓通寺

象耳山在城內一名舵樓山上有修篁佳木下有流觴曲水明天順間建元妙觀於上學使吳白華改爲象牙山

鼇春山在城內舊名龜山向建城隍廟於上後改建文昌祠及奎星樓移城隍廟於山下此山登覽可盡城

內外之勝學使吳白華改今名有詩載藝文志
成山在城內一名中印山上建成山書院後建土主廟
巴公祠均廢
瑞獅岩在城東南隅城跨其上岩壁鐫有釣臺二字
聯珠山在城東清江上五峰相連如貫珠亦名五峰山
宋政和中封山神爲嘉惠侯賜廟額曰永福今圮
龍首山與連珠山相接控清江之口新建連珠塔於上
官莊在府城東里許爲出山大道
鳳凰山在城東五里形勢天然宛如鳳踞

椅子山在城東十五里宋開慶初郡守謝昌元移州治
於此以據險要亦名州基山俗名舊州城
金瓦山在城東四十里崖石鱗次狀如屋瓦而色黃
石盤山在城東四十五里山頂有大石如盤
天樓山在城東五十六里山勢聳拔如危樓倚天
羊角山在城東六十里雙峰對峙亦名羚羊溪
銀頂山在城東八十里有高峰數十丈
畫屏山在城東百里翠巘丹嶂排列如畫
玉峰山在城東一百二十里近畫屏山恩建交界處峰
頂有眞武廟木梯鐵索以上廟外絕無餘地
斑鳩崖在城東一百里崖長五十里望之如城郭山上
卽戕角村村後山名五葆山東有翠屏山
楊平山在城東南又有龍津山黃石山
活龍山在城南里許踞麒麟溪上俗呼活龍奔江今名
斷龍山
文筆山在城南五里雙峰卓立如筆亦名雙翠山山之
西又有丹鳳玉女二山
天成山在城南十五里兩峰干雲一水匝地中間橫石

成橋約四五丈爲南行大道名天橋
篝山亦名銀鑛山在城南三十里相傳舊出銀鑛西有
鐵冶
羅盞山在城南五十六里崒然數峰如覆螺杯一名螺
盞山
洪巖山在城南七十里由九拐山而上高出羣山上建
元妙觀俗呼小武當
金猫岩在城南一百二十五里地名欄牆口有岩絕高
岩半一石約長二三尺黃黑成文作伏拱勢如猫岩

[illegible]有青石數枚若鼠俗呼金猫捕鼠此岩在天池塘
之前
相公石在城南一百三十里地名鋸子梁有岩生石笋
長三尺許清明日踏青人擲小石能中者生子必貴
金雞山在城南一百四十里山産金雞故名
翠濤山在城西南五里勢如波濤層湧山外巨石突起
數十丈有竅南北通明俗號通明山
磨嵯山在城西南十里上有磨嵯神廟今圮
金柱山在城西南七十二里峰勢峭直其色如金

小紅山在城西里許周圍約四里平巒拖翠上有軍民
義塚
扇面山在城西三里
和尚岩在城西五里
宜山在城西五里與月臺對峙
瘦驢嶺在城西七里
先生坡在城西十五里相傳有名儒隱此見隱逸傳
紅崖山在城南十五里東有鼓樓岩
藥山在城西二十里上産藥物下瞰麒麟溪

客星山在城西二十里復嶺重嶂蛇蜒磅礴南連雪嶺
高出雲霄
猿啼山在客星山北丹崖碧嶂林木葱蒨多猿啼聲冬
常積雪一名雪嶺又郡東八十里亦有猿啼山
銅甕山在城西七十里
賀山在城西三百餘里
飛鳳山在城西北郭外以形似名
銀錠山在城西北郭外山勢橫亘如銀鑄成
鍾離山在城西産仙茅

豬馬山在城西北一百一十里
石乳山在城西北一百七十里爲恩利建三縣連界處
山石層疊多生石乳
都亭山在城西北二百里崇岡深巒映帶左右下多良
田廣圃後周於此置亭州
碧波峰在城北郭外曲折透迤蒼翠層湧望之如波濤
上有問月亭相傳李太白謫夜郎時於此把酒問月
詳古蹟志
挂榜岩在城北里許紅巖壁立宛如張榜

旗山在城北五里峰巒面面展若旌旗
望城坡在城北二十四里高峰特出上有紫雲觀
香城山在城北七十四里山多麝故名
金樓山在城北八十里崖石層疊狀若樓臺
車下岩在城北一百四十里地名墳前懸岩壁上生成
　車下二字
巾子山在城北一百六十里峰頂狀如巾
扞山在城東北二十里阻深據高便於扞敵故名
大甕坡在城東北三十里出了木峪大道

小甕坡在城東與大甕坡相近出三岔口大道
了木峪在城東北四十里
雙樹門在城東北九十里雙山並峙如門南陵渡大道
大石嶺在城東北二百里一名仙掌嶺
衛洞在東關外清江渡口俗傳江岸有蝦蟆石見則歲
　歉土人鑿此厭之
通天洞在城東十里其洞寬廠上有石竅通天內有田
　有溪有古碑元明時人多題咏
大龍洞在城東十五里內有澄潭每日子午泛潮聲聞
　數里通潮溪發源處歲旱禱雨多應
雨香洞在城東芷藥坪
神仙洞在城南五里洞懸半壁有丹竈石磴
影蛾洞在城南十五里天橋山下水光日影交映洞中
　有碑載藝文志
白節洞在城南
穿洞在城西南八里亦名穿山
仙人洞在城南九十里鳳陽山下中有石田畦畛悉具
　其流水聲宛若雷鳴

朝陽洞在城南一百里中有水清泚左右有石如鼓扣
　之有聲洞外沙洲恒有神人足跡土人遇旱禱雨多
　應驗
犀牛洞在城南一百二十五里舊鋪村洞門高一丈濶
　八尺村多桂菊當花放時人見洞中有牛出齧花追
　之仍入洞中故名旁又一洞左右兩門相通明季村
　人多避兵於此可容數百人今呼爲避兵洞
虎口洞在城西二十里客星山下
出水洞在城西二十里麒麟溪發源處

雙城洞在城北四十五里又東五十里有雙石城山下有雙洞

落水洞在城北六十里納七里溝水伏流十里出灣潭河又郡東亦有落水洞

穿山洞在城北六十里洞口偪仄中濶半里長里餘異石疊出皆具人物象又有石笋上下相接如屋棟玲瓏可觀旁有馬鞍山又有筆架山獅子山俱近杉木壩

七星洞在城北一百餘里七空迸流即龍馬溪發源處

清江一名夷水在縣北源出縣西北羅鍋堰東南流逕縣城東轉東北又東流入建始縣界又東流入宜昌府長樂縣界又東流入荆州府宜都縣界入大江」廩君乘土船從夷水至鹽陽注今施州清江縣水一名鹽水源出清江縣西都亭山（後漢書西南夷傳）夷水出巴郡魚復縣江東南過很山縣南（漢縣屬武陵故城在今長陽縣西）注夷水即很山清江也水色清照十丈分沙石蜀人見其澄清因名清江也水又逕建平沙渠縣縣有巫城南岸山道五百里其水歷縣東出焉夷水自沙渠入很山縣水流淺狹纔得通船東逕難留城又東逕石室又東與温泉三水合又東逕很山故城南南對長楊溪又東逕虎灘（水經注）清江自四川酉陽州屬之黔江經石硅驛過白楊渡入利川縣境至磁洞伏流三十里至七藥山紅鶴花壩復出東南流至龍潭三渡河水自西南注之至馬橋屯平溝河水自西南注之又伏流數十里復出爲雪照河馬溪水自東南注之又伏流三十里至恩施縣之木撫村復出新田溪水自北流注之徑馬寨村乾坪溪水自西南流注之又

十里落葉壩溪水自北流注之又十五里壓松溪水自西南流注之又十里帶河水自北流注之又十五里鹽水溪水自西南流注之又五里盤龍溪水自東北流注之至府城北遶而東通潮溪水自東流注之又繞城東而南藥溪水自西南流注之麒麟溪水自西流注之巴公溪水自西南流注之入峽口五里洗爵溪水自北流注之又十里天橋河水自南流注之又十五里金銀溪水自南流注之又五里爲長沙河復入峽至芷藥坪忠建河水自南流注之又二十里

爲風水河又五里爲銀潭河又五里南陵渡水自北流注之又五里東遶村水自南流注之又十里爲忠建渡口又十里紅蘭溪水自東南流注之至新渡壩過施州塘入建始縣境尹家村水自南流注之又三里眼羊口水自北流注之又三十里入宜昌府巴東縣境爲九龍潭野三河水自西北流注之又十五里支井河水自北流注之又二十里四渡河水自北流注之又三十里至長樂縣之監井頭亭水自北流注之又六十里爲曾顏口高家堰水自北流注之至荊州府宜都縣之淸江嘴入大江

按書禹貢和夷底績晁氏曰和夷二水名和水今雅州滎經縣北和川水自蠻界羅嵓州東西來逕蒙山所謂靑衣水而入岷江者也夷水出巴郡魚復縣東南過佷山縣南又東過夷道縣北東入於江

鐵溝水在城東五里一名洗爵溪

馬公泉在城東十五里舊施州地宋嘉祐中運使馬某按部至州以城跨山不可鑿井乃相視水脈以竹引此泉入城中公私賴之因立祠其上號馬公泉

蓮花池在城東二十五里

朝貢水在城東六十里源出宣恩縣萬里山北流入淸江

銀瀑在城東一百八十里斑鳩崖飛瀑如銀修篁間之望如珠簾掩映

紅蘭溪在城東一百八十里斑鳩崖下北流入淸江

木里溪在城東三百里源出長望洞曲折數百里沿溪萬山深僻旁有平地可耕

靈陽溪在城東四百里地近鶴峰州

龍平溪在城東南二百餘里合細沙溪

麒麟溪在城南郭外半里發源自西山至夏水極冷一名冷水河繞城南而東入淸江俗傳宋雍熙中有麒麟出此因名

巴公溪在城南里許有二源一出藥山一出城南三十里鼓樓山合於翠濤山下至城南二里入淸江

梅溪在城南巴公溪上流里許

天橋水在城南十五里源出黃連溪合石欄溪硃砂溪二里穿橋至芷藥坪入淸江

金印溪在城南三十里源出銀鑛山東流合覆盆水又
東合石板溪水北流三十里入清江
乾溪在城南三十五里
黃蓮溪在城南七十里
蝦蟆池在城南一百二十里池多蝦蟆方春水生輙跳
躑出岸間前趾變爲羽隨衆禽飛去土人常得之雀
網中
龜溪在城西南七里宋時産靈龜
頭渡河在城西南源咸豐縣十五里龍嵩口

硃砂溪在城西南三十五里合黃蓮溪徑天成山石橋
下又東北流入清江
芭蕉溪在城西南五十里
九龍溪在城西南七十里源出紅崖山下東北流合清
江一名甘平溪
天池在城西南九十里
菖蒲溪在城西南一百九十里源出東門山西流逕歌
羅砦會黃姑溪下流合於西溪傍多菖蒲故名
黑嵩河在城西南二百二十里有二源皆出咸豐縣一
由西南流過地壩砦徑普落溪西南流入四川酉陽
黔江縣界亦謂之黔水一由西南流至廢龍潭土司
東繞其南流至廢唐崖土司界與徑普落溪者合流
亦稱唐崖河
黔黎溪在城西南三百四十里源出北荒
藥水溪在城西郭外源自西山繞城西而南入清江相
傳羽士洗藥流觴其間故名
腰帶溪在城西五里源出西山流逕宜山下南入麒麟
溪

冷水河在城西八里高橋壩源由西山出水洞奔流而
下溪中多奇石異形俗呼青獅白象
虎溪在城西十三里源出虎口洞逕小高橋入冷水河
龍池在城西北一百六十里相傳有龍潛此
益泉在城北郭外一名宜泉味最甘爲縣境諸水之冠
今名唐家灣
擂鼓灘在城北五里清江經流灘聲如鼓高下有節可
聽
蟠龍溪在城北五里逕舊施州驛馬公泉下昔傳有龍

蟠於此

長堰塘在城北五里

沙河在城北二十里一自卅六荒發源一自二坡發源皆山澗滙流至城東合通潮溪下流入清江

彎潭河在城北八十里源出小溪南流至瓜龍壩金銀砦仙魚溪二水西注於衣角壩會龍馬溪水合流入清江

會水河在城北八十里有二源一出甘水埡一出龍潭灣合流逕楠木橋至高弹入龍馬溪河

龍馬溪在城北一百里發源七星洞南流逕觀音崖至帶河入清江相傳效馬洄濱多生龍駒故名亦名沱水

丹陽溪在城北一百七十里源出石乳山流經麂子渡龍駒河又東流至大沙河下會南里渡入清江今名太陽河

九渡溪在城北二百里源出四川酉陽州彭水縣石硅司流入縣界至都亭山下又東入清江居民引此水以溉田

通潮溪在城東北南近連珠山源出大龍洞其水日消長如潮

嘉蓮池在城內柿子壩舊名鼓角池宋端拱元年生嘉蓮故名

洗馬池在城內協署西轅門左

衛塘在城內府學署右原係衛塘園池

龍岡井在城內迴龍山下圓通寺中明景泰間鑿甘冽異常

六六井在城內府學署中訓導李宗汾鑿有銘載藝文

志

葵花井在城內西南隅舊名局井

宣恩縣

天馬山在縣境又有墨把山七峰聳拔又有通積山勞喜山水心山

墨達山在縣境土人謂天為墨言山高接天也又明珠山西有三十六峰羣山環峙亘繞前後又有紗帽山三開山

雙尖山在縣境又有奴關山茅山師壁山

吾山在縣境又有蒲載山低罕山前山木冊山後山五百級
金龍山在縣境
來龍山在縣境下有醴泉
筆架山五峰高聳馬鞍山形如馬鞍俱在縣境
龍馬山在東鄉司署前
觀音山在東鄉里山形儼如大士像蓮座如畫
東門山在縣東南六十里舊有關名東門關石磴凡千五百級
五柱峰一名輪頂山在縣境歌羅砦一峰孤聳橫亘歌羅寨中奇秀可觀山下有溪中流石磊磊如繫星名滿天星

太平山在縣東南七十五里明玉珍據蜀時土人避兵於此獲全因名
紫金山在縣東南一百里
將軍山在忠峝地衆山皆小惟此獨大
五老山在縣治西五峰聳拔雲氣出沒可占晴雨
天柱峰在縣境
仙人橋在縣西施南里兩山並峙中亘石梁濶丈餘長十餘丈高二十丈許眞奇境也
二仙崖在縣西南
疊翠山在縣治東北層巒疊翠
仙人峝在東鄉里峝口石如人跡
龍洞在縣西五里水自洞湧洞深莫測
仙佛潭在縣南忠建里崖石鐫佛像高十餘丈
忠建河在縣東鄉
白水河在縣南源出將軍山流逕縣界西南流入來鳳縣界又南流謂之漫水其上流亦名車溪亦名酉溪

白水河流出將軍山西南流車東河自容美司來合焉以上並見明史地理志　白水河發源於宣恩鶴峰交界之處凡三派一入恩施縣一入鶴峰州一入宣恩縣由忠峝會冉大河至來鳳之卯峝入辰河見湖北通志
冉大河在縣南一百二十里
瑪瑙湖在縣南一百三十里
兩河口在縣東鄉一自洗馬坪發源一自雞公嶺併入房溪至東鄉鎮合流名兩河口入忠建河達清江
細沙溪源出東門山流入龍平溪

白鳳溪源出東門山流合西溪名三江口

弄羅溪在縣境相近又有車弄溪

白沙溪白石溪三花溪下流俱入清江又石壁溪石板溪九曲溪俱在縣境合流入清江

玉帶溪在縣東鄉自咸豐縣之孫家壩發源經馬河壩龍坪洗上入縣境遶城而下名忠建河入清江古稱涓溪即此

李溪在縣南七十五里

龍溪在高羅每當歲旱有雲覆其上即雨

紅花溪在縣南一百二十里名頭道水崖多杜鵑花映水皆紅

布袋溪在縣東南八十里

白鶴池在縣北門外

仙女池在縣東鄉明玉珍據蜀時選施州常平鄉譚向二姓女入宮二女結伴投池內死後池自生蓮因名

馬蝗池在縣東鄉金龍坪

來鳳縣

迴龍山在縣西一里上有佛菴遺址相傳唐時建

虎耳山在縣西一里伏虎洞對面高十餘丈通黔蜀大道

紅桂坡在縣北一里高可十丈爲縣治來龍上多紅桂

翔鳳山在縣南三里山形聳拔如翔鳳故名又名近鳳山上有觀音寺流水兩道與官渡河合

老鷹坡在縣東十里

佛堂崖在縣東十里有崖壁立河上鑿有石佛

九龍山在縣南十五里九峰接連如龍蟠下有九龍洞洞中有靈禱雨即應

獅象二山在縣南二十五里兩山對峙中夾一澗

馬鬃嶺在縣南三十里嘉慶元年樊副將繼祖曾駐兵於此

貴帽山在縣南三十里

梯子崖在縣西南九十里

梅子嶺在縣西南一百二十里

翠雲山在縣西二十里一峰高聳蒼翠入雲

勒馬坡在縣西三十五里乾隆二十年典史張成塤勒馬過此病其險捐修道路因名

三尖山在縣西北三十里
佛山在縣境又有武山懷來山白鳳山鬼山
五馬山在縣北十里五峰高聳如馬
伏虎洞在縣西里許
孝子洞在縣西二里嘉慶元年生員周南奉親避難罵
賊遇害處署令王公三錫憫之因題曰孝子洞
龍洞在縣北五里
涼風洞在縣西南十里
爛柴洞在縣東十五里

樂洞一名三樂崗在城西十五里崗中平曠可容數十
人
仙人洞在縣南四十里
犀牛洞在縣南七十里
花魚洞在縣東北二十里
天姥崗在百戶司
東門河源出峽口寨下流入卯峝
卯峝在縣西南一百二十里中多異境
佛堂河在縣東十五里佛堂崖即宣恩之白河也繞城
東與近鳳寨河合至卯峝東流入辰河
客寨河在縣南一里流出宣恩縣東至客寨河入龍津
南入卯峝
板橋河在縣西半里流出漫塘下流入卯峝
欄河在縣西一里下流入卯峝
近鳳寨在縣南三里源出將軍山流入宣恩縣界爲白
水河西南入縣界爲佛堂河下流至卯峝百餘里中
受小大十三道滙爲大河始可通舟
紅崖河在縣南三十里源出穀皮嶺天蒜坪兩山對峙

中夾一澗春夏水漲東流司屬各溪水奔流湍激難
有官渡行旅苦之
高峝河在縣西南三十里
上寨河在縣西四十里
漫水河滙各溪流下入卯峝
紡車溪在縣西一百二十里源出永安壩下流入卯峝
怯道河在縣西一百三十里源出西陽州至涼水井入
卯峝
水溪源出後山繞縣西而東南流至虎七溪入白水河

達東溪芭蕉溪俱在縣境

咸豐縣

角樓山在縣城內

月山在縣城內勢曲如月前有三山峙列如星名三星拱月

秀屏山在縣治前青峰高聳若屏

積翠山在縣治北門外峰巒秀麗林木蒼翠境內之奇觀

朝陽山在縣治北門外與城內相連一名飛鳳山

象鼻山在縣東十里形如象鼻橫截溪流水從中過

猴子嶺在縣東十五里

朝霞嶺在縣東五十里峻嶺嵬峩旭日將昇霞彩映射

韓信坡在縣境

小關山在縣東百里古置關其上又有官保山菊花官山石乳山衙門山俱在縣境

青龍山在城南每嶺上生雲即雨

二仙崖在城南一百八十里岩頭方廣四十里

積玉山在縣境高峻積雪經春不消其南一里曰十三盤山旁有黑洞巖若城門水從中流二里許始出門繞縣北爲青崖寨谷等溪其上又有一小洞戕木爲欄明洪武中征蠻兵嘗經此

梅家山在縣南二十里

牌樓山在縣境又有對山萬峰山亦曰杉篁洞頂有池流爲杉篁碧壘子等溪

唐崖在縣西五十里

二仙崖在縣北抵黔江縣界壁立數十丈岩頂方廣四十餘里上有飛瀑三道下流成河

中界坡在縣東北百里

陽嵩在縣西五里

金嵩在縣東北六十里

頭渡河在縣東十里源出龍洞口其水魚多

西北江在縣西二十里有二溪合流下入山洞中上即天成橋伏流二十里至唐崖出爲乾溪河下流入龍潭河

龍潭河源出利川縣至金嵩過太平壩到龍潭河繞唐崖由百節灞至彭水縣入夔江

萬頃湖在縣西南一百八十里接四川彭水縣界

兩會溪積玉山澗水所滙流也

普藥溪在縣境又有乾溪流入黑洞河

瀑布泉在縣東三十里泉出崖間如飄素練

淸水泉在縣東百里有二色如藍靛

馬家池在縣西北七十里

墨池在城北舊學宮地水泉香美池畔多黑石

廣利井在縣城內

杜家塘在城東五里寬數畝其深莫測

利川縣

木梳山在城東三里山勢盤曲石齒編欄烟鬟聳翠曰

木梳螺髻

降雨山在城東四里舊名老鸛窠每旱歲此山生雲頃

刻卽雨

滴水岩在城東十二里峭壁崔嵬上有飛泉下流下有

紫石光

筆架山在城東二十五里數峰羅列大小差如筆架對

面有文筆峰

金字山在城東四十里與都亭山接一峰特立形類金

字舊志誤作巾子山

團寶山在城東十里峰巒蜿蜒如蟠龍上有石龍寺

龍洞坪在城東七十里洞中奔流成溪遊人每泛舟入

洞中莫測深淺

道東山在城東九十里

靑岩在城東一百二十里靑壁峻峭與夾背山相連

都亭山在城東與恩施縣相連通典淸江縣有都亭山

夷水所出方輿勝覽云後周置亭州因此山爲名

乾溪山在城南八里山勢嵯峨每三冬積雪經春不消

鐘嶺山在城南十五里又呼鐘靈山上生石笋

銅鼓山在城南一百八十里高崖旁有一石上大下小

呼爲銅鑼鐘

石穿山在城南二百里山石中穿如橋梁可通往來與

銅鼓山相對

太平山在城南二百餘里又名太平鎭

王母山在城南二百餘里奇峰聳峙高出衆山上有王

母廟

大木嶺在縣西南百里

回子坡在縣西南一百三十里

大木峰在縣西南二百里與四川黔江縣分界

掛子山在縣西南與四川酆都交界改土後兩省民爭界控部咨湖北巡撫會兩省委員查勘定界立有界碑碑記見藝文志

大洞山在城西二里舊志小山高六尺石竅空洞曉光映發白雲從中發頃刻徧野

象獅坡在城西二十里兩山對峙以形似名

獅子岩在城西二十五里山石崚嶒像獅子

乾溪山在縣西三十里

龍泉山在縣西三十里七藥山之祖也

一品山在縣西四十里

綠葱山在縣西六十里

七星岩在縣西七十里壁立千仞當夕陽倒映望如七星

佛保山在城西八十里

公母寨在城西九十里

馬鹿山在城西一百二十里

連珠山在縣西一百二十八里

百丈坡在縣西一百三十里

天平山在縣西一百三十里

烏通山在縣西一百三十里里人種茶其上號烏通茶

石乳山在城西一百七十里爲恩施利川建始三縣分界

賀山在城西一百八十里明初討諸蠻大敗之還次此山分道勦捕散毛峝皆大勝之因名賀山

馬鞍山在縣西二百里

飛水岩在縣西二百里

七藥山在縣城西二百餘里與支羅所相近長百餘里外爲忠路內則都會三壩昔漢蠻分界處一名七曜山賦役冊作齊岳山

三萬箐在城西二百餘里

雲頭山在縣城西三百三十里

白虎山在縣城西二百五十里

筍子山在縣西二百六十里

青龍山在縣城西三百里
鐵爐山在縣城北五里有泉四時不涸不溢上有廟
金紫山在縣北七十里
衙門山在縣北一百三十里明時黃中之變據此上立
僞署故名下有沃田萬頃
五原山在縣北一百三十里
野豬坪在縣東北七十里
太平砦錦屏山鳳皇山龍岡山大箐小箐十二盤紅坂
砦俱在縣境

官渡河在縣東五里至乾溪洞伏流數十里出爲銀泉
河又名雪照河卽淸江之源
沈家河卽官渡河之源
下馬溪在縣東七十里
麻柳堰在縣南二里
堰水在縣南五十里
小谷溪在城南二百里
雙河在城南二百里
七孔子溪在城南二百里

龍潭在城南二百一十里
太極河在城西南十里
黑溪在城西南六十里
前江源出七藥山西南入後江又西至馬崖峽入四川
彭水縣界
後江在城西南一百二十里西流入前江
沙溪在縣西南二百六十里
龍潭在城西八里
革井溪在縣西八十里又有相應溪

木壩河在城西九十里
五源溪在城西一百二十里
鹽井潭在城西一百二十里
桂花潭在城西一百二十里
連三潭在城西一百二十里
馬泥河在城西一百二十八里
龍嘴河在縣西一百三十五里
茅潭河在縣西一百四十里
淸灘溪在縣西一百八十里

觀音洞在城東八里

潛水洞在縣東三十里又前爲烏龍洞又前爲鮎魚洞城東之水飛入洞中伏流地下水石成聲

李家洞在城南三百餘里

老龍洞在城西五里

蟠龍洞在城西三十里

躍魚洞在城西一百二十里

天心洞在城西一百二十里

千佛洞在城西一百三十里

涼風洞在城西二百八十里

長堰洞在城西北四十里

慈洞在城北九十里

建始縣

祿山在縣東二十里山多鳥獸昔崗巒峙以爲麋祿因名

銀山在縣東三十里石壁峻峭色白如銀俗呼把緊茫後山

州基山在縣東三十里隨業州置於此今呼棉花壩後山相近有石柱山

猿啼山在縣東二十五里黃知命有小猿叫驛詩即此

連山坡在縣東一百五十里

土地嶺在縣東一百六十里

羊北隴在縣東南三十里

望坪在縣東南一百二十里山麓周圍不三里而岩巍直接雲漢外山環爲垣牆中峰則孤撐一柱也峰頂有廟明嘉靖年間建有碑

虎鷂嶺在縣東二百九十里

文山在縣南五里崖如筆架中峰孤秀俗呼龔家崖明都憲林俊改名

景陽山在縣南十里

連珠山在縣西南十里即朝陽觀後脉

魚龍山在縣西五里

石乳山在縣西五里懸崖層叠多生石乳

藥山在縣西七十里俗名五十二壩出黃蘗黃連木通貝母諸藥

龍鳳山在縣北二十里玉峰禪師卓錫處

當陽山在縣北四十里每日光初出卽映照崖上因名
千丈崖在縣北八十里與四川奉節縣分界
推著坡在縣北一百一十里山勢陡峻言車馬至此必
牽挽乃得上也
大石嶺在縣北一百二十里
燕子龕在縣境乾溝之側行者無旅店可棲往往投宿
龕中
石通洞在縣南黃山谷遊此書有涪翁二字
淸江在縣南一百五十里自恩施縣流入又東入巴東

縣前河在縣前源出縣西北當陽覇羣山嵂屼隱蔽天
日泉從山罅注而下俗呼紅崖水漂流漸遠羣溪
奏之經龍門子晏公潭由縣城西南遶而東行有小
河自馬欄溪入之又東二十餘里與兩溪會下爲馬
水河
馬水河在縣東三十里
毛茸河在縣東一百四十里源出縣東龍潭坪南流爲
枝津河下爲毛茸河至巴東之桃符口入淸江

龍駒河在縣南四十里源出石乳關東流爲太陽河經
鹿子渡下始名龍駒河又東流至大沙河下會南里
渡入淸江大沙河卽馬水河下流也
兩溪河在縣北二十里自蒲潭溪折西北流有桐木溪
自西來又南有木瓜溪合二水自西北來會故曰兩
溪亦名兩會口曲折東流與縣前河會
野三河源出深油坪會毛茸河至九龍潭入淸江

施南府志卷之三終

施南府志卷之四

知施南府事王協夢監修

疆域

古蹟

故國荒城懷古每增感慨昔賢遺轍聞風亦動流連地志之列古蹟所以資考鏡也施在前代爲苗蠻雜處之區今則爲文物冠裳之地荒砦廢壘所在多有雖僻處萬山中而遷客放臣間留騷雅之跡故網而收之以爲好古者鑒焉志古蹟

施南府　恩施縣

鹽水廢縣在衛城東四十里後周置縣並置資田郡隋初郡廢大業初以縣屬清江郡 明一統志 清江郡鹽水後周置縣 隋書地理志 武德四年廢鹽水縣 唐書地理志

開夷廢縣去衛城六十里後周置烏飛縣隋改曰開夷唐廢 明一統志 清江郡開夷後周置曰烏飛開皇初改焉 隋書地理志 施州清江義寧九年置開夷縣武德元年省入 唐書地理志

清江廢縣在衛城東十里後周於此置清江郡隋初郡廢置清江縣後廢 明一統志 唐爲州治宋因之元至元十三年省 舊志稿

廢亭州在衛城東一百七十里後周置以都亭山爲名隋併爲庸州徙治鹽水縣 明一統志

信陵廢縣在衛城南七十里 明一統志

舊施州在衛城東椅子山宋開慶間治此城基尚存 湖廣通志

施州廢衛今縣治明洪武十五年置國朝雍正六年改爲恩施縣 湖北通志

廢忠孝安撫司在縣西南元置安撫司明因之隸施南宣撫司今裁 湖北通志

施王屯在衛城南一十五里輿地唐記云州有施王餘址故以爲名蓋謂此也 明一統志 東晉末桓元子誕竄蠻中自稱施王築城臨施水號施王子孫襲王至後周保定勅始平之以其地置施州乃施王屯餘址 方輿勝覽

問月亭在城北有臺孤高獨出碧波峰之中舊建此亭於上相傳李白謫夜郎嘗於此賞月 明一統志

月臺在城北門外有臺高三十丈其頂平方父老傳云李白謫夜郎時玩月於此輿地紀勝

勸農臺在城東五峰山下舊府志稿

釣魚臺在衛城東南明一統志

釣臺在瑞獅崖石壁鐫有釣臺二字舊府志稿

野意樓在衛治西城上指揮同知孫本建明一統志

太白樓在北城上明撫夷同知宋洪奉建今毀址尚存舊府志稿　按今俗呼播鼓臺

清江樓郎衛城東門樓也城四門各有樓東曰清江西曰西順南曰南陽北曰拱北俱洪武中建明一統志

半遮亭在衛城象耳山元妙觀之東明一統志

宣威堂在衛治指揮僉事孫斌建明一統志

澄清閣在城外水滸廟左舊府志稿

白坡書屋在城南二十里鄧樉建

客星山房在城西童昶讀書處以上並見湖廣通志

仙人宅在城北七十里明一統志

砥瀾樓在府城內東南上舊衛志

大觀閣在府城南門外舊衛志

葵園在府城南門外鄉宦童大望別業舊衛志

大莫園在府城南門外鄉宦李一鳳別業舊衛志

臨流石閣在府城南五里指揮唐一麟別業舊衛志

讀易岩在府城西客星山下鄉賢童昶故蹟

籌邊樓在衛城內兵備署後舊衛志

鹿山石穴在衛城南四百里舊衛志

神仙洞在府城東戎角上房村後岩間有活水舊衛志稿

仙人掌在衛城北新化屯大石嶺上其掌蹟大而有紋

張果崖在都會里岩間鑿孔以木爲梯而上相傳張果於此岩頂煉丹舊府志稿

廩君赤穴在衛城東八十里廩君巴務相坐此

黑穴在衛城南二百里兩石並立舊府志稿

照京塘水之清濁占地方吉凶舊府志稿

詹公故宅在城內登龍橋舊府志

蠻王寨在城南六里四面峭壁惟一徑可上

觀瀾臺在城南岩石壁上刻有觀瀾二字

求雨臺在西城上

宣恩縣

廢上愛茶峝長官司廢下愛茶峝長官司在縣境明宣德二年置二長官司隸東鄉安撫司今裁

廢鎮南長官司在縣境明永樂五年置隸施州衛今裁

廢搖把峝長官司在縣境明宣德三年置隸東鄉安撫司今裁

廢鎮遠蠻夷長官司　廢隆奉蠻夷長官司俱在縣境明宣德五年置二長官司隸東鄉安撫司今裁

廢施南長官司在縣境明成化後置隸高羅安撫司今裁

廢東鄉土司在縣境明洪武六年置安撫司隸施南宣慰司

國朝爲東鄉土司隸施州衛雍正十三年裁

廢高羅土司在縣境明洪武六年置安撫司屬忠建宣撫司

國朝爲高羅土司隸施州衛雍正十三年裁

廢忠峝土司在縣境明永樂四年置安撫司隸忠建宣撫司

國朝爲忠峝土司隸施州衛雍正十三年裁

廢忠建土司在縣境明洪武六年置宣撫司隸施州衛

國朝爲忠建土司仍隸施州衛雍正十三年裁

廢木冊土司在縣境元置安撫司明玉珍改長官司明因之屬高羅安撫司

國朝爲木冊土司隸施州衛雍正十三年裁（以上並見湖北通志）

咸平石柱宋丁謂立舊志載距城三百里今應在宣恩縣境內

天聖石柱宋刺史史方逐蠻至七女柵降之立以分界至明時石斷舊志載距府城二百七十里今宣恩來鳳交界處即其地也（宋志）

蠻人田承恩等誓柱文在施州今佚（湖北通志）宋史地理志清江縣細沙砦今宣恩縣東鄉有細沙壩即其地也（宋志）

儒學雙桂相傳不栽自生經秋花發香倍尋常初爲士官署後改爲學官人咸謂瑞應云（舊志稿）

來鳳縣

廢大旺土司在縣境明永樂五年置安撫司隸散毛宣撫司舊名大翁迦

國朝爲大旺土司隸施州衛雍正十三年裁

廢東流土司在縣境明宣德三年置長官司隸大旺安撫司

國朝爲東流土司隸施州衛雍正十三年裁

廢臘壁土司在縣境明置長官司隸大旺安撫司

國朝爲臘壁土司隸施州衛雍正十三年裁 以上並見湖北通志

卯峒長官司　漫水長官司今並廢

咸豐縣

廢龍潭土司在縣境明洪武四年置安撫司屬散毛宣撫司

國朝爲龍潭土司隸施州衛雍正十三年裁

廢金峒土司在縣境明永樂五年置安撫司隸施南宣撫司

國朝爲金峒土司隸施州衛雍正十三年裁

廢唐崖土司在縣境明洪武六年置長官司始隸施州衛

國朝爲唐崖土司雍正十三年裁 以上並見湖北通志

硝塲在大田所北一百里懸崖數千丈下有河渡其半崖一孔勢若城門上產硝土 明一統志

仙掌在大田所西三十里懸崖壁立壁上有白色如掌下有黑迹如虎形 明一統志

利川縣

銀山廢縣在衛城西一百八十里 明一統志

廢劍南長官司在縣境明宣德三年置隸忠路安撫司今裁

廢忠路土司在縣境明洪武四年置安撫司隸施南宣撫司

國朝爲忠路土司隸施州衛雍正十三年裁 以上並見湖北通志

廢忠孝安撫司元置明洪武四年改置長官司尋復故二十年廢永樂五年復置隸施南宣撫司今裁

廢沙溪長官司在縣境

建始縣

廢業州在縣東三十里州基山舊志載恩施宣恩二縣皆古業州地建始志云有永福草塘二里世亂民散遂爲容美所據今按形勢佔於容美事固有之而古業州實不止建始一縣也 舊志稿

核桃園在縣東南六十里

涪翁眞蹟宋黃庭堅謫涪號涪翁詩於石通洞舊志稿

詹狀元故里在縣銅鑼壩宋志稿

施南府志卷之五

建置

知施南府事王協夢監修

城池 關隘

易稱設險傳譏不備城池之於守國尚矣施在前代爲州爲郡廢置不常治所亦屢遷焉勝國以一衛控諸土司勢頗孤危爰及我

朝諸土司呈請歸流遂立府分縣治同內地而城池鞏固門關息警蓋隱然上游一重鎭矣志城池而關隘附焉

施南府

恩施縣附郭

宋史理宗本紀淳祐三年五月庚子詔施州創築土城及關隘六十餘所本州將士及忠州戍卒執役三年者各補轉一官按宋舊城即今象牙山及瑞獅巖因山爲之元仍其舊明洪武十四年指揮使朱永拓址甃石周九里有奇高三丈五尺東北臨清江西南環溪水皆天然城塹上設串樓警鋪女牆爲門四東

曰清江南曰南陽西曰西順北曰拱北旋圮

國朝乾隆二十六年與修二十八年工竣三十七年復詳驗重修周五里七分有奇崇二丈四尺五寸門四東曰迎恩南曰朝陽西曰金華北曰拱辰歲久間有傾圮歷任府縣隨時勸捐補甃道光五年署知府孫仲濤捐廉倡率士民捐貲重建西北兩樓補修西北隅傾圮數處甃砌四周女牆有碑載藝文志道光十一年大水冲塌東南數處署恩施令姒朝緒捐廉補修勸諭邑監生康光遠捐錢貳伯千助修

宣恩縣

舊爲施南司地改設後未經詳請建城

來鳳縣

設縣時勘定城基周三里三分嗣因土性鬆浮詳議停修嘉慶元年教匪滋擾焚掠縣治嘉慶八年邑令朱鳴鳳勸諭士民捐建土城外石內土門四東曰廣仁南曰敦化西曰崇義北曰承恩城高一丈二尺址厚一丈四尺上厚七尺高一丈七尺

咸豐縣

舊爲大田所城周五百丈有奇崇二丈門四明洪武二十三年千戸鄭瑜甃今圮乾隆二十六年估定城基周三里三分後因地勢險要未建嘉慶元年教匪蠢動邑令康乂民倡築土城

利川縣

設縣時勘定城基周三里三分嗣因僻在山區未建嘉慶元年教匪滋擾邑令陳春波倡築土城道光元年邑令王星榆重修

建始縣

城周三里崇一丈二尺門四東曰豫咸南曰望陽西曰聳基北曰崇碧外環以濠明正德七年夔州府知府吳潛因土城甃石今圮因係偏隅詳准停修

關隘

施南府

恩施縣

五峰關在城東二里五峰山下

勝水關在城東

崔家壩在城東一百二十里

戎角村在城東一百二十里其山四面皆懸崖絕壁惟一徑可上

暗利砦在縣南一百五十里

歌羅砦在縣南宋史施州清江縣有歌羅永寧細沙寧邊尖水夷平六砦方輿勝覽歌羅本夜郎縣故地唐置珍州乾德四年蠻酋珍州刺史田景遷內附納土以酉江爲界自是酉陽以北夜郎縣故地盡入施州按宣恩令蘇公於洛作李太白祠記云歌羅即高羅司高羅地有珍山州因以名實無確據詳見夜郎考

老鷹隘在城西

木貢在城北一百里

石乳關在城西北一百七十里石乳山上三國時吳蜀分界處武侯會至焉今俗呼十二關

宣恩縣

東鄉鎮在縣東五十里

獅子關在縣東鄉

東門關在縣南東門山上

乾壩在縣南一百四十里

小關在縣西五十里

土地關在忠建忠峝路

勝水關在忠建

虎城關在忠建

野熊關在忠建

野牛關在忠建

水心砦在水心山下

懷來峝隘明初藍玉引兵至此受南蠻款附因名

覃山砦

七女栅

來鳳縣

散毛關在縣東南十五里本名師壁峝元至元中置神壁峝宣慰司尋改宣撫司領師壁鎮撫所師羅千戶所至正中又立長官司四巡檢司七明初復廢爲師壁峝今改爲散毛關

界址溝在縣南一百六十里、

卯峝在縣西南一百二十里

梅子嶺在縣西南二百一十里
野貓關在縣西一百里大莊喇叭洞路口

咸豐縣

土老坪在縣南
水車坪在縣西南
張家坪在縣西南六十五里
二仙巖在縣西南一百四十里接四川黔江縣界壁立數十丈巖頂方廣四十餘里
梅子坪在縣西南三十里

深溪關在縣西達酉陽路口
活龍坪在縣西北一百八十里接利川縣界
石牙關在縣西北與四川彭水縣接界

利川縣

兩界關在縣東九十五里前令陳春波題云鳥道千尋盤峻嶺螺峰兩面夾雄關
忠路鋪在縣南一百三十里
關口城在縣南一百四十里
建南鎮在縣西一百六十里
掛子山在縣西二百二十五里與四川酆都縣接界有碑記載藝文志
長堰塘在縣西北四十里
金子關在縣北四十里
南坪在縣北六十里
梅子關在七藥山上

建始縣

野三關在縣東一百二十里
石門關在縣東一百三十里

建陽關在縣南二里
耳石關在縣西北四十里
三角椿在縣西北八十五里入夔大道建始奉節巫山三縣分界處石筍三各識其一險亞石門
大岩嶺在縣北一百二十里

施南府志卷之五終

施南府志卷之六

知施南府事王協夢監修

建置

公署 倉庫 坊市 鄉里 津梁 鋪遞

施自改土歸流官廨[illegible]仍其舊然郡縣營汛規模已殊衛治而各縣之以土司室爲公署者其創建更多蓋紀綱所存固不能因陋就簡也志公署而倉庫附焉至於本俗安民則坊市鄉里爲要太平寰宇記載清江十鄉建始五鄉今皆

迥異舊規而木拔道通則津梁鋪遞亦四達弗礙故皆次於後

施南府

文署

知府署在城中西南係舊衛署乾隆元年升府時因故基修建歲久榱棟間有朽壞道光五年署府孫公仲淸捐廉補修大堂儀門及內宅官廳等處

同知署在利川建南鎮嘉慶元年傾圮前同知朱炘置行署於東門內

通判署在咸豐唐崖四大壩今裁

訓導署在學宮右

經歷署在府署右

武署

協署在城西門內

中軍都司署在城南門內

左營守備署在咸豐縣城內

右營守備署在利川忠路

恩施縣

文署

知縣署在城東門內先爲縣丞署即明時兵備道行署基雍正六年改衛爲縣治仍衛署尋陞爲府治移縣署於今貢院地因建棚始移此

教諭署在學宮左

縣丞署在城北九十里馬者村分防木貢原在東門內今縣署地乾隆二十年移此原署遂爲公館

巡檢署在城東一百二十里崔家壩

典史署在嘉蓮池北係衛千總署

武署

城守把總署在城南門內
把總署在城東一百二十里崔家壩
宣恩縣
文署
知縣署乾隆二年建
訓導署在學宫右
巡檢署一在縣南一百六十里乾壩
巡檢署一在縣東五十里東鄉鎮係東鄉土官舊署
典史署在縣署西

武署
城守千總署在縣治東
把總署在縣南一百六十里忠峝
來鳳縣
文署
知縣署乾隆四年建
訓導署在學宫旁
巡檢署在縣西一百二十里卯峝
典史署在縣署旁乾隆四年建

武署
城守千總署在城
把總署在縣西一百里大旺
咸豐縣
文署
知縣署乾隆四年建
訓導署在學宫旁
巡檢署在縣西南六十五里張家坪
典史署在縣署左

武署
把總署在城
把總署在縣西五十里唐崖
利川縣
文署
知縣署乾隆五年建
訓導署在學宫旁乾隆四十二年訓導戴廷杞修
縣丞署在縣南一百三十里忠路鎮
巡檢署一在縣西一百六十里建南鎮

巡檢署一在縣北六十里南坪堡

典史署在縣署西

武署

城守千總署在縣北門內

把總署一在建南鎮

把總署一在南坪堡

建始縣

文署

知縣署乾隆二年知縣武怡修三十九年知縣吳森

重修

訓導署在學宮旁

縣丞署在縣北一百二十里大岩壩

典史署在縣署左雍正九年復設

武署

把總署在城

倉庫

施南府

府倉在東門城樓及圓通寺

府庫在大堂西側向無存庫錢糧未設庫書庫丁協署領餉回寄存府庫營弁派兵看守

同知倉

通判倉向貯咸豐縣常平倉內

恩施縣

常平倉在縣署左右共貯穀一萬八千石

庫在大堂左側有庫書四名

社倉分貯各里共二十六處貯穀共三千五百四十五石七斗六升八合一勺

宣恩縣

常平倉在縣署東共貯穀五千石

庫在二堂西側有庫書庫丁四名

社倉分貯各里連縣城共五處貯穀共九百零二石零五升五勺

來鳳縣

常平倉在縣署西乾隆四年建

庫在大堂左側

社倉一在縣署西餘分各里共九處

咸豐縣

常平倉在縣署前共貯穀五千五百石

庫在大堂左側戸書兼管

社倉分貯各里共十二處貯穀共二千零二石九斗四升六合八勺

利川縣

常平倉在縣署左共貯穀四千石

庫在大堂西側有庫丁四名

社倉分貯各里共二十五處貯穀共三千一百一十四石三斗一升八合一勺

建始縣

常平倉在縣署右共貯穀四千石

庫在縣署右有庫書一名

社倉一在蒲塘溪餘分貯各里貯穀共二百五十二石六斗九升四合

坊市

施南府城坊市凡二十三

恩施縣附郭

東

永勝坊正街

永和坊小十字街

一德坊薛家巷

仁德坊大陽溝

永壽坊嘉蓮池

聯陞坊城外

南

鎮遠坊正街

仁政坊鼓樓街

上仁壽坊郭家坡

下仁壽坊大十字街

仁和坊梓潼巷

文高坊城外

滕高坊城外

西

上永寧坊正街

中永寧坊後街

下永寧坊後街
永勝坊西城巷
北
左清寧坊正街
右清寧坊正街
永興坊豬市街
上武勝坊城外
中武勝坊城外
下武勝坊城外

鄉里

施南府

恩施縣

編戶三里

東曰崇寧原貯社倉村名十二

滾龍壩　蔣家壩　七渡溪　八山嶺
花被村　落渡村　[illegible]　石板場　董家村
馬尾溝　杉木寮　河水屯　三里壩

南曰市郭原貯社倉村名四

南屯堡　硃砂溪　芭蕉村　落坡村

西北曰都亭原貯社倉村名十

金子壩　三會驛　龍馬村　大屯堡
落葉壩　軍寨　水田壩　馬者村
水貢村　木撫村

各里每百戶設鄉約保正各一名牌頭十名

集場

東鄉二十

七里坪　蓮花池　三岔口　丫木峪

黑灣　萬寨　鴉鵲水　天生橋
新塘　雙土地　大溪場　城牆口
水沙壩　沙子地　天鵝坪即麥子坦　響板溪
紅土溪　十個棚即石灰窰　崔家壩　河水坪

南鄉九

天橋　沙子坡　王家村　黃泥塘
硃砂溪　芭蕉村　梔桿堡　盛家壩
大歇場

西鄉四

白果壩　兩河口　見天壩　柘林溪即牛滾塘

北鄉十七

方家壩　小龍潭　向家村　雞心籠

杉木壩　鐵山子　跳魚坊即龍馬村　梭布埡

白洋坪　羅鍼田　大屯堡　馬者

土峰凸　木撫　太陽河　蒿壩

板橋

宣恩縣

編戶七里

施南　石虎　木冊　忠建

東鄉　高羅　忠峝

共保正五十六名甲長三百三十九名

集場

東鄉鎮　大溪村　乾壩

來鳳縣

編戶十二里

東曰體乾鄉里五

誠一　元阜　亨康　利正

貞肅

南門迪德鄉里三

知樂　仁育　勇敬

西曰聚倫鄉里四

孝原　悌恭　忠崇　信義

每里分四甲每甲鄉約保正各一名共鄉約四十八名保正四十八名

集場

東鄉四

旗鼓寨　上寨　老司城　蘇家堡

南鄉三

革勒車　舊司　三到林

西鄉三

漫水　卯峝　小坳

咸豐縣

編戶八里

永豐　樂鄉　太和　平陽

仁孝　義悌　禮忠　智信

共保正六十四名

集場

袁家坪　忠堡　丁寨　十字路

黑㟁　土老坪　馬河壩　忠塘

一臺坪　白果壩　尖山寺　灘田灣

蝦蟆池　龍坪　石人坪　漩沱壩

沙子場　羅鍋坪　老崖孔　毛壩

大路壩　老李壩　小村　大村

梧龍坪　二仙崖　清水塘

利川縣

編戶七里

中汛三

市郭　都亭　講讓

忠路二

懷德　興仁

南坪一

都里

建南一

向化

集場

中汛十八

李子坳　黃泥坡　團寶寺　野豬坪

長炭塘　箐口　偏炭　冷水坪

紅椿溝　青崖　茅壩　太和

大塘　豐樂　新場　三步街

興隆街　土牆壩

共三十六保

忠路十一

忠路　大沙溪　椒園　沙溪司

十字路　樂利　長灘壩　黃土池

黃泥塘　雙峰　老屋基

共二十八保

南坪五

南坪　野茶壩　長堰塘　汪家營

七里溝

共十五保

建南八

建南　蘿蔔店　太平鎮　興隆

箭竹溪　魚筌口　白楊塘　小河

共十保

建始縣

編戶七里

坊郭　太安　長壽　景陽

新隴　永福　革塘

今併景陽新隴永福革塘於坊郭太安長壽内實三

里分四甲共鄉約保正三百五十名

集場

東鄉五

龍潭坪　青里壩　三里壩　高店子

廣福橋

南鄉七

羅家壩　馬水河　紅岩子　花果坪

田家壩　官店口　挖葛坦

西鄉一

貓兒坪

北鄉二

板橋子　長梁子

津梁

東門渡在城東門外明生員張泰陽於此造清江橋冬設春撤當時稱便圮後遂爲官渡嘉慶十六年邑人康興廉捐施有碑

南陵渡在城東七十里亦呼南里渡

清平渡在城東九十里

石信渡在城東一百里

東津渡在城東一百里

小渡口在城北八里

由渡口在城北三十里

支里渡在城北五十里

龍溪渡在城東北一百里

麻姑渡在城東北一百二十里

登龍橋在城內典史署西舊傳城中有詹詞科故宅橋當其前里人重之因名橋跨小溪源於後城東流

折而南傍嘉蓮池出關口入清江今大小十字街盡
爲民居渓形半隱半現橋於現處甃石以成
文明橋在城南藥水溪上明教授王逮衛鎮撫石林
造因又名王公橋康熙間崔成玉重修
成志橋在城南麒麟溪上明成化二年指揮使唐貴
始修用木萬歷六年衛人周汲泉佚其名重修易以
石康熙九年守備賈進才齊文勝再修乾隆五十一
年張姓補修嘉慶二十一年宣恩宋宏　加修一名
便冬橋湖北通志既載此橋又載便冬橋實一橋也

今俗呼南門大橋
濟政橋在城南巴公溪上明指揮使唐貴貢生李庠
始修用木衛人周汲泉重修易以石康熙間復修嘉
慶十六年重修知府譚光祥更名豐樂橋
凌虛橋在城南六十里
金華橋在城西門外藥水溪上
湧鯨溪在城西腰帶溪上
鎮武橋在城北門外明宣德十年指揮使孫本建正
統間指揮使馮廣重修康熙中游擊盧達再修嘉慶
年重修今俗呼北門小橋
蟠龍橋在城北蟠龍溪上
隆施橋在城北金子壩
廣濟橋在城北京水井
接龍橋在城北沙河
乾元橋在接龍橋側
多福橋在城北四十五里衣角壩邑人陳士福募修
覽勝橋在城東北通潮溪上
宣恩縣

南門渡在縣南郭外
長河渡在東鄉即清江別名
忠建河渡在東鄉
兩河口渡在東鄉
太平壩渡在小關
桃子岔渡在乾壩
李家河渡在乾壩
穿箭河渡在乾壩
來鳳縣

客寨河渡船一夫一
紅崖壁渡船一夫一
上寨河渡船一夫一
堰寨河渡船一夫一
宮堰塘渡船一夫一
花屋灘渡船一夫二
近鳳寨渡船一夫二
雙鳳橋在縣東門外今圮
高橋在縣東里許

太平橋在縣東五里乾隆十年邑民覃善基捐建
客寨河橋在縣南里許石橋二拱嘉慶十二年知縣朱鳴鳳勸建一名霽虹橋
五里橋在縣南五里
迎鳳橋在縣南九十五里卯峒乾隆二十一年巡檢董天祥捐建
石梁橋在縣南一百十五里卯峒乾隆二十一年巡檢董天祥捐建
高峒橋在縣西南三十里乾隆二十年建

天人橋在縣西南三十里乾隆二十一年知縣林翼池建
三元橋在縣西南六十里大旺乾隆十六年縣丞蔣灝捐建十八年縣丞蒲又宏重修
安遠橋在縣西南七十里大旺乾隆二十一年縣丞又宏建
利鳳橋在縣西里許
雙楓橋在縣西十五里
龍洞橋在縣北五里雍正二年建

咸豐縣

魚洞溪渡
芭蕉溪渡
唐崖渡
麻地壩渡
通濟橋在縣東十里
升龍橋在縣城南門外
大壩崖橋在縣南
起鳳橋在縣西門外

野貓河橋在縣西門外

利川縣

小溪河渡在建南

龍潭河渡在縣西

龍頭橋在縣東五里

小橋在縣東五里

雙橋在縣南二里

高橋在縣南八里

太平橋在縣西三十里

龍橋在縣西五十里

楊柳橋在縣北五十里

建始縣

龍駒河渡在縣南四十里一名龍溪渡

宣化橋在縣內北街

石門橋在縣東一百三十里憑虛結搆傳為仙人所造

迎恩橋在縣南門外

興隆橋在縣南一里

通進橋在縣北門外

板橋在縣北五里

指陽橋在縣北十里

烏龍橋在縣北十里即下壩橋

鋪遞

施南府

恩施縣

府總鋪鋪司二名

縣總鋪鋪司二名

東門底鋪鋪司二名

蓮花池鋪鋪司三名自東門底鋪至此二十里

丫木峪鋪鋪司三名自蓮花池鋪至此十八里

一桶水鋪鋪司三名自丫木峪鋪至此二十里

南里渡鋪鋪司三名自一桶水鋪至此十五里

滾龍壩鋪鋪司三名自南里渡鋪至此十五里

崔家壩鋪鋪司三名自滾龍壩鋪至此十六里自此十五里達建始縣紅岩子鋪

南門底鋪鋪司一名

天橋鋪鋪司二名自南門底鋪至此十五里
乾溪鋪鋪司二名自天橋鋪至此二十里自此二十
五里達宣恩縣椒園鋪
芭蕉鋪鋪司一名自南門底鋪西行至此五十里
桅杆堡鋪鋪司一名自芭蕉鋪至此二十五里
天池鋪鋪司一名自桅杆堡鋪至此二十五里
下營壩鋪鋪司一名自天池鋪至此十五里自此三
十里達咸豐縣七里塘鋪
北門底鋪鋪司一名

方家壩鋪鋪司二名自北門底鋪西行至此十五里
黄草坡鋪鋪司二名自方家壩鋪至此三十五里
羅針田鋪鋪司二名自黄草坡至此二十五里自此
三十里達利川縣長炎鋪
沿長坡鋪鋪司二名自北門底鋪東行至此二十里
雞心壠鋪鋪司二名自沿長坡鋪至此二十里
彎山子鋪鋪司二名自雞心壠鋪至此三十里自此
三十里達建始縣龍駒河鋪
共二十三鋪設鋪司四十六名俱係循編

宣恩縣
總鋪鋪司四名
劉家莊鋪鋪司一名自總鋪東行至此二十里
東鄉鋪鋪司一名自劉家莊鋪至此三十里
乾溝鋪鋪司三名自總鋪南行至此十五里
茅壩鋪鋪司二名自乾溝鋪至此二十五里
東門關鋪鋪司二名自茅壩鋪至此二十里
板寮鋪鋪司二名自東門關鋪至此二十里
高羅鋪鋪司二名自板寮鋪至此二十里

頭道水鋪鋪司三名自高羅鋪至此二十五里
乾壩鋪鋪司二名自頭道水鋪至此二十五里
崖腳鋪鋪司二名自乾壩鋪至此二十五里自此十
八里達來鳳峡口寨鋪
忠崗鋪鋪司自頭道水鋪東行至此三十五里
椒園鋪鋪司四名自總鋪西北行至此二十[illegible]里自
此北行二十五里達恩施縣乾溪鋪
倒崗鋪鋪司二名自椒園鋪至此三十里
大岩壩鋪鋪司二名自倒崗鋪至此二十五里

黃草壩鋪鋪司二名自大岩壩鋪至此二十五里自
此二十五里達咸豐縣白果壩鋪
共十六鋪設鋪司三十五名
來鳳縣
縣前鋪鋪司二名
在城鋪鋪司二名
峽口寨鋪鋪司二名自在城鋪東行至此十五里自
此十八里達宣恩縣崖脚鋪
紅崖堡鋪鋪司二名自在城鋪南行至此二十五里

上寨鋪鋪司二名自紅崖堡鋪至此二十里
漫水鋪鋪司二名自上寨鋪至此三十里
凉水井鋪即卯崗鋪司二名自漫水鋪至此四十里
散毛鋪鋪司二名自在城鋪西北行至此十五里
革勒車鋪鋪司二名自散毛鋪至此四十里自此四
十里達咸豐縣土老坪鋪
石崖門鋪鋪司二名自散毛鋪西行至此四十里
大旺鋪鋪司二名自石崖門至此四十里
共十一鋪設鋪司二十二名俱係徭編

咸豐縣
總鋪鋪司四名
猴子嶺鋪鋪司二名自總鋪東行至此十五里
邢家村鋪鋪司二名自猴子嶺鋪至此十五里
白果壩鋪鋪司二名自邢家村至此二十五里自此
二十五里達宣恩縣黃草壩鋪
十字路鋪鋪司二名自總鋪南行至此十五里
土老坪鋪鋪司二名自十字路鋪至此二十五里自
此四十里達來鳳縣革勒車鋪

水車坪鋪鋪司一名自總鋪西南行至此三十里
張家坪鋪鋪司二名自水車坪鋪至此二十里自此
四十里達四川黔江縣
梅子坪鋪鋪司二名自總鋪西行至此三十里
唐崖鋪鋪司二名自梅子坪鋪至此二十里
七里塘鋪鋪司一名自唐崖鋪至此三十里自此二
十里達恩施縣下營壩鋪
馬家池鋪鋪司二名自總鋪西北行至此八十里
兩河鋪鋪司二名自馬家池鋪至此三十里

毛壩鋪鋪司二名自兩河鋪至此三十里

活龍坪鋪鋪司二名自毛壩鋪至此四十里自此四十里達利川縣沙溪鋪

共十五鋪設鋪司三十名俱係永充

利川縣

總鋪鋪司三名

火塘鋪鋪司三名自總鋪東行至此三十里

下馬溪鋪鋪司三名自火塘鋪至此三十里

長尖塘鋪鋪司三名自下馬溪鋪至此三十里自此三十里達恩施縣羅針田鋪

三渡水鋪鋪司二名自總鋪西行至此三十八里

繼長壩鋪鋪司二名自三渡水鋪至此二十五里

潭丈溝鋪鋪司二名自繼長壩鋪至此三十里

孫家塘鋪鋪司二名自潭丈溝鋪至此二十里

忠路鋪鋪司二名自孫家塘鋪至此二十里

下道子鋪鋪司一名自忠路鋪至此五十里

沙溪鋪鋪司一名自下道子鋪至此三十里自此四十里達咸豐縣活龍坪鋪

大坡墹鋪鋪司二名自總鋪北行至此二十里

南坪鋪鋪司二名自大坡墹鋪至此三十里

石灰窑鋪鋪司二名自南坪鋪至此四十里

白楊塘鋪鋪司一名自石灰窑至此三十里

陽坡地鋪鋪司二名自白楊塘鋪至此三十里

水田壩鋪鋪司二名自陽坡地鋪至此四十里

建南鋪鋪司二名自水田壩鋪至此三十里自此七十里達四川龍駒壩八十里達四川石柱廳

共十八鋪設鋪司三十七名俱係永充

建始縣

總鋪鋪司三名

馬水河鋪鋪司二名自總鋪東行至此二十里

小壩鋪鋪司二名自馬水河鋪至此三十里

乾溝鋪鋪司二名自小壩鋪至此三十里

石門鋪鋪司三名自乾溝鋪至此三十里

蓮三坡鋪鋪司三名自石門鋪至此三十里

箐口鋪鋪司三名自蓮三坡鋪至此三十里自此四十里達巴東縣三尖觀鋪

牛角水鋪鋪司二名自總鋪南行至此二十里

龍駒河鋪鋪司二名自牛角水鋪至此二十里自此三十里達恩施縣䜌山子鋪

羊背壠鋪鋪司三名自總鋪東南行至此三十里

核桃園鋪鋪司三名自羊背壠鋪至此三十里

紅岩子鋪鋪司二名自核桃園鋪至此十五里自此十五里達恩施縣崔家壩鋪

共十二鋪設鋪司三十名

添設健足章程

乾隆二十年八月准宜昌府移據巴東縣詳據馬夫等稟差使煩多馬夫額設無幾勢難分身兼顧且馬遞施南公文路途崎嶇内有楊柳荒三十餘里深林密箐並無居民店鋪每積雪凝冰與春夏雨發泥深尺許滑溜難行更有箐口沿途荒山甚多而虎豹熊豺之類時常出没請飭令各鋪兵若値夜晚遇公文馳遞到鋪即持火把護送庶公文得以迅速詳奉藩臬批飭仰宜昌府會同施南府即速妥議詳奪並准宜昌府飭據巴東縣議詳移建始縣屬箐口塘撥設健足二名常司接遞巴東縣馬夫遞回之公文彼此均覺適中等因移請會稿據詳飭令建始縣選撥健足二名縣給鈴印發號庶責有攸歸並飭該邑遵辦各等情詳奉批准在案

三十九年五月因接到省中各件公文破爛遲悞請仿照荆宜二府於郡城召募健足數名將府縣文稟按五日一次徑送省城甚屬便捷施郡距省更遠應請仿照設立健足六名在郡輪流差送六邑公文飭交恩邑總鋪同府發出每逢一六日差健足一名送

省交江夏總鋪折封分投其省中逐日行府及六邑一切公文亦交回施健足收投往返以二十六日爲限其健足六名每名工食六兩每次脚價銀二兩四錢每月六次閏月六邑輪派一次無須另差專役較之從前轉覺省便當經詳奉批准在案四十年據恩邑詳請各縣按月輪次派撥其工食銀兩自行給發

嘉慶二十年因各健足盤費不敷多有遲悞府飭各屬加添銀一兩四錢共銀四兩四錢現在遵照辦理

施南府志卷之六終

施南府志卷之七

知施南府事王協夢監修

建置

學校 考棚 書院 義學附

人才之生在鄉邑人才之聚在朝廷而陶成之者學校也施自改土歸流既已分縣立學廩餼諸生士生其間宜何如砥礪束修以勉圖上報敬謹以廟制學額之源流具著於篇而學田附其後考棚書院義學亦以類從焉

欽依刊立臥碑 順治九年頒乾隆四十三年知府汪獻琛勒石

御製訓飭士子文 康熙四十一年

御書萬世師表題額 康熙二十三年

上諭加封孔氏五代改啟聖祠爲崇聖祠 雍正元年

御製

聖諭廣訓 雍正二年

御書生民未有題額 雍正三年

上諭避孔子聖諱 雍正四年

奉

旨頒發平定青海告成太學碑文 雍正六年

御書與天地參題額 乾隆元年

欽定樂用六佾設樂舞生四十名免府縣試 乾隆五年

欽頒祭祀樂章 乾隆九年

奉

旨頒發平定金川告成太學碑文 乾隆十四年

奉

旨頒發平定準噶爾告成太學碑文 乾隆二十年

奉

旨頒發平定回部告成太學碑文 乾隆二十四年

奉

旨頒發平定兩金川告成太學碑文 乾隆四十一年

恩詔增廣學額大學加取五名中學加取三名共取進

欽六名以上者加取三名四五名者增額二名二三名

欽者增額一名 乾隆六十年

恩詔直省儒學增廣學額一次大學加取七名中學加取五名小學加取三名 嘉慶元年

御書聖集大成題額 嘉慶四年

恩詔直省儒學增廣學額一次大學加取七名中學加取五名小學加取二名　嘉慶四年

御書平定三省紀畧　嘉慶七年

恩詔直省儒學增廣學額一次大學加取七名中學加取五名小學加取三名　嘉慶二十五年

御書聖協時中題額　道光元年

恩詔直省儒學增廣學額一次大學加取七名中學加取五名小學加取三名　道光元年

頒發學宮經籍

日講四書

周易折衷

書經傳說彙纂

詩經傳說彙纂

春秋傳說彙纂

三禮義疏

孝經註

性理精義

十三經註疏

二十一史

明史

朱子全書

通鑑綱目

資治通鑑綱目三編

唐宋文醇

淵鑑古文

四書文

以上府學及各縣學皆同

廟制

施南府

學宮在城內象牙山之陽乾隆元年知府田三樂倡建三年工竣三十五年知府張映蕙補修五十四年知府蘇爾德倡修未竣嘉慶五年知府馬維馭捐廉倡率署恩施縣知縣蔣遇春府學訓導歐陽堅及紳士李廷柱崔元魁李璠等重修道光元年署府學訓導蔡薰勸諭恩施童生金某捐貲補修各處

大成殿基高五尺殿前月臺遶以石欄前爲拜臺甃以

石

東西兩廡道光十三年知府王協夢捐廉修製　先

賢　先儒各神牌及龕座

大成門左爲金聲門右爲玉振門道光八年署恩施縣知縣張啟雲訓導羅德崐倡率監生吳文儒廪生李大魁改建並以餘資補修各處

泮池在大成門前上有橋環池甃以石

櫺星門在泮池前門前有文明重地坊坊前有影壁左右角各有黌門

名宦祠在大成門左

鄉賢祠在大成門右乾隆四十二年知府汪獻琛始立二祠神牌並設正殿鐘鼓

崇聖祠在

大成殿後之西

尊經閣在

崇聖祠前

明倫堂在尊經閣前

學署在明倫堂後內署在尊經閣後

府學存貯樂器

琴六張並架　瑟四張並架　敔一座並權　圉一座並筑　鏄鐘一口並架　應鼓一面並架

府學存貯祭器

木登三件　木鉶三十二件　木簠五十八件　木簋五十八件　竹籩二百三十四件　木豆二百三十四件　銅爵三十三箇　錫盤一箇有匣　錫鉶一箇有匣　以上二件係前府楊毓江捐製

髹漆爵墊十七箇　錫香爐大小二十座　錫燭臺

大小二十三對　錫爵杯二百三十六件

以上錫祭器計點錫重二百一十六斤三兩係知府王協夢同署恩施知縣陳肖儀捐製發學交齋長敬謹收貯備祭學官入於交冊

恩施縣

學宮即施州衛學地原在城南門外後遷治北明景泰中僉事沈慶守備任忠復遷南門外宏治中參議林鑛僉事鄭岳復遷南門內之右即今學也崇禎十二年撫夷同知宋洪泰重修康熙四十三年守備傅

天錫教授張佐瑞鄧維憲重修乾隆十一年敎諭覃
榮補訓導宋鼇等接次補修嘉慶七年知縣李鍾白
捐廉倡率士民補修道光二年教諭石時和會同知
縣左章晒倡率紳士李朝舉朱榮發楊聯綬李文玉
陳啟棟賴朝陽鄧士林陳廷芳田岱雲胡漢章李大
魁李大經等勸捐重修至道光七年署知縣張起雲
落成

大成殿基高五尺殿前月臺臺下拜臺高五寸俱甃以
石

先師及四配十哲舊俱有像今易奉木主於前

東西廡東廡北有金聲亭南有奎文閣西廡北有玉
振亭南有尊經閣俱係道光七年添建

大成門

泮池在大成門前上有橋環池甃以石前有紅牆左
右角各有黌門

名宦祠在大成門左祠左紅牆有小黌門

鄉賢祠在大成門右

崇聖祠在
大成殿後之東

明倫堂在
崇聖祠前

儀門在明倫堂前

學署在明倫堂後東西各三間

宣恩縣

學宮在縣城內西街乾隆五年以土司署改建

大成殿

東西廡

大成門

泮池

名宦祠

鄉賢祠

崇聖祠

明倫堂

學署

來鳳縣

學宮在縣城內東街乾隆五年知縣于執中倡建嘉

慶七年知縣朱鳴鳳訓導蕭琴倡率重修

大成殿重修時加厚基址

東西廡

大成門

泮池在大成門前道光八年訓導孫萁勸浚

欞星門在泮池前嘉慶十六年拔貢生王廷弼舉人曾有光等倡建

名宦祠嘉慶十六年建

鄉賢祠嘉慶十六年建

崇聖祠在大成殿後

尊經閣

忠孝節義祠

明倫堂

學署

咸豐縣

學宮在縣城內西街乾隆五年建後圮四十二年遷於東門外五十六年知縣張曾敕訓導胡恒邑軍功楊勝岳生員馮世鏞蔣進綬倡率重建

大成殿

東西廡

大成門

泮池

崇聖祠

明倫堂

學署

利川縣

學宮在縣城內東街乾隆五年建

大成殿

東西廡

大成門

泮池

名宦祠

鄉賢祠

崇聖祠

明倫堂

學署

建始縣

學宫原在縣城西門外元大德間建洪武七年重修

明末圮後土人於地中掘得

先師銅像掘時像係東向遂建廟向東康熙十二年知

縣譚性學改建治北二十四年知縣吳李芳重修三

十年知縣史晟復改建於城西北關仍東向四十六

年知縣劉珙徵雍正十年知縣武怡乾隆十八年知

縣邱岱屢經補修三十三年知縣嚴錫紱畧加修葺

四十八年署知縣陳瞻燧捐廉倡率士民悉加修理

大成殿

先師銅像下列七十二賢像

東西廡

大成門

泮池

櫺星門

名宦祠在大成門左

鄉賢祠在大成門右

崇聖祠

明倫堂在

大成殿左乾隆十八年建

學署在舊節孝祠右

學額

施南府

文學八名

武學四名

廩生四名

增生四名

恩施縣

文學十五名

武學十五名

廩生十二名

增生十二名

宣恩縣

文學二名

武學二名

廩生二名
增生二名
來鳳縣
文學三名
武學二名
廩生二名
增生二名
咸豐縣
文學三名

武學二名
廩生二名
增生二名
利川縣
文學四名
武學二名
廩生八名
增生八名
建始縣

文學八名
武學八名
廩生二十名
增生二十名

雍正七年部議湖北施州衛改爲恩施縣應照各縣例將原設廩增各四十名之數各裁去二十名留二十名二年一貢

乾隆三十六年部議湖北施南府屬宣恩來鳳咸豐利川四縣於乾隆元年改土歸流嗣於乾隆四年議

准另編新字號考試四縣共酌進童生一二名暫歸恩施縣學管轄並未撥縣置學現今人文充盛應照該省鶴峯州長樂縣並湖南永順府暨保靖諸縣之例分設學額嗣後宣恩來鳳咸豐三縣准其各取三名利川縣取進四名至施南府設立府學將府屬恩施縣學原額十五名內量減三名建始縣學原額八名內量減一名撥入府學此外於六縣中酌取四名定爲學額八名令該學政歲科兩試時嚴慎校閱如佳卷不敷寧缺毋濫至各縣廩增額數並校試武童

亦准其照鶴峯長樂二州縣之例俟將來人文再盛另請培設並將宜昌府訓導撥改施南府學東湖縣訓導撥改來鳳縣學巴東縣訓導撥改咸豐縣學歸州訓導撥改利川縣學恩施訓導撥改宣恩縣學以專訓廸

乾隆三十九年部議湖北施南府屬宣恩來鳳咸豐利川四縣自乾隆三十六年各設學額所有舊附恩施考試各生業經撥歸各學管轄但未設有廩增額數查利川人文較盛撥回之生已有六十餘名內實

廩八名候廩三名應將恩施縣原額廩增各二十名俱減為十二名以八名撥入利川縣卽以撥回之現廩八名補實遇有缺出以候廩三名收補增八名除將候補實補外餘以撥回之生照考案序補其府學及宣恩來鳳咸豐三縣俟設學十年後自四十六年為始各設廩增二名現在考試各童來鳳咸豐俱有候廩二名卽令認保至設廩之年准其先與補實宣恩責令撥回之附生暫行認保回學均照定例設廩後必食餼十年方准出貢以後四年一貢至撥回之實廩候廩在恩施食餼已久仍准其與恩施學校年分出貢俟屆該本學應貢之期再將未貢之生歸於本學出貢再武童應於恩施量減三名建始量減一名作為府學四名其宣恩來鳳咸豐利川各取進二名

嘉慶十一年部議湖北巡撫瑚圖禮等奏請恩施縣復還學額三名文武童生各取進十五名建始縣復還學額一名文武童生各取進八名但既復還二縣學額則府學僅存學額四名仍於原額有缺應請於

府學內加還學額四名以符乾隆三十六年定額八名之數並令於宣來咸利四縣各坐撥一名其餘四名作為六縣分撥以昭平允其府學武童進額亦照舊仍設四名外增設廩增各二名共四名

學田

施南府學

恩施縣學

尖山子水陸田地一段崇禎十七年衛民徐大成捐

薛家莊田地山場一段康熙二十一年衛民薛正紀

捐

南門外水田一段康熙二十二年衛民陳姓捐

蠻王砦水田一段康熙四十年衛學門斗陳宗嶢捐

南門外學地數段葛家坡學地一段東門內學地一段俱康熙年間衛守備范福啄傅天錫衛千總雷洪聲捐

乾隆三十六年恩施訓導撥往宣恩撥改宜昌府訓導爲施南府學三十八年訓導馬堂詳請舊有衛學田地分撥府學公收以作香燭之資知府袁文觀飭

署恩施縣知縣吳森安議分撥府縣兩學公收在案乾隆四十五年訓導李宗汾詳請將學田穀石基租細行分撥知府施先輅飭恩施縣知縣韓悅曾均撥並詳藩司立案府學每年收租穀拾捌石租銀陸兩玖錢貳分縣學每年收租穀拾玖石租銀陸兩玖錢貳分

建始縣學

城內學宮前共田大小二十六坵每年租穀陸石陸斗又田二坵租錢伍千文

北鄉茅草壩共水田四十三畝每年租穀拾肆石

二共完糧銀柒錢

考棚

考棚在恩施縣署西半里許卽舊縣署地施南自乾隆元年改土歸流所屬六縣惟恩施建始二縣舊有學制餘四縣生童俱附恩施遠附宜昌考試三十六年知府張映蘄詳請按縣設學在案隨據各縣生童以赴宜昌考試路遠費艱願於本府城內捐建考棚詳准興修四十一年工竣四十五年題請學政按臨

奏准在案四十六年學使吳省欽始按臨考試並標題堂與齋壁名目各系以辭訓導李宗汾撰視學碑祀其事

義學

施南府

義學一所名鳳山書院乾隆四十一年署知府呂世慶倡建飭府學訓導李宗汾兼攝山長將乾隆三十一年恩施縣知縣崔振緒所斷縣民張姓等互爭田地歸入每年收租錢叁拾肆千肆百零以作膏火知

縣劉毓璠詳請立案至嘉慶二十一年因南郡書院
經費不充兼之鳳山書院久圯知府佟景文諭將此
項歸入南郡書院

恩施縣

舊有義學一所名崇化書院今廢

舊有義學一所名成山書院在城內成山上今廢

宣恩縣

城中義學一所

乾壩義學一所俱乾隆五年奉文建每年共領藩庫

銀叁拾貳兩分給二所膏火

來鳳縣

城中義學一所名朝陽書院

大旺義學一所名朝南書院距城九十五里

乾隆三年知縣于執中捐買桐子園水田二十一坵
計三十一畝五分一釐竹園坪水田二坵計十三畝
七分五釐每年所收租穀分給二所膏火

卯峝義學一所名桂林書院距城一百一十里乾隆
五年奉文建每年請領藩庫銀十六兩作膏火

咸豐縣

義學一所乾隆五年奉文建每年請領藩庫銀十六
兩作膏火二十四年知縣張禹將縣民互爭生基坪
官荒變置水田山場一分歸入義學每年收租穀十
六石一斗二升三十九年知縣潘憲武將民互爭黃
土坡官荒詳歸義學

利川縣

忠路義學一所

建南義學一所

俱乾隆五年奉文建每年請領藩庫銀三十二兩分
給二所膏火

南門外義學一所名　　書院知縣張兆棨勸捐置
買蔣姓田宅建造講堂齋舍義民牟承輝承熙承燈
承文天松公捐田產三處以助膏火首士李光北賀
伯厚江通選翁懋譚英亮匡友直等勸捐錢壹千叁
百千零置買田產每年租穀出入經費由縣選派首
士經理

城中義學一所署知縣李恂捐廉設立每年給塾師修

銀拾陸兩
忠路樂利場義學一所縣丞繆庭濉勸士翁懋等捐置田產延師訓課
忠路長潭壩義學一所
忠路黄土池義學一所
南坪義學一所名如膏書院乾隆五十八年巡檢王霖勸建置產每年首士范泰來許召棠廖連璧段大登等輪流掌管延師訓課

建始縣

義學一所在縣北門內名五陽書院以邑有朝陽建陽當陽景陽丞陽故名乾隆二十年知縣邱岱勸建因文昌祠舊基搆舍大小十間餘錢存息并捐里七埡官荒租錢作膏火二十七年知縣余本捐買水田一分三十八年知縣吳森將縣民互爭自修觀道士田租銀詳歸義學嘉慶二十年知縣楊兆杏勸諭士紳鄭宜蘭李正鋆等八人捐貲設課生員李大槐等二十五人倡捐銀數百兩置產道光七年職員邱裕旻等十一人亦共捐銀以助膏火

近城水田一分共九坵計種二斗每年租穀拾壹石貳斗租錢拾千文知縣余本捐買
趕龍壩水田一分共八坵每年租穀拾陸石租銀陸兩零邑民文常久捐
自修觀田租銀五兩租錢肆千零捌十文
西鄉後灣水田一分每年租穀拾壹石生員鄭宜蘭向啟仁等二十四人共捐錢三百五十八千文置勒有碑
徐家灣當田一分水田二契共錢壹百七十千文邑

民尹士上士同士周兄弟捐
墨漆壩當價錢壹百四十千文外錢捌千文邑民譚廷學捐
趙家山當田二契價錢壹百零五千文邑民張士鼇捐
上店子官山一處向被民人侵改作田知縣徐步雲清理歸入義學計田七十二坵每年租穀陸石勒有碑

施南府志卷之七終

施南府志卷之八

知施南府事王協夢監修

典禮

壇廟儀注

崇德報功垂諸祀典直省郡邑皆同惟施爲新造壇廟多屬創建方志所宜備紀也至若牲酒豆籩之數登降上下之節或亦考獻徵文者所不容畧乎他如迎
詔迎春鄉飲讀法則嘉禮也日月食救護霜降祭旗纛則軍禮也並錄之以備掌故志典禮

施南府　恩施縣

社稷壇在府城北門外二里許馬鹿口雍正二年建今壇垣久圮

宣恩縣在縣城西

來鳳縣在縣北門外乾隆二十一年知縣林翼池捐建

咸豐縣在縣[illegible]

利川縣在縣城北門外

建始縣在縣城西門外演武廳之左

社右稷左異位同壇皆北向

通禮歲以春秋仲月上戊日致祭府知府主之縣知縣主之在城文武官丞史把總皆與眡割牲省齍盛府以佐貳縣以丞若史各一人糾儀府以教授訓導縣以教諭訓導二人執事用掾吏贊相禮儀均於學弟子員内選充

儀注前期主祭官暨陪祭官執事人各於公廨致齋三日掃除

壇壝内外具視版備器陳祭之前夕飭掌饌潔備品物置案於
神廚設香燭眡割牲官公服詣案前上香行三叩禮畢宰人牽牲告腯遂割牲以豆取毛血瘞於坎及祭日雞初鳴執事人入設案一於
壇上正中北向陳鉶二實和羹簠二實稻粱簋二實黍稷籩四實形鹽棗栗鹿脯豆四實菁菹鹿醢芹菹兎醢若不能備各就土所有以其類充案前設俎

陳羊一豕一又前設香案一陳祝文香盤鑪鐙左設一案東向陳篚一實帛二尊一爵六又設福胙於尊爵之次司祝一人司香帛二人司爵二人位案西東面階下之東設洗當階爲主祭官拜位其後爲陪祭官拜位文東武西通贊二人位階下左右糾儀官二人分位陪祭官左右均東西面漏未盡主祭官及陪祭官朝服畢集

壇外引贊二人引省盥官入

壇徧眡牲器酒齊饌者告絜退左右引班二人引陪祭

官入東西序立東班西面西班東面引贊二人引主祭官入至階下盥手通贊贊執事者各司其事贊就位引贊引主祭官引班引陪祭官咸就拜位立贊迎

神引主祭官升詣香案前跪司香跪奉香主祭官三上香興贊復位引主祭官降階復位立贊跪叩興主祭官暨陪祭官行三跪九叩禮贊初獻引主祭官升詣

神位前跪司帛跪奉篚主祭官受篚恭獻仍授司帛興奠於案司爵跪奉爵主祭官受爵恭獻仍授司爵興分詣

社

稷位前各奠正中皆退贊讀祝引主祭官詣香案前跪陪祭官皆跪司祝三叩興奉祝文跪於右讀曰維某年某月某日某官某致祭於

社

稷之神曰維

神奠安九土粒食萬邦分五色以表封圻育三農而蕃

稼穡恭承守土肅展明禋時屆仲春秋敬修祀典庶丸丸松柏鞏磐石於無疆翼翼黍苗佐神倉於不匱尚

饗讀畢三叩興以祝文復於案退贊叩興主祭官暨陪祭官三叩興贊復位引主祭官降階復位立贊亞獻引主祭官升詣

神位前獻爵於左贊終獻獻爵於右均如初獻儀贊賜福胙引主祭官升詣香案前跪司爵跪進福酒於右主祭官受爵拱舉司爵接爵興司饌跪進豆肉於

左主祭官受豆拱舉司饌接豆興各退贊叩興主
祭官三叩興贊復位引主祭官復位立贊送
神贊跪叩興主祭官暨陪祭官行三跪九叩禮贊徹饌
執事官徹饌贊瘞祝帛執事官奉祝次香次帛次
饌詣瘞所禮畢各退

施南府　恩施縣

先農壇在府城北門外馬鹿卩雍正四年建今壇垣久
圮壇高二尺一寸寬二丈五尺正房三間中奉
先農神牌紅地金書牌高二尺四寸寬六寸牌座高五

寸寬九寸五分東貯祭器農具西貯耤田米穀配
房二間東置辦祭品西守農居住繚以周垣

宣恩縣在縣城[illegible]門外

來鳳縣在縣城東門外乾隆四年建

咸豐縣在縣城東門外

利川縣在縣城東門外

建始縣在縣城東門外雍正五年知縣祖丞繩置買
耤田四畝九分建神庫三間八年知縣武怡復建
門樓一座

通禮歲以仲春亥日致祭（或用季春）府知府主之縣知
縣主之文武官及各執事人均如祭
社
稷之禮先二日主祭陪祭執事各官致齋公所掃除
壇上下祭日雞初鳴執事人入設
先農神案於
壇正中南向陳鉶一簠一簋二籩豆各四案前設俎
陳羊一豕一又前設香案一陳祝文香盤鑪鐙左
設一案東向陳帛一尊一爵三陳福酒胙肉於尊

爵之次設洗於階下之東

儀注質明引班引陪祭官入引贊引主祭官入通
贊贊執事者各司其事贊就位引主祭官至階下
盥手畢就拜位立陪祭官案班就東西拜位立均
北面迎
祭於
神上香讀祝行三獻禮祝辭曰維某年月日某官某致
先農之神曰惟
神肇興稼穡立我烝民頌思文之德克配彼

天念率育之功陳常時夏茲當東作咸服先疇洪惟
九五之尊歲舉
三推之典共膺守土敢忘勞民謹奉彝章聿修祀事惟
願五風十雨嘉祥恒沐
神庥庶幾九穗雙岐上瑞頻書大有尚
饗餘儀與祭
社稷同祭畢率屬行耕耤禮
耤田在
先農壇側有事

先農之日知府率在城文官耕耤是日首縣知縣眡十
宜備穀種青箱朱鞭耒服犂黝牛及他農器耕器
豫陳耕所耆老率農夫披蓑戴笠竢於田間通贊
學弟子員分立田首又向
闕張畫屏設香案一南向通贊立香案之南引班教
諭訓導立通贊之南皆西面致祭
先農禮畢各官易蟒袍詣耤田通贊贊行耕耤禮知府
以下就耕所執事者授耒耜與鞭皆右秉耒左執
鞭進耕知府知縣以丞一人執種箱吏一人播種
皆耆老一人牽牛農夫二人扶犂各九推九返畢
釋鞭耒以次序立田首西向北上農夫遂終畝告
畢事各官補服望
闕立通贊贊齊班引班分引各官至香案前按班序
立重行北面耆老農夫稍遠列行北面隨立贊跪
叩興行三跪九叩禮興各退各縣則正官率佐貳
丞史耕耤各以耆老二人執箱播種餘儀同
文廟府學在城內象牙山下
恩施縣學在城南門內

宣恩縣學在縣城西
來鳳縣學在縣城內東北
咸豐縣學在縣城東
利川縣學在縣城南門內
建始縣學在縣城內西北隅
崇聖祠府學在　大成殿西
恩施縣學在　大成殿後東
宣恩縣學在　大成殿後
來鳳縣學在

咸豐縣學在

利川縣學在

建始縣學在

大成殿內

至聖先師正位南向

復聖顏子

述聖子思子東位北上西向

宗聖曾子

亞聖孟子西位北上東向

東序

先賢閔子損冉子雍端木子賜仲子由卜子商有子

若皆北上西向

西序

先賢冉子耕宰子予冉子求言子偃顓孫子師朱子

熹皆北上東向

東廡

先賢蘧瑗澹臺滅明原憲南宮适商瞿漆雕開司馬

耕梁鱣冉孺伯虔冉季漆雕徒父漆雕哆公西赤

任不齊公良孺公肩定鄡單罕父黑榮旗左人郢

鄭國原亢廉潔叔仲會公西輿如邽巽陳亢琴張

步叔乘秦非顏噲顏何縣亶樂正克萬章周敦頤

程顥邵雍

先儒公羊高伏勝董仲舒后蒼杜子春諸葛亮王通

陸贄范仲淹歐陽修楊時羅從彥李侗呂祖謙蔡

沈陳淳魏了翁王柏趙復許謙吳澄胡居仁王守

仁羅欽順黃道周湯斌均北上西向

西廡

先賢林放宓不齊公冶長公晳哀高柴樊須商澤巫

馬施顏辛曹卹公孫龍秦商顏高壤駟赤石作蜀

公首夏后處奚容蒧顏祖句井疆秦祖縣成公祖

句茲燕伋樂欬狄黑孔忠公西蒧顏之僕施之常

申棖左邱明秦冉牧皮公都子公孫丑張載程頤

先儒穀梁赤高堂生孔安國毛萇鄭康成范甯韓愈

胡瑗司馬光尹焞胡安國張栻陸九淵黃幹眞德

秀何基陳[illegible]許衡薛瑄陳獻章蔡清呂坤

劉宗周孫奇逢陸隴其均北上東向

通禮歲以春秋仲月上丁行釋奠禮正獻知府主之兩序兩廡以知縣教職分獻眡割牲省齍盛以佐貳糾儀以教職司祝司香司帛司饌引贊通贊引班以學弟子員嫺禮儀者執事在城文武官咸與祭縣以知縣爲正獻官前期致齋二日祭前一日飭廟戸潔掃廟宇內外眡割牲官公服詣神廚眡割牲如儀正獻官率執事人入學習儀禮生十四名教官率樂舞生入學習舞習吹佾舞生三十六名樂工五十二名夜分具器陳

先師位前牛一羊一豕一登一鉶二簠二簋二籩十豆十鑪一鐙二

四配位前各羊一豕一鉶二簠二簋二籩八豆八鑪一鐙二

十二哲位前鉶一簠一簋一籩四豆四東西各羊一豕一鑪一鐙二殿中設一案少西北向供祝版其東南設一案西向陳禮神制帛九色白香盤四尊三爵二十有七西設一案東向陳禮神制帛八香盤三尊二爵二十有四凡牲陳於俎凡帛正位四配異篚十二哲東西共篚凡尊實酒承以舟疏布冪勺具東廡二位同案每位爵一實酒每案簠一簋一籩四豆四

先賢位前羊二豕二香案一鑪一鐙二

先儒案前羊一豕一香案一鑪一鐙二設案一於南北向陳禮神制帛二香盤二尊三虛爵六俎篚冪勺具東西兩廡陳設同設洗於階下之東

通禮樂器陳設兩階編鐘在東編磬在西皆十有六懸以簴業東應鼓一柷一麾一西敔一東西分列琴六瑟四簫六篴六箎四排簫二塤二笙六搏拊二旌二羽籥三十有六

儀注祭之日雞初鳴各官豫集於明倫堂均朝服昧爽贊禮生二人引承祭官由大成左側門入又禮生八人分引兩序兩廡分獻官隨入至階下之東盥手畢引至階下拜位前立引班引陪祭官由左右側門入各就拜位序立典儀唱樂舞生登歌執事者各司其事文舞六佾進贊禮生贊就位承祭官分獻官陪祭官各就位立典儀贊迎

神司樂贊舉迎
神樂奏昭平之章樂作贊禮生贊就上香位引承祭
官升東階入殿左門贊詣
先師香案前跪承祭官跪行一叩禮興贊上香司香跪
奉香承祭官上炷香三上瓣香跪行一叩禮興不贊
以次詣
四配位前跪上香儀同贊復位引承祭官退降階復
位初迎
神時贊禮生分引東西序分獻官各一人升東西階

入殿左右門詣
十二哲位前跪上香退降階復位引兩廡分獻官東
西各二人分詣
先賢
先儒位前跪上香退復位均如前儀贊禮生贊跪叩
興承祭官分獻官暨陪祭官均行三跪九叩禮興
樂止典儀贊奠帛爵行初獻禮贊奏宣平之章舞
羽籥之舞樂作贊禮生引承祭官升階贊詣
先師位前贊跪承祭官跪行一叩禮興司帛跪奉篚承

祭官受篚拱舉奠於案司爵跪奉爵承祭官受爵
拱舉奠於墊中跪行一叩禮興不贊贊禮生贊就讀
祝位引承祭官至殿中拜位立贊跪承祭官分獻
官暨陪祭官皆跪贊讀祝司祝跪讀祝辭曰維某
年月日某官某致祭於
至聖先師孔子曰惟
先師德隆千聖道冠百王揭日月以常行自生民所未
有竊
文教昌明之會正禮和樂節之時辟雍鐘鼓咸恪薦

於馨香泮水膠庠益致嚴於籩豆茲當仲春秋祗率
彝章肅展微忱聿將祀典以
復聖顏子
宗聖曾子
述聖子思子
亞聖孟子配尚
饗讀畢奉祝版跪安
先師位前篚內三叩興退樂作贊跪叩興承祭官分獻
官暨陪祭官均行三叩禮贊禮生引承祭官以次

詣
四配位前跪奠帛獻爵儀同退降階復位（退及殿左門出降階復位見舊通禮）贊禮生分引兩序分獻官詣
十二哲位前跪奠帛獻爵降階復位均如儀引兩廡
分獻官詣
先賢
先儒位前奠帛獻爵復位儀同樂止亞獻奏秩平之
章（舞同初獻）樂作贊禮生引承祭官升階贊詣
先師位前暨
四配位前奠爵於左如初兩序兩廡隨分獻畢均復
位樂止終獻奏敘平之章（舞同亞獻）樂作引承祭官升
階奠爵於右如亞獻儀兩序兩廡隨分獻畢均復
位樂止文德之舞退典儀贊飲福受胙贊禮生贊
詣受福胙位引承祭官至殿中拜位立奉福胙二
人自東案捧福胙至
先師位前拱舉退立於承祭官之右接福胙二人自西
案進立於左贊禮生贊跪承祭官跪贊飲福酒右
一人跪遞福酒承祭官受爵拱舉以授於左接以

興次受胙如飲福酒之儀贊叩興承祭官三叩興
贊復位引承祭官退降階復位贊跪叩興承祭官
分獻官暨陪祭官均行三跪九叩禮興典儀贊徹
饌奏懿平之章樂作徹畢樂止贊送
神奏德平之章樂作贊禮生贊跪叩興承祭官分獻
官暨陪祭官行三跪九叩禮興樂止典儀贊奉祝
帛饌送燎有司各奉祝帛香饌恭送燎所如儀承
祭官避立拜位西旁俟過復位樂作贊禮生引承
祭官詣燎所視燎畢仍引由左側門出樂止陪祀
各官皆退

崇聖祠殿內
肇聖王木金父正中
裕聖王祈父左
詒聖王防父右
昌聖王伯夏次左
啟聖王叔梁紇次右皆南向
先賢顏無繇孔鯉東位西向
先賢曾點孟孫氏西位東向均北上

東廡

先儒周輔成程晌蔡元定西向

西廡

先儒張迪朱松東向均北上

通禮

正位前各羊一豕一鉶二簠簋各二籩豆各八鑪一鐙二配位前簠一簋一籩四豆四東西羊豕各一鑪一鐙二中設一案少西供祝版東設一案陳禮神制帛五色白香盤六尊四爵十有五西設一案陳禮

神制帛四香盤四尊三爵十有二兩廡東一案西一案每位爵一實酒每案陳設簠簋籩豆羊豕鑪鐙如配位之數各南設一案陳禮神制帛一香盤一尊一虛爵三俎篚冪勺皆具設洗於階下之東

儀注上丁同時致祭正獻以教官兩廡分獻以食餼弟子員各一人贊禮生引承祭官入祠垣左門引分獻官隨入承祭官詣階下盥手典儀贊執事者各司其事贊禮生贊就位承祭官分獻官就位立典儀贊迎

神司香奉香盤就各案前立贊禮生贊就上香位引承祭官升東階入殿左門贊詣

肇聖王位前跪承祭官跪行一叩禮興贊上香司香跪奉香承祭官上炷香三上瓣香跪行一叩禮興不贊次詣左右正位前跪上香儀同降階復位贊禮生引分獻官升東西階入殿左右門分詣四配兩廡位前跪上香如儀降階復位贊禮生贊跪叩興承祭官分獻官行三跪九叩禮興典儀贊奠帛爵行初獻禮贊禮生引承祭官升階贊詣

中案前跪承祭官行一叩禮興司帛跪奉篚承祭官受篚拱舉奠於案司爵跪奉爵承祭官受爵拱舉奠於墊中跪行一叩禮不贊以次詣左右正位案前跪奠帛獻爵儀同贊禮生贊就讀祝位引承祭官詣殿中拜位立司祝至祝案前跪三叩奉祝版跪案左贊跪承祭官分獻官皆跪贊讀祝司祝讀祝辭曰維某年月日某官某致祭於

肇聖王

裕聖王

詣聖王
昌聖王
啟聖王曰惟
王奕葉鍾祥光開聖緒成德之後積久彌昌凡聲教所
覃敷率循源而溯本宜肅明禋之典用申守土之
忱茲屆仲春秋聿修祀事配以
先賢顏氏
先賢曾氏
先賢孔氏

先賢孟孫氏尚
饗讀畢興奉祝版跪安
肇聖王位前饍內三叩興退贊禮生贊跪叩興承祭官
分獻官行三叩禮興贊復位引承祭官出降階復
位贊禮生引正殿分獻官升東西階入殿左右門
詣配位前引兩廡分獻官分詣兩廡位前跪奠帛
獻爵興復位均如正獻儀亞獻各獻爵於左終獻
各獻爵於右均如初儀典儀贊徹饌有司徹饌畢
贊送

神贊禮生贊跪叩興承祭官分獻官行三跪九叩禮
興典儀贊奉祝帛饌送燎司祝司帛司香司爵各
奉祝帛香饌以次恭送燎所如儀承祭官避立西
旁俟過復位贊禮生引詣燎所視燎贊禮畢仍引
由祠垣左門出各退

通禮月朔聯某望日上香教授教諭訓導等官分
班行禮

施南府 恩施縣
忠義孝弟祠在

宣恩縣在
來鳳縣在
咸豐縣在
利川縣在
建始縣在

施南府 恩施縣
節孝祠在
宣恩縣在
來鳳縣在

咸豐縣在
利川縣在
建始縣在
施南府學
名宦祠在 文廟戟門之左各縣學同
隋清江令李超
唐施州刺史南承嗣
唐施州刺史房武
唐施州司戶參軍張道古

宋建始令李庭芝
宋施州刺史龐恭孫
宋施州刺史寇瑊
宋清江縣主簿任伯雨
宋施州通判程公許
宋施州攝判王在
宋施州通判李周
宋施州巡檢使侯廷賞
明施州令譚朗然

明施州指揮僉事朱永
明施州衛教授龐一德
明施州衛經歷黃溥
明湖廣按察司僉事兵備道駐劄施州衛李堯德
施南府學
鄉賢祠在 文廟戟門之右各縣學同
周巴國將軍巴蔓子
漢教授尹珍
宋鴻博狀元詹邈

明淮安府知府事申朝
明霍州州同童希賜
明交州府同知向德豪
明淮安總兵童景
明參軍童希益
明孝子陳鏞
恩施縣崇祀名宦鄉賢二祠與府學同
通禮春秋釋奠禮畢教職一人公服詣四祠致祭
引贊贊跪主祭官跪讀祝辭曰維某年月日某官

某致祭於
忠義孝弟之靈曰惟
靈稟賦貞純躬行篤實忠誠奮發貫金石而不渝
義問宣昭表鄉閭而共式祗事懋彝倫之大性摯
莪蒿克恭念天顯之親情殷棣萼模楷咸推夫懿
德
綸恩特闡其幽光祠宇維隆歲時式祀用陳尊簋來格
几筵尚
饗讀畢以祝文復於案退主祭官俯伏興執事者酌

酒獻於左又酌酒獻於右退引贊贊跪叩興主祭
官跪三叩興執事者以祝帛送燎引贊引主祭官
出執事者徹皆退各祠致祭儀同
通禮節孝祠祝曰維某年月日某官某致祭於
節孝之靈曰惟
靈純心皎潔令德柔嘉矢志完貞全閨中之亮節
竭誠致敬彰閫內之芳型茹冰蘗而彌堅清操自
勵奉盤匜而匪懈篤孝傳徽
絲綸特沛乎殊恩祠宇昭垂於令典祇循歲祀式薦尊
醪尚
饗餘儀同
謹按通禮名宦鄉賢二祠祝文各省州縣所在異辭不悉載
施南府 恩施縣
神祇壇在府城南門外南郡書院之左壇垣久圮
宣恩縣在縣城南門外
來鳳縣在縣城南門外乾隆二十一年知縣林翼池
捐建
咸豐縣在縣城[illegible]門外

利川縣在縣城南門外
建始縣在縣城北門外
通禮歲春秋仲月諏吉致祭府知府主之縣知縣
主之在城文武各官皆與設案一於壇正中南向
雲雨風雷之神位居中
施南府境內山川之神位左
施南府城隍之神位右案陳鉶一簠二簋二籩豆各
四案前設俎陳羊一豕一又前設香案一陳祝文
香盤鑪鐙西設一案陳帛七尊一爵二十有一

酒胙肉於尊俎之次

儀注祭日有司供具執事人預入序立引班引陪祭官入引贊引主祭官入通贊贊執事者各司其事贊就位引主祭官至階下盥手就拜位立陪祭官按班就東西拜位立均北面迎神上香讀祝行三獻禮祝辭曰維某年月日某官某致祭於

雲雨風雷

施南府境內山川之神

施南府城隍之神曰惟

神贊襄天澤福佑蒼黎佐靈化以流行生成永賴乘氣機而鼓盪溫肅攸宜磅礴高深長保安貞之吉憑依鞏固寶資捍禦之功幸民俗之殷盈仰

神明之庇護恭修歲祀正值良辰敬潔豆籩祗陳牲幣尚

饗餘儀節與祭

社稷同

歲孟夏後諏吉雩祭其設儀注同前若間不雨及潦諏宜祀之辰具祝文（隨時撰擬）備牲牢籩豆香帛尊爵鑪鐙守土府縣官率屬素服虔禱為民請命行禮儀節與常祀同既應而報陳設供具朝服行報祀禮儀節均與祈祀同

施南府　恩施縣

關帝廟在城內學宮之右南向雍正八年建乾隆三十五年知府張映蔬重修道光二年知府琦昌捐廉諭紳士李大睿李文玉陳啟棟朱煇憲補修（一在南城上一在南門外一在北門外）

宣恩縣在縣城東南

來鳳縣在縣城南乾隆四年建

咸豐縣在縣城東門外

利川縣在縣東門內乾隆五年建五十九年邑令陳春波訓導張定模典史李裕泰勸捐重修

建始縣在縣西門大街乾隆二十年知縣余本詳修

通禮歲以春秋仲月及五月旬有三日致祭府知府主之縣知縣主之後殿以丞史執事以禮生是日昧爽廟祝潔掃殿宇內外具祝版備器陳

神位前牛一羊一豕一登一鉶二簠簋各二籩豆各十

鑪一鐙二殿中設一案少西北向供祝版東設一案陳禮神制帛一色白香盤一尊一爵三牲陳於俎帛實於篚尊實酒冪勺具設樂於西階上設洗於東階上承祭官拜位在殿內正中按今郡中現行之禮文東武西拜位皆在階上惟上香讀祝則承祭官拜位在殿內正中祭文昌廟同

儀注質明承祭官朝服詣廟贊禮生二人引承祭官由廟左門入至東階上盥手畢進殿東門詣拜位前立典儀贊執事者各司其事贊禮生贊就位引承祭官就位立典儀贊迎

神樂作贊禮生贊詣上香位引承祭官就香案前立贊上香司香跪奉香承祭官上炷香三上瓣香畢贊復位引承祭官復位立贊跪叩興承祭官行三跪九叩禮興典儀贊奠帛爵行初獻禮有司揭尊冪勺挹酒實爵樂作司帛奉篚司爵奉爵各進至神位前司帛跪奠篚於案三叩興司爵立獻爵於案正中各退司祝詣祝案前跪三叩興奉祝版跪案左樂暫止贊禮生贊跪承祭官跪典儀贊讀祝司祝讀祝辭曰維某年月日某官某致祭於

忠義神武靈佑仁勇威顯關聖大帝之神曰惟帝浩氣凌霄丹心貫日扶正統而彰信義威震九州完大節以篤忠貞名高三國神明如在徧祠宇於寰區靈應丕昭薦馨香於歷代屢徵異蹟顯佑羣生恭值仲春秋嘉辰遵行祀典筵陳籩豆几奠牲醪尙饗讀畢以祝版跪安於篚內叩如初興退贊禮生贊叩興承祭官行三叩禮興典儀贊行亞獻禮樂作司爵獻爵於左如初獻儀典儀贊行終獻禮樂作

司爵獻爵於右如亞獻儀典儀贊徹饌樂作有司徹畢贊送神贊禮生贊跪叩興承祭官行三跪九叩首禮興樂止典儀贊奉祝帛饌送燎有司奉祝帛香饌以次送燎如儀贊望燎贊禮生引承祭官詣燎位眡燎禮畢樂止各官皆退

通禮同日祭後殿府縣均以丞史將事光昭公位中裕昌公左

成忠公右均南向位各異案每案羊一豕一鉶二簠簋
各二籩豆各八鑪一鐙二殿中設案少西北向供
祝版東西各設一案分陳禮神制帛三色白香盤三
爵九尊三俎篚羃勺具設洗於後垣門內道東
承祭官位殿檐下正中執事人各以其職爲位如
常儀質明承祭官由前左門入後垣中門盥手升
階就位迎
神引詣正位前上香畢以次詣左右位前上香復位行
二跪六叩禮初獻讀祝如儀祝辭曰維某年月日

某官某致祭於
關帝之
曾祖光昭公
祖裕昌公
父成忠公曰惟
公世澤貽庥靈源積慶德能昌後篤生神武之英善則
歸親宜享尊崇之報列上公之封爵
錫命攸隆合三世之肇禋典章明備恭逢仲春秋諏吉祗
事薦香尚
饗凡儀節皆與前殿同
通禮五月十三日致祭
關帝廟前殿
神位前陳牛一羊一豕一果實五盤鑪鐙具陳設及行
禮儀節與春秋祭同祝辭曰維某年月日某官某
致祭於
忠義神武靈佑仁勇威顯關聖大帝之神曰惟
神純心取義亮節成仁允文允武迺聖迺神功高當世
德被生民兩儀正氣歷代明禋英靈丕著封號聿

新敬修歲事顯佑千春尚
饗
通禮同日致祭後殿每案羊一豕一果實五盤典
儀不贊徹饌司爵以執事生餘陳設及行禮儀節
與春秋祭同祝辭曰維某年月日某官某致祭於
關帝之
曾祖光昭公
祖裕昌公
父成忠公曰禮隆報祀誼重推恩當崧生嶽降之期溯

本本水源之始輝煌棟宇憑依已妥於上公修潔豆籩將饗告虔於仲夏惟

神昭鑒尙其格歆

施南府　恩施縣

文昌廟原在城南門外即衛學舊址今改爲書院嘉慶三年知施南府事前恩施縣知縣尹英圖移建於城內龍脊山上

宣恩縣在縣城東

來鳳縣在縣城南門內

咸豐縣在縣城東門外

利川縣原在城東乾隆二年建嗣移於西關外嘉慶八年訓導張定模勸移建於學署左

建始縣在東門外乾隆辛亥年知縣趙源生重修

通禮歲以二月三日暨仲秋月諏吉致祭具祝版備器陳設洗辦位設樂均與祭

關帝廟同

儀注祭日昧爽廟祝潔掃殿宇內外具祝版備器陳

神位前陳牛一羊一豕一登一鉶二簠簋各二籩豆各十鑪一鐙二殿中設一案少西北向供祝版東設案一陳禮神制帛一色白香盤一尊一爵三几牲陳於俎帛實於篚尊實酒冪勺具設樂於西階設洗於東階上承祭官拜位在殿內正中執事各以其職爲位質明承祭官朝服詣廟贊禮生二人引承祭官由廟左門入至東階上盥手畢進殿東門詣拜位前立典儀贊執事者各司其事贊禮生贊就位引承祭官就位立典儀贊迎

神樂作贊禮生贊詣上香位引承祭官就香案前立贊上香司香跪捧香承祭官上炷香三上瓣香畢贊復位引承祭官復位立贊跪叩興承祭官行三跪九叩禮典儀贊奠帛爵行初獻禮有司揭尊冪勺挹酒實爵司帛捧篚司爵捧爵進至

神位前司帛跪奠篚三叩興司爵立獻爵於案正中各退司祝詣祝案前跪三叩興捧祝版跪案左樂暫止贊禮生贊跪承祭官跪典儀贊讀祝司祝讀祝辭曰維某年月日某官某致祭於

文昌帝君曰惟
神蹟著西潼樞環北極六匡麗曜協昌運之光華累代
垂靈爲人文之主宰扶正久彰夫感應蔫馨宜致
其尊崇兹屆仲春秋用昭時祀尚其歆格鑒此精虔
尚
饗讀畢奠以祝版安於篚叩如初興退贊禮生贊跪
叩興承祭官行三叩禮興典儀贊行亞獻禮司爵
獻爵於左贊行終獻禮司爵獻爵於右均如初獻
儀典儀贊徹饌有司徹畢贊送

神贊禮生贊跪叩興承祭官行三跪九叩禮興樂止典
儀贊捧祝帛饌送燎有司捧祝帛香饌以次送燎
贊望燎贊禮生引承祭官詣燎位視燎禮畢樂止
承祭官及執事者皆退
通禮同日祭後殿
文昌帝君先代神位前設一案陳羊一豕一鉶二簠簋
各二籩豆各八鑪一鐙二承祭官行二跪六叩禮
祝辭曰維某年月日某官某致祭於
文昌帝君之
前代曰祭引先河之義禮崇反本之思溯夫世德彌光
延賞斯及祥鍾累代炯列宿之精靈化被千秋爲
人文之主宰是尊後殿用答前庥兹值仲春秋肅將
時事用申告潔
神其格歆尚
饗餘陳設器數及行禮儀節均與祭
關帝廟後殿同
施南府　恩施縣
龍神祠在府城南門内縣學之西嘉慶十五年知府譚

光祥建
宣恩縣在縣
來鳳縣在縣
咸豐縣在縣東門外
利川縣在縣南門外
建始縣在縣南門外
通禮歲以春秋仲月辰日致祭前期有司具祝文
飭廟戸潔掃祠宇拂拭神案備執事人具器陳羊
一豕一簠簋各二籩豆各十鑪一鐙二陳祝文于

案左陳帛一香盤一壺一爵三於案右

儀注主祭官朝服詣祠贊禮生二人引入拜位前

立典儀贊迎

神樂作贊禮生贊就上香位引主祭官就香案前立司

帛自右奉香盤進主祭官上炷香三上瓣香訖贊

復位引主祭官復位贊跪叩興主祭官行三跪九

叩禮興典儀贊奠帛爵行初獻禮司帛跪奠篚獻

帛於案三叩興司爵酌酒實爵獻於正中皆退司

祝詣祝案前跪三叩興奉祝版跪案左樂暫止典

儀贊讀祝引贊贊跪主祭官暨各官皆跪祝辭曰

維某年月日某官某致祭於

龍王之神曰惟

神德洋寰海澤潤蒼生永襄水土之平經流順軌廣濟

泉源之用膏雨及時績奏安瀾占大川之利涉功

資育物欣庶類之蕃昌仰藉

神庥宜隆報享謹修祀典式協良辰敬布几筵肅陳牲

幣尚

饗祝辭本湖北通志讀祝畢興奉祝版安於篚叩如初贊禮

生贊跪叩興主祭官及各官行三叩禮興典儀贊

行亞獻禮司爵酌酒獻於左典儀贊行三獻禮司

爵酌酒獻於右退通徹饌送

神引贊贊跪叩興主祭官行三跪九叩禮典執事者以

祝帛送燎禮畢各退

施南府

昭忠祠在　府城隍廟內右側

通禮載春秋仲月諏吉致祭陳設器數儀節與忠

孝節義祠同

施南府　恩施縣

厲壇在府城北門外演武橋之北

宣恩縣在縣城北門外

來鳳縣在縣城北門外乾隆二十一年建

咸豐縣在縣城北門外

利川縣在縣城北門外

建始縣在縣城北門外

通禮歲三月寒食節七月望十月朔祭厲壇於城

北郊

儀注前期守土官飭所司具香燭公服詣
神祇壇以祭厲告
本境城隍之神上香跪三叩興退至日所司陳羊三豕
三米飯三石尊酒棉帛於祭所設燎鑪於壇南質
明贊禮生二人引守土官公服詣
神位前贊跪守土官跪贊上香守土官三上香贊叩興
守土官三叩興退執事者焚棉帛守土官詣燎鑪
前祭酒三爵退禮生仍奉
城隍神位還

神祇壇退
迎
詔
通禮有司豫於公廨設屏南向屏前設
詔案又前設香案案東設臺階下為文武官拜位文東
武西重行異等如朝賀儀紳士班於文官之末耆
老軍民集於武官之末皆北面宣詔官一人展詔
官二人立臺下西面通贊者立香案左右引禮生
立百官班位左右皆東西面

儀注
詔及郊守土官備龍亭旗仗出迎使者承
詔書以架奉陳龍亭內乘馬後隨鼓樂前導文武官朝
服出迎道右跪候過與先至公廨門外序立紳士
耆老軍民畢會
詔至門跪迎如初禮使者下馬從龍亭入衆隨入使者
奉
詔書陳於案退立案東西面引禮生引羣官就位北面
立通贊贊跪叩興衆行三跪九叩禮贊宣

詔使者奉
詔授宣詔官復位立宣詔官跪接登臺展詔二人從升
均西面展
詔書宣讀訖復於案皆降衆聽贊復行三跪九叩禮如
初退
宣講
聖諭
通禮月朔望府縣各飭所部民齊集公所選醇謹
耆老一人為約正有司公服涖恭宣

世祖章皇帝欽定六諭

聖祖仁皇帝聖諭十六條

世祖憲皇帝聖諭廣訓兵民圜聽宣畢各退鄉堡均擇適中地爲鄉約所選老成公正一人爲約正樸實謹守者三四人直月按期集所部民宣講

聖諭擇律文内民俗易犯者咸宣示之守土官實力董率並飭縣令教職隨時巡行宣導

迎春

通禮先立春日府縣於東郊造芒神土牛立春在

十二月望後芒神執策當牛肩在正月朔後當牛腹在正月望後當牛縢示民農事早晚

儀注屆立春日吏設案於芒神春牛前陳香燭菓酒之屬案前布拜席通贊執事者於席左右立府縣正官率在城文武官丞史以下朝服畢詣東郊立春時至通贊贊行禮正官一人在前餘以序列行就拜位贊跪叩興衆行一跪三叩禮執事者舉壺爵跪於正官之左正官受爵酌酒酹酒三授爵於執事者復行三叩禮衆隨行禮興迺舁芒神土牛鼓樂前導各官後從迎入城置於公所各官執采杖環立樂工擊鼓擊土牛三迺各退

鄉飲酒禮

通禮歲孟春望日孟冬朔日舉行鄉飲酒之禮於學宮府以守縣以令爲主人以鄉之年高六十以上有德行者一人爲賓其次一人爲介又其次爲衆賓以教官一人爲司正學弟子習禮者二人司爵二人贊禮二人引禮一人讀律令條佐皆與前期戒賓賓禮辭許戒介亦如之右戒賓介先一日

司正率執事者詣講堂肄儀設監禮席次於庭東北面布賓席於堂西北南向主人席於堂東南西向介席於堂西南東向衆賓之長三人席於賓西南向東上皆專席不屬衆賓於西序東向僚佐席於東序西向皆北上司正席於主人之東北向如有鄉大夫來觀禮者坐於東北三品以上席南向四五品席西向無則闕之設律令案一於主介間正中東西肆設尊案一於東序端南北肆設樂於西階下如儀右陳設布席

儀注屆日質明執事者入具饌設尊於案實酒於

尊加羃勺觶爵在尊北讀律令者奉律令陳於[illegible]案監禮者朝服詣學宮主人率司正及僚屬咸朝服入迺使人速賓介屆時賓介盛服至序立於庠門外之右介居賓南衆賓居介南皆東面北上執事以賓至告於主人主人出迎賓西面揖賓介以下東面答揖主人入門左賓揖介介揖衆賓以次入門右當階主人揖及階揖賓皆答揖主人與賓讓升三讓賓三辭主人升賓亦升主人東階上賓西階上贊者贊拜主人西面再拜賓東面答拜興

即席主人降延介一讓升介升拜如賓禮就位主人迺延衆賓衆賓以次皆升主人揖賓長皆答揖衆賓即席主人率僚佐以下皆即席　右迎賓介贊

贊者贊揚觶執事者引司正由東階升詣堂中賓介皆起立贊揖司正揖賓介以下答揖司爵詣酒尊所舉羃酌酒於觶進授司正司正揚觶而語曰

恭惟

朝廷率由舊章敦崇禮教舉行鄉飲非爲飲食凡我長幼各相勸勉爲臣盡忠爲子盡孝長幼有序兄友弟恭內睦宗族外和鄉黨無或廢墜以忝所生讀畢贊者贊司正飲酒司正立飲畢以觶授執事者反於案贊揖司正揖賓介以下皆揖司正復位賓介以下皆坐　右揚觶

贊讀律令執事者舉律令案於中堂引禮引讀律令者就案前北面立賓介主人以下聽贊咸起立旅揖如司正揚觶禮迺讀律令曰律令凡鄉飲酒序長幼論賢良高年有德者居上其次序齒列坐有過犯者不得干與違者罪以違制失儀則揚觶者以禮責之讀畢復位賓介

以下皆坐　右讀律令

贊者贊供饌執事者舉饌案於賓前次介次主人衆賓以下徧舉訖贊獻賓主人起離席北面立司爵詣酒尊所酌酒實爵授主人主人受爵詣賓席奠於案稍退賓避席立於主人之左贊拜主人再拜賓答拜皆復位立贊賓酢主人賓離席司爵酌酒授賓賓受爵介從詣主人席前拜送爵主人答拜如前儀復位主人起獻介介酢主人如前儀皆坐執事者徧獻三賓衆賓爵訖　右獻賓賓酢主人

酒數行工升歌周詩鹿鳴三

章卒歌笙奏

御製補南陔詩辭曰我逝南陔言陟其岵昔我行役瞻望有父欲養無由風木何補我逝南陔言陟其屺今我行役瞻望有母母也倚閭歸則寧止南陔有筍籜實勹之孱孱孩提孰噢咻之慎爾溫凊潔爾旨餚今爾不養日月其慆

御製補白華詩辭曰有白者華不涉纖塵谷爾士兮宜修其身不修其身乃貽羞於二人有白者華婉茲靜好谷爾女兮宜修婦道不修婦道迺貽羞於二

老白華匪玉湼而不淄白華匪蘭芬迺勝之我擷白華載詠載思白華匪玉質玉之令白華匪蘭臭蘭之淨我擷白華載思載詠

御製補華黍詩辭曰瞻彼阪田厥黍始華胝足胼手嗟我農夫瞻彼阪田黍華以秀胼手胝足惟勤斯茂

華有不秀矣秀有不實矣其雨其雨矣杲杲日出矣愁予愁之恤矣閱歌周詩魚麗南有嘉魚南山有臺三章笙奏

御製補由庚詩辭曰王庚便便東西朔南六符調燮八風節宣王庚容容朔南西東維敬與勤百王道同王庚廓廓東西南朔先憂而憂後樂而樂王庚恢恢南朔東西皇極孰建惟德之依

御製補崇邱詩辭曰澗松童童蛙黽鄰兮邱草萋萋蔦青雲兮凡百君子慎迺託身兮澗松童童澗則卑兮邱草萋萋邱則崎矣凡百君子審迺所依兮有崇者邱物無不遂有卓者道愚無不智資生育德永植勿替

御製補由儀詩辭曰在上曰天在下曰地君君臣臣父

父子子在下曰地在上曰天父父子子君君臣臣由其儀矣物則熙矣儀其由矣物則休矣迺合樂歌周南關雎三章召南鵲巢三章卒歌工告備出執事者行酒主賓以下飲無算爵右樂賓 贊禮贊徹饌衆起離席主人率僚屬在東西上賓介在西東上皆北面贊拜主人再拜賓介以下皆再拜賓

一降西階出介及衆賓從立庠門外之右東面北上主人降東階出僚屬從送賓於庠門外之左西面旅揖賓介退禮卒無愆監禮者出主人率僚屬送

於庠門外皆退 右徹饌賓出

日月食救護

通禮府縣遇日月食各按欽天監推定時刻分秒隨時救護各於公署均以正官一人領班行禮正貳教職二人糾儀學弟子員二人通贊二人引班陰陽官一人報時至日設香案於露臺上爐檠具早晚隨日月爲向糾儀通贊引班分列於香案左右布各官拜席於香案陳金鼓於儀門外樂舞生二人奉小鼓於露臺下各官素服陰陽官報日月

初虧通贊贊齊班引班引各官至拜位前立重行異等少進贊跪叩興衆行三跪九叩禮典贊上香班首官進至香案前三上香畢復位贊跪皆跪贊伐鼓樂舞生奉鼓進跪於左正官伐鼓三聲儀門外金鼓振作乃按班更番上香祗跪糾儀二人更番祗立並如前儀陰陽官報日月復圓金鼓聲止通贊贊齊班衆官至拜位前立聽贊行禮如初畢各退

旗纛神致祭之禮

施南府志卷之九

知施南府事王協夢監修

典禮

祠廟寺觀 冢墓 義冢附

施南府

恩施縣

城隍廟在府城內鼇脊山下嘉慶三年知府法克晉知縣尹英圖移建道光十年士民捐資重修

火神廟在府城南門內瑞獅巖上

馬王廟在火神廟右

昭忠祠在城隍廟右

武侯祠在城北門外演武廳後

董公祠在城南門外

陳孝子祠在城內墓冢坡

宣恩縣

城隍廟在城西北

火神廟在城內

田太翁祠在高羅司太翁本司尚長初土人不知耕鑿

之利太翁教之闢田採杉土人立祠祀之

來鳳縣

城隍廟在縣城南乾隆四年建

火神廟在城南

咸豐縣

城隍廟在城南

火神廟在城南

龍神祠在城東

利川縣

城隍廟在城東門內乾隆三年邑令湯應求建

馬王廟在城東門外

火神廟在城南門外乾隆十五年建

建始縣

城隍廟在城西門內

火神廟在城東門外

龍神廟在城南門外

寺觀

施南府

恩施縣

圓通寺在城內迴龍山下明洪武十四年建

元妙觀在城內象耳山舊名眞武廟永樂中改今名明統志觀後建觀音殿係嘉慶十九年於地中掘得銅像並銅鑪木魚各一

三官祠在元妙觀右側

魁星樓在城內鼇脊山桂香殿前嘉慶三年建

西陵宮在城內城隍廟右側

巧聖宮在城內葛家坡

巴公祠在城內成山重建後多火災不敢復修

東嶽廟在城東門內

天后宮在城東門內薛家巷一在城南嘴口

三義宮在城東門內柿子壩嘉蓮池右

郡王宮在城東門內柿子壩

水府廟在府城東門外

開元寺在府城南門外唐時建宋淳熙四年重修

呂祖廟在城南門內龍神祠後

藥王廟在呂祖廟後

五通廟在城內箭道坡之西
仁壽宮在城內北街圓通寺左
南嶽宮在城北門內
白馬廟在城北門內
二郎廟在城北門外四川省志云秦時蜀守李冰治水其子二郎佐之蜀人稱冰爲川主二郎爲鎮江王元至順元年封冰爲聖德廣被英惠王二郎爲英烈昭惠靈顯仁佑王
萬壽宮在城北門外

向王廟在城北門外歸州有東陽人向輔隋大業初屢著靈異土人祠之施有此廟不知所始康熙年間守備賈進才重修乾隆三十一年分巡荆宜施道來謙鳴重題額李志　按湖北通志歸州載有向王廟亦云隋大業人向輔而宋志據土人云漢景帝時人向邀云云詳雜記中
桓侯廟在城北門外
帝主宮在城北門外碧波峰之麓
白衣菴原名無垢菴在北門外石關廟後山上丹碞疊篠景最清幽尹太守以林壑尤美四字榜於山門
永祠廟在城東里許五峰山頂宋政和中封爲嘉惠侯賜廟額曰永福
石佛寺在城東五里許土橋
雲臺觀在城東二十五里柳州城
龍居寺在城東一百二十里河水驛
玉峰山寺在城東一百三十里沙子地
竹王祠在城東南山下即夜郎侯祠也按華陽國志云初有女子浣於遯水有三節竹流入足間中有嬰兒

聲剖竹得男收養之及長材武自立爲夜郎王以竹爲姓漢武平西南夷被殺夷人求立後天子乃封其二子爲侯死後配食其父宋崇寧中賜廟額曰靈惠明一統志
通明菴在城南門外
江口寺在城南里許峽口今圮
倦飛菴在城南二十里
眞武廟在城南七十里洪巖山上俗呼爲小武當
禹王宮在城南一百八十里大喜場

黑神廟在城南大喜場

磨嵯神廟在城西南十里磨嵯山洛浦蠻爲邊患屢擊破之故老云神每以陰兵助官軍擊賊靈蹟顯著施民所在祠之

大興菴在城西二十里僧綱宗瑞募建

金峰山寺在城北八里金子壩

朝陽觀在城北二十里

望州觀在城北三十里

白雲觀在城北七十里

青雲觀在城北七十里

紫雲觀在城北七十里

寶平觀在城北八十里

宣恩縣

奎星閣在縣東里許道光元年令張廷烜率邑紳士唐開洋宋宏璋募修

東門寺在縣東關

青龍寺在縣東門外里許

延禧寺在縣東

呂祖廟在縣城文昌宮旁

財神廟在縣城南

祖師廟在縣北門外花園堡

南禪寺在縣小關

鎮江閣奎星閣共一祠在縣東

石佛寺在縣李家河與來鳳縣交界

松坪寺在縣都會里

太白祠在縣高羅司

朝陽觀在縣高羅司二十里

觀音寺在縣西花溪一在縣北

福興寺在縣花溪

迴龍寺在縣天馬山前

來鳳縣

乾元寺在縣東五里

觀音寺在縣東南二里

興隆寺在縣西十五里

興龍菴在縣西十五里

祖師殿在縣西南六十里

迴龍觀在縣西二十里
朝元寺在縣西南七十里

咸豐縣

奎星閣在縣西門外
三閭廟在縣西門外
三義廟在縣西門外
雷神廟
五通廟
地主廟

轄神廟以上俱在縣西門外
鎮江廟在縣西
財神廟在縣西
興國寺在縣西門外半里許明洪武中建宏治中重修
淨樂寺在縣東五里
方廣寺在縣東三十里
延眞觀在縣西
迴龍寺在縣西五里
金山寺在縣金峝司東

虎溪寺在縣寒溪
玉清觀在縣鳳凰山下
白巖觀在縣西四十里
墨池寺在縣西六十里
定方寺在縣西一百里
永興觀在縣西忠堡
柳池寺在縣北六十里
元武觀在縣北八十里
靈山寺在縣東一百二十里

利川縣

張王廟在縣東門內
觀音閣在縣東門內
壽佛宮在縣東門外
麻衣廟在縣東門外
財神廟在縣南門內
萬壽宮在縣南門內
萬天宮在縣南門內
軒轅廟在縣西門內

禹王宮在縣北門內乾隆四十六年建
南華宮在縣北門內嘉慶十一年建道光六年知縣[illegible]
捐廉重修
天后宮在縣北門內道光十二年重修
帝主宮在縣北門內乾隆三十三年建
崖崗寺在縣東八里
把水寺在縣東十里
雙溪寺在縣東十里
團凸寺在縣東六十里

五龍寺在縣東六十里
萬壽宮在縣南坪
文筆寺在縣東南四十里金字山
萬松寺在縣南十五里
鍾靈寺在縣南三十里
迴龍寺在縣南四十五里
歸源寺在縣南一百八里
興龍寺在縣南二百四十里
報國寺在縣西南十五里

核桃寺在縣西南十五里
金蓮寺在縣西十里
金沙寺在縣西三十里
翔鳳寺在縣西三十里
冷水寺在縣西五十里
鎮國寺
楚藩寺
福田寺
白雲寺以上俱在縣西一百二十里

鐵樓寺在縣北三里
鐵爐寺在縣北十里
五龍寺在縣北六十里
石龍寺在縣北六十里
觀音寺在縣西一百二十里

建始縣

蠶神祠在縣東門外
天后宮在縣東門外
二郎廟在縣南門

□王廟在縣西門內
萬壽宮在縣西門內
禹王宮在縣北門外
玉皇閣在縣北門外
三義宮在縣北門外
東嶽宮在縣北門外
迴龍寺在縣東里許
雲霧觀在縣東二十五里猿啼山上
三寶觀在縣東三十里

天鵝觀在縣東六十里
朝陽寺在縣東九十里石通洞上
石柱觀在縣東九十里
普恩寺在縣東一百里
川主廟在縣東一百二十里
石門佛寺在縣東一百二十里石門關乾隆三十七年巡撫陳輝祖建巨石輪囷下臨絕澗人行石中右壁若柱若楣儼然石門焉出門右石壁穹窿上覆如屋靈官石壁作寺對佛寺與石門佛寺相對乾隆三十三年總督三寶建
漢王廟在縣東一百六十里
祖師殿在縣東一百八十里爲出巴東大道極險峻
伍爺廟在縣東一百八十里
觀音寺在縣南里許
萬峰觀　興隆寺俱在縣南二十五里
蛇龜觀在縣南六十里
潮水寺在縣南九十里
太平寺在縣南一百四十里

雲臺觀在縣南一百八十里
獅子觀　鳳凰觀　梓潼觀　朱家觀俱在縣南一百二十里
朝陽觀在縣西三里
鳳尾觀在縣西二十五里
開元寺在縣西五十里
上壩觀　下壩觀俱在縣北十五里
興隆寺在縣北三十五里
玉洪觀在縣北六十里

迴龍觀在縣北八十里

奇元寺在縣北一百二十里

復興寺在縣北一百二十里

通靈寺在縣北一百四十里

靈霄觀在縣北一百六十里

白雲觀在縣北石臼驛

冢墓

巴蔓子墓在恩施縣西北都亭山事實詳人物志

巴公墓在恩施縣南二里俗傳昔有巴國大柵王世葬

於此歷年雖多纍纍可辨

蠻王墓在恩施縣西南一百二十里又城西北都亭鄉有巖高百餘丈巖腹有穴十二皆藏柩之所相傳爲蠻王墓

詹公墓在郡城南三十里硃砂溪一云在利川

汪公墓在利川本衞經歷汪澤墓事實詳名宦志

妯娌墳係李成璘之妻周氏璘弟成琪之妻劉氏爲劉二虎僞牛總兵所掳相約以死至野豬跳相繼投崖下合葬其事實詳列女志

陳公墓在利川城西小壩鄉敏襄公世凱墓康熙二十一年　諭葬

甘學師杜墓在來鳳縣學署後

張典史寗墓在來鳳硤口寨寗殉難後不獲其尸邑人葬其衣冠於此

三烈士墓在來鳳縣指甲坡

義冢

恩施縣

西門外小紅山義冢一處

五峰山官山義冢一處

廈坡義冢一處在城東十里民人陳光連捐

宣恩縣

白虎堡義冢一處

來鳳縣

麥地塢義冢一處在縣東五里許長五十五弓寬五十三弓乾隆元年縣民何文龍曾正祥饒尚芳等買余姓業捐作義冢

絲栗坪義冢一處長五十四弓乾隆元年置

悌恭里忠崇里信茂里義塚各一處乾隆二十年置

咸豐縣

口口義塚一處

利川縣

北門外官山義塚一處周圍五里又官山下土坑一區嘉慶二年教匪入境死者積尸無算畏匪莫分悉委坑內後爲人墾種道光九年典史章模長洲吳錫契買還其故塚

西門外義塚一處監生彭𥘵盛捐置周圍七百二十丈立碑定界

千人塚相傳在城西四十里明季被流寇所殺者葬此今不知其處

建始縣

北門外官山一處地名包家埡

北門外三里臺官山一處

義塚一處在縣北四里監生魏光祖捐置

施南府志卷之九終

施南府志卷之十

知施南府事王協夢監修

典禮

風俗

修教齊政不易其俗方志所以必記風俗也然與化移易今固不盡如古所云也施郡自改土歸流治法旣殊民風亦變則舊志所紀有難信於今者故風俗志屬之郡士不概用舊稿

施州山岡砂石不通牛犂惟伐木燒畬以種五穀

地僻山深民雜夷獠俗尚儉畧猶近華風

施州隆冬可单盛夏可裌

施州山深地僻層巒茂林俗尚節儉盜賊不作

施處萬山中其氣多煖入夏後蒸濕亦甚冬雪易消冰不能堅獨高山密箐風氣特緊夏日不異寒冬侵晨或起大霧是日必大晴四季不爽

杜少陵鄭典設自施州歸詩其俗則淳樸不知有主客又乃聞風土質又重田疇閒風俗大概可見矣舊志載宋儒曰施州風土大類長沙論文學則駸駸大國風論

人情漸多澆漓少淳厚與少陵何不相侔歟蓋風俗與化移易有不期然而然者乎

水旱田地不分頃畝但就穀種數計之家產以此分厚薄契券以此定價值蓋俗沿已久莫能驟改矣

施郡之民分里屯二籍里籍土著俗尚儉樸水耕火耨男女雜作房間設火鋪飲斯食斯嫁娶鄰族相助謂之過公頭喪葬前夕繞棺歌唱謂之打喪鼓蓋即輓歌之遺初春祭社祈年合村醵飲歲終還願酬神各具羊豕祭於家皆以巫師將事屯籍皆明末 國初調撥各省

官軍之家而河南江南爲多言語服食各從本貫子弟必讀書女習針黹紳衿不干預詞訟婦人不踏青謁廟

婚禮行茶下定謂之作揖男家具儀物庚帖送女家填庚謂之押八字長成始納采請期豐儉隨力親迎男家請男子十人陪郎謂之十弟兄女家請女子十人陪女謂之十姊妹親喪多遵家禮朝夕奠請賓點主祭后土迎靈虞祭間亦延僧誦經

兄弟分析不圖聚處雖士人之家亦無祠堂歲時伏臘各祭於正寢而已凡遇親長生辰婦女前夕往拜主家羅列菓品分包攜歸謂之鮓包

歲時令節元旦焚香燭拜祀祖先依喜神方位出行至各神廟焚香親族交相拜賀閉門三日謂之閉財門春酒彼此招飲上九夜龍燈獅燈索室驅疫燈火花爆相競至元宵止元宵食湯圓清明祭墓標以紙錢新冢則祭於社前本家男女及內戚偕往祭畢即於墓前飲福端午角黍蒲觴餽遺招飲六月六日曬衣服書畫貯醬醬水中元封包紙錢上書祖先名諱供於中庭三日乃於門前焚之出嫁之女此日亦必迎歸飲福捐錢各廟

作盂蘭盆會中秋賞月送瓜重陽載酒登高冬至官紳交賀小除日以餳作餅祀竈謂之竈餅親友餽歲除夕祭先祖五祀置酒守歲不異名郡風俗惟郡城之中宴會酒食漸趨華侈亦流俗之所宜力挽者

五月五日端陽競渡楚俗所同至十五日名大端陽食角黍飲蒲酒競渡如前此惟施宜爲然莫詳所自

童蒙讀書至十月散館有志者仍上學至臘底止謂之冬學

舊志載各邑風俗皆緣土司舊地習尚樸陋自改土[illegible]

東[illegible]人稟至民勤耕稼士習詩書舊俗漸易其與郡城大率相同故舊志不盡錄存

婦女居城市者嫺女工針黹居鄉者紡績室中饁餉野外負簍於背上山採薪下田耨草惟不善織各村市皆有機坊機工織之

建始自明季寇亂邑無居人十數年迨康熙初年始就蕩平逃亡復業者十之一二嗣是荆州湖南江西等處流民競集維時土曠人稀隨力墾闢不以越畔相訶也迨後者踵至則以先至者爲業主典買耕種略議地界

又或衆姓共佃一山自某坡至某澗奚啻數里而遙始則翦除荆棘驅其豺狼狐狸而居之至於荒地成熟收如墉櫛昔所棄爲甌脫者今則等於商丁而爭佃之訟日起矣初界本不甚淸易於影射自康熙二十五年摧墾雍正七年淸丈以來有屢經勘訊而經界仍不能正者固難以讓畔之風喻諸荷鋤之侶矣

歲時祭祀間循古禮亦多沿俗習秋成後流寓之民始行滕而回籍土著之家販猪而貿易入此室處婦子相[illegible]少矣

戶口較前奚啻十倍然作居星散比屋百餘家者已不多見如城外市肆之草紙街不過數十家而鄉間各場如板橋子紅巖子高店子花果坪其最著者不過數十家鼓刀當鑪以供村民日用之需故人多古樸不染紛奢之習焉

寇亂既平人有定居外來之民典佃耕墾便爲己有時復屢豐餘糧棲畝用以飼豕百十爲羣驅販荆宜等處獲利倍蓰迨後戶口漸增穀價日昂高原峻坂值等膏腴致富之家大率由此

承平日久生齒漸繁雖幽巖邃谷亦築室其下峻嶺高岡亦耕種其上可謂地無遺利人無遺力矣然多狃目前而忘遠慮常有因夏月驟雨大水暴漲闔室漂蕩者有耘耔山上奔避不及被急流冲去者如乾隆四十一年六月大雨貢生尹啟麟居後山水暴漲住宅坍塌器用漂流貢照亦失幸人口無恙亦其鑒也

施南府志卷之十終

施南府志卷之十一

知施南府事王協夢監修

食貨

戶口

施在前代土流間治戶口之豐耗不能悉登於版圖又爲明季流寇所虔劉生齒凋敝極矣我朝平定海宇施衛尚仍勝國舊制迨諸土司革心向化始改土歸流重以聖聖相繼休養生息涵煦百有餘年遂使學校農桑同乎內地戶口之滋生物產之蕃殖近古以來所未聞也志戶口而物產附焉

漢以前戶口無考

晉書地理志建平郡統縣八戶一萬三千二百

按晉書所載八縣惟建始沙渠信陵屬施

宋書地理志建平太守吳永安三年分宜都立晉又有建平都尉永初郡國志有南陵建始信陵興山永新永寧平樂七縣今並無所領縣七巫秭歸歸鄉北井泰昌沙渠新鄉戶一千三百二十九口二萬八百二三

十四按所紀七縣惟沙渠是施地新鄉不詳所在餘俱不屬施

隋書地理志清江郡統縣五戶二千六百五十八五縣

鹽水　巴山　開夷　清江　建始

俱屬郡地

唐書地理志施州清化郡戶三千七百二口一萬六千四百四十四縣二清江　建始

宋史施州清江郡元豐戶一萬九千八百四十領縣二

清江　建始

元史地理志夔州路領七州施共一本路戶二萬二十四口九萬九千五百九十八

明史地理志統紀湖廣戶口之數不詳各郡不備錄

國朝

施南府屬六縣原數戶口共二萬七千七百一十八戶原額隨糧及改土案內勘出人丁並歷屆編審滋生人丁土著不成丁男女大小共十一萬七千四百三十丁口道光十二年奉文編查保甲清理戶口共十一萬八千七百九十五戶九十萬二千一百二十一

丁口其細數開載各縣

恩施縣

闔縣舊管新收民數四萬零九百七十三戶編審隨糧人丁暨滋生人丁土著不成丁男女大小共二十五萬四千四百五十九丁口

宣恩縣

闔縣舊管新收土著流寓總共三萬四千一百零八戶長成歸增總共計男婦大小丁口共一十六萬七千一百八十四丁口

來鳳縣

闔縣舊管新收民數八千八百四十七戶改土案內勘出人丁暨滋生人丁土著不成丁男女大小共九萬三千零四十五丁口

咸豐縣

闔縣舊管新收民數一萬八千零七十四戶編審隨糧原額改土案內勘出人丁暨滋生人丁土著不成丁男女大小共九萬一千三百四十五丁口

利川縣

闔縣舊管新收民數三萬一千二百二十六戶編審隨糧原額改土案內勘出人丁暨滋生人丁土著不成丁男女大小共十二萬七千六百二十八丁口

建始縣

闔縣舊管新收民數三萬七千五百四十戶編審隨糧原額暨滋生人丁土著不成丁男女大小共十六萬八千四百六十二丁口

物產

施州清化郡土貢麩金犀角黃連蠟藥實 唐書地理志

施州貢黃連木藥子 宋史地理志

宋初頗與榷酤言事者多陳其非便太平興國七年罷之自是惟夔建開施瀘黔涪黎威州梁山雲安軍及河東之麟州荊湖之辰州福建之福泉漳汀州興化軍廣南東西路不禁自春至秋醖成卽鬻謂之小酒自五錢至三十錢有二十六等臘釀蒸鬻候夏而出謂之大酒自八錢至四十八錢凡釀用秔糯粟麥等及麴法酒式皆從水土所宜 宋史食貨志

施州一種崖椒葉大如蜀椒彼土人四季采皮入藥 圖

經本草
白藥　瓜藤　金棱藤　崖櫻　小赤藥　露筋草
野蘭草　小兒羣　紅茂草　大木皮　都管草
獨葛藤　野猪草　以上十三種載明一統志
石合草其苗繞樹作藤能治癰腫
金棱草有葉無花可療筋骨疼
龍牙草株高二三尺春夏採之治赤白痢
金星草治發背　以上四種載寰宇記
露金草生施州株高二三尺以來春生苗隨即開花結子碧

綠色四時不凋
小兒羣生施州叢高一尺以來春夏生苗葉無花冬枯
獨用藤生施州四時有葉無花葉有倒刺采無時
野猪草生施州蔓藤大木四時有葉無花
崖櫻生施州石崖上苗高一尺以來其狀如櫻四時有
葉無花土人采根去粗皮入藥
雞公藤生施州其蔓延大木上有葉無花采無時
半天回生施州春生苗高一二尺以來赤斑色至冬苗枯
土人夏采根

野蘭根生施州叢高二尺以來四時有葉無花采無時
紫背金盤生施州苗高一尺以來葉背紫無花土人采
根　以上九種載湖北通志
茶　椒俱衞境出　漆　桐油　柏油　蜜　黃蠟
白蠟　紙　硝　礦　炭
穀品六穀俱有　包穀本草名玉蜀黍施人呼包穀山居以爲正糧
香稻出利川　旱稻　按六書故稻性宜水亦有陸種者謂
之陸稻記曰煎醢加於陸稻上是也施俗謂之旱稻
仙穀土人亦名仙姑米云七女柵仙女煉丹於此措米

於地生此穀如粟穀紅米白以作飯芬芳特異
蔬品俱有　包白菜出利川土人呼繡毬白菜蓋菘類
菌種甚多雪菌尤佳　洋芋生高山一年實大常芋
數倍食之無味且不宜人山民聊以備荒　洋合蓋
蘘荷土人呼洋合　蒟蒻可磨作漿凝如豆腐土人
呼爲磨芋豆腐作時須不語語卽不成　薯有數種
其味甚甘山地多種之清明下種雨後翦藤插之霜
降後收掘窖藏之可作來年數月之糧又有白薯俗
呼腳板薯蓋山藥之類

蕨施山最多掘根搗爛去滓澄粉其味甚甘可以備荒

花品俱有開俱遲海棠最勝

菓品俱有惟橘柚最多

密羅柑輪囷如拳色香並如佛手柑可點茶

竹品俱有惟慈竹獨多

木品俱有以楠木爲上

癭木有二種曰花癭曰豆瓣楠以作桌及屏風文櫃拜匣甚可玩

陰沉木施南府屬山中土産此物須掘地得之名陰沉木質香而輕體柔膩以指甲搯之即有搯文少頃復合如伽楠然土人云其木爲棺入土則日重重則沉葬千年後其棺陷入地數十丈亦堅重如鐵故寶貴之

靈楓述異記云南方楓木老者爲人形亦呼爲靈楓蓋木癭也譚景升化書云楓老化爲羽人無情而之有情也又孫炎云攝生江上有寄生枝高三四尺生毛一名楓子天旱以泥泥之即雨　舊志稿

降香

禽類　錦雞　白鷴　翟雞如雉而大

獸類　羚羊　花麞　馬鹿　紅鹿明一統志　狐　狸

豺狼　獾　鹿　麞　麝　麂　蝟　野猪　野牛

山羊　獺　松鼠　竹鼠埤雅一名竹鼺食物本草

竹鼠食竹根居土穴大如兔土人多食之味如鴨

鼯鼠　獼猴

鱗族　白甲一名鯀魚　洋魚細鱗味美　油魚　銅錢魚形似銅錢一名石把好在石上　哇哇魚有兩足能緣木　雄黃魚產城西岡水洞腹下赤文有雄黃氣云佩之可愈疫

藥品　仙茅　黃連　黃蘗　淫羊藿　厚樸　麥冬

苦參　貝母　天冬　牛膝　石菖蒲　夏枯草

白芨　細辛　天麻　半夏　何首烏　豨薟草

南星　括蔞　杜仲　薏苡仁　桑寄生　骨碎補

獨腳蓮　桑螵蛸　五加皮　山豆根　大藥出一桶水七節者治百病以上載舊志　藥品甚多惟黃連黨參山民以種此爲業其山中採得者絕少五倍子所產亦饒

按明史土司列傳巡撫劉慤條議言施州延袤頗廣物產最饒衛官朘削致民逃夷地云云蓋土廣人稀荒山未闢暢茂蕃殖自爾豐饒也自改土以來流人麇至窮巖邃谷盡行尌墾砂石之區土薄水淺數十年後山水衝塌半類石田尚何物產之有詢之故老言從前此地亦產棉花今則絕無其種裳衣之資亦市之外地山險水惡運負維艱地力之窮則亦無如之何也近日廣植苧麻尚可以此易彼而不知者顧痛其多占穀土欲從禁制亦可謂不達物情矣至於

伍伯市魁或抽私稅此尤病民之大者慈仁之長所宜密察嚴禁庶可少甦窮黎乎閱舊志物產附識於末

開採附

咸豐縣建始縣硝觔乾隆五十年總督特成額巡撫吳垣題湖北各營及銀匠鋪戶需用硝觔向購自河南湖南二省前因長陽來鳳咸豐三縣土硝尚堪採用奏明開採以供營匠之需今據歸州興山建始三州縣督商勘明各有硝礑可供開採又查建始縣密[illegible]等尚每年可獲淨硝三萬餘觔

開採恩施縣硫磺乾隆三十八年因本縣產硫磺招商開採至四十四年省局積存餘磺奏明停採五十四年總督畢沅巡撫惠齡題准將恩施縣前經封閉之磺礦仍招商開採

府屬六縣歲辦常額硝各二千觔內恩施建始二縣產磺恩施兼辦磺四千觔建始兼辦磺二千觔硝以正月開篆日起限磺以六月二十日起限定四個月內解繳省局掣批賫府核驗逾限短少查取承辦知縣職名照

例議處

施南府志卷之十一終

施南府志卷之十二

知施南府事王協夢監修

食貨

田賦

施在前代爲羈縻地田賦之入司農者無稽焉
國初猶仍勝朝舊制土流間治迨
聖祖相承重熙累洽而土司舉土來歸
文德誕敷直邁兩階舞干羽而上矣顧自改府設縣以來計其徵輸之入按以俸工兵餉之支仰給藩

庫者且什九焉不幾如獲石田乎及閱舊志稿則知諸土司中或以貪暴自罹於法或未能撫馭咸願改流
大聖人如天好生故不惜歲捐數萬金以拯此一方不令獨抱向隅之憾也後之莅斯土者向其加意撫字焉志田賦而以廉俸工役祀典附焉兵餉別見軍政志

乾隆三年正月奉
上諭湖北忠峝等土司改土歸流增設施南一府統轄恩施宣恩咸豐利川來鳳建始六縣除恩施係屬舊縣建始係川省改歸並恩施分歸咸利二縣之田地人丁向有定額毋庸另議外其餘改土地方新入版圖者該督撫現在查勘分別陞科但該土司向未輸納秋糧不計田地多寡每年統計止納銀七十三兩六錢四分今若照內地科則徵收必至加於前數朕心愛養斯民望其共受國恩原不計貢賦之多寡乾隆元年曾降諭旨將容美司改設之鶴峰長樂二州縣成熟田地即照原額秋糧銀九十六兩之數作爲徵收定額今忠峝土司

與容美事同一例著將查明成熟田地即照原額秋糧銀七十三兩六錢四分之數將田分派作爲定額毋庸另擬科則俾苗疆黎庶永沾薄賦之恩至乾隆二年未完秋糧一併豁免該部即遵諭行欽此

施南府

道光十一年分原額並續加人丁一千三百二十六丁五斗內正丁一千二百三十六丁半每丁徵銀九錢七分力丁九十丁每丁徵銀三錢共徵銀一千二百二十六兩四錢五釐內除逃故人丁一千一百二十四丁五

丁無徵銀一千七十六兩六錢九分五釐外實在人力
二百二丁各徵銀不等該徵銀一百四十九兩七錢一
分又請
旨案內原報屯丁三十二丁每丁徵銀二錢共徵銀六
兩四錢以上共徵丁銀一百五十六兩一錢一分奉文
歸入闔省糧銀內攤徵除攤丁銀一百一十八兩四錢
一分八釐於起運項下減除外實徵丁銀三十七兩六
錢九分二釐其改土案內勘除人丁原經詳請　題明
免派丁銀

原額民屯新舊並勘出成熟田地共三千八百八十六
頃三十七畝九分三釐零除建始縣田地係照川省之
例按畝徵銀不科糧石又改土案內宣來咸利四縣勘
出田地係原額秋糧按田科則亦不科糧石外實額徵
糧三千八百一十石六斗七升五勺四抄額銀二千四
百兩六錢三分九釐內除荒糧一千六百六十一石一
斗九升九合三撮三粒荒糧七百七十一兩一錢一分
三釐外成熟糧二千一百四十九石四斗七升三合三
勺三抄三撮九圭九粒七粟實徵銀一千六百二十[illegible]

兩五錢四分一釐額外各案開墾首墾及宣來咸利建
等縣自乾隆十九年起至三十九年止陸續陞墾田地
共五百五十三頃九十六畝四分零並陞墾帶丁徵銀
二百二十四兩四錢六分九釐又合恩宣來咸利建等
六縣乾隆四十六年陞墾成熟田地共徵銀三百六十
三兩四錢五分九釐又咸豐縣另案陞銀九錢又恩施
縣乾隆四十七年陞墾糧銀二十兩三分二釐又恩咸
利建四縣陞墾成增丁銀二十六兩五錢七分八釐又
建始縣乾隆五十一年四川巫山縣撥歸下則地一十

五畝二分三釐共徵銀九錢又利川縣乾隆五十三年
民人首墾下則地四十三頃三分三釐三毫每畝徵銀
六釐共徵銀二十五兩八錢二釐又建始縣乾隆五十
六年民人首墾中則地二頃一十二畝三分共徵銀八
錢九分四釐闔府額徵新舊地丁錢糧並建始遇閏加
徵銀共四千三百四十七兩九錢三分八釐內除荒逃
人丁無徵銀一千七十六兩六錢九分五釐攤減丁銀
一百一十八兩四錢一分七釐又荒地銀七百七十一
兩一分三釐外實徵銀二千三百八十一兩七錢一[illegible]

三釐內存留項下官役俸工及廪生餼糧並遇閏加增及祭祀等項銀七百四十三兩八錢三分三釐照新例照數坐支實起運充餉銀一千六百三十七兩八錢五分九釐內雍正七年陞墾銀三十九兩四錢五分七釐係彙同請抵漢陽等縣重丁之數

細數分載各縣

恩施縣　原額並續加正力丁人丁除歸建始縣外共一千一百二丁五斗內正力一千四十四丁五斗每丁徵銀九錢七分又力丁五十八丁每丁徵銀三錢共該

徵銀一千三十兩五錢六分五釐內除逃故正力人丁九百七十四丁五斗無徵丁銀九百三十三兩二錢五釐實在正力人丁一百二十八丁共徵丁銀九十七兩三錢六分　又原屯丁除撥歸建始縣外實在屯丁一十一丁每丁徵銀二錢共該二兩二錢以上共徵丁銀九十九兩五錢六分全書載明係歸入閤省糧銀攤徵除攤減丁銀一十五兩六錢八分一釐又除撥咸豐縣派徵丁銀五兩一錢三分二釐於起運項下登除外實徵丁銀一十八兩七錢四分七釐

原額民屯田地除撥歸建始縣外共四百四十六頃九畝二釐該糧一千九百三十二石三升二合六勺該銀七百七十六兩六錢八分九釐內除荒糧七百五十一石三斗九升八合四勺荒銀三百三十八兩一錢二分九釐成熟原糧一千三石四斗七升四合八勺六抄零實徵銀三百六十八兩四錢六分五釐零乾隆四十五年陞科成熟額內糧一百七十二石九斗三升六合四勺成熟銀六十八兩一錢九分五釐

閤縣起運項下充餉額銀一千九百八兩六分七釐內

除逃故人丁無徵銀九百三十三兩二錢五釐又攤減丁銀七十五兩六錢八分一釐又分撥咸豐縣派增丁銀五兩一錢三分二釐又荒地銀三百三十八兩一錢二分九釐共計起運銀五百五十五兩九錢二分左右中三所及支羅所二百八十五兩九錢二分四釐市郭都亭崇寧三里二百六十九兩九錢九分六釐內有雍正七年陞墾銀二十六兩七錢八分五釐係彙同請抵漢陽等縣重丁之項

宣恩縣　改土案內原額成熟水田二百二十頃四十

五畝三分零該折秋糧銀一十二兩四錢八分四釐零旱地一百九十一頃五十八畝零該折秋糧銀五兩四錢一分五釐零水旱田地共銀一十七兩九錢一分零又自乾隆十年十二年十六年陸續升科勸墾田地水旱共八十一頃四十九畝零係照原額秋折糧銀按田派則徵納共銀三兩三錢一釐零共起運銀二十一兩二錢一分零乾隆四十三年又開墾水旱田地共一百六十頃五十畝七分奉　部覆飭照恩施縣里糧下則每畝徵銀無分水旱六釐該銀九十六兩三錢五分八

釐零現今共起運秋糧銀一百一十七兩五錢六分九釐零

來鳳縣　改土案內勘出水旱田地五百七十一頃六十三畝七分六釐零共徵秋糧銀二十四兩一錢六分六釐乾隆八年新墾成熟水旱田地共四頃八十五畝九分共徵秋糧銀一錢九分四釐乾隆十六年首墾成熟水旱田地二十六頃七十九畝五分共徵秋糧銀一兩零六分四釐乾隆四十三年開墾水旱田地八十八頃九十六畝二分共徵秋糧銀二十三兩五錢八分

起運銀四十九兩三釐零

咸豐縣　撥歸案內原報屯丁七丁每丁徵銀二錢共徵丁銀一兩四錢又恩施縣撥歸隨糧人丁丁銀五兩一錢三分二釐以上共徵銀六兩五錢三分三釐又雍正七年陞墾派徵丁銀八兩六錢五釐雍正十一年乾隆三年至四十三年陸續陞墾派徵丁銀共三十兩零三錢七分九釐　原設民屯田地三百一十三頃九十八畝二分七釐五毫該糧五百九石二升一合該銀二百五十四兩二錢九分八釐六毫成熟民屯田地二百

六十六頃七十七畝一分一釐一毫科糧五百三十二石五斗四升二合二勺實徵銀二百四十兩九分三釐又乾隆四十三年報墾成熟額外民屯田地六十二頃八十三畝一分三釐科糧一百二十五石六斗六升二合二勺實徵銀五十六兩五錢四分八釐又改土案內勘出水旱田地三百八十一頃十二畝一釐一毫實徵銀十八兩六錢一釐以上人丁田地及帶墾隨徵丁銀共銀三百四十五兩六錢二分二釐又除荒蕪田地銀二兩二錢七分一釐外實徵起運充餉銀三百四十三

兩三錢五分一釐隨徵加一一火耗銀三十五兩七錢
二分二釐五毫
利川縣　原額並續加正力人丁共一百一十丁五斗
內正丁八十九丁五斗每丁徵銀九錢七分力丁二十
一丁每丁徵銀三錢共該銀九十三兩一錢一分五釐
內除逃故正力人丁六十三丁無徵丁銀六十四兩四
錢四分共徵銀三十二兩六錢七分五釐又原報屯丁
十名每名徵銀二錢該銀二兩共徵銀三十四兩六錢
七分五釐歸入閤省糧銀攤徵計減銀二十五兩四錢

二分二釐實徵丁銀九兩二錢五分三釐又續墾攤增
丁銀十七兩三錢七分七釐二共實徵銀二十六兩六
錢三分內除撥歸川省地畝開除丁銀二分四釐外實
徵丁銀二十六兩六錢零六釐又原額民屯並勘出成
熟水旱田地共四百四十一頃八十畝七釐派徵丁銀
十二兩九錢六分三釐不科糧外實徵民屯各科則不
等額糧一千零三十九石五斗六升四勺該銀四百三
十二兩七錢八分八釐內除荒糧五百五十一石七斗
四升五合六勺荒糧二百四十八兩二錢八分六釐成

熟糧四百八十七石八斗一升五合實徵銀一百八十七
四兩三錢一分五釐又開墾額外田地一百四十二頃
六十畝八分四釐內除開墾改土地方水旱田地一百
零六頃七十七畝八分徵銀五兩一錢九分一釐開墾
民地三十四頃八十三畝四釐該糧六十九石六斗六
升八勺該徵銀二十兩八錢九分八釐二共銀二十六
兩零八分九釐　以上民屯丁銀並秋糧共徵銀五百
八十四兩三錢三分三釐內除逃故人丁無徵丁銀六
十兩四錢四分三釐又閤省均攤人丁應減銀二十五

兩四錢二分二釐又餘荒糧無徵銀二百四十八兩二
錢六分六釐並撥歸川省地畝糧銀一錢八分八釐丁
銀二分四釐外實徵銀二百四十九兩九錢七分三釐
又乾隆四十三年至五十三年陸續陞墾成熟田地共
徵銀九十六兩三錢九釐閤縣實徵原額民秋糧銀三
百四十六兩二錢八分二釐
建始縣　原額新舊田地共一千三百三頃四十一畝
一分二釐係照川省例按畝徵銀不科糧石共徵條銀
七百五十二兩八錢九分五釐又恩施縣撥歸外屯地

力並續加正力人丁一百一十三丁五斗內正丁一百二丁五斗每丁徵銀九錢七分力丁十一丁徵銀三錢共徵銀一百零二兩七錢二分五釐內除逃故人丁八十七丁無徵丁銀八十三兩零五分實在正力人丁二十六丁五斗共該徵銀十九兩六錢七分五釐　又撥歸屯丁四名每名徵銀二錢共徵銀八錢　以上共徵丁銀二十兩四錢七分五釐係歸閤省糧銀攤徵除攤減丁銀一十七兩三錢一分五釐於起運項下登除外實徵丁銀三兩一錢六分　又撥歸民屯田地共二十

九頃三十畝五分三釐該糧二百四十八石八斗二升六合六勺該銀一百一十兩三錢四分八釐內除荒糧一百二十石三斗四升六勺荒銀五十三兩六錢五分九釐成熟糧一百二十八石五斗二升二合成熟糧銀五十六兩六錢八分九釐　又乾隆十九年起至乾隆五十六年止陞續陞墾田地頃畝該徵銀一百二十六兩九錢九分四釐三毫又巫山縣撥歸地銀九分又撥歸陞墾派徵丁銀四兩一錢九分又陞墾派徵丁銀九分三釐　閤縣額徵共銀一千一百八兩一錢八分四釐內除逃故人丁無徵銀八十三兩五分又攤減丁銀十七兩三錢一分五釐又荒地銀五十三兩六錢九分五釐外實徵銀九百五十四兩一錢六分　存留坐支官俸工役祭祀廩糧等項銀七百三十八兩五錢二分起運充餉三百六十九兩六錢六分四釐內除逃故人丁無徵銀八十三兩五分又攤減丁銀十七兩三錢一分五釐又荒地丁銀五十三兩六錢五分九釐外實起起運充餉銀二百一十五兩六錢四分內有恩施縣撥歸雍正七年陞墾銀五錢一分六釐係彙同請抵漢陽

等縣重丁之項以下據檔案

雜稅

恩施縣雜稅牙稅銀五錢　田房稅銀儘徵儘解

宣恩縣雜稅田房稅銀儘收儘解

來鳳縣雜稅牙稅銀共一兩五錢　田房稅銀儘收儘解

咸豐縣雜稅田房稅銀盈餘儘解　棉花牙行一名徧僻中則每年完納稅銀五錢

利川縣雜稅田房稅銀盈餘儘解

建始縣雜稅茶稅銀共六兩七錢五分　田房稅銀儘

收儘解

恩施來鳳咸豐三縣有牙行四處每年收牙稅銀二兩

宣恩利川建始三縣無

恩施縣城內牙行已繳銷

來鳳縣牙行二名每名徵銀五錢共稅一兩

咸豐縣牙行一名每年徵稅銀五錢

鹽引

府屬六縣例食川鹽自乾隆三年詳定章程招商增引

等事俱由縣招募殷實載糧民籍取造戶鄰保年貫清

冊加結送本府驗轉詳楚川督鹽各並給文移送四川夔州

鹽捕通判酉陽直隸州衙門驗明詳送川鹽憲核驗認充由夔州鹽捕

府通判酉陽州領赴廠配鹽運歸換領引根引紙隨鹽運赴食

鹽州縣地方官衙門驗截申繳造報其稅銀殘引俱係

四川夔通判酉陽州衙門代楚徵解截繳如有欠繳遲延飭取

食鹽地方官職名咨參仍由地方官衙門將經征鹽稅

數目於年底造冊賫請本府核明報銷內恩施宣恩利

川建始四縣額行四川雲陽大寧二縣廠竈花鹽來鳳

咸豐二縣額行四川彭水秀山二縣廠竈白鹽其鹽均

由川河運回本縣接濟民食恩施宣恩二縣鹽經建始

縣境及恩施縣境內轉運來鳳咸豐利川建始四縣鹽

經川屬地面入境運銷在於本縣城鄉設店分銷濟食

恩施宣恩利川建始四縣由騾馬運來鳳咸豐二縣由

雇夫背運

施南府屬六縣額行川鹽一千四百三十一引

恩施縣額行四川雲陽縣水引一百六十七張陸引三

百口十

宣恩縣額行四川行銷大寧廠水引二百四十二張陸

引一百八十六張續請詳增犍爲縣永通廠一百五

十張行銷雲陽雲安廠水引六十四張

來鳳縣額行四川彭水縣陸引三百五十九張

咸豐縣額行四川彭水縣陸引三百七十二張

利川縣額行四川萬縣水陸引三百二十七張

建始縣額行四川雲陽彭水二縣水引九十三張

施南府志卷之十二終

施南府志卷之十三

知施南府事王協夢監修

食貨

賦役全書

施南府屬六縣

一戶口

原額並續加正力及原報屯丁改土案內勘出人力丁共六千六十四丁二斗八升四勺七抄五撮八圭九粒七粟三顆內除建始縣隨田人丁六百八十四丁七斗八升四勺七抄五撮八圭九粒七粟三顆應徵丁銀原於條銀內派徵又除建始縣承糧戶丁七百九十六丁遵奉

恩詔永不加賦又除改土案內勘出人丁三千二伯二拾五丁於欽奉

上諭事案內詳請題准部覆照康熙五十二年滋生人丁之例免派丁銀外正力屯丁共一千三百五十八丁五斗

額徵丁銀壹千貳伯叁拾貳兩捌錢伍釐內

原開除正力人丁一千一百八十二丁五斗開除丁銀壹千玖拾陸兩壹錢伍釐內除康熙三十四十四十五並五十年肆屆編審共審復人丁五十八丁該徵丁銀壹拾玖兩肆錢壹分外尚有實開除人丁一千一百二十四丁五斗開除丁銀壹千柒拾陸兩陸錢玖分伍釐外

實在人丁一百三十四丁

實徵丁銀壹伯伍拾陸兩壹錢壹分遵奉

恩詔以康熙五十五十二年丁册定爲常額於詳請丁隨糧派等事案內蒙

前督部院邁　前撫部院馬　會同題准部文自雍正七年爲始歸入闔省糧銀均攤帶徵每糧銀壹兩派徵丁銀壹錢貳分玖釐陸毫肆絲玖忽柒微貳塵叁纖壹渺叁漠捌茫陸沙共該肆灰陸漂柒銖肆湏玖燼以實徵糧銀扣算徵銀叁拾柒兩陸錢玖分貳釐貳毫叁絲伍忽肆徵肆塵伍渺叁漠肆茫陸沙伍灰計減原徵丁銀壹百壹拾捌兩肆錢壹分柒釐柒毫陸絲肆忽伍微伍塵玖纖肆渺陸漠伍茫叁沙伍灰

又於議奏事案內遵照部文將恩施咸豐利川三縣雍正七年陞銀照原則扣算派徵丁銀伍兩壹錢

壹分伍釐伍毫肆絲肆忽壹微柒塵壹纖捌渺肆
茫係抵算鍾祥縣乖丁銀一千百壹十八兩九錢零以內之項
二共實徵丁銀肆拾貳兩捌錢柒釐柒毫柒絲玖忽
陸微壹塵貳纖叁渺叁漠捌茫陸沙伍灰
康熙五十五年編審起至乾隆三十一年編審止增
益滋生人丁四千六百九十四丁
又建始縣節屆編審增益滋生人丁四百二十九丁
共增益滋生人丁五千一百二十三丁欽奉
恩詔永不加賦五年編審人丁一次於乾隆七十七年七月內奉准通政司咨乾隆三十七年

六月內閣抄出奉
上諭五年編審不過沿襲虛文無裨實政嗣後編審之例永行停止
又於欽奉
恩詔事乾隆六年編審案內遵照部文將恩施咸豐利
川叁縣雍正十十一十三及乾隆二三四年陞墾
根銀各照現今攤徵之則派徵丁銀肆拾柒兩貳
錢肆分伍釐陸絲玖忽陸微玖塵伍纖陸渺捌漠
玖茫自乾隆七年為始起徵內除利川縣於乾隆
二十八年詳明事案撥歸川省奉節縣管轄民地

陞墾糧銀帶派丁銀貳分肆釐叁毫壹忽伍微肆
塵肆纖壹渺伍茫壹沙壹灰外
實在墾派丁銀肆拾柒兩貳錢貳分柒毫陸絲捌忽
壹微伍塵壹纖伍渺捌漠叁茫捌沙玖灰
又於欽奉
恩詔事乾隆十一年編審案內遵照部文將恩施咸豐
利川三縣乾隆七八十等年陞墾糧銀各照現今
攤徵之則派徵丁銀肆兩伍錢伍釐壹毫玖絲捌
忽貳微貳塵貳纖捌渺陸漠玖茫自乾隆十二年

為始起徵
又於欽奉
恩詔事乾隆十六年編審案內遵照部文將恩施縣乾
隆十二十四十六等年陞墾糧銀各照現今攤徵
之則派徵丁銀捌錢柒分貳釐肆毫肆絲伍微貳
塵肆纖陸渺壹茫自乾隆十七年為始起徵
又於欽奉
恩詔事乾隆二十六年編審案內遵照部文將恩施咸
豐利川建始等縣乾隆二十二二十四二十六等

年陞墾粮銀照現今攤徵之則派徵丁銀壹拾伍兩伍錢伍分肆釐柒毫肆絲伍忽壹微肆纖壹渺伍漠貳茫叁沙柒灰自乾隆二十七年爲始起徵

又於欽奉

恩詔事乾隆三十一年編審案內遵照部文將咸豐縣乾隆二十八年陞墾糧銀照現今攤徵之則派徵丁銀肆錢柒分叁釐柒毫肆絲捌塵捌纖叁渺肆漠捌茫陸沙壹灰自乾隆三十二年爲始起徵

又咸豐縣乾隆三十二年陞墾民糧銀兩派算應徵丁銀叁錢捌釐肆絲柒忽柒微肆塵貳纖壹渺柒漠柒茫肆沙貳灰自乾隆三十七年爲始起徵查此項丁銀係乾隆三十六年編審案內應增之項遵欽奉

上諭編審之例永行停止所有前項派增丁銀按數於奏銷冊內入額造報其乾隆三十六年屆當五年編審奉文停止造報新墾粮銀應攤丁銀奉准戶部咨覆按年攤徵嗣奉

上諭丁銀一事悉仍其舊復經詳請咨准部覆湖北民賦新墾地畝應派丁銀係按陞粮科則派算歸於五年編審具題其題報五年編審之例既已停止似可毋庸專案具題至攤派丁銀欽奉

諭旨悉仍其舊亦應仍以五年一次彙造攤徵丁銀冊隨同奏銷送部以備查核

又咸豐縣乾隆三十九年陞墾民粮銀兩派算應徵

丁銀叁錢陸釐捌毫捌絲捌微玖塵肆纖陸渺陸漠玖茫自乾隆四十二年爲始起徵查此項丁銀係遵欽奉

上諭編審之例永行停止新墾糧銀應攤丁銀悉仍其舊是前項丁銀應屆乾隆四十一年攤丁一次之項按數徵收彙造攤徵丁冊隨同奏銷送部備查在案理合登明

又恩施咸豐利川建始四縣乾隆四十三四十六等年陞墾糧銀派算應徵丁銀貳拾貳兩叁錢捌分捌釐壹毫叁絲肆忽叁微叁塵玖纖伍渺伍漠叁茫叁沙捌灰自乾隆十七年爲始起徵查此項丁銀遵例屆當乾隆十六年攤丁一次之項按數徵收彙造攤徵丁冊隨同奏銷送部備查在案理合登明

一土田

原額民屯上中下田地二千二百八十二項一十四畝三分五釐

科糧米四千一百七十石五斗八升七合四勺三抄七撮九圭三粒四粟內除建始縣糧米三百伍十九石九斗一升六合八勺八抄九撮九圭三粒四粟原在川省於雍正七年奉文清丈案內不科外

實載米叁千八伯一十石六斗七升五勺四抄八撮

額徵銀貳千叁伯貳拾兩壹錢貳分貳釐陸毫叁絲貳忽玖微叁塵捌纖伍渺遇閏加銀肆拾叁兩貳錢伍分壹釐陸毫玖絲

玖忽伍微玖塵叁纖叁渺伍漠

改土案內勘出水旱田地一千六百四頃一十七畝五分八釐八毫七絲

額徵銀柒拾叁兩陸錢肆分

以上田地共三千八百八十六頃三十一畝九分三釐八毫七絲

科糧米四千一百七十石五斗八升七合四勺三抄七撮九圭三粒四粟內除建始縣糧米於清文案內不科外

實額糧三千八百一十石六斗七升五勺四抄八撮

額徵銀貳千叁百玖拾叁兩柒錢陸分貳釐陸毫叁絲貳忽玖微叁塵捌纖伍渺遇閏加銀肆拾叁兩貳錢伍分壹釐陸毫玖絲玖忽伍微玖塵叁纖叁渺伍漠

實荒民屯田地一百五十頃九十三畝六分五釐五絲五微五塵五纖五漠八茫三沙六灰

實荒糧一千四百三十二石五斗八升三合二抄三撮七圭九粒六粟

實荒銀陸伯肆拾叁兩伍錢叁分伍釐柒毫玖絲伍忽玖微伍塵叁纖貳渺

成熟民屯及勘出田地三千七百三十五頃三十八畝二分八釐八毫一絲九忽四微四塵四纖玖渺四漠一茫六沙四灰內除利川縣於乾隆二十八年詳明事案撥歸川省奉節縣管轄民地三十一畝二分四釐外

實在田地三千七百三十五頃七畝四釐八毫一絲九忽四微四塵四纖九渺四漠一茫六沙四灰

成熟糧二千三百七十八石八升七合五勺二抄四撮二圭四粟內除利川縣撥歸川省奉節縣管轄

民地糧六斗二升四合八勺外

實在糧二千三伯七十七石四斗六升二合七勺二抄四撮二圭各屬則例不等詳見各書

實徵銀壹千柒百伍拾兩貳錢貳分陸釐捌毫叁絲陸忽玖微捌塵伍纖叁渺內除利川縣撥歸民地

實徵銀壹錢捌分柒釐肆毫肆絲外

實在銀壹千柒百伍拾兩叁分玖釐叁毫玖絲陸忽玖微捌塵伍纖叁渺

雍正三年開墾田地一十三頃六畝

該銀陸兩捌錢玖分陸釐捌毫壹絲貳忽[illegible]微貳塵
捌纖（此項開墾奏册計入原額以內之項）
原額並開墾成熟田地除撥歸奉節縣外共三千七
伯四十八頃一十三畝四釐八毫一絲九忽四微
四塵四纖九渺四漠一茫六沙四灰、
成熟根二千三百七十七石四斗六升二合七勺二
抄四撮二圭四粟
實徵銀壹千柒百伍拾陸兩玖錢叁分陸釐貳毫玖
忽捌微壹塵叁纖叁渺

乾隆八年起至乾隆二十六三十三四十三等年開
墾並首墾田地九百八十三頃一十九畝六分七
絲三忽五微二塵
科糧二伯七十五石八升二合一抄六撮四圭四粟
該銀肆百貳拾玖兩玖錢玖分肆釐玖忽捌微玖塵
捌纖玖渺柒漠捌灰捌漂（遇閏加增銀柒兩柒錢捌分柒毫壹忽叁微叁塵柒渺貳漠捌茫柒沙伍灰共節年陞墾細數詳見各書）
以上人丁田地及墾帶丁並額外陞墾共額銀肆千
壹百陸拾兩貳錢貳分捌釐貳毫伍絲陸忽肆微
肆塵玖纖叁渺叁漠叁茫捌沙陸灰捌[illegible]內除撥
歸川省奉節縣地畝糧銀壹錢捌分柒釐肆毫肆
絲墾帶丁銀貳分肆釐叁毫壹忽伍微肆塵肆纖
壹渺五茫壹沙壹灰外該額銀肆千壹伯陸拾兩
壹分陸釐伍毫壹絲肆忽玖微伍纖貳渺貳漠捌
茫柒沙伍灰捌漂內除無徵丁銀壹千柒拾陸兩
陸錢玖分伍釐荒銀陸百肆拾叁兩伍錢叁分伍
釐柒毫玖絲伍忽玖微伍塵叁纖貳渺又除詳請
丁隨糧派等事案內闔省均攤人丁應減銀壹百

壹拾捌兩肆錢壹分柒釐柒毫陸絲肆忽伍微伍
塵玖纖肆渺陸漠伍茫叁沙伍灰又除雍正七年
墾派丁銀伍兩壹錢壹分伍釐伍毫肆絲肆忽壹
微柒塵壹纖捌渺四茫又除雍正十十一十三及
乾隆二三四年墾派丁銀肆拾柒兩貳錢貳分柒
毫陸絲捌忽壹微伍塵壹纖伍渺捌漠叁茫捌沙
玖灰又除乾隆七八十等年墾帶丁銀肆兩伍錢
伍釐壹毫玖絲捌忽貳微貳塵貳纖捌渺陸漠玖
茫又除乾隆十二十四等年墾帶丁銀捌錢柒分

貳釐肆毫四絲伍微貳塵肆纖陸渺壹茫又除乾
隆二十二三十四二十六等年墾帶丁銀壹拾伍
兩伍錢伍分肆釐柒毫肆絲伍忽壹微肆纖壹渺
伍漠貳茫叁沙柒厌又除乾隆二十八年墾帶丁
銀肆拾兩柒分叁釐柒毫肆絲捌塵捌纖叁渺肆
漠捌茫陸沙壹厌又除乾隆三十二年墾帶丁銀
叁錢捌釐肆絲柒忽柒微肆塵貳纖壹渺柒漠柒
茫肆沙貳厌又除乾隆三十九年墾帶丁銀叁錢
陸釐捌毫捌絲捌微玖塵肆纖陸渺陸漠玖茫又

除乾隆四十三四十六等年墾帶丁銀貳拾貳兩
叁錢捌分捌釐壹毫叁絲肆忽叁微叁塵玖纖伍
渺伍漠叁茫叁沙捌厌墾帶丁銀另於書後登收以符　奏冊額實總數
實徵銀貳千貳百貳拾肆兩陸錢貳分貳釐肆毫伍
絲伍忽一微伍塵貳纖捌渺肆茫柒沙叁厌捌漂

起運

戶部項下充餉除撥歸奉節縣外該額銀叁千叁百
貳拾肆兩柒錢伍分壹釐壹絲伍忽陸微陸塵伍
纖肆渺柒漠捌厌捌漂內除無徵丁銀壹千柒拾

陸兩陸錢玖分伍釐又除荒銀陸百肆拾叁兩伍
錢叁分伍釐柒毫玖絲伍忽玖微伍塵叁纖貳渺
又除均攤人丁應減銀壹百壹拾捌兩肆錢壹分
柒釐柒毫陸絲肆忽伍微伍塵玖纖肆渺陸漠伍
茫叁沙伍厌外
實徵銀壹千肆百捌拾陸兩壹錢貳釐肆毫伍絲伍
忽壹微伍塵貳纖捌渺肆茫柒沙叁厌捌漂內有雍正七年陞墾叁拾玖兩肆錢伍分陸釐陸毫伍絲叁忽貳微陸塵伍纖壹渺伍漠係彙數抵算漢陽重丁之數又建始縣遇閏加銀肆拾肆兩玖錢貳分玖釐伍絲陸忽肆微陸塵貳渺叁茫柒沙伍厌

存留官役俸工等銀柒百叁拾捌兩伍錢貳分查本府屬建始縣遇閏加銀伍兩叁錢叁分叁厘叁毫叁絲叁忽貳微捌塵查該府屬存留俸工祭祀等銀捌千叁百伍兩貳錢叁分玖厘內除恩施縣祭祀均攤餘賸銀貳兩柒錢叁分外共該銀捌千叁百貳兩伍錢玖厘內除巴東縣鋪兵工食銀叁拾陸兩於宜昌府書內開造外實該銀捌千貳百陸拾陸兩伍錢玖厘內除建始縣額編撥供銀柒百叁拾捌兩伍錢貳分餘額支銀柒千伍百貳拾柒兩玖錢捌分玖厘係於司庫地丁銀內動支之項再建始縣廩膳項下遇閏添銀伍兩伍錢叁分叁厘叁毫叁絲叁忽貳微捌塵係該縣額編項下撥供之項

雍正七年墾派丁銀伍兩壹錢壹分伍釐伍毫肆絲
肆忽壹微柒塵壹纖捌渺肆茫

雍正十十一十三及乾隆二三四年墾派丁銀肆拾柒兩貳錢貳分柒毫陸絲捌忽壹微伍塵壹纖伍渺捌漠叁茫捌沙玖灰

乾隆七八十等年墾派丁銀肆兩伍錢伍厘壹毫玖絲捌忽貳微貳塵貳纖捌渺陸漠玖茫

乾隆十二十四十六等年墾派丁銀捌錢柒分貳厘肆毫肆絲伍微貳塵肆纖陸渺壹茫

乾隆二十二二十四二十六等年墾派丁銀壹拾伍兩伍錢伍分肆釐柒毫肆絲伍忽壹微肆纖壹渺

伍漠貳茫叁沙柒灰

乾隆二十八年墾派丁銀肆錢柒分叁釐柒毫肆絲捌塵捌纖叁渺肆漠捌茫陸沙壹灰

乾隆三十二年墾派丁銀叁錢捌釐肆絲柒忽柒微肆塵貳纖壹渺柒漠柒茫肆沙貳灰

乾隆三十九年墾派丁銀叁錢陸釐捌毫捌絲捌微玖塵肆纖陸渺陸漠玖茫

乾隆四十三四十六等年墾派丁銀貳拾貳兩叁錢捌分捌釐壹毫叁絲肆忽叁微叁塵玖纖[illegible]渺伍漠叁茫叁沙捌灰

一學田租稞

學院册開建始縣原額學田四十畝三分該納谷六石乾隆二十九年清查學田租稞案內議增谷六石九升 共納租稞一十二石九升

共該折銀陸兩陸錢伍分遇閏照川省例除完正賦銀陸錢壹分壹釐閏銀叁分伍釐外

實納學租銀陸兩肆釐係支給社師生膏火並賑給貧生之用

一雜稅

牙帖稅銀貳兩原經報部牙稅銀叁錢乾隆二十三年來鳳縣添設船行一名納稅銀叁錢乾隆二十五年於遵旨議案內遵奉部咨分別繁盛偏僻量增稅銀肆錢乾隆三十七年恩施縣添設花布山貨行一名納稅銀伍錢又乾隆四十二年內來鳳縣西門內請設棉花中行一名完納偏僻中行稅銀伍錢

茶稅銀陸兩柒錢伍分

田房稅正額銀原未報解盈餘銀兩儘徵儘解原無定額

施南府志卷之十三終

施南府志卷之十四

知施南府事王協夢監修

食貨

祭祀銀　俸廉　工役

府學

文廟春秋祭祀銀肆拾兩

各縣

文廟春秋祭祀銀肆拾兩

崇聖祠春秋祭祀銀柒兩

名宦鄉賢春秋祭祀銀柒兩

武廟春秋祭祀銀叁拾伍兩柒錢肆分陸釐

山川壇春秋祭祀銀拾兩

先農壇祭祀銀伍兩　常雩祭銀伍兩

文昌廟祭銀與　武廟同

霜降祭旗銀貳兩　香燭米折銀壹兩零伍分

邑厲壇祭銀拾兩　米折銀壹兩貳錢貳分

俸廉工食廩糧鄉飲經費

知府俸銀壹百伍兩　養廉壹千捌百兩　門皂快狀禁傘轎斗級共六十六名共工銀叁百玖拾陸兩

同知一員俸銀捌拾兩　養廉銀柒百伍拾兩　門皂快　役五十名共共工銀叁百兩

通判一員俸銀陸拾兩　養廉銀柒百貳拾兩　門皂快轎壯役四十五名共工銀貳百柒拾兩

訓導一員俸銀肆拾兩各教諭訓導同後不注　齋馬銀拾捌兩　門斗名半共工銀拾兩零捌錢　廩生四名共銀拾兩九錢叁分貳釐

經歷兼司獄一員俸銀肆拾兩　養廉壹百兩　門皂

馬夫六名共工食銀叁拾陸兩

恩施縣知縣俸銀肆拾伍兩各知縣同後不注　養廉銀壹千兩　門庫壯捕皂傘轎禁忤作倉鋪渡夫共一百二十八名共工銀柒百肆拾貳兩零加器械銀貳拾肆兩

教諭一員俸同　齋馬門斗共銀叁拾叁兩　廩生十二名共銀叁拾貳兩柒錢玖分陸釐

縣丞一員俸銀肆拾兩　養廉壹百兩　門皂馬壯十四名共工銀捌拾兩利川縣丞俸廉工食並同

崔家壩巡檢一員俸銀叁拾壹兩伍錢貳分 養廉銀柒拾伍兩兵皂民壯二十名工銀壹百貳拾兩加增器械銀捌兩在內 各縣巡檢俸廉同後不注工役銀不同者各注

典史一員俸銀叁拾壹兩伍錢貳分 養廉柒拾伍兩門皂馬六名共工銀叁拾陸兩 各縣典史俸廉同役後不注工役銀不同者另注

鄉飲銀陸兩 各縣同

宣恩縣知縣 俸同 養廉銀捌百兩 來鳳咸豐建始並同 各役一百二十名共工銀陸百陸拾兩器械銀拾陸

兩

訓導一員 俸齋馬門役銀同府學 廩生二名共銀伍兩肆錢肆分陸釐

乾壩巡檢一員 俸廉同 役二十四名共工銀壹百肆拾肆兩器械銀捌兩

東鄉巡檢一員 俸廉工器銀並同

典史一員 俸廉工器銀與恩施典史同

來鳳縣知縣 俸同養廉同宣恩 役九十八名共工銀伍百捌拾捌兩器械銀拾捌兩

訓導一員 俸齋馬門役同上 廩生二名 銀同上

卯峒巡檢一員 俸廉工器同上

典史一員 俸廉同上 役二十名共工銀壹百貳拾兩器械銀八兩

咸豐縣知縣 俸廉同上 役一百三名共工銀壹百陸拾捌兩

訓導一員 俸齋馬門役銀同上 廩生二名 銀同

典史一員 俸廉工器銀同上

張家垻巡檢一員 俸廉同 役二十名共工銀壹百貳拾

兩器械銀捌兩

利川縣知縣 俸廉同 役一百十名共工銀陸百陸拾兩

訓導一員 俸齋馬門役銀同 廩生八名共銀貳拾壹兩捌錢陸分肆釐

縣丞一員 俸廉同 役十四名共工銀捌拾肆兩器械銀捌兩

南坪巡檢一員 建南巡檢一員 俸廉工器銀並與咸豐張家垻巡檢同

建始縣知縣 俸同 養廉銀捌百兩 役一百名共工銀陸百兩

訓導一員俸齋同役四名共銀貳拾肆兩　廩生二十名共銀陸拾肆兩遇閏增銀伍兩叁錢叁分

大岩嶺縣丞一員俸廉工器銀同恩施縣丞

典史一員俸工器同　養廉捌拾兩

施南府各官養廉原照苗疆例養廉從厚五年即陞乾隆二十年改內地五年停陞知府貳千貳百減肆百實壹千捌百兩恩施宣恩來鳳咸豐利川五知縣養廉壹千貳百兩減貳百兩實壹千兩其同知通判經歷縣丞巡檢典史原照內地之數加給一半如同知例給陸伯兩酌加叁百兩共玖百兩今將加給之數減去一半實柒百伍拾兩餘員較廉多少各減加給之半惟建始縣原係四川簡缺養廉陸百兩今當孔道乾隆十九年加貳百兩實捌百兩

府縣祭祀銀共柒百叁拾柒兩柒錢肆分陸釐　文昌廟祭嘉慶七年奉文照　武廟祭銀數不在內共祭祀玖百伍銀壹兩伍錢拾貳分貳釐

府屬各官俸銀壹千叁伯叁拾玖兩並教官齋馬銀共壹千肆百柒拾兩

府屬各官養廉銀共壹萬零叁百伍拾伍兩

府屬各學廩生廩糧銀玖拾陸兩

六縣鄉飲共銀叁拾陸兩

府屬佐雜各衙門役食銀共伍千玖百捌拾陸兩同知未載

施南協歲支俸餉共銀叁萬貳百壹拾貳兩伍錢捌分肆厘

六縣舖司工食銀共壹千貳百兩

以上各款共銀伍萬陸百玖拾肆兩伍錢貳分

施南府志卷之十四終

施南府志卷之十五

知施南府事王協夢監修

食貨

蠲卹

施舍已責王政所崇是以恩蠲災賑歷朝不廢

本朝

聖聖相承民依在念

推恩行慶膏澤頻施偶遇偏災仰[illegible]其事屬全省毋庸分載惟及府屬者始登諸志以昭

聖恩優渥不遺一隅庶耕鑿之侶謳歌勿忘云志蠲卹

宋

治平二年施渝州大水遣使行視疏治賑恤蠲其租賦

宋史英宗本紀

淳熙十二年冬十月甲寅蠲施州經制無額錢　宋史孝宗本紀

國朝

乾隆三年正月定施南賦額奉

上諭乾隆二年未完秋糧一併豁免欽此

乾隆三十八年八月奉

上諭據陳輝祖奏此次沿站民夫因官兵經過運送軍械等項咸爭來站受僱如宜昌巴東一路人烟稀少其旁近之恩施宣恩建始等縣民夫亦多自行趨集軍營偶有遺失行裝隨路趕送交給等語此誠佳事該省上年過兵地方本年新正曾經加恩緩徵今沿站旁近各縣民夫俱能踴躍急功各効子來之誼自宜再沛恩膏用照奬勸著該署督查明恩施宣恩建始三縣量緩徵十分之幾奏聞請旨再直隸河南陝甘雲貴等兵丁經過各州縣節經降旨加恩分別緩徵其沿站旁近之州縣民夫如有協助辦差出力者

並著該督撫一體察明具奏候朕酌量加恩以普一視同仁之意該部即遵諭行欽此

嘉慶元年正月前此

恩詔普免案內先儘乾隆六十年被水勘不成災等州縣暨附近苗疆施南府屬六縣共計二十九州縣備作爲首次於是年蠲免

七月蠲免施南府屬六縣應徵各款正項及耗羡雜課錢糧

八月蠲免宣恩縣本年地丁錢糧
又蠲緩恩施來鳳咸豐利川建始宣恩等縣應彚同
被水等州縣共四十三州縣應以嘉慶丙辰至戊午
年共蠲免三次
二年正月蠲免恩施利川二縣應徵役錢
九月以旱乏食恩施建始利川普行賑給賑三月並
予房屋修費
三年來鳳當陽二縣賑濟本色米共八千二百六十
九石二斗給修房屋銀共叁千叁拾柒兩壹錢二縣被賊滋擾故賑給湖北通志

八年正月奉
恩詔蠲免恩施宣恩來鳳咸豐建始等被賊滋擾地丁
錢糧全行蠲免

普濟堂

施南府屬六縣每縣八名共銀貳拾兩壹錢陸分總額
孤貧四十八名每名貳兩伍錢貳分額載口糧花布
共銀壹百貳拾兩玖錢陸分在奏銷項內

施南府志卷之十五終

夔州路義軍土丁壯丁施黔思三州義軍土丁總隷都
巡檢司施州諸砦有義軍指揮使把截將砦將弁土丁
總一千二百八十一人壯丁六百六十九人又有西路
巡防殿侍兼義軍都指揮使都頭十將押番砦將宋史兵志
徽宗崇寧元年湖北都鈐轄舒亶奉旨相度召募施黔
土丁致討辰沅山猺每州無過七百人緣猺賊在溪
洞險阻不通正軍故也宋史兵志

明

分巡上荆南道兼施歸兵備副使一員駐荆州

施州兵備僉事一員駐彝陵州後裁以荆南分巡兼領
荆瞿守備一員　各衙掌印指揮一員　佐貳二員
管操一員　清軍一員　管屯一員　巡捕一員
隨操者無定員　其屬鎮撫一員　所千戶百戶掌印
各一員　佐貳各二員　隨操者無定員
施州衛指揮使　指揮同知　指揮僉事　左右中千
戶所千戶　百戶　兵四千六百七十九名以上出續文獻通考
明初每歲按察司都司官各一員巡歷間歲御史親至
永樂初勅荆瞿九永施共一守備巡防後另設荆瞿守

備屯鎮南坪繼移鎮施每年巡歴荆瞿南坪等處嘉靖四十五年設兵備道駐彝陵州轄重慶府屬歳專巡施此因黄中平後以善後特設兵備李堯德任後宰執張居正郎議撤去天啟三年奢酋據重慶復設事平亦撤添荆州府通判一員為撫夷廳專制施州隆慶三年改府同知為撫夷萬歴二十年給關防命駐施兼理糧餉衛掌印佐貳也屯操巡捕每五年軍政推遷千百戸亦然唐氏衛志

按明祖以土司滋擾設衛廣屯欲使官省餽運而人自為戰也其後兵不能衛民反借民以衛兵又借客兵以衛衛則見於鄒維璉之志序是有衛而無兵矣協濟餉十年不至則見於朱光祚爭復額餉之碑是有兵而無餉矣其他兌頭攬納官吏侵漁而兵枵腹雜見於童志王志者又不一蓋作法雖善而日久弊生如此我朝一革屯里之弊而全資於帑信善哉宋氏府志

國朝

施州營遊擊一員 守備一員 千總二員 把總四員 兵八百名馬一步九 屬彝陵鎮標於康熙四年駐施分城西南為營地南抵孝子坊西抵圓通寺內除衛署基址東北二門有營地數間為司門之居平吳逆後裁兵二百六十六名其分防大田所把總一員箐上把總一員三叉口把總一員其塘汛自衛城至巴東縣交界凡九塘東與容美司交界凡五塘南與施南司交界凡二汛正南稍西繞金峒龍潭司凡五塘又自所城西至所城南繞酉陽大旺司界凡五塘北自衛至所繞中路司凡六塘

康熙四年以荆州鎮前營遊擊移駐施州衛雍正十三年改協轄左右二營

施南協副將一員

中營都司僉書一員

左營守備一員 駐咸豐縣

千總二員 一駐宣恩縣 一駐來鳳縣

把總四員 一駐咸豐縣 一駐唐崖司 一駐大旺司 一駐忠峝司

外委千總四員 一駐活龍坪 一協防高羅司 汛 一協防東鄉鎮汛 一駐百戸司汛

額外外委三員 二駐恩施縣分防近府各塘汛 汛 一駐咸豐縣

右營守備一員駐忠路
千總二員乾隆十一年撥一員入宜都駐利川縣
把總五員一駐恩施縣一駐恩施縣崔家壩一駐建南汛一駐南坪堡
建始縣
外委千把總五員一駐恩施縣下營壩一協防施州汛一駐石門一駐忠路一駐官渡
額外外委二員一駐恩施分防近府各路塘汛一駐建始縣
額設兵一千四百七十七名內馬兵一百一十八名
戰兵二百二十七名
守兵一千一百四十二名
以上本湖北通志

施南協營制以下本舊志
副將一員　中軍都司一員　存城把總一員額兵三百三十名駐府城
駐防崔家壩汛把總一員額兵四十七名　協防施州塘外委把總一員額兵三十五名　駐防建始縣把總一員額兵九十五名　協防下營壩外委把總一員額兵六十五名
以上四汛三十六塘連府城共兵五百六十三名
分防左營守備一員　存城把總一員駐咸豐縣額兵一百七十一名　駐防唐崖司汛把總一員額兵五十七名　駐防來鳳縣千總一員額兵八十六名　協防活龍坪汛外委把總一員額兵一十九名　協防百戶司涼水井汛外委把總一員額兵二十二名　駐防大旺司汛把總一員額兵六十四名　協防乾壩汛外委把總一員額兵三十四名　協防高羅司汛外委千總一員額兵七十八名　駐防宣恩縣千總一員額兵七十八名　協防東鄉鎮汛外委千總一員額兵三十九名
以上左營所屬十汛五十九塘共兵六百四十八名
分防右營守備一員　存城外委把總一員駐忠路額兵一百零八名又分防五塘兵三十五名係外委防守　駐防建南汛把總一員額兵四十六名　協防官渡汛外委千總一員額兵四十名　駐防南坪堡汛把總一員額兵六十九名　駐防利川縣千總一員額兵七十名
以上右營所屬四汛三十五塘共兵三百六十

八名

通計經制官弁二十五員馬步戰守兵共一千五百七十七名并各官親丁公費名糧在內馬一步九各官親丁馬三步七康熙四年設立營制遊守千把共八員兵五百三十二名雍正四年改縣添兵一百三十八名十三年建府改協設副將都司守備四員千總外委二十一員添兵八百九十七名共兵一千五百五十七名乾隆二年歸併四川巫山營分防建始縣把總一員兵八十名共官二十六員兵一千六百三十七名乾隆

十一年將右營左哨千總撥宜都營隨撥兵丁三十七名十六年撥兵十四名赴德安營分防隨州本協實額兵一千五百八十六名除外委九名實兵一千五百七十七名四十七年奉文添設兵額制兵一千

據道光十三年營册原額馬步兵一千四百七十七名道光五年奉文裁兵七名歸德安營召募又於道光十一年奉文裁減馬步兵二十名撥歸回疆所節糧餉歸入經費項下實在兵一千四百四十一名

副將一員每年俸銀五十三兩四錢五分八釐 薪銀每年一百四十四兩蔬菜燭炭銀七十二兩 養廉銀八百兩 心紅紙張銀一百零八兩 坐馬十二匹每匹銀十兩二錢共銀一百四十兩零四錢

共銀一千三百一十七兩八錢五分八釐

都司一員每年俸銀二十七兩三錢九分四釐 薪銀七十二兩 蔬菜燭炭銀一十八兩 養廉銀二百六十兩 心紅紙張銀二十四兩 坐馬四匹每匹銀十兩二錢共銀四十兩零八錢

共銀四百四十二兩一錢九分九釐

守備二員每年每員俸銀十八兩七錢八釐 薪銀四十八兩 蔬菜燭炭銀一十二兩 養廉銀二百兩 心紅紙張銀一十二兩 坐馬四匹共銀四十兩零八錢

計銀三百三十一兩五錢八釐 二員共銀六百六十三兩一分六釐

千總三員每年每員俸銀一十四兩九錢六分四釐八毫 薪銀三十三兩三分五釐二毫 養廉銀一百二十兩 坐馬二匹共銀二十兩零八錢

二錢

計銀三十六兩七錢一分　總共銀四百二十五兩九錢五分二釐

戰兵二百一十二名每年每名銀一十八兩　米三石六斗共銀二兩五錢二分

計銀二十兩零五錢二分　總共銀四千三百兩零二錢四分

守兵一千一百一十三名每年每名銀十二兩　米三石六斗共銀二兩五錢二分

計銀十四兩五錢二分　共銀一萬六百一十五兩九錢七分六釐　總共銀二萬零三百二十八兩九錢一分七釐

塘汛

施南協共十八汛一百三十塘共汛塘兵九百一十六名

駐劄施南府城

副將一員　都司一員　存城把總一員

分防一汛十一塘每塘兵皆五名

下營壩汛汛兵九名　蓮花池塘　沿長坡塘

雞心壠塘　鑾山子塘　黃草坡塘

羅針田塘　天橋塘　乾溪屯塘

芭蕉塘　桅桿堡　天池塘

駐防建始縣城

把總一員

分防一汛十六塘每塘兵皆五名

石門汛汛兵十二名　龍溪河塘　河水坪塘

小壩塘　火風口塘　林陽口塘

景陽口塘　清江堡塘　柴隴村塘

紅沙溪塘　茶寮塘　上壩舖塘

石日驛塘　蒲潭溪塘　核桃園塘

柴家荒塘　楊柳荒塘

駐防崔家壩汛汛兵十七名

把總一員

分防一汛八塘每塘兵皆五名

施州塘汛汛兵九名　了木峪塘　一桶水塘

南里渡塘　滾龍壩塘　三岔口塘

東邊塘　戎角塘　土寨溝塘

駐劄咸豐縣城

守備一員　把總一員

分防一十二塘每塘兵五名

梅家山塘　忠堡塘　梅子坪塘

十字路塘　土老坪塘　水車坪塘

張家坪塘　蠻王牌塘　楊峝塘

邢家村塘　頭莊塘　地壩寨塘

駐劄宣恩縣城

千總一員

分防一汛十三塘每塘兵皆五名

東鄉鎮汛汛兵八名　椒園塘　倒峝塘

把總一員

分防一汛十塘每塘兵皆五名

高羅汛汛兵十二名　布袋溪塘　歇騾店塘

瑪瑙湖塘　乾壩塘　崖脚塘

經歷寨塘　冉大河塘　木冊塘

板寮塘　頭道水塘

駐劄大旺汛汛兵二十五名

把總一員

分防七塘每塘兵皆五名

紡車溪塘　梯子崖塘　卯峝塘

梅子嶺塘　石崖門塘　蠟壁司塘

水田壩塘

駐劄忠路營

守備一員

分防一汛七塘每塘兵皆五名

忠路汛汛兵三十五名　乾溪壩塘　堰水塘

沙溪塘　楊坡地塘　石灰窰塘

水田壩塘

駐劄利川縣城

千總一員

分防八塘每塘兵皆五名

火舖塘　石板場塘　長灾塘

高穴口塘　九渡屯塘　三渡屯塘

大小箐塘　大波槽塘

駐防南坪堡汛汛兵十七名

把總一員

分防九塘每塘兵皆五名

孫家壩塘　潭丈溝塘　繼長壩塘

張家村塘　爛井壩塘　磁尚溝塘

瑪瑙寺塘　老支羅塘　大坪屯塘

駐建南汛汛兵十七名

把總一員

分防一汛十二塘每塘兵皆五名

關渡汛汛兵九名　白楊坡塘　清灘溪塘

山女灾塘　馬槽壩塘　下道子塘

大木峰塘　小穀溪塘　回子坡塘

後鄉塘　黑溪塘　沙子溪塘

施南府志卷之十七

知施南府事王協夢監修

武備

兵事之設王者所以資捍衛也施在前代爲徼外地兵事時勤焉至於

本朝改土歸流治同內地休養生息百有餘年嘉慶初年教匪闌入一時官弁率領士民兵丁勦捕淨盡義勇之節上荷

諭旨褒嘉可知

文教漸摩人知禮義非復從前獷悍之習是可書也謹志兵事而歷代控制蠻疆之畧即附於後

歷代兵事

三國志吳志陸遜傳黃武元年劉備率大衆來向西界從巫峽建平連圍至夷陵界立數十屯遜曰此必有譎上疏曰夷陵要害國之關限備水陸俱進今反舍船就陸處處結營察其布置必無他變乃敕各持一把茅以火攻拔破其四十餘營備因夜遁

吳志永安七年二月鎮軍陸抗撫軍步騭征西將軍留平太守盛曼圍蜀守將羅憲

干寶晉紀王濬治船於蜀吾彥取其流柹以呈孫皓曰晉必有攻吳之計當增建平兵建平不下終不敢渡江皓弗從

宋書南蠻列傳荆雍州蠻分建種落布在諸郡縣屬武陵者有雄谿樠谿辰谿酉谿舞谿謂之五谿蠻而宜都天門巴東建平江北諸郡蠻所居皆深山重阻人跡罕至焉太祖元嘉六年建平蠻張雝等五十人詣闕獻見世祖大明中建平蠻向光侯寇暴峽州巴東太守王濟

荆州刺史朱修之遣軍討之光侯走清江清江去巴東千餘里時巴東建平宜都天門四郡蠻爲寇諸郷民戶流散百不存一太宗順帝世尤甚雖遣軍征伐終不能禁荆州爲之虛敝

南齊書南蠻列傳宋泰始以來巴建蠻向宗頭反刺史沈攸之斷其鹽米連討不克晉天興二年建平夷王向宏向瓚等詣臺求拜除尚書郎張亮議夷貊不可假以軍號詔特以宏爲折衝將軍當平侯並親晉王賜以朝服宗頭其後也太宗置巴州以威靜之

周書列傳蠻者族類蕃衍漂除作梗世爲寇亂逮魏人失馭其暴滋甚有冉氏向氏田氏者陬落尤盛餘則大者萬家小者千戶更相崇樹僭稱王侯屯據三峽斷遏水路荆蜀行人至有假道者太祖略定伊瀍聲教南被諸蠻畏威靡然向風矣

唐書列傳成汭青州人少無行入蔡賊中爲賊帥假子更名郭禹當戍江陵亡爲盜後詣荆南節度使陳儒降署裨校張瓌囚儒以禹凶慓欲殺之禹結千人奔入峽襲歸州入之自稱刺史秦宗權故將許存奔禹禹以剽

卒三百畀之使討荆州部將牟權於清江禽權取其衆之又破其將王建肇建肇奔黔州昭宗詔禹爲節度留後始改名汭復故姓天復三年帝詔淮南節度使楊行密圍鄂州朱全忠使韓勍救之諷成汭與雷彥威掎角汭自將而行淮南將李神福壁沙橋擊汭君山敗之火其船衆大潰汭投江死士民皆爲彥威所劫韓勍走還王建遂取夔施忠萬四州天祐中朱全忠表汭死國事請立廟

五代史前蜀世家昭宗天復元年王建攻下夔施忠萬四州此後施遂爲蜀所據莊宗同光三年蜀王衍降旋爲後蜀孟氏所據矣

宋史太祖本紀乾德三年正月己酉蜀王孟昶降癸巳劉光義取夔施忠開四州

宋史太宗本紀淳化五年六月賊攻施州指揮黃希遜擊走之

宋史蠻夷列傳大中祥符元年夔州路言五團蠻嘯聚謀刼高州欲令暗利砦援之上以蠻夷自相攻不許發兵

宋史列傳史方字正臣開封人天禧中知夔州時富順

州蠻田彥晏寇施州焚暗利砦方領兵直抵富陽蕩其巢穴窮追至七女柵降之

宋史蠻夷列傳乾興初順州蠻田彥晏率其黨田承恩寇施州暗利砦縱火而去夔州發兵討之俘獲甚衆

天聖九年施州蠻覃彥綰等寇永寧砦

宋史列傳林栗字黃仲福州福清人知夔州屬都曰施州其羈縻郡曰思州施民覃汝翌者與知思州田汝弼交惡會汝弼卒汝翌率兵二千人伐其喪弼子祖周深入報復兵交於二州之境施黔大震汝翌復以重幣借

兵諸峒而乞師於帥府栗曰汝翌實招亂者移檄罷兵乃選吏屬往攝兵職以漸收汝翌之權令兵馬鈐轄按閱諸州寨檄至施就攝州事汝翌不之覺已乃惶恐遁入成都事聞孝宗親札賜栗及成都制置使陳峴曰田氏猶是羈縻州郡覃氏乃夔路豪族又且首爲釁端帥府不能彈壓從其至此如尚不悛未免加兵除其元惡汝翌在成都聞之逃歸調集家丁及役八砦義軍於沱河橋與官軍戰潰汝翌遁去俘其徒四十三人獲甲鎧器仗三萬一千栗取其巨惡九人誅之田祖周懼與其

母冉氏謀獻黔江田業計錢九十萬緡以贖罪蠻遂安

宋史孟珙傳嘉熙三年諜報大元兵欲大舉臨江珙策必道施黔以透湖湘以二千人屯峽州千人屯歸州以精兵五千駐松滋爲夔聲援大元兵自隨窺江珙寄令劉全拒敵遣伍思智以千人戍施州

元史世祖本紀至元二十一年七月勅荆湖四川兩省合兵討叉巴散毛峒蠻

元史文宗本紀至順三年正月夔路忠信寨峒主阿其什用合峒蠻八百餘寇施州四月師壁散毛大盤追出三峒蠻野王等二十三人來貢方物

元史李德輝傳至元十四年詔以德輝爲西川行樞密院副使十五年再爲重慶瀘州拔紹興南平夔施忠播諸山壁水柵皆下

元史楊大淵傳楊文安字泰叔天水人授驃騎衛上將軍兼宣撫使至元十三年分兵略施州擒宋統制薛忠會大雪遣蔡邦光夜攻殺守將向艮奪其城十七年道辦土王介諭降散毛諸峒蠻以散毛兩子入門因進言曰元帥蔡邦光昔征散毛而死可念也帝曰散毛既降

而殺之何以懷遠乃擢邦光之子陞爲管軍總管佩虎符賜散毛兩子金銀符各一並賜其酋長以金虎符

元史石抹按只傳石抹按只契丹人石抹按只卒子不老襲父職爲懷遠大將軍兼夔路守副萬戸至元十八年大小盤諸峒蠻叛命領諸翼蒙古漢軍三千餘人戍施州既而蠻酋向貴什用等降其餘峒蠻之未服者悉平以爲保寧等處萬戸

元史李忽蘭吉傳李忽蘭吉一名庭玉隴西人四川南道宣慰使至元二十一年五溪峒蠻思播以南施黔鼎

澧辰沅之界蠻獠叛服不常乃詔四川行省討之曲里吉思汪惟正一軍出黔中巴六一軍出思播都元帥脫察一軍出澧州忽蘭吉一軍自夔門會令盤山開道諸蠻酋長率衆來降獨散毛峒譚順走避嵓谷力屈始降

元史石抹狗狗傳石抹狗狗契丹人至元十七年進明威將軍管副萬戶二十一年以蒙古軍八百從征散毛蠻戰於茶園坪滲水溪皆敗之鎮守石砦月餘散毛降大盤諸蠻亦降二十四年大將軍移戍重慶

元史塔海帖木兒傳塔海帖木兒答答里帶人宣武將

軍管軍總管五溪蠻散毛大盤蠻向木的什用等叛從行省曲里吉䚟師往討皆擒之殺其酋長頭狗等

明史太祖本紀洪武五年正月衛國公鄧愈爲征南將軍江夏侯周德興江陰侯吳良副之分道討峒蠻夏四月愈平散毛諸峒蠻

明史土司列傳洪武五年征南將軍鄧愈平散毛柿溪赤溪安福等三十九峒　十四年江夏侯周德興移師討水盡源通塔平散毛諸峒置施州衛軍民指揮使司

明史太祖本紀洪武十四年九月周德興移師討施州蠻平之

明史列傳梅思祖夏邑人洪武十四年四川水盡源通塔平散毛諸蠻長官作亂命思祖爲副將軍與江夏侯周德興帥師討平之　張銓定遠人副江夏侯周德興征五溪蠻已而水盡源通塔平散毛諸峒酋作亂復副德興討平之封永定伯　功臣錄洪武二十二年宣德侯金鎮駐施州休息士卒控制蠻獠

明史土司列傳洪武十七年景川侯曹震言散毛等峒蠻時寇掠爲民患已命施州衛及施南宣撫覃大勝招

之如負固請發兵討　二十三年涼國公藍玉克散毛峒禽剌惹長官覃大旺等萬餘人置大田軍民千戶所隸施州衛　時忠建施南叛蠻結寨於龍孔玉遣指揮徐凱將兵攻禽宣撫覃大勝餘蠻退走玉復分兵搜之殺獲男女一千八百餘人械大勝及其黨八百二十八送京師磔大勝於市餘戍開元給衣糧遣之

明史太祖本紀洪武二十三年夏閏四月藍玉平施南忠建叛蠻六月玉遣鳳翔侯張龍平都勻散毛諸蠻

舊衛志徐凱字子安合肥人都指揮使洪武二十三年

從藍玉征散毛鎮南等峝二月克散毛僉散毛土酋剌惹覃大旺等萬餘人五月施南司土官覃大勝等亂玉命移兵討之擒大勝及其黨男婦八百二十口解磔大勝於市師還凱獨先諸將賞賚甚厚玉賜鈔增祿凱陞副羌將軍都督

明史列傳張玉字世美祥符人仕元爲樞密院知院元亡從走漠北洪武十八年來歸從大軍出塞至捕魚兒海以功授濟南衛千戶遷安慶衛指揮僉事又從征遠順散毛諸峝

舊衛志成化元年僉事郁文博按部至施時有川寇餘黨竄入衛地博命指揮童錘督施南宣撫覃彥昇擒獲孫居士胡淸等三十餘人悉平之

明史土司列傳成化二年搖把峝長官向麥答踵奏鄰近洗羅峝長竊知本峝土兵調征兩廣村寨空虛煽誘土蠻攻刼乞調官軍勦治

舊衛志宏治間崇寧里民向旺三等助桑柘蠻白蛸作亂參政李宗同副使徐孜率衛守備夏士麒調兵五千搗穴擒旺三等賊三十人追還所掠男婦二千餘口葉功報上賜幣鈔琮字義方景寧人仕至福建布政使

宏治中崇教寨民廖玉文等入寇建始之親隴里參政林鏷同僉事鄭岳都指揮同知樊華按部至施率本衛及瞿塘忠州長寧等衛所官軍先駐要害玉文等十一人威攝受欵事平賜金幣又與岳遷學官於城南門之右郎今所（鏷閩縣人岳莆田人華荆州左衛人）

明史列傳鄭岳字汝華宏治六年進士遷湖廣僉事施州夷民自相仇殺有司以叛聞岳擒治其魁餘悉縱遣

舊衛志嘉靖中支羅土寇黃中叛剽掠川民施南散毛

二司流刼施建忠鄷楚撫谷虛中奉命征討檄參政[illegible]三陽（浙江人）督餉副使吳邦彥（吳江人）紀功副使王紹元（[illegible]人）監軍參政洪逵（寧遠人）督哨指揮湯世傑（襄陽人）坐營沔陽指揮王璮辰州衛指揮楊某等領永順五寨及本衛官軍攻勦黃中聽撫解院磔於市餘黨悉平施南散毛土司次第就擒隆慶五年討金峝叛蠻覃壁參政馮成龍（浙江人）監軍副使張大業紀功

舊衛志正統十三年師壁七十條處各相攻殺施地大震御史蔣誠副使邢端按部至施率指揮童輔督兵討

之追其僞印　成化元年麓川反千戶唐貴領施兵討
平之陞賞指揮周溥隨征大藤峽功陞本省都司
正德間戎角村民叛指揮童昶討平之　廣西猺叛指
揮童昶率戎角土兵隨征有功陞賞　嘉靖元年散毛
覃斌襍忠建田本奪其地楚撫席書檄指揮孫廉督征
邇及永順九年施州賊黄馬了等百人流刼雲萬奉節
等處川東道檄林衞擒捕偵知馬了乃忠路仇人檄安
撫覃丑剛擒之　二十八年施民譚黄帶流刼巫建歸巴
奉萬兩省會剿指揮杜遇伏兵賊巢歸路夾擊擒之

萬歷二十年剌惹向明甫與仇爭戰解至省死於獄
二十六年楊應龍叛徵八省兵進勦衞指揮唐一麒夜
出殺賊守夜人代其鈴柝遂進破之陞賞有差　四十
年忠路土官覃寅化霸佔民田仇殺撫夷章守愚檄指
揮唐符勘明伏辜立土漢界碑　崇禎二年木貢民譚
正倫與仇互告案未結剖仇者腹殺傷多命指揮唐堯
德單騎入穴擒正倫正法當事嘉之　七年流寇猖獗
檄調施南東鄉二司進兵勦以指揮鄧宗震唐堯德及
僉寂明分督之至巴東平陽壩敗績寂明死之十二月

施南土司覃艮士因事在獄土官統兵圍城脅指揮唐
復元出艮士所過村庄殘滅殆盡
舊衞志明崇禎七年流寇自楚入蜀由巴東過建始衆
數十萬居民屠戮大半自是往來不絕十七年獻賊大
驅荆民入蜀路出建始又肆殺掠衞有土司之擾里民
之變此時流寇尚未入衞以猶僻處故也既革後闖獻
餘孽上自川東下達彝陵盡爲賊藪丁亥五月一隻虎
郎李過闖賊愛將後降福王賜名赤心者始率十三家
餘燼入衞地肆屠掠與土司戰於城南大破之遂移營

容美戊子自容美轉屯施南司賴有朱經略招之出後
亂與山王觀興者賊黨三家之一僞荆國公其弟昌僞
襄陽侯初駐巴東李過去隨遣其僞總兵劉太倉鎮衞
殘酷百端會觀興至衞人哭訴乃撤駐南坪民間謂之
劉營己丑獻賊餘孽李來亨高必正姚黄等迭至擄人
口索金錢贖之辛卯劉體純綽號二虎者至擄無所得
盡剝男女衣服赤身放之鳳衞伯牟文綬家居詐賊秦
王檄檄之去癸巳孫可望兵自貴州至大索乙未二虎
忿文綬欺已自西山發兵侵衞觀興詐稱救衞劉賊擄

衛民刼牟村時文綬已没洗其家丙申正月觀興已復
劉兵屯南坪老營衛民謂之王營旋屯馬寨村丁酉復
屯衛戍戍屯戎角村戎角施東境也四面絶壁惟一路
可上已亥焚衛城驅士民入戎角編伍派役徧搜山谷
謂之打糧湖川兩督以亥招安不聽殺其使甲辰夔府
偕山巴東興山諸賊蕩平賊始懼欲降又爲僞參謀蔣
尙膺所阻衛舊指揮陶啟唐等與士庶暗結投誠盡爲
觀興截殺然亦決策投誠矣乙巳正月出山大驅施建
民同出壯威民扶老攜幼踐踏棄捐死者過半至巴東

壓衛人艙底而地方了無人跡始觀興於諸賊爲稍有
恩繼怒衛背已故脅之出至荊州賴湖督張親臨撫慰
給票糧遣徐尙謀送回籍五月抵衛城中屋僅數椽遺
官靳宗臣同衛舊弁朱純捧檄招安各土司七月設遊
擊千把領兵防守飭巴東民及塘兵運米接濟時康熙
四年也尙謀專主民事披荊棘敎耕種哀鴻漸集其留
荊者十二三焉

國朝

齊祖望巴東縣志順治三年李來亨高必正等自歸州
來巴東攻砦焚廬舍男婦被擄不殺索財則縱之大
江以南則免明年乃移營入施州衛

巴東縣志順治五年譚毅譚宏余大海等不時出没巴
東殺掠無算十月王光興及其弟昌率羣賊駐南坪昌
酷虐光興屢戒之少止光興招集難民約束軍旅大江
以南賴以少安未幾昌病死十三年光興以官兵漸逼
遁於施州衛去之日秋毫無犯康熙三年乃降

按光興即觀興衛志謂其踐踏死者過半此言去之
日秋毫無犯恐未然也

陳氏紀畧順治十四年流賊劉二虎復入施州百戸陳
世凱率鄉勇敗賊於堰水　十六年川陝總督李國英
遣將分兵平忠路賊寇　康熙三年王光興盤踞施州
總督李蔭祖檄諸土司擊之殺光興子戎旗光興降

舊衛志施經羣寇之後康熙四年始請十三年吳三桂
據雲南叛僞號周僞檄至施衛守備署遊擊賈進才率
官民降八月以進才貪殘革職其僞經歷李純弼夏一
麒遊擊徐暹朱棟守備蔣明璉總兵李春儒時彝陵爲
戰場軍需嚴酷後三桂敗有僞將軍總兵合窮寇數萬

山施入黔一路搶掠賴春儒多方供給衛人免供輸焉
建始亦降賊僞知縣婁其才逐舊縣設兵守隘繼易僞
令張拱極又添總兵冉爲龍不數月檄爲龍巫山改僞
副將黄孔門孔門欲斬僞令反正事覺不果引兵去康
熙十七年三桂死
上諭赦從逆餘黨許以維新十七年提督徐檄宣
上德招安至施衛將李春儒率衆投誠而施及建乃反
正春儒安置荆州以天年終
吴逆平後委祖建藩令建始僞令張拱極匿民間康熙

二十年譚宏據四川天成山叛宏獻賊餘黨降我
朝封慕義侯吴叛應逆吴敗復降是秋不自安復叛夔
屬州縣悉爲所據施建悉陷於逆僞令張拱極執祖建
藩解賊請賞因之拱極復僞令建次年賊平建藩歸斬
拱極懸其首當事尋調建藩以安反側

康熙十七年

皇帝勅諭各省王貝勒將軍督撫提鎮等兹據大將軍
簡親王等報稱逆賊吴三桂已經身死艮由三桂數年
以來擅兵倡亂荼毒生靈罪大惡極故天命殛之當日
准其遷移原欲保全安插始終寵眷詎意其包藏禍心
輒自行反叛背累朝豢養之恩逞一旦鴟張之勢橫肆
凶逆擾亂地方元凶旣服天誅脅從宜施寬典凡在賊
中文武兵民人等皆朕赤子素受國家恩養必非甘心
從逆或心存忠義不能自拔或勢被驅迫懷疑畏罪陷
身逆黨朕甚憫焉其各體朕寬大好生之心翻然悔悟
爭先來歸朕必優加恩賚論功序錄爾等即宜布德意
廣示招徠務使懷忠抱義之士順承天命以圖全審事幾
而建績撫綏戡定早奏蕩平以副朕嘉與維新至意故

勅

嘉慶元年五月初一日奉
上諭據署湖北巡撫惠齡等奏稱施南府之恩施縣有
賊屯聚經知縣尹英圖等率領鄉勇分路擒捕殲斃多
賊洗蕩賊巢該縣等尚爲奮勇尹英圖著即以同知陞
補其經歷蔣遇春及把總外委等俱著酌量陞用以示
獎勵欽此

内閣奉
上諭汪新奏川楚奉節利川賊匪全行撲滅一摺覽奏

欣悅此項川省奉節賊匪竄入楚北利川境內經汪新派令副將樊繼祖統兵堵截並令恩施利川二縣約會川省奉節縣曉諭居民同心併力會合奮勦旋經各該縣尹英圖陳春波周景福會同千總外委等共相激勸督率三縣士民於利川縣長堰塘樓子壩等地方殺死賊匪一千數百餘名生擒賊目四十餘名又因賊分兩股奔竄兵勇亦分兩路追勦殺賊二千餘名生擒二百二十餘名三縣地方賊匪全行撲滅所辦實屬可嘉除汪新等已另加優賚外該省錢糧前已有旨普行寬免

此次恩施利川二縣及川省奉節縣鄉勇士民均能齊心奮力同聲敵愾著再加恩將三縣應徵錢糧再行蠲免一年以示獎義推恩無已至意欽此

嘉慶元年五月奉

上諭福寧奏分路痛勦賊匪並焚燒賊人瞭望寺院一摺覽奏欣慰此次旗鼓寨賊衆膽敢直撲來鳳兵卡經福寧督率將弁三路衝殺殲賊多名其分往大堰坪肆擾之賊復經將弁等俟其半渡用礮轟擊勦殺多賊并將河邊高坡賊人之瞭望寺院用火焚燒看來福寧一路大有起色據稱現俟孫士毅移兵前進兩路夾攻等語孫士毅帶兵早抵茶園溪一帶距旗鼓寨甚近福寧在來鳳勦賊伊斷無未經得信之理當賊匪撲擾來鳳兵卡時若孫士毅乘虛來勦直搗賊巢豈不一鼓集事乃孫士毅尚未移兵前進未免遲延想孫士毅自因續調士兵未到畧為等候但旗鼓寨之賊不過么麼蟻聚且經福寧痛加勦殺賊人自已聞風喪膽正當乘此盛勢協力會勦以期迅速蕆事若此旨到時士兵已經調到帶兵進攻固屬甚善倘因路遠未到亦未便久駐等

候用兵之道固不可冒昧輕進亦不可坐失機會著傳諭孫士毅務即與福寧商同會勦將旗鼓寨紅岩堡之賊悉數殲除早靖地方以副委任至守備陳世文因統赴後路衝入賊隊於受傷後猶手刃數賊被羣匪亂砍陣亡殊堪憫惜陳世文著加二等咨部照遊擊例議卹將此由六百里加緊傳諭孫士毅等知之仍各將殺賊得勝情形迅速馳奏以慰廑注欽此

嘉慶元年八月奉

上諭福寧等奏旗鼓寨賊匪全數蕩平生擒首逆一摺

覽奏欣悅旗鼓寨賊匪經官兵勦殺又築小木城希圖拒守經福寜等督率將弁兵丁四面攻打欲開木城一擁直入將賊巢全行焚燬拏獲賊首勦淨餘匪所辦實屬可嘉福寜前在鎮筸駐守多時一無展布自到來鳳後帶兵殺賊屢次克捷兹又將旗鼓寨賊匪全行蕩平實能改過奮勉自當寬其旣往特沛殊恩除另降諭旨與觀成同加官銜外福寜觀成著各賞白玉喜字搬指一個金嵌火鐮包一個黃辮大荷包一對小荷包四個其總兵諸神保已降旨賞給巴圖魯名號仍著與慶溥

各賞白玉喜字搬指一個大荷包一對小荷包四個其餘帶兵奮勇各員弁俱著交部議敘其此次打仗兵丁著加恩賞給一月錢糧屯土兵丁鄉勇各賞一月鹽菜口糧以示鼓勵至所奏軍營出力文武各員已照所請獎擢惟閱摺內把總孫應奉兵丁宋如吉等十人砍開木城奮勇先登尤為超衆出力而福寜等未經列入陞獎單內殊屬遺漏亦已有旨分別加恩超擢優賞矣其陣亡之參將楊治寜著交部照例議卹著查明該員有無子嗣一併覆奏其餘傷亡弁兵俱著交部賞卹旌

旗鼓寨賊匪業經掃除淨盡惟驢馬山地方尚有竄聚之賊早經兵勇四面圍困此時福寜諒已與諸神保先後前往攻勦此等困守零星賊匪更可剋日殲除惟當倍加奮勉將該處賊匪及龍馬山之賊一律迅速勦淨以便移兵速赴柳坪一帶會合夾擊擒拏賊目林之華掃除餘孽再邀恩賚又據奏田谷敦供出之王子俊孫仕禹二首犯均係陝西平利縣人已飛咨陝西及襄陽一體嚴拏等語王子俊係邪教有名首犯孫仕禹又係王子俊之師據田谷敦供王子俊於正月間到來鳳地

方說孫仕禹現在襄陽一帶叫他傳知同教約期起事是該二犯為邪教案內傳徒糾衆滋事首惡不可不嚴拏務獲以淨根株王子俊孫仕禹非潛回陝西平利縣原籍卽現在襄陽一帶藏匿或與姚之富同在鍾祥均未可定著傳諭永保畢沅汪新及秦承恩一體嚴密訪拏務期弋獲勿致遠颺漏網復留萌孽方為妥善又據獲犯供出之楊子敖陳貴武楊瓏潘成富各犯檢查福寜等所奏摺內俱無下落著該總督一體留心查拏務獲毋任乘間竄逸至福寜等此次拏獲之賊匪首夥各

犯除業經正法外其首逆田谷敦唐貴二犯著派委員
郎行解京盡法懲治並飭委員於沿途小心管押毋致
疎虞又據畢沅奏酌籌善後事宜一摺尙爲妥協著卽
照所奏辦理將此各傳諭知之欽此

嘉慶元年九月奉

上諭本日福寧等奏勦殺宣恩縣龍馬山賊匪餘黨全
數投誠一摺覽奏欣悅此番福寧等督率官兵奮力攻
勦將首賊李登敖拏獲其餘夥黨聞風畏懼攜帶家口
呈繳器械等項自行投出該處已無賊匪藏匿所辦實

屬可嘉現在宣恩一路既經肅清而椰坪亟須兵力勦
捕福寧現已馳赴該處務須倍加奮勉督率官兵與成
德等會合夾攻擒獲首逆林之華等勦淨餘匪迅速蕆
事俟奏到捷音再加恩賞此次帶兵之遊擊薑寧川尤
爲出力著加恩以參將陞補用示鼓勵福寧自宣恩前
赴椰坪約幾日可到著將會兵勦賊情形迅速具奏至
另摺酌辦龍馬山投誠賊匪一事此等匪徒雖經從賊
抗拒但既自行投出若遽行辦理恐鍾祥椰坪賊匪聞
而生畏益堅其梗化之心抵死拒守今福寧等查明賊
目四十四犯暫緩發遣解交施南郡城監禁其餘夥黨
交地方官妥爲安頓造冊存案亦祇可如此辦理但賊
目等人數較多且甫經投出難保其不心懷反側著傳
諭畢沅汪新嚴飭該府隨時留心防範稽查勿令稍有
疎虞此爲最要至成德處兵力較單尙覺不敷攻勦此
時惠齡搜捕涼山餘匪自已完竣就近帶兵馳赴椰坪
而福寧等又已由宣恩移兵會勦與成德惠齡分路夾
擊賊匪自無從逃竄成德等務須上緊勦辦擒拏賊首
肅清餘黨尅期蕆功同邀獎賞將此由六百里加緊傳

諭知之仍迅速覆奏捷音以慰廑注欽此

嘉慶二年閏六月奉

上諭額勒登保等奏節經跴探賊蹤俱向五家河前去
額勒登保等趕至白果坪勦賊又竄至馬家壩復經官
兵躧勦俱逃至宣恩縣之椿木營一帶等語賊匪不往
北竄又向西奔逸若一直前去係川省酉陽一帶不可
不亟籌堵截至摺內稱入山路遠軍火軍糧不能接濟
等語此時附近夔州一帶川省現有勦賊之事自難兼
顧著傳諭汪新飛飭附近施南府各屬星速辦運軍火

糧餉探明額勒登保等帶兵向何處勦賊即運往該處應用不可遲誤至湖北荆宜一帶如有留守駐防之兵與其在彼閑住何不酌派數百名令參將等官帶領速往聽候額勒登保等調遣此二事俱著汪新就近酌籌妥辦勿稍遲緩爲要至額勒登保等一路官兵不下萬名現令馬瑀帶兵千餘名前赴該處又令汪新於附近地方防守官兵内抽撥數百名前往著額勒登保等自行酌量如兵力尚不敷圍捕不妨於距賊較遠之各標營及義勇内酌派應募是兵力益加壯盛而軍火糧餉

有汪新等辦接濟亦無虞缺乏額勒登保等惟當專心勦辦速擒首逆馳報捷音當計日以待耳將此由六百里加緊又緊傳諭知之欽此

嘉慶二年九月二十三日奉

上諭據汪新奏利川恩施被賊勾引齊起匪徒業經撲滅添派官兵堵截由川竄入賊匪滋擾經兵勇等截擊將恩施勾結之賊撲滅所辦尚好其殺賊陣亡之兵勇等俱著咨部加倍賞卹其圈出之出力文武各員如果始終奮勉著咨部議敘至奉節賊匪楊秀潹湯永禮等内股合併擾至利川地方賊衆共有萬餘距施南郡城僅有百餘里距利川僅四十里該縣又無城垣雖經汪新派令副將樊繼祖帶兵前往堵勦又續派參將朱廷荃等馳赴該處但兵力無多不敷勦捕之用現在額勒登保等所勦竄匪已由羊荅橋追殺至王家埡一路而首逆林之華覃加耀復于土橋竄往川東地方巴東距利川甚近境壤毗連不過一站之路額勒登保等如此時已將林之華等拏獲即就近移師往勦毋使再有蔓延勾合但額勒登保等僅追勦竄入之林之華覃加耀

等無多潰敗賊匪尚不能即時擒獲任其輾轉奔逸今若再令人人由川竄來萬餘賊匪更恐不足倚恃樊繼祖朱廷荃皆係營員彼此不相統屬且兵力無多調度乏人朕爲此懸廑前景安具奏欲候黑龍江末起兵到即同愛星阿酌帶直隸山東山西各兵赴明亮等一路策應今思明亮等追勦之賊早已西竄竹山一帶距襄陽已遠而襄陽又有汪新駐札漢江北岸又有李奉翰防範竟可無須景安在彼著該撫接奉此旨即同愛星阿酌帶直隸山東山西新到各兵速赴施南利川一帶

督率樊繼祖等將此股竄合賊首楊秀儺湯永禮及餘
匪迅速殲擒以靖地方而杜勾結此爲最要並著景安
於接奉此旨何日帶兵若干由襄起程馳赴施南督辦
之處加緊覆奏至宜綿昨奏官兵奪獲邱家埡等處賊
營仍未獲一賊首而賊匪仍竄至岳家院一帶節經傳
旨嚴飭並令迅速勦辦本日又據汪新奏四川奉節賊
匪兩股合併擾及利川南坪地方已飛咨宜綿派撥官
兵與楚省兵勇前後夾攻此股賊匪又係從川省竄逸
至楚宜綿身爲總統在彼勦辦多時毫無籌畫任聽賊

匪奔竄又至闌入楚境實屬無能著再傳諭宜綿務當
倍加愧奮速將岳家院一帶賊匪勦淨擒獲賊首王三
槐徐添德羅其清冉文儔等以期稍贖前愆該處賊匪
係自奉節竄來是否卽係總兵德齡等所勦之賊並著
飭知該鎮帮同景安等兩面夾擊以期迅速勦盡將此
由六百里加緊又緊傳諭知之仍著將擒拏首逆勦殺
賊匪情形迅速加緊馳奏以慰廑注欽此

嘉慶二年九月二十八日奉

上諭前因奉節賊匪竄至利川滋擾前經派令景安愛
星阿前往督率樊繼祖等上緊勦辦但相隔稍遠尙未
奏報起程該處久乏大員督率爲此正深廑念玆據汪
新奏到奉節利川賊匪經恩施縣尹英圖利川縣陳春
波奉節縣周景福彼此約會激勸三縣士民無不踴躍
爭先力圖殺賊而千總劉尙魁外委劉文玉亦會同率
領兵勇一齊奮力攻圍生擒賊首邱大才等及殲斃賊
首僧海青並拏獲賊目楊士秀等共殲賊三十餘人其
餘燒斃者不計其數賊夥全行撲滅覽奏欣慰此次奉
節利川會合賊匪不下萬餘尹英圖等以知縣千總等

官能率領士民鄉勇迅速勦除實屬可嘉之至尹英圖
周景福陳春波均著超賞知府銜有缺酌行奏補其千
總劉忠魁著超陞都司外委劉文玉著超陞守備其分
路帶兵之守備陳安信等六人著交汪新查明如果奮
勇出力卽以應陞之缺陞用並該三縣應徵錢糧加恩
再行蠲免一年以示奬賞衆民所有紳士鄉勇人等亦
著汪新查明擇其尤爲出力者爲首賞給六品頂戴其
餘分外出力者酌賞七八品頂戴汪新雖在襄陽駐劄
但一聞該處匪徒滋事卽分飭各縣設法勦捕果能卽

時蔵事辦理尚爲妥協汪新著賞給金盒一個內貯蒲萄乾珊瑚豆黃辮大荷包一對小荷包四個副將樊繼祖於賊匪竄至利川長堰塘地方卽會同知縣陳春波擊退賊匪俾得三面兜圍痛加殲戮亦著賞給裝鉛子魚袋一個花大荷包一對小荷包四個其餘在事之兵丁鄉勇著汪新酌加獎賞陣亡兵勇俱從優賞卹但據宜綿奏奉節賊匪係楊秀瀧湯永禮爲首今汪新摺內訊據獲犯供稱祇有湯永禮一犯而楊秀瀧未經提及該二犯是否卽在燒斃殲擒之內倘尚未就獲此外或

尚有逸犯著汪新轉飭樊繼祖會同該知縣營員等趁此勝勢尚緊查拏不可使一名漏網至另片覆奏前此在鄖陽黃龍灘渡口擊退賊匪係屬知縣葉治等語此事前已有旨交汪新查明如該員始終出力卽咨部議叙現在奉節利川賊匪既經勦除卽有一二藏匿餘匪已交樊繼祖會同該知縣營員等分投搜捕足資料理豫楚交界地方亦關緊要景安愛星阿竟不必前往施南利川卽於途次轉回或仍至襄陽一帶以防賊匪折迴之路或就近爲明亮等聲援惟在該撫酌量事機緩

急而行不可拘泥顧此失彼爲要又據觀成等奏攻撲老木園焚燬賊卡一摺不但未得老木園賊巢而于輪頂山緊要賊卡亦未能攻克實屬無能無恥且所奏馬瑀陣亡一節早經宜綿等奏到尤屬無謂又據惠齡奏帶兵追截賊匪一摺其所稱在小河口擊賊情形亦經恒瑞泰承恩等奏到且恒瑞慶成雖到興安已落賊後而惠齡尚未馳抵興安更落恒瑞慶成之後實大無能不是惠齡觀成劉君輔俱著傳旨嚴行申飭現在惠齡所追賊匪係李全爲首著責成惠齡恒瑞慶成三人尚

緊設法擒獲勿任與平利賊匪合夥而英善泰承恩亦當留心嚴拏以期迅速就獲再額勒登保等追勦巴東竄匪自二十日奏到後迄今已隔八日未據續有奏報前因利川地方有賊匪滋擾該處與巴東境壤毗連恐與林之華合夥勦辦更爲費手今奉節利川之賊業經勦淨林之華等之勢益孤額勒登保等僅係追勦此等窮竄之徒有何難辦豈尚不知奮勉將林之華覃加耀尚緊擒獲耶再宜綿身爲總統在川省勦辦多時總未能擒一首犯任聽賊匪闖入陝楚地方無能已極該處

賊匪係徐添德王三槐冉文儔羅其清此四犯著實[illegible]宜綿上緊擒拏務獲不可坐待明亮等到彼致與[illegible]日試思奉節利川賊匪多至萬餘該處亦崇山峻嶺乃以知縣千總微員尚能激勵士民率領兵勇一鼓直前涉歷險阻奪要攻堅拏獲首逆殲盡餘黨而川省白岩山老木園西鄉及湖北帽子山竄匪宜綿額勒登保惠齡觀成等俱係大員且兵多將廣乃始則藉詞賊巢險固不能攻克及至逃逸又不能設法兜截任其東奔西竄蹂躪地方經年累月尚未擒渠蕆事彼此相形不知伊

等有何顏面朕實代爲羞之著再傳諭宜綿額勒登保惠齡觀成等務宜各發天良愧極思奮趕緊勦辦擒獲首逆殲淨餘黨以期稍贖前愆勿再延緩朕辦理軍務賞罰嚴明各路帶兵大員等諒所深悉此次奉節利川賊匪經知縣千總等立時勦淨即加等超擢以示優獎豈辦理遲悞之大員等竟聽其遷延貽悞竟不將伊等加倍治罪乎伊等不可不知愧懼迅速蕆功勿謂朕恩可以屢邀伊等之罪可以倖免也至亚據明亮奏擊退竹谿賊匪殲賊二三百人督飭將領分投截勦尚未擒

獲賊首一人自因新調吉林黑龍江勁兵未經到彼僅就原帶之兵分投截勦是以未能大加殲戮擒獲賊首尚可暫恕此時吉林官兵早已前至軍營本日又據汪新奏烏爾圖那遜帶領黑龍江官兵五百名及察哈爾頭起馬匹於二十一日自襄陽起程前赴明亮軍營其後起黑龍江官兵及後起馬匹自已陸續到齊明亮等得此精兵健馬聲勢百倍況現在奉節利川之賊經川楚地方官率領兵勇勦辦完竣想明亮等聞之自必倍加欣喜益思奮勉殺賊將首逆姚之富齊王氏尅日擒

獲再赴白河平利安康及紫陽石泉等處殲除賊匪方爲不負委任昨已有旨令勒保馳赴湖廣新任該督到彼所有楚省軍務自當令其董率辦理而宜綿亦本係總統但現在勁兵健馬俱在明亮等一路且姚之富齊王氏尤爲賊首中緊要之犯此時所盼者惟明亮德楞泰二人捷報宜綿勒保雖係川楚總督亦斷不肯掣明亮德楞泰之肘伊二人不得因聞勒保現有到楚之信稍存觀望倘目下不能將姚之富齊王氏拏獲而轉被[illegible]路拏獲則明亮德楞泰又將何顏對朕現在明亮德

楞泰總當確探姚之富齊王氏踪跡專心設法擒獲此二首犯一經就獲其餘黨夥自必望風瓦解易於辦理而此外四川賊首徐添德王三槐羅其清冉文儔責成宜綿巴東賊首林之華覃加耀責成額勒登保等老木園賊首責成觀成劉君輔其竄至安康李全責成惠齡恒瑞慶成彼此各辦各賊原不相統率不拘何路將賊首擒獲即屬該處帶兵大員之功何路任賊首縱逸即係該處帶兵大員之罪如此分勦各顧功罪勦辦自易爲力明亮德楞泰更不必分心他處著責將姚之富齊

王氏擒獲殲淨竹谿一帶賊匪再探聽白河平利安康洵陽緊要即帶領勝兵馳赴該處以次勦辦再赴川省辦此爲最要將此由六百里加緊又緊傳諭宜綿等並諭恒瑞慶成英善柯藩劉君輔等知之仍將接奉此旨伊等如何愧勵及勦截各路賊匪擒獲各首犯之處速行加緊馳奏以慰廑注欽此

嘉慶七年六月奉

上諭吳熊光奏酌撤分防兵勇一摺鄉勇一項朕意必當於官兵未撤之前先行裁撤藉官兵之勢在彼彈壓庶可不至周章今吳熊光與德楞泰商辦亦能見及此與昨所降諭旨適合朕懷實慰之至但鄉勇即撤之後尤當設法安置此輩斷非身家殷實之人本係游手無業之徒應募來營從征日久好勇鬬狠之風遽難化除一經裁撤既無口糧可得又無恒業可恃難保其不滋生事端殊堪厪慮昨已降旨令經畧參贊會同各該省督撫悉心辦理吳熊光尤當審思熟慮妥爲經理務使日久寧貼此爲最要至所云撤出之後酌加獎賞一節所見極是朕前旨亦已論及此係第一辦法然亦不可

過厚開冀幸之漸總宜量其功績分別示勸其酌撤鄉勇事宜責成知府尹英圖經理所辦亦是尹英圖在湖北辦理堵禦事宜最爲出力朕所素悉此項鄉勇本係尹英圖由施召募前來今該員已補授施南府知府即責成該員就近管束自能妥協至所稱應撤各兵內請將雲貴遠省之兵先行撤回其餘俟大局定後陸續再撤等語著即照吳熊光所議辦理總之撤兵一事較之撤勇爲易即稍爲停待陸續撤完亦無不可又所奏各[illegible]等語搜捕零匪無口糧經費請妥爲立議核實

給等語湖北地方向無津貼一項朕亦素知此等費用
無出自係實情今當追勦零匪之時旣資該鄉勇分段
搜捕以助官兵之所不及自不能不給與費用現在吳
熊光籌款撥給惟當核實辦理不至浮冒將來准其作
正開銷可也將此由五百里諭令知之欽此

謹按施爲明末流寇所虔劉凋殘特甚迨乎
王師南下肅清滇蜀斯民始慶更生重以吳逆之變茲
地復經騷擾至於
武功奮伐苗蘗悉除海澨山陬同嬉

化日嗣是土舍歸誠穴鼠息爭澤鴻漸集涵濡生息百
有餘年生齒之繁同乎內地比及嘉慶初年教匪
闌入來鳳首被其毒迨兵勇勦捕又復奔逸四出
延至六七年之久大兵四合始就蕩平其時官紳
盡節士庶效忠義勇之風昭乎遠近允宜詳載以
示來茲第事關全省各邑册籍未全傳聞異辭殊
難傳信惟節年捷音奏報
諭旨昭宣謹按年恭載其間同澤之歌
恩綸褒美執戈之義
郵典優隆具見武勳忠義謹志焉

施南府志卷之十七　終

施南府志卷之十八

知施南府事王協夢監修

武備

歷代控制蠻疆紀畧

宋史仁宗本紀天聖四年八月己丑詔施州咼酋領三年一至京師

嘉泰五年十一月施州溪咼蠻來貢

宋史蠻夷列傳夔路轉運使丁謂言溪蠻入粟實緣邊砦柵頓息施萬諸州餽餉之弊臣觀自昔和戎安邊未

有境外轉給我戍兵者先是蠻人數擾上召問巡檢使侯廷賞廷賞曰蠻無他欲唯欲鹽爾上曰此常人所欲何不與之乃詔丁謂謂即傳告陬落羣蠻感悅因相與盟約不為寇鈔負約者衆殺之且曰天子濟我以鹽我願輸與兵食自是邊穀有三年之積六年四月丁謂等言高州義務軍頭角田承進等擒生蠻六百六十餘人奪所掠漢口四百餘人初益州兵亂議者恐其緣江下峽乃集施黔高溪蠻豪子弟捍禦羣蠻因熟漢路寇畧而歸謂等至即召與盟令還漢口既而有生蠻違約謂遣承進率衆及發州兵擒獲之焚其室廬皆震慴伏罪謂乃置尖木砦施州以控扼之自是寇鈔始息邊溪咼田民得耕種七月施州叛蠻譚仲通等三十餘人來歸

宋史列傳丁謂字謂之蘇州長洲人領峽路轉運使會分川陝為四路改夔州路初王均叛朝廷調施黔高溪州蠻子弟捍賊既而反為寇謂至召其種酋開諭之且言有詔誓不殺酋感泣願世奉貢乃作誓刻石柱立境上蠻地饒粟而乏鹽謂聽以粟易鹽蠻人大悅先時屯兵施州而餽以夔萬州粟至是民無轉餉之勞施之諸

砦積聚皆可給特遣刑部侍郎賜白金三百兩

宋史蠻夷列傳大中祥符五年詔施州溪蠻年朔望犒以酒餚閏十月五溪蠻向貴升及磨嵯洛浦蠻來貢

天聖四年詔安遠天賜保順南順等州蠻貢京師道里遼遠而離寒暑之患其聽以貢物留施州所賜就給願入貢者十人聽一二人至闕下首領聽三年一至

舊衛志王立天聖初為夔路轉運使施州徼外蠻利得賜物每歲來貢所過煩擾為公私患立奏令以貢物輸施州遣還溪咼又城施州通雲安軍以運鹽上嘉之

宋史蠻夷列傳施州蠻者夔州徼外熟夷南接牂牁諸蠻又與富順高溪四州蠻相錯蓋唐彭水蠻也咸平中施蠻嘗入寇詔以鹽與之且許其以粟轉易蠻大悅自是不爲邊患後因饑又以金銀估實直質於官易粟官不能禁熙寧六年詔施州蠻以金銀質米者估實直如七年不贖則變易之著爲令熊本經制涪井事蠻酋田現等內附夔路轉運判官董鉞副使孫珪知施州寇平皆以招納功被賞施黔比近蠻子弟精悍用木弩藥箭戰鬬趫捷朝廷賞團結爲忠義勝軍其後瀘川涪井石泉蠻皆獲其用

按宋史蠻夷列傳荆湖南北路徼外有南北江蠻北江有上中下三溪州又有龍賜天賜忠順保靜感化永順州六懿安遠新給富來寧南順高州十一南江蠻自辰州達于長沙邵陽各有溪峒曰敘峽中勝元曰獎懿錦曰富鶴保順天賜古等處後章惇平諸蠻改爲沅州施州蠻與富順高溪四州蠻相錯則天子北江其距南江沅川幾二千里乃考施舊志竟以敘奬錦等州爲施州地失之遠矣

宋史食貨志寧宗開禧元年夔州路轉運判官范蓀言本路施黔等州荒遠綿亘山谷地廣人稀其占田多者須人耕墾富豪之家誘客戶舉室遷去乞將皇祐官莊客戶逃移之法較正凡爲客戶者諸役其身毋及其家屬凡典賣田宅聽其離業毋就租以充客戶凡貸錢只憑文約交還毋抑勒以爲地凡客戶身故其妻改嫁者聽其自便女聽其自嫁庶使深山窮谷之民得安生理刑部以皇祐逃遺舊法輕重適中所以經處淳熙比附畧人之法大矣今後凡理訴官莊客戶並用皇祐舊法從之

元史世祖本紀至元十二年咎順言施州諸蠻等有向化之心乞降詔使之自新並許世紹封爵從之十六年春正月詔諭又巴散毛等四峒番蠻酋長使降十七年七月賜招收散毛等峒官吏衣緞十九年九月亦奚不薛之北蠻峒向世雄兄弟及散毛諸峒叛命四川行省就遣亦奚不薛軍前往招撫之使與其主偕來

元史阿里海牙傳至元十有二年四月傳檄郢歸峽常德澧隨辰沅靖復均房施荆門及諸峒無不降者盡奏

官其所降官以兵守峽籍其戶口田賦來上帝喜大宴三日

明史土司列傳宣德九年木册長官田谷佐奏高羅安撫常倚勢凌轢侵奪其土地人民已蒙朝廷分理然彼宿怨未平恐復加害乞徑隸施州衛從之

正統三年命散毛宣撫覃友諒之子瑄試職初友諒以罪械赴京中路逃匿後爲官軍所獲斃獄至是本司以其子爲蠻民信服乞襲職帝以友諒罪重宜革第以蠻故詘法信恩命瑄試職以圖後效

景泰三年禮部奏散毛宣撫司副使黄縉瑄謀殺親兄律應斬其妻譚氏遣子忠等貢馬贖罪瑄罪重法不可宥宜給鈔以酬馬值從之　天順五年禮部奏施州衛木册長官土舍譚文壽兇暴並造誹謗不法之言罪當刑令其母向氏進馬以贖恐不可從帝命給鈔百錠以慰其母其子仍禁錮之　宏治二年木册長官田賢及容美致仕田保富各進馬爲土人譚敬保等贖罪刑部言蠻民納馬贖罪輕者可原重者難宥宜下按臣察覈　九年金峝安撫覃彥龍奏境内産杉木嘗鬻金二千貯庫彥龍年老子惟一人恐身後土人爭奪乞解部上部議非貢典却之　正德四年散毛宣撫入貢後期部議半賞從之　嘉靖七年龍潭安撫司每朝貢率領千人所過擾害鳳陽巡撫唐龍以聞禮部按舊制進貢不過百人赴京不過十二人命所司申飭　忠孝安撫司把事田友者數十人稱入貢僞造關文騷擾驛傳應天巡撫以聞兵部議土司違例入貢且所過横索恐有他虞宜嚴禁諭　十六年臘壁峝等長官司入貢禮部驗印詐僞詔革其賞并下按臣勘問　三十三年龍潭

安撫黄俊素貪暴據支羅峝寨以睚眦殺人係獄會白草番反俊子中請立功爲父贖罪又自求爲副指揮賄當事者許之俊出益驕乃與中及羣盜李仲實等恣行于四川之雲陽奉節間副使熊逵等計擒俊與仲實俊死于獄中自縛出降執餘黨譚景雷等自贖帝命追戮俊梟示仲實等論斬中謫戍而賞有功者　隆慶元年吏科給事中朱會等言湖廣施州衛忠路安撫覃大寧一日奏五上語多不實請究治都察院議金峝安撫土舍覃璧爭印相殺及磁峝不當轄四川俱下撫按官勘

報　四年覃璧作亂傷官軍撫按請治失事諸臣罪兵部言本衛孤懸境外事起倉猝宜從寬貰以責後功帝然之命所司相機勦撫　五年巡撫劉慤以覃璧平條議五事一請以川東所轄巫山建始黔江萬縣改屬上荊道一以荊州去施州衛遠不便巡歷夷陵西有傅友德所闢取蜀故道名百里荒者抵衛僅五百餘里請以巴東之石硅司巡檢施州衛之州門驛三會驛並移近地俾閭井聯絡而於百里荒及東卜壠仍創建哨堡令千戶一人督班軍百人戍守一施州延袤頗廣物產最

饒衛官朘削致民逃夷地爲亂宜裁通判設同知撫治民蠻均平徭賦勿額外橫索一金峒世官不宜遽絕貸覃勝降安撫爲峒長聽支羅所百戸提調一施州十四司應襲官舍必先白道院始許理事其擅立名號者請嚴治並令兵巡道每歲經歷施州豫行調集各官獎諭令赴學觀化俱從之　萬歷十一年湖廣撫按奏施州衛施南等宣撫司各官仍聽鎮筸參將節制載入勅書以一事權從之　衛舊志載劉慤條議請移石硅司巡檢於野三關移州門驛於河水鋪比傳文尤詳

鄖均方輿纂要施州衛外蔽夔峽內遶溪山道至險阻蠻獠錯雜自巴蜀而瞰荊楚者恒以此爲出奇之道宋末蒙古塔海入蜀荊湖帥孟珙遣兵屯施州以備之又蒙古兵渡萬州湖灘施夔震動蓋施夔表裏大江而清江源出彭水中貫衛境至夷陵宜都而合大江其取逕尤捷也明隆慶五年湖廣撫臣言荊州去施州道里險阻不便巡歷夷陵以西有明初傅國公穎友德所闢取蜀故道名百里荒者抵衛境五百餘里請移巴東之石硅巡司于野三關施州衛之州門驛于河水鋪三會驛

于古夷鋪俾閭井聯絡而于百里荒及東卜隴仍創建哨堡各令千戶一員督夷陵長寧二所班軍各百人更番戍守庶無險遠之慮此亦平時效籌者所當知也申潮邊方奏議原施州衛諸夷皆由地名七藥山南坪出沒重夔地方刼掠爲患故四川奏將九永守備加勅專鎮施州欲以杜前患也而卒不免者蓋未得禦夷之機括也彼施夔相去五六百里令守備深居施州城內而土夷遠出州境地方警報豈得遽知及知焉能驟到而禦之彼蜀于各該地方亦設有南坪等二十四堡各有

官軍民壯快手守禦似矣而亦不能禦止之者則又以不得其人與其地故也蓋異省職卑土人所輕本省職重土人所畏禦彼出入猶之悍僕在逃必見其主而後降他人執之鮮有不以力相抗者矣隨查南坪堡乃諸路之衝要各堡之總會也其公署墻垣經畫規制視各堡爲雄壯完固合將荆瞿守備移鎮南坪堡于施州衛推選指揮一員千百戶數員其瞿唐二衛所指揮千百戶摘分一半俱赴南坪駐劄以聽守備行事施州衛仍分撥衛軍管領守堡其奉節雲萬忠鄷等州縣各將原

守各堡民快數百名委官管押即于彼處戮力防守悉聽守備官常行操備如此則諸夷憚重職之尊嚴畏官軍之衆盛自將消其劫掠之奸而不敢任情出沒矣其守堡軍糧施州衛就將近堡坪上三屯並馬橋壩牟站二屯輸納施州倉屯糧照數扣貯支給免其六七日遠運上倉瞿唐衛忠州所聽彼處自處各州縣民快工食則循用各堡舊規守備官往鎮南坪之日其廩給服役俱出自各州縣應辦于地方無事之時仍往來歷巡所屬施州等衛則出自各該所夫守備之設本所以衛地方也若置之于緊關之地則可以爲干城保障之寄否則勢相遼隔而緩不及事亦爲徒設無補也何用哉

施南府志卷之十九

知施南府事王協夢監修

官師志

職官表

施在前代爲州爲郡廢置不常官制亦屢變不能悉詳也勝國土流間治中葉以後官始可紀焉我

朝聲教四訖諸土司革心向化於是改土歸流置守令立學官增營弁制馭之宜蔑越前古爰臚其名籍以備掌故前代職官之可考者亦隨時代先後列表於前總題曰職官其治績可紀者别爲小傳附名宦後述職官志（土司指揮附）

文職官表

	兼轄	刺史	令佐	簿尉
隋			李超（清江令詳名宦志）	
唐		裴冕（字章甫河東人右僕射降施州刺史）	張道古（施州司戶參軍）	郝昂（清化尉）
		南承嗣（施州刺史詳名宦志）		
		房武（施州刺史詳名宦志）		
		李孝逸（施州刺史）		
		陳樹龍（施州刺史）		
		柳然明（施州刺史）		
宋	王立（夔路轉運使詳名宦）	黃希遜（施州指揮詳兵事志）		趙彥成（清江主簿見藝文志）
	熊佰明（權總制施州詳名宦）	王在（通判施州詳名宦）		任伯雨（清江主簿詳名宦）
	王蘧（詔領州事詳名宦）	龍景照（施州刺史）		
	丁謂	寇瑊		

夔路轉運使見控制　權領施州詳名宦

史方　龐恭孫

知夔州詳名宦志　通判施州詳名宦

熊本　張知命

詔察訪梓夔詳兵事志　字仲謀施州刺史

董鉞　程公許

夔路轉運詳控制志　通判施州詳名宦

孫珪　李周

轉運副使詳控制志　通判施州詳名宦

林渠　謝昌元

知夔州詳兵事志　知施州詳名宦

向士璧　劉儀　朱珥　張昂英

知峽州兼施渝鎮撫使　施州守見通天洞石壁題名寶祐中任　推官見石壁題名寶祐中任　簿見石壁題名寶祐中任

范孫　朱珥　孫龍　張震珪

夔路轉運判官詳控制紀署　施州判見石壁題名　令見石壁題名寶祐中任　尉見石壁題名寶祐中任

張寶臣　咸淳初知施州開拓險遜人皆便之

張綱　施州教授寶祐中任

文應祥　施州教授寶祐中任

李庭芝　建始令詳名宦

元

邵濃　郡守築城見夔州府志

王守仁　知施州有傳

明

李堯德　按察僉事詳名宦

朱永　施州指揮詳名宦

譚朗然　建始令詳名宦

李才　知州

孫明用　州同

李毓秀　吏目

胡士能　知州有傳

王傑　州判

夏士麒 衛守備詳兵事志

施州衛

撫夷同知 衛儒學教授 訓導 衛經歷

明李光前 劍州人 何求益 金谿人宣德間任 王拱辰 海航 潯州人

陶鑾 曲江舉人 陳勅 福建人宣德進士 王一鑑 雲南人 程鵬 綿竹人

蔡璧 錢塘進士 張勲 崑山人正統間任 歐陽達 廬陵人 張鉉 福建人

秦寵 合肥舉人 高維勉 長樂人天順間任 彭鏞 金堂人景泰間任 李平 大理人

郝汝松 綏德進士 高紹保 王聰 南昌人天順間任 賴愈 餘干人

楊雲才 桂林舉人 蔣德 豐城人天順間任 高拱宸 仁壽人 成士玉 墊江人

伍士望 南昌進士 歐陽希稷 任懋榮 巴陵人 胥高華 眉州人

高則益 南昌進士 王逑 華容人嘉靖間任 高拱 四川人 黄溥 有傳

許言詩 太康舉人 汪粲 浙江人嘉靖間任 徐用中 溪人 史肇聰

徐萬仭 漳浦進士 王汝器 定安人嘉靖間任 韋邦聘 四川人 劉尚義 四川人

陶允明 會稽舉人 汪澤 浙江人嘉靖年任 屠山 嶽城人 林源 福建人

徐亮彩 江西舉人 徐端 任守翰 貴州人 汪澤 歙縣人有傳

唐懋德 雲南舉人 張鉞 吉安人隆慶間任 張承謝 呂旦 上虞人

王應泰 馬平舉人 謝廷翰 晉江人隆慶間任 唐朝卿 臨桂人 張日新 福建人

石可久 延州舉人 鍾萬化 桃源人 馬大有 道州人 胡仲賢

高士達 巴縣舉人 王盈化 慈利人 朱伯傳 犍為人

童守愚 貴溪舉人
王繼相 慈利人
湯應宿 雲陽人

程道新 歙縣官生
張朓 簡州人
張問達 隆昌人

奚元綬 鶴慶舉人
蔡縉 延平人
張德敎 平涼人

黃宗明 南城舉人
張儒 承天人
雷有大 新淦人
胡朝

郭希孟 保安恩貢
耿同曙 伊陽人
李早 通山人
鄧世寧 嶽州人

熊涇 雲南選貢
陳讚 普定[illegible]
[illegible]其善 永明人
鄧諫 廬陵人

趙國楨 赤水舉人
楊正達 武陵人
徐有孚 武陵人
葉齊 慈谿人

劉邦瀾 豐城舉人
趙卿 浪穹人
蔣一桂 雲南人
李逢春 侯官人

宋洪泰 莆田舉人
劉報國 龍里人
王家霖 穀城人
胡漢瀛 酆都人

李光春 湄潭舉人
龐一德 南海人 有傳
柯宏材 安莊人
張賢

蘇鳴瑜 以上三人見荊州志
石中璧 沔陽人
朱藎臣 溆浦人崇禎間任
熊啟鴻 儀徵人

郭猶興 河南選貢
宋儒傑 蒲圻人
陳秉忠 金壇人

章爾佩 雲南舉人
胡天定 巴陵人
王天明 貴州人

徐時選 永明人
趙一豸 洛陽人

楊春闈 巴陵人
鄧國相 四川人

李玉潔 安仁人
程大經 歙縣人

向禹 歸州人
王元 巴縣人

楊鈞 瀘溪人
廖民寰 黃岡人

陳宗舜 巴陵人　王衛 貴州人

崔應詔 原武人　陸元儒 歸安人

張助明 歸安人　蔣子藩 鄞縣人

顧天峻 貴陽人

陳大猷 綏寧人

黃鍾音 潛江人

張明德 沅陵人

胡循訓 永州人

蔣信正

龍思淳 長沙人

建始縣知縣

建始縣宋元以前屬施州自明初改州爲衛遂割建隸夔改府以後仍撥隸施其以前各官名本縣志次敘於衛職之後籍貫則多不可考丞史全闕焉

明建始縣知縣　縣儒學教諭　訓導

熊珣 新淦人　葉芳　王綸

葉榮　周祁

雷殷　曹霖　盧璟

史善 眞定人　周顯禮　李朝陽

熊元吉 巴陵人　趙璋　唐一夔

陳奎　張拱極　葛寅

段顯　曾宗儒　張熙

崇智　楊復初　陸夢揚

宋清　金鑾　楊愈

章度　江南常熟人　鄧時中

裴思聰　金喈

陳允階　福建莆田人　葉庭蘭　天順間應沈僉事纂修衞

伍文震

梁保　湖廣人

曹珙

陝西人

李陞

姚服璜　荊門州人

曹白重　山西平定州人

譚朗然　荼陵州人　名宦　詳

張潮

廣東增城人

顧天佑　雲南人

趙恕　貴州人

李思　福建人

楊周　雲南人

尹理

唐仁麟

儲乾

林廷輝　福建人

王世道

李占春　江西人

國朝職官年表

康熙三年施始歸順廢指揮千百戶設流衛守備千總各一教授訓導各一　案藝文各志當有經歷一員而舊志失載今無從考

	施州衛守備	衛千總	衛學教授	衛學訓導
康熙四年	徐尚謀 江南武進士	蔣明璉 順天人	舒子彥 興國州貢生	
八年	劉嘉祉 直隸景州武進士	劉逷	梅嘉蘭	
二十年	張炳 陝西榆林武進士	李岳齡 浙江烏程人	葉俊士 以上籍貫無考	
	劉宗漢 山西平陽武進士	陳可法 江南興化武舉	王夢龍 江陵舉人	
	范福咏 山東諸城武進士	倪溥 泗州人三十四年任	艾自馨 江夏舉人	
	陳洵嘉 廣東潮州人 以上三人舊志未載任年	艾亦武 江南金壇武學 三十五年任	劉禮仁 平江舉人 以上俱駐鄖州府未至施	
四十年		劉蓮權 江西武舉	程維極 蘄州人始至衛城	
四十三年	傅天錫 四川重慶人		夏熙臣 孝感貢生	
四十四年		雷聲洪 順天人	張佐瑞 漢陽貢生	
五十三年	林濬 江南上元武進士見東門修路碑舊志闕	熊炳 浙江籍四川人廩生	酆維憲 黃岡貢生	陳趙 潛江舉人
五十五年	改務新 順天武舉補修學宮勸設義倉卒於任	孫鼇 山東平陰武進	蔣宏毅 江夏貢生見東門修路碑舊志失載	繆陞
			徐大鏞 與蔣教授同時見東門修路碑	
雍正元年	張丕振 山東長清武進士			
五年	涂翰嘉 廣東潮州武舉補修學宮給諸生鄉試資因改衛去民思之			

年	建始縣知縣隸四川夔州府	建始縣學	典史
康熙十二年	譚性學 廣東人	應有教諭訓導二員舊志祇載訓導三員餘並失載	
十九年	祖建藩 奉天人		
	龍雲錦 廣東南海進士舊志未載任年		
二十三年	吳李芳 湖廣進士		
二十六年	史晟 福建晉江舉人詳名宦		
	李德新 山東舉人舊志載史晟之後未詳何年任		
二十三年	左其選 湖廣夷陵人詳名宦		
四十年	武令謨 山西太原進士		
四十六年	劉珙徵 江西臨江進士		
	趙恒 浙江貢生	賀元亮 四川歲貢	
	王元圻 江南貢生舊志載二人於劉珙徵之後未詳何年任	傅于位 四川歲貢	
雍正五年	祖永繩 漢軍鑲紅旗監生		
九年	武怡 陝西臨潼舉人	岳爾藩 四川南江歲貢	張景星 陝西潼關吏員

雍正六年改施州衛爲恩施縣屬直隸歸州

年	恩施縣知縣	教職	典史
雍正七年	馬昉義 直隸唐縣貢生	張承堯 貴陽舉人	沈應銓 順天武清吏員
十年	紐正己 江蘇吳縣進士	解澤洪 鍾祥歲貢	
		吳寅谷 湖南善化舉人	
		陳欲珍	

雍正十三年諸土司盡改流始設施南府及宣恩來鳳咸豐利川四縣並原設之恩施縣及前撥隸夔州之建始縣割還施共轄六縣特設施南府知府一員

同知一員舊駐忠峝乾隆二十五年裁改設黄州府屬之武穴乾隆四十九年將湖南辰州府同知裁汰改設捕盜同知駐建南鎮　通判一員駐唐崖今裁府學訓導一員乾隆三十七年以宜昌府學訓導移設

經歷一員兼司獄事　知縣六員恩施宣恩來鳳咸豐利川建始　縣丞三員恩施利川建始　教諭一員恩施　訓導五員　宣恩縣

學訓導乾隆三十七年以恩施縣學訓導移設　來鳳縣訓導以宜昌東湖縣學訓導移設　咸豐縣學訓導以巴東縣學訓導移設　利川縣學訓導以歸州學訓導移設　建始縣學裁汰教諭留訓導一員

巡檢七員恩施一宣恩二來鳳一咸豐一利川二　典史六員

施南府

	知府	同知	通判	知縣	教諭 訓導	經歷 縣丞	巡檢	典史
乾田三樂	直隸深州貢生	忠峝 陳文言	唐崖 王湘	恩施 鹿颺豫	訓導 陳從珍	經歷 黄士會		

隆

奉天承德舉人
浙江山陰監生
直隸唐縣貢生
浙江湖州府生
順天宛平吏員
恩施 沈應銓

順天武清吏員

宣恩 陳寀
木貢 楊翰
推家壩 任繼美
宣恩 陳天德

漢軍正藍旗監生
江南無錫監生
順天大興貢生
順天大興吏員

乾壩 袁大經

順天大興供事

元

來鳳 于欽中
大旺 程錦樞
東鄉 包毓襄
來鳳 葉鳴秀

山東曲邑貢生
江蘇興化縣附生
浙江會稽吏員
順天大興供事

咸豐 易秦生
卯峝 馮德楙
咸豐 孟詩讚

陝西三原進士
順天宛平吏員
順天宛平吏員

利川 李行修
張家坪 朱廣
利川 楊塤

山東歷城舉人
山西平遙吏員
順天宛平吏員

忠路 任應辰
南坪 俞世發

訓導 岳爾藩
山西汾陽捐貢
順天大興供事

年

建始 武怡
四川南江歲貢
建南 關繼宗
建始 張景星

二

山西潼關舉人 教諭 彭富翼
直隸安肅吏員
陝西潼關吏員

湖南零陵舉人

建訓烏壼
江夏歲貢

三年

利川湯應求
廣東臨川舉人
恩訓余光鉥
大冶歲貢
宣恩方瑶
江南旌德供事

四年

建始范汝軾
河南蘭陽進士
建訓許元淳
房縣歲貢
恩施黃宏章
直隸易州吏員
利川羌明
山東福山吏員

五年

大旺黃卓
卯峝王燧

年

江西南城拔貢
順天順義吏員

六年

曹璽
江南無錫舉人
宣恩黃卓
江西南城拔貢
恩諭陶肇曙
黃岡舉人
咸豐戈居邦
江西南昌貢生
恩訓孫祚灝
黃岡舉人

七年

岑映奎
廣西陵雲生員
東鄉陳錫文
安徽青陽供事
建始諸湛祥
順天大興議敘
南坪徐猷鐸
湖南巴陵吏員

年

曹璽
江南無錫舉人
史鳳輝
江南荊溪舉人
恩施嚴濟寬
山西榮河舉人
大旺李集
漢軍正藍旗官學生
宣恩浩振
順天涿州吏員
宣恩武經國
山西天鎮拔貢

年

九

恩施趙雲龍
四川雲陽舉人
恩訓魏榮南
荊門舉人
大旺蔣灝
江蘇元和監生
崔家壩曾光祖
廣東始興吏員
來鳳金國瑛
順天宛平吏員
建訓朱承源
江夏貢生
忠路何讜
順天宛平監生
乾壩姚鎦
貴州修文吏員
咸豐趙堂
順天大興吏員
建南樊鎰
建始錢照

年

浙江山陰供事
順天大興吏員

十

來鳳李越
山西臨晉舉人
木貢楊齡
江蘇元和歲貢
崔家壩陸思純
江蘇供事

年

十一

恩施范汝軾
河南蘭陽進士
恩訓宋鰲
黃岡進士

年

十

恩施常書昂
直隸交河舉人
張家坪姚鎦
貴州修文監生
建始宋灝
浙江山陰監生
來鳳范汝軾
河南蘭陽進士

二……十二年

藝舒 滿洲正黃旗貢生

咸豐 孫廷權 浙江海鹽舉人

利川 龔師勝 直隸盧龍舉人

建始 鄭晋 福建侯官舉人

宣恩 唐大遠 貴州湄潭舉人

經歷 李長春 福建永安優貢

卯峒 潘大宗 浙江上虞吏員

乾壩 丁鎧 順天大興生員

來鳳 張成塤

十三年

十四年

利川 莊熊之 江蘇陽湖進士

忠路 高世俊 江蘇陽湖監生

東鄉 沈濂 浙江會稽監生

建始 尹可謨 山東壽元廩貢

南坪 陳淮 浙江山陰貢生

漫家壩 楊瑞 直隸玉田吏員

十五年

十六

李宗賁 雲南河陽舉人

商盤 浙江會稽進士

宣恩 趙法孔 陝西鳳翔舉人

經歷 潘瀚 江蘇武進附生

咸豐 諸兆雯 浙江山陰供事

十七年

王如珪 順天宛平貢生

建始 陳愷 湖南武陵舉人

恩施 葛煒 江蘇新陽舉人

來鳳 李縉 順天宛平進士

利川 鄭鵬 福建霞浦舉人

利川 馮湛 直隸南宮舉人

大旺 蕭又宏 甘肅秦州增生

卯峒 董天祥 貴州黃平供事

經歷 張化鵬 順天大興吏員

乾壩 許宣璽 廣東揭陽貢生

恩施 孔傳燠 浙江山陰供事

十八年

建始 邱岱 漢軍鑲白旗舉人

木貢 蕭舉 廣東嘉應副榜

張家坪 俞南寘 福建寧化供事

利川 任振聲 浙江山陰監生

人

建始 沈承慶 江南石埭供事

十九年

錢杲 浙江海鹽貢生

利川 徐泓 順天大興舉人

乾壩 謝魯 浙江上虞吏員

宣恩 徐信 順天宛平吏員

咸豐 傅廷瑆 廣□□源吏員

年
利川 張國彝 順天大興吏員

二十年
楊琨 湖南新化進士
來鳳 林翼浀 福建同安進士
恩施 鄒敦禮 江蘇山陽監生

二十一年
陳玉璧 山東歷城廩生
咸豐 張鵬 山西孝義舉人
恩施 徐金麟 浙江嘉興監生

二十二年
劉晉自 山西洪洞監生
姜震 江蘇吳縣廩生
恩施 賈六奇 直隸故城副榜
建始 佘堂 順天大興監生

二十三年
建始 佘本 廣東嘉應監生

二十四年
德榮 滿洲鑲紅旗官學生
高宗鍔 江南泰州貢生
恩施 孫維祖 四川長壽舉人
恩諭 施韋 黃岡舉人
東鄉 於鶴年 山東萊陽監生
來鳳 黃汝梅 福建仙遊舉人

二十五
恩施 李汝遜 河南鄭州舉人
大旺 高國綱 江南江寧貢生
卯峝 馮潛 浙江會稽供事
利川 王芳 順天大興吏員
來鳳 李徽 雲南鶴慶舉人
南坪 孟懷遠 浙江會稽供事

年
利川 金祖昌 江蘇吳縣進士

二十六年
汪夢齡 浙江桐鄉貢生
恩訓 張其耀 武昌舉人
恩施 左修緒 湖南瀘溪舉人
恩諭 陳堯 廣濟舉人

二十七年
宣恩 趙士聰 山西保德舉人
咸豐 陳世瑛 山西平定舉人
宣恩 饒成堂 廣東大埔吏員

二十八年
利川 程瑄 江南儀徵進士
恩施 崔緒振 山西陽高舉人
恩諭 曹復彬 漢陽舉人
東鄉 金昊 順天宛平監生
咸豐 閻錦 漢軍鑲黃旗監生

二十九年
來鳳 葉能 浙江仁和舉人
大旺 錢玉榮 浙江建德監生
卯峝 何振鋐 山西長安監生
建始 譚世選 貴州印江拔貢

三
王昭宗 浙江會稽進士
恩施 聶啟榮 貴州舉人
恩諭 黎嘉進 黃梅舉人
忠路 張邦傳 江南無錫監生
十
宣恩 李龍翔 江西建昌舉人
建訓 段枝華 沔陽舉人
年
三
來鳳 楊肇清 貴州貴筑舉人
十
建始 嚴錫銳 浙江餘杭舉人
鶴峰 沈永潤 浙江嘉興監生
宣恩 蕭廷棟 浙江嘉興監生
一
恩施 黃毓仁
恩施 劉懷登
年
三

施南府志　卷之十九　官師　二五五

十
貴州安順舉人
順天宛平舉人
二
咸豐 曹灃源 廣西新安舉人
年
三
恩施 袁鴻典 直隸舉人
恩諭 陳範 江陵舉人
來貢 熊朝遇 湖南鳳凰廳恩貢
鶴峰 鄭廷基 順天大興監生
建始 元嗣基 山西臨汾監生
十
三
利川 李常吉 浙江海鹽舉人
貢
年
三
恩施 劉芳 直隸新安舉人
忠路 劉永誠 江西南豐舉人
宣恩 錢成龍 順天大興吏員
十

四
建始 陳爾書 貴州平越舉人
年
三
恩施 劉洽 山東臨邑舉人
來貢 倪嗣桂 浙江錢塘監生
東鄉 趙大棟 山東萊陽監生
恩施 黃慶 江西新城監生
十
咸豐 史琮 山西太平進士
五
鶴峰 高元佑 陝西韓城監生
年
利川 彭高祖 江蘇溧陽舉人
三
恩施 李蛟騰
建訓 江曾獻
利恩 鍾偉
乾鶴 江藩

施南府志　卷之十九　官師　二五六

江西廣昌廩貢人
江西上猶貢生
江西南城吏員
十
宣恩 梅雲會 江西南城舉人
南坪 宋述環 安徽石埭監生
六
建始 何毓春 貴州鎮寧舉人
年
宣恩 楊振亷 陝西蒲城舉人
府訓 馬堂 黃岡廩貢
乾鶴 徐紹高 浙江嘉興監生
二
袁文觀 江西崇仁進士
建始 吳森 江西南豐進士
恩諭 吳昭煜 漢陽舉人

十七年
三陳道燿
恩施汪廷炎
宣恩訓張其燿　武昌舉人
來鳳訓王文燦　天門舉人
咸豐訓吳鍠　石首舉人
利川訓戴廷杞　蒲圻舉人
宣恩訓張錫振
恩施路景啟昌
南坪凌昌培
利川劉旭昌

施南府志　卷之十九　官師　三七

浙江進士
十八年
三姚棻　江蘇桐城進士
劉超　直隸通州歲貢
安徽休寧舉人
黃岡舉人
順天宛平貢生
順天宛平供事
福建平武監生
來鳳濮起元　浙江桐鄉進士
咸豐訓趙嵩
新山歲貢
咸豐潘憲武　貴州貴筑進士
利川王高高
江蘇應舉人
來鳳黃升　湖南巴陵舉人
宣恩訓蕭中棋　天門舉人
楊家坝莫本立　山東滎城吏員
來鳳林宗發　順天大興供事

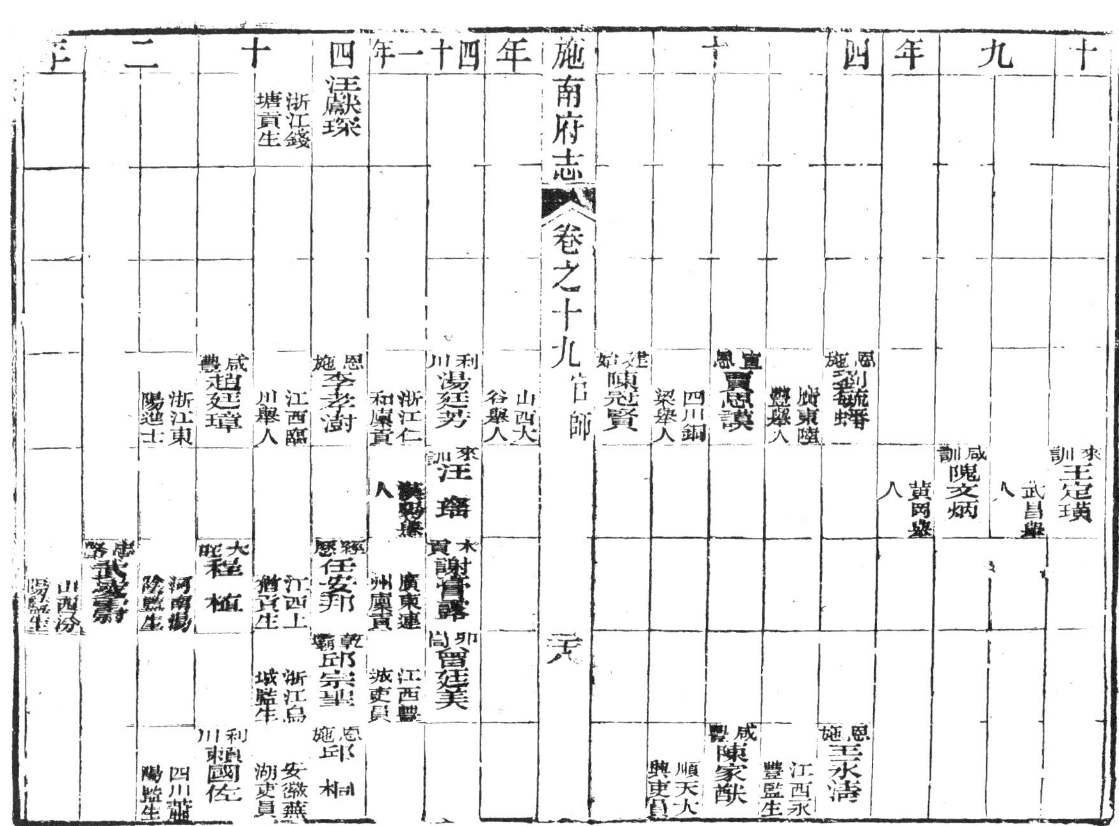

十九年
來鳳訓王定璜　武昌舉人
咸豐訓隗文炳　黃岡舉人
四十年
恩施劉毓蟠　廣東陸豐舉人
宣恩賈思謨　四川銅梁舉人
建始陳冠賢
山西大谷舉人
恩施王永清　江西永豐監生
咸豐陳家猷　順天大興吏員

施南府志　卷之十九　官師　三八

四十一年
利川湯廷芳
來鳳訓汪璐
來鳳謝賓譯
卯峒曾廷美
浙江仁和廩貢
入
廣東連州廩貢
江西豐城吏員
恩施李孝澍
恩施任安邦
乾隆邱宗望
恩施邱桐
四十二年
汪獻琛　浙江錢塘貢生
江西臨川舉人
江西上猶貢生
浙江烏城監生
安徽蕪湖吏員
咸豐趙廷璋
大旺程楨
利川賴國佐
浙江東陽進士
河南湯陰監生
四川旛陽監生
建始武盛壽
山西汾陽監生

四十三年

來鳳劉若春 直隸鎮原舉人

東鄉劉星耀 江西安福監生

利川李延渭 山西安邑舉人

張家坪晏廷銓 湖南巴陵監生

南坪徐梅 浙江仁和監生

四

趙光略 浙江仁和舉人

恩施韓[illegible] 江西[illegible]洲監生

乾埧周思尚 浙江海寧[illegible]

建始[illegible]鈺 順天宛平監生

宣恩溫鉞

四

山東[illegible]縣舉人

建始鄭[illegible] 陝西[illegible]舉人

年

四

陳[illegible]謨 浙江錢塘進士

恩施李清 廣濟舉人

來鳳應斯鳴 江西宜黃舉人

乾埧徐溫 山東[illegible]淄監生

來鳳張[illegible] 浙江山陰供事

來鳳周京 保康拔貢

大旺傅朝紹 浙江餘杭監生

卯洞徐立三 順天宛平貢生

五

忠路李[illegible]翁 山東惠明監生

年

四十六年

恩施顧維恒 四川[illegible]堂舉人

咸豐劉文黎 大冶歲貢

建始袁述 福建上杭舉人

利川顧象渭 江西高安進士

四十七年

咸豐王升 直隸昌黎舉人

建始[illegible]和 浙江仁和監生

四十

王澤定 四川閬中舉人

廷毓

恩施史偉烈 河南商邱舉人

宣恩任安邦

乾埧周士達 江蘇武進供事

八

李經芳 滿洲鑲白旗舉人

直隸高邑舉人

年

四十九年

宣恩劉渤 山東昌樂舉人

咸豐胡烜 孝感舉人

鶴峯莊震 順天大興吏員

東鄉李際泰 浙江錢塘進士

利川涂一雲 福建長汀監生

咸豐史易 奉天進士

五十

余學禮 浙江歸安拔貢

恩施范道立 河南虞城舉人

卯洞沈履楓 浙江烏程監生

宣恩李盛傳 廣東嘉應監生

施南府志　卷之十九　官師　三二

	年	五	十	一	年	五	十	二
						來鳳 萬捷芳	安徽曹縣舉人	利川 曾應祥
		恩諭 劉學璉	鍾祥舉人	宣訓 於長源	黃岡舉人	利訓 石世守	咸寧歲貢	建訓 李飛鳴
		忠路 楊界	漢軍正黃監生	大岩嶺 鄒朝縉	浙江餘杭監生	木貢 左振麟	江蘇阜寧監生	大岩嶺 徐逢甲
建南 王懋仁	四川成都監生	宣家埧 葉光國	江蘇上元供事			南坪 王霖	浙江山陰供事	
		建始 趙承祖	江西奉新議敘					

年	五		十			三		年
	[illegible]書	直隸天津舉人						
浙江海寧舉人								
蘄水舉人								
湖南瀏陽貢生	木貢 尹霖	浙江山陰供事	忠路 王三錫	湖南泌陽拔貢	大岩嶺 楊龍孫	浙江平湖監生	大岩 張用	陝西三原歲貢
	建南 鮑士彬	安徽青陽供事						
	恩施 鄭芳	順天大興供事						

施南府志　卷之十九　官師　三三

五	十		四		年	五十	五年	五
赫爾謹	滿洲正藍	官學生						
恩施 湯誥	浙江錢錢進士	利川 張宗孔	山西鳳台舉人	建始 趙源生	河南郾城舉人			宣恩 蘇於洛
府訓 曹合一	穀城歲貢	宣訓 李惇遂	江陵舉人	利訓 衛大章	南漳廩貢			來訓 吳永聯
木貢 賀瑛	江蘇丹陽監生							
乾埧 浦寶光	安徽東流監生							東鄉 高雲倬
宣恩 莊夔	江蘇武進監生	咸豐 梁倚翔	廣東高要監生	建始 張燾	浙江山陰監生	宣恩 曹芳祖	江西新建吏員	利川 李裕泰

十	六	年	五		十		七	年
			法克晉	滿洲正白旗監生				
河南湯陰進士	咸豐 張曾穀	安徽桐城舉人	恩施 尹英圖	雲南蒙自進士	來鳳 夏之運	江蘇江都舉人	利川 陳春波	福建侯官進士
天門歲貢			來訓 甘杜	竹溪歲貢				
			大岩 余榕	福建建寧監生	經歷 蔣遇春	江南宜興供事	木貢 朱振霖	浙江山陰供事
江南元和監生			建南 余誠	江西宜黃供事				
河南武安吏員								

五十八年
木貢 康文民 江西龍泉拔貢

五十九年
利訓 張定模 ……咸陽……貢

六十年
來鳳 莊□嗣 福建侯官舉人
大岩 左振麟 江蘇阜寧監生

嘉慶元年
來鳳 康文民 江西龍泉拔貢
府訓 郭俊 安□舉人
經歷 王翰 順天固安吏員
乾埧 楊秉和 浙江仁和吏員
來鳳 周文新 浙江山陰監生
建訓 余崙 ……人

二年
興國舉人
來訓 楊秀名 東山舉人

三年
建訓 彭維運 咸寧舉人
朱炘 江西南昌舉人
來訓 歐陽□ 江夏舉人
恩經 何瀾茂 福建光澤拔貢
乾埧 王文謨 江西太和監生

四年
馬維馭 奉天吉林進士
建始 張鳳池 浙江遂山舉人
東鄉 鈕茂華 浙江山陰吏員

五年
利岩 范仁瀾 江蘇吳縣監生
來鳳 朱鳴鳳 浙江海鹽舉人
木貢 余亮 四川隆昌拔貢
利川 張裕莊 安徽桐城監生

六年
丁雲錦 江蘇吳縣進士
張許 陝西潼關
咸豐 秦飛鵬 陝西郃陽舉人
大岩 彭之材 江西宜春拔貢
恩施 李鍾白 江西瀘溪舉人
來訓 蕭琴 漢陽優貢
建訓 劉本孝

七年
孝感舉人
君英圖 雲南蒙自進士
建始 張元德 山西徐溝舉人
宣訓 戴日新 沔陽舉人
南坪 徐綸章 順天宛平供事
宣恩 黃寶璋 江蘇新城監生

八年
建始 李璉 廣東德慶監生
恩施 劉澍 順天通州進士
恩訓 陶成傑 鍾祥舉人
大岩 馬國英 甘肅永昌吏員
南坪 藍崧 湖南巴陵吏員
來鳳 嵇文絢 江蘇無錫監生
利川 程鼎 安徽休寧舉人
建始 范地光 山西平遙貢生
建始 沈紹棟 浙江山陰吏員

九年
宣恩 賀隆錫 山西曲沃貢生
忠路 金鈞鰲 江蘇武進供事

十年
陳祁 福建新化監生
宣恩 任國選 山西介休廩生
利川訓 王三儁 宜昌府貢
崔家壩 左輔清 河南羅山監生

十一年
賈炳 河南鄢陵進士
利川 達清阿 滿洲正白旗進士
府訓 李志瀛 枝江歲貢
張家坪 何漢光 廣東長樂監生
咸豐 鍾邦運 浙江山陰監生
咸豐訓 鄧從文 竹溪歲貢

十二年
恩施 張家棡
來鳳訓 鄭世茂
乾壩 陸恩榮
恩施 饒德修

湖南湘潭舉人 楊滋藻 貢
浙江山陰供事
安徽旌德監生
咸豐 牛中開 山東章邱舉人
建南 陳寶善 直隸慶雲監生
宣恩 周吉棠 江西宜黃監生
恩施 牛文光 順天宛平監生

十三年
來 余德堅 貢 湖南平江監生
東鄉 史敏 陝西三原吏員
大岩 魏繼鴻 江蘇常熟吏員

年十四
大岩 姚應銓 浙江諸暨監生
楊毓江 陝西府谷進士
咸豐 秦錫疇 江蘇金匱舉人
鳳諭 毛鴻 應山舉人
來 徐會雲 貢 安徽廬江廩貢
乾壩 寧崧 湖南武陵監生
來鳳 李得鳳 甘肅皋蘭供事
卯洞 王如珪 浙江嘉善監生
張家坪 沈鋼 浙江德清供事
譚光祥
佛寧阿
來鳳訓 王有光
宣恩 湯槐

年十五
江西南豐進士
滿洲正藍旗監生
公安歲貢
順天大興監生
建南訓 詹德五 監利舉人

年十六
徐潤鉁 山西五台進士
恩施 詹應甲 江蘇吳縣舉人
來鳳訓 余嘗勇 武昌舉人
南坪 陳璞 順天大興供事
利川 韓廣田 山東淄川進士

年十七
四柱 滿洲正白旗監生
咸豐 祥福 滿洲正紅旗生員
忠路 杜瀛 福建龍岩監生
崔家壩 湯炳熒 浙江蕭山進士
恩施 曾鵬翮 順天大興供事

施南府志　卷之十九　官師　三七

年
十八年
十九年
二十年

雄始 楊兆杏　湖南然江舉人
乾嘉 張述華　直隸天津附生

宣恩 王信芳　江西南鄉舉人
府訓 柳紹光　黃陂舉人
咸豐 葉書　廣東歸善監生

宣訓 汪鎭燦　江夏舉人
咸訓 何昌馡　江夏舉人
利訓 李世傑

當陽歲貢
甘亨韻　江西奉新監生
來貢 黃楷　安徽桐城監生
卯尚 鄧士杰　江西宜黃監生
大岩 李承基　貴州清平監生
建南 嚴聲　浙江烏程監生

佟景文　滿洲正白旗監生
宣恩 張廷煊　甘肅通渭舉人
經歷 阮益清　浙江山陰議敘
來鳳 劉坤琳　四川宜賓進士

施南府志　卷之十九　官師　三八

二十一年
二十二年
二十三年
二十四年
二十五年

咸豐 孔尊德　陝西藍田進士
恩諭 石時和　興國舉人
經歷 阮秉恒　順天大興議敘

利川 張兆槃　順天宛平舉人
府訓 鄧賜訓　江陵歲貢
大岩 吳卓然　順天宛平監生

恩施 藍紹芳　廣東河源舉人
府訓 陳第淮　漢川歲貢
建始 章鴻　安徽涇縣監生

咸豐 吳觀樂　福建閩縣舉人
宣訓 余肇翊　安陸舉人

計運
恩施 黃承祁
咸訓 魯元
來貢 劉維憲
卯尚 邵瑛

浙江鎮海監生
江西萍鄉進士
黃陂舉人
直隸天津監生
順天大興監生

建始 徐步雲　貴州安化進士
建南 童鳳梧　浙江山陰供事

利訓 石懷遠　黃陂舉人
張家坪 石炳奇　順天大興供事

嵩泰　滿洲正藍旗監生
建訓 張銓晟　孝感舉人

黃道　湖南沅陵監生
利川 王扈榆　安徽合肥進士
崔鄭 郭瑞祥　四川合州監生
咸豐 沈國雁　浙江會稽供事

道光元年
- 恩施 章炳 雲南蒙化進士
- 府訓 羅德昆 興國舉人
- 來鳳 鄧景祿 江蘇吳縣監生
- 利川 趙中培 河南固始監生

二年
- 琦昌 滿洲正白旗監生
- 夏衣蔚 雲南昆明進士
- 利川 齊廷芳 順天寶坻舉人
- 東鄉 喻大鏞 浙江海寧監生
- 建始 張世蘭 順天大興監生

三年
- 朱粲 廣西臨桂進士
- 南坪 張成濬 浙江山陰供事
- 宣恩 陳寶善 順天宛平監生
- 秀倫 滿洲鑲黃旗監生
- 利川 郭衣秀 蘄水歲貢
- 大君 顧羨梅 江蘇長洲監生
- 乾鶴 盛世文 浙江秀水監生
- 東鄉 徐鳴謙 浙江會稽監生

四年
- 建始 李芬 貴州安化舉人
- 建始 張鉅萬 順天大興監生
- 建始 熊廷燮 江西進賢增貢

五年
- 來鳳 方策 福建閩縣舉人
- 木貢 張廷彬 江蘇江都監生

六年
- 賡音泰 漢軍鑲黃旗
- 宣訓 王綱 四川江津舉人
- 利訓 楊文煒 江夏歲貢
- 經歷 徐炳然 浙江會稽監生
- 卯司 楊澧 順天大興監生
- 恩施 陸家昆 順天大興監生

- 舉人
- 咸豐 趙鵬翱 直隸臨城進士
- 利川 章模 順天大興供事

七年
- 來鳳 祥福 滿洲正黃舉人
- 宣訓 周之煜 天門舉人
- 忠路 繆庭瀛 江蘇江陰監生
- 來鳳 徐聖徵 江蘇贛榆監生
- 建始 李慶英 安徽當塗舉人
- 建始 施鴻恩 浙江山陰供事

八年
- 宣恩 周泰階 廣西臨桂舉人
- 來鳳 孫寅 鍾祥歲貢
- 乾鶴 王國楨 浙江上虞供事
- 利川 王汝澎
- 建訓 周鯤化 河南信陽舉人
- 東鄉 温蘊華 江西石城監生

九年
- 恩諭 高德政 鍾祥舉人
- 木貢 李翰容 順天大興監生
- 東鄉 林文蔚 福建閩縣供事
- 咸訓 賀吉蓮 江陵舉人
- 張家坪 楊承鏞 蒲圻舉人 浙江定海監生

十年
- 宣恩 劉本澄 安徽太湖監生
- 來訓 李大訓 潛江歲貢
- 卯尚 柯養德 甘肅西寧供事
- 建始 李林 四川綿州舉人

十一年 十二年 十三年 十四年 十五年

吳式敏			恩施 張復中			東鄉 吳賡恩	
山東海豐進士			雲南舉人			江蘇沭陽監生	
			咸豐 李芳	恩諭 彭檀		卯局 姚射斗	宣恩 陳皇
			直隸鹽山舉人	長陽舉人		安徽休寧監生	直隸清苑吏員
王協夢	馬薵	陸恩紱	恩施 耿錫嘏	來訓 皁逢源			建始 汪大春
江西新建進士	山東拔貢	浙江蕭山監生	江蘇甘泉進士	鍾祥歲貢			江蘇武進監生
			咸豐 楊明善	建訓 嚴垣			來鳳 屈子寬
			順天宛平進士	黃岡舉人			陝西榆林吏員
					河南固始監生		
			建始 增德	來訓 鮑陳			恩施 俞偉
			漢軍鑲藍副榜	黃州廩貢			浙江會稽監生
			利川 李彥昭	宣訓 郭書		張家界 孫培基	咸豐 萬啟奎
			福建侯官舉人	武昌舉人		山東福山吏員	江西南昌監生
			恩施 王令儀	利訓 廖昇			利川 王錫慶
			江蘇金匱監生	黃州舉人			順天大興議敘

施南府志卷之十九終

施南府志卷之二十

知施南府事王協夢監修

官師志

武職官表 各官員額詳軍政志

明荊瞿守備

任忠　呂鍾　許英　夏士麟擒賊受賞

柴高　樊華受賊降蒙賞　張鉞　馮薙

韓泰　蔡豐　高崇　胡昂

潘瑛　甄祥　沈經　吳綬

吳棟　陶戩　周寶　苟龍

楊元　王倫　陶希謙　湯世傑勦賊有功

周用中　呂昂　瞿汝益　鄭德明

丁元吉　宋奎　潘承嗣　彭昌祚

張應奎　張相　陳萬策　高應岳

劉永基　黃龍　柴時泰　熊光佐

章上達　劉俊　范光遠　楊縉

路由義　鍾曉　袁千里　王輔

湯森　郭元

國朝武職官表

康熙四年以荊州鎮前營遊擊移駐施南衛設遊擊一員守備一員千總二員把總四員屬彝陵鎮標舊志惟備載遊擊以下皆缺畧謹以其可考者列為表

施州營

年	遊擊	守備	千總
康熙四年	趙允仁 南陽府人	鄒世玉	
九年	梁起雲 榆林衛人		
二十年	談國經 西寧衛人	陳士昇 江南武進士	
二十三年	劉明德 漢軍鑲藍旗人	張艮佐 衢州武進士	
二十六年	盧達 江西建昌人		
三十一年	陳龍 福建漳州人		
三十四年	李通 安陸人		
三十七年	盧德 直隸人		
四十五年	薛朝龍 陝西人		
四十六年	劉龍 陝西人		
四十八年	林濬 江南武進士 眼	齊文勝 山東人	
五十三年	袁瑜 涼州人	史開泰 涼州人	
雍正元年	董永寧 山東人		
四年	馬之岱 武昌人	李秀 山西固原人	魏天章
九年	劉策名 四川成都人		吳永遠

十三年　魏國徵

雍正十三年設各官員額詳軍政志

施南協營　副將　都司守備　千總　把總

乾隆元年　黃繼善寧夏中衛　都司鞏鉞陝西盩厔進士　宣恩王應正恩施行伍　存城徐成貴

左營王文進　崔壩錢選恩施人

右營陳世隆河南鎮筸行伍　忠峝黃正德恩施行伍

二年　建始邱國元恩施行伍

大旺潘國臣恩施行伍

六年　張大猷陝西固原人　都司王文進湖南郴州人　存城賈思賢恩施人

左營龔學序　建始吳友啟

年　湖南漵浦行伍　四川人

八年　崔壩朱光恩施行伍

九年　王守乾陝西乾州人　宣恩張士相恩施行伍

十年　左營趙宏榜湖南零陵行伍

十一年　右營楊琦湖南長沙行伍

十二年　都司陳世隆湖南

十三年　左營楊炎陝西武舉寧湖人

右營王愷南漳行伍

十六年　李勲貴州鎮遠人　都司王介福山西鴻溝進士　宣恩姚燦恩施行伍

右營李之安

年	一	二	三	四
年		湖南武陵行伍		
十七		來鳳胡文炳	來鳳王朝元	
年		湖南武陵行伍	東湖行伍	
十	胡世榮			
八	貴州普定人	右營李維元		
年		東湖行伍		
十			宣恩陳大用	存城熊安國
九			恩施行伍	恩施人
				建始黃國正
年				四川人
二	路襄			建始徐元功
十	陝西長安人			四川人
年二				大旺陳錫疇
十二				恩施行伍
年二十			宣恩袁英	南坪楊應松
三年			恩施人	恩施人
二十		右營袁起祿		
四年		荊門行伍		

年	一	二	三	四
二	蔡選玫			崔壩李廷英
十	四川人			恩施人
五				忠峒謝如鼇
年				湖南武陵武舉
一				建始王世龍
				四川人
二				存城陳克讓
				恩施人
十				忠峒褚纙
八				恩施行伍
一				建始葉汝蕃
年				四川巫山人
三	高益			建始張麟
十年	滿洲鑲黃旗人			恩施人
三十				忠峒王敬緒
一年				遠安行伍
三十				唐崖刖成龍
二年				東湖行伍

十二 四 年 三 十 六 年 三 十 七 年 三 十

劉艮臣 宣恩王正綱 建始余國佐

山西榆林人 恩施行伍 宜昌人

林炳昱

陝西海陽

進士

建始陳克勳

恩施行伍

宣恩王發第 建始戴人鶴

恩施人 湖南武陵武舉

宣恩唐光茂

施南府志　卷之二十　官師　八

九 年 四 十 年 四 十

湖南鎮筸人

右營王廷端 建始柳懋德

四川華陽人 恩施人

右營袁起祿

荆門行伍

保泰 左營王貴 宣恩曹夢熊 存城鄧文光

蒙古正白旗侍衛 陝西長安人 利川行伍 襄陽行伍

右營李國典 咸豐吳開泰

湖南沅江人 鶴峯

一 年 四 十 二 年 四 一 十

存城潘之文

東湖行伍

都司楊光明 來鳳羅世德

湖南永綏人 陝西西安武舉

利川袁廷英 崔壩汪應龍

恩施人 東湖行伍

大旺柳懋德

陝西潼關武舉

咸豐李安國

施南府志　卷之二十　官師　九

三 一 年 四 一 十 一 四

江西南昌武舉

建始康世龍

江西懃縣人

陳大恩 左營蕭應科 南坪劉正龍

福建漳州騎都尉 湖南瀘溪人 東湖行伍

忠路高震虎

遠安行伍

咸豐漆鵬陞

江西南昌武舉

四年				南坪 朱一帥 宣恩行伍
四十六年		左營 汪應龍 東湖行伍		唐崖 熊景泰
四十七年		都司 粱煥 貴州清江人	來鳳 趙元長 陝西長安行伍	唐崖 袁天倫 恩施行伍
四十八年		左營 張俊杰 江夏行伍	利川 柳懋德 陝西潼關武舉	大旺 魏慎德 恩施行伍
四十九年		右營 宋吉典 湖南永順人		建始 陳國安 東湖行伍
五十一年				大旺 杜連順 江陵行伍
五十二年	樊繼祖 四川三台一等輕車都尉	都司 張順 湖南郴州人		存城 賈光德 恩施人
		左營 田業昌 湖南沅江人		
		右營 王愷 南漳人		唐崖 劉斌 興山行伍

五十三年			宣恩 袁天倫 恩施行伍	存城 譚明善 襄陽行伍
五十五年		左營 陳安信 湖南鎮箄行伍		咸豐 朱槐 興山人
五十六年		右營 姚士華 江夏行伍	來鳳 柳懋德 陝西潼關武舉	咸豐 滕美貴 恩施行伍
		右營 宋吉典	利川 賈光德 恩施行伍	
五十七年		都司 王愷 南漳人		存城 鍾志茂 恩施人
五十九年				南坪 黃國珍 恩施行伍
六十年		都司 張元善 直隸人		
嘉慶元年				南坪 袁存禮 恩施行伍
				咸豐 趙申 恩施行伍

四
右營魏尊德　恩施人
忠峝[illegible]開武　興山行伍
一
唐崖龔宏基　鶴峰行伍
年
建始王清　東湖人
五
烏爾卿額　滿洲鑲藍前鋒校
都司周言昇　湖南巴陵人
大旺鍾廷科　鶴峰人
右營張玉璧　鄖陽人
南坪黃悅新　鄖陽人

施南府志《卷之二十　官師》　十二

年
六
咸豐趙一中　恩施行伍
一
咸豐向元龍
年
七
右營修永宏　江陵軍功
年
八
左營盧得新
忠峝譚纓　恩施行伍
一
穀城難廕
咸豐李光盛

恩施行伍
一
南坪覃光斗　恩施行伍
年
九
建始黃興隆　鄖陽行伍
一
存城陳國璉　湖南武陵行伍
建始譚明善　襄陽行伍

施南府志《卷之二十　官師》　十三

建始馬學湯　恩施義勇
年
十
都司張代鳳　鄖陽行伍
來鳳楊陞　東湖行伍
存城鍾廷科　鶴峰人
右營黃金玉　湖南辰州人
崔壩陳連陞　鶴峰人
年
十
右營從大智　湖南芷江人
大旺楊敏賢
一
建南王榮

年十二年十三年十四年十五

	都司陳大倫	宣恩陳連陞	忠峝姜忠懷
	湖南武陵行伍	鶴峰人	東湖行伍
曹昆			咸豐趙必秀
河南祥符武舉			恩施行伍
			唐崖史可富
			恩施人
	左營張永濤	利川楊敏賢	存城賈光德
	穀城行伍	建始行伍	

年十六年十七年十八年　十

			大旺鍾廷科
			建始史可富
			恩施人
			存城李文陞
			恩施武生五品軍功
	左營黃成文	來鳳李光盛	
	東湖行伍	恩施人	
		利川楊陞	
嵩亭			

九年二十年二十一年二十

蒙古雲騎使			
		利川姜忠懷	大旺黃玉龍
		東湖行伍	建始六品軍功
	都司黃金玉		
	湖南辰谿行伍出		
	右營張朝鳴		
	江夏行伍		
		來鳳馬貴	崔陽袁廷英
		東湖行伍	恩施行伍

三年二十四年二十五年道光元年二

			崔陽袁大才
			恩施行伍
文奎			
滿洲正黃整儀尉			
		宣恩趙必秀	唐崖朱允明
		恩施行伍	枝江行伍
			建始許應泰
			恩施行伍
		利川譚永祿	崔俱王榮

年
利川義勇
咸豐[illegible]伍

三年
劉與國 四川成都人
都司 得寶 漢軍正藍侍衛

四年
右營 王洪綱 鄖陽行伍
唐崖 楊應忠 恩施行伍
南坪 胡名揚 大岩武舉

五年
左營 王桐 鄖陽義勇
宣恩 宋代富 東湖武生
崔壩 袁大維 恩施武舉

咸豐 姜忠懷 調
建始 趙凌霄 武昌武舉

六年
左營 馬貴 東湖行伍陞
存城 譚綸 恩施行伍
大旺 李文陞 恩施武生舉升
建南 宋[illegible]陞

年
東湖行伍

七年
來鳳 趙凌霄 陞
大旺 謝洪凱 東湖人
利川 胡名揚 陞
忠峝 趙永正 宜都行伍
南坪 燕宗賢 咸豐行伍
建始 許登俊 恩施行伍

年

八年
都司 方展鵬 廣東東莞侍衛
唐崖 趙永正
忠峝 楊應忠 恩施行伍調

九年
大旺 孫大用 宜都行伍

十年
崔壩 趙永正

十年
咸豐 鄧士科

十一年　瑞琇　滿洲正白　侍衛

十二年　左營　羅永貴

十三年　都司　梁廷誨　貴州吉州行伍

施南府志卷之二十終

施南府志卷之二十一

知施南府事王協夢監修

官師志

土司

宋

向永勝　嘉祐三年以施州蠻向永勝所領州爲安定州　宋史蠻夷列傳

向再健　紹興十二年詔以施州南砦路夷人向再健襲父恩遷充銀青光祿大夫檢校國子祭酒兼監察御史武騎尉知懿州事　同上

元

勾答什用　至元三十年四月師壁散毛峒勾答什用等四人各授蠻夷官賜以璽書遣歸　元史世祖本紀

覃順　至元三十五年五月散毛峒主覃順等來貢方物陞其峒爲府　同上

明

石山　洪武二十三年涼國公藍玉克散毛峒擒刺惹長官覃大旺等萬餘人置大田軍民千戶所隸施州

衛以王奔散毛鎮南大旺施南等峝蠻叛服不常黔江施州衛相去遠難應援今散毛地與大水田相連宜置千戸守禦乃改散毛爲大田命千戸石山等領土兵一千五百人置所鎮之 明史土司列傳

冉舜卿 正德元年命大田千戸所千戸冉霦子舜卿爲指揮僉事以自陳討川寇功也 同上

覃大勝 覃大旺 覃大興 田答谷 洪武四年元施南道宣慰使覃大勝弟大旺副宣慰覃大興光寶子答谷等皆來朝納元所授金虎符命以

容美宣撫田光寶

施州宣慰司爲從三品東鄉諸長官爲正六品以流官參用 同上

墨池 驢吾 阿巨 洪武五年忠建元帥墨池遣其子驢吾率所部溪洞元帥阿巨來歸附納元所授金虎等并銀印銅章誥敕置忠建長官司及沿邊溪峝長官司以墨池等爲長官 同上

覃野旺 覃起剌 洪武五年散毛宣慰司都元帥覃野旺上僞夏所授印十七年散毛沿邊安撫司安撫覃野旺之子起剌來朝命爲本司僉事 同上

田思進 子忠孝 洪武二十二年命忠建宣撫田思進之子忠孝代父職時思進年八十餘乞致仕故有是命 同上

覃友諒 覃添富 田應虎 田大民 田谷佐 覃忠孝 永樂二年復設散毛施南二長官司先是洪武初諸土司長官來降者皆予原官蠻苗吳面兒之難諸土司地多荒廢長官亦罷承襲至是故土官之子覃友諒等以招復蠻民請仍設治所以其戸少降爲長官司隸大田軍民千戸所以友諒爲散毛長官

覃添富爲施南長官四年改施南散毛仍爲宣撫司以友諒添富來朝故也以田應虎爲龍潭安撫時應虎來朝言其祖孫自宋元來俱爲安撫自蠻亂併其地入散毛隔遠難治乞仍舊從之時高羅安撫田大民言招復蠻民四百餘戸乞還原職治所木冊長官田谷佐唐崖長官覃忠孝並言父祖世爲安撫洪武時大軍平蜀民驚潰治所廢今谷佐等招集三百餘戸請襲許之

覃興 覃忠 覃英 田大英 覃天貴 永樂五年

鎮南長官覃興等來朝稱係世職洪武中廢今招徠蠻民三百戶乞仍舊從之同時設東鄉五路安撫以覃忠為之隸施南既復設忠路忠孝金峒三安撫司隸施州衛以覃英田大英覃天貴為之皆因洪武間蠻民散廢其治所今忠等以故官子姪來朝奏請復設並從之各賜印章冠帶

[illegible] 散毛宣撫司

黃鎗瑄散毛宣撫司副使

譚文壽木冊長官司 以上三人俱見控制紀畧

向麥答踵搖把峒長官見兵事志

田賢木冊長官

覃彥龍金峒安撫 以上二人見控制紀畧

黃俊龍潭安撫司見兵事志

覃大寧忠路安撫見控制紀畧

覃壁金峒安撫土舍見控制紀畧

各土司始宣德二年設建南長官司隸忠路安撫搖把峒上愛茶下愛茶峒三長官司及鎮邊隆奉二蠻夷官司皆隸東鄉五路安撫東流臘壁峒二蠻夷司隸

散毛宣撫石關峒長官司西萍蠻夷官司隸金峒安撫皆以其酋長為之先是忠路安撫司等各奏前元故土官子孫牟酋蠻等各擁蠻民久據谿峒今就招撫請設官司授以職事兵部以聞帝以馭蠻當順其情所授諸司宜有等殺兵部議以四百戶以上者設長官司四百戶以下者設蠻夷官司元土官子孫量授以職從所招官司管屬皆從之令三年一朝貢如故事

國朝

忠孝安撫司田京前明長官司田永豐子康熙八年襲累授總兵十九年告休子昌祚昌祚子璋遞襲至雍正十二年歸誠十三年改為恩施縣璋隸漢陽世襲千總璋故長子世位襲璋次子世海襲擢荆州水師營守備

東鄉五路安撫司覃壽椿遞襲至雍正十三年歸誠改流其地入於恩施縣境

[illegible]路安撫司覃承國前明宣慰司進孝子康熙元年以征譚逆功襲前職子世藩世藩子建侯建侯子楚梓

遞襲至雍正十三年歸誠改爲利川縣楚梓隸漢陽世襲千總累擢貴州提標叅將楚梓故姪章黼襲章黼故子殿雄襲殿雄故弟殿勇襲

金峝安撫司覃世英康熙四十三年襲子邦舜歸誠改爲咸豐縣乾隆二年邦舜隸漢陽縣籍世襲千總邦舜故子廷建襲累擢山東德州營叅將

龍潭安撫司田䕫國康熙五年襲至田貴龍歸誠雍正十三年裁其地入於咸豐縣乾隆二年貴龍隸江夏縣籍世襲千總貴龍故子朝舉襲朝舉故子勝祖襲

勝祖故子萬春襲

忠建土司雍正十三年裁其地入於恩施縣

施南宣撫司康熙年間襲雍正十三年裁其地入於宣恩縣　按東鄉忠建施南三司俱因獲罪改流故無世襲

大旺安撫司田永封子安國安國子玉玉子正元遞襲雍正十三年裁其地入於來鳳縣乾隆二年正元隸孝感縣籍世襲千總正元故子大德襲

忠峝宣撫司田楚珍順治初調征播州叙功襲前職子

桂芳桂芳子雨公雨公姪光祖遞襲雍正十三年裁其地入於宣恩縣乾隆二年光祖隸江夏縣籍世襲千總

漫水宣撫司向國泰子正乾正乾子庭富遞襲雍正十三年裁其地入於來鳳縣乾隆二年庭富隸孝感縣籍世襲千總庭富故子恩榮襲累擢甘肅馬營都司

西萍蠻夷長官司雍正十三年裁其地入於咸豐縣

東流長官司田獻章子玉璧玉璧子興仁興仁子堯封遞襲雍正十三年裁其地入於來鳳縣堯封隸孝感縣籍世襲把總堯封故子邦榮襲

臘璧長官司田琦康熙元年頒給印信琦子朝柱朝柱子俊德俊德子封疆遞襲雍正十三年裁其地入於來鳳縣封疆隸孝感縣籍世襲把總陞廣東督標守備封疆故孫受乾襲

卯峝長官司向舜雍正十三年裁其地入於來鳳縣乾隆元年向舜籍隸孝感縣

百戶土司向柱遠子金鑾金鑾孫權遞襲雍正十三年裁其地入於來鳳縣乾隆二年權隸孝感縣籍世襲

把總權故子玉璽襲玉璽故子振綱襲
高羅安撫司田飛龍順治初襲子國鼎國鼎子昭遞襲
雍正十三年裁其地入於宣恩縣乾隆二年昭隸漢
陽縣籍世襲千總昭故子永興襲
散毛宣撫司覃勳麟順治初襲勳麟子鴻基鴻基子烜
遞襲雍正十三年裁其地入於來鳳縣乾隆二年覃
烜隸江夏縣籍世襲千總無嗣
沙溪宣撫司黃天奇康熙四年襲天奇子楚昌楚昌子
正爵遞襲雍正十三年裁其地入於利川縣乾隆二

年正爵隸江夏縣籍世襲千總乾隆四十六年正爵
故子恩榮襲陞福建延平守備
建南長官司雍正十三年裁其地入於利川縣
木冊長官司田經國子生瓊生瓊子濟民濟民子應鼎
遞襲雍正十三年裁其地入於宣恩縣乾隆二年應
鼎隸孝感縣籍世襲把總子孫龍襲
唐崖長官司覃宗禹康熙四年以宣慰司改給長官司
印宗禹子鋐鋐子鴻澤鴻澤子梓椿梓椿弟梓桂遞
襲雍正十三年裁其地入於咸豐縣乾隆二年梓桂
隸漢陽縣籍世襲把總梓桂無嗣以兄子光烈襲乾
隆三十七年光烈故子世培襲

謹按土司各省均有歷代羈縻弗絕但服屬年久奉
正朔襲冠帶給予世襲傳子及孫雖不得號爲封建
蓋亦竊比附庸矣因纂施宜二府土司改土歸流以
前封襲生卒附藩封之後　湖北通志

謹按湖北通志載施宜各土司在宋時紀珍獎等州
刺史俱非湖北地元明以來不及詳考惟於歸流以
後各司承襲生卒極爲詳明蓋有冊檔可徵故也雖

改土以後籍隸江漢諸縣然其先固施人也茲仍登
諸志而宋元明以來亦詳稽各史增删成編焉

施南府志卷之二十一終

施南府志卷之二十二

知施南府事王協夢監修

官師志

名宦

施在秦漢以前名宦無可考隋唐以後亦不數覯焉宋代治法稍備良吏之載史傳者至五六人而舊志或不盡載今於已列祠祀者次序於前其他或有功德或死事此地者亦依時代爲傳附後所以慎重祀典亦不沒人善也志名宦

隋

李超字仲舉隴西人大業中清江令治績懋著爲當時最民尸祝之 明一統志

唐

南承嗣魏州頓邱人霽雲之子歷施涪二州刺史柳宗元稱其服志思孝無替負荷 明一統志

房武河南洛陽人由盩厔令擢施州刺史有遺愛民德之仕至興元尹韓愈爲作墓誌銘 明一統志

道古字子美臨淄人乾寧間遷左拾遺上疏言國有五危二亂貶施州司戶參軍

宋

侯廷賞爲施州巡檢使眞宗嘗召問蠻事廷賞言民無他求惟欲鹽耳上乃召夔路轉運使丁謂措置詳控制紀畧

寇瑊字次公汝州臨汝人眞宗時進士授蓬州軍事推官徙開封府推官會施州蠻叛轉運使移瑊權領施州先是戍兵仰他州餽糧瑊至請募人入米償以鹽軍自足而民力紓 宋史列傳

龐恭孫字德孺單州武城人潁國公諡莊敏公籍之孫蔭補通判施州崇寧中部蠻向文疆叛詔轉運使王蘧領州事致討恭孫說降文疆而斬之蘧上其功進三秩仕至徽猷閣學士 宋史列傳

李周字純之馮翊人登進士第通判施州州界群獠不習服牛之利爲闢田數千畝選謫戍知田者市牛使耕軍食賴以足 宋史列傳

任伯雨字德翁眉州眉山人進士第調施州清江主簿郡守檄使莅公庫笑曰里名勝母曾子不入此職何

爲至我哉拒不受　宋史列傳

程公許字秀與一字希穎敘州宣化人嘉定中進士入犯閬中制置使桂如淵遁三川振動朝廷擢李[illegible]代之辟公許通判施州行戶曹事公許節浮費疏利源民不增賦而用足時諸將乘亂抄掠事定自危以重賄結幕府大將和彥威懷金寶以獻公許正色卻之彥威慙而退吳彥者緘僭牒於書尾以進公許卷還之而責其使聞者畏服仕至寶章閣學士　宋史列傳

王在武陵人理宗端平初進士治周禮眞德秀知貢舉

施南府志　卷之二十二　官師　三

擢冠本經攝判施州城陷不屈死之　楚紀

李庭芝字祥甫其先汴人後徙德安嘉熙末江防甚急廷芝得鄉舉不行以策干荊帥孟珙時四川有警即以廷芝權施之建始縣訓農治兵選壯士雜官軍教之期年民知戰守善譏逐無事則負耒而耕有事荷戈而戰夔帥下其法於所部行之後德祐三年加廷芝參知政事督師勤王元兵大集戰敗死之　宋史列傳

明

朱永字迪純鳳陽人洪武十四年任施州衛指揮僉事拓東北一帶城垣安集軍民數千家陞廣東都指揮去後人尸祝之　明一統志

黃溥字澄濟廣信弋陽人天順二年由四川按察使謫施州衛經歷興廢省役不專事法律初施學同雲貴例士以選貢目不知書溥至選官民子弟親爲授經士始向學在任九年起廣東按察使　舊湖廣通志

李堯德永年人巳未進士土寇黃中既平議設兵備駐扎隆慶二年德以車駕副郎任湖廣按察使司僉事駐扎施州衛振武興文誅黃中族黨戮散毛宣撫覃

施南府志　卷之二十二　官師　四

棨施南宣撫覃宁陞本省布政使司歷陞陝西巡撫　舊衛志

龐一德南海人衛學教授造就士類重修衛志　舊衛志

譚朙然茶陵舉人嘉靖初令建始悉心撫字勸課農桑稱循吏焉　舊衛志

以上俱崇祀名宦

宋

黃希遜淳化五年六月賊攻施州指揮使黃希遜擊走之　宋史太宗本紀

董鉞熙寧六年與察訪梓夔事熊本夔路轉運判官董鉞副使孫珪以招納本州蠻酋內附寇平俱以招納功被賞 宋史蠻夷列傳

王立天聖初爲夔州路轉運使施州徼外蠻利得賜物每歲求入貢者甚衆所過煩擾爲公私患立奏令以貢物輸施州遣還溪峒又城施州通雲安軍以運鹽朝廷嘉之 舊志

謝昌元開慶元年四月乙酉知施州自備緡錢百萬米麥千石築郡城有功詔轉一官 宋史理宗本紀

熊伯明咸淳十年權總制施忠部將與知秦州龔準以天長縣東橫山秦童湖靑溝口等處戰功推賞 宋史度宗本紀

元

王守仁太原人至元間知施州廉明剛謹均賦寬役時有禾雙穗牛一犢之瑞 舊夔州府志

邵濃知施州築州城有功吏民思之 舊衞志

明

李才施州知州與州同孫明用州判王傑吏目李毓秀洪武十四年覃芳諸蠻叛圍州城𤇆盡力屈城陷遂死之 舊夔州府志

胡士能施州知州洪武二十年安福蠻夏得忠結諸蠻叛攻城遇害 舊夔州府志

高澤歙縣人衞經歷土寇黃中負固攻圍數月不克澤上寨作質誘其出降及下寨擒之餘黨磔殺澤今上寨高塚猶存一云澤以公事至荆謁分巡吳公面諭黃中事令其相機撫降無致朝廷勞費澤歸自勵約衞人冒險登寨開諭黃中降川兵躡之追逐迫急失足墜崖死二志不同今兩存之

梁思泰珠崖人荆州府通判天啟二年督施兵援黔戰敗罵賊死 舊衞志

國朝

徐尙謀江南武進士康熙四年王觀興出山投誠驅衞民至荆蒙上憲釋回選徐守備蒞衞事闢草萊招流亡給牛種銀若干次年如數完官蓋亦撫字而心勞焉 舊衞志

左[illegible]溧陵人爲建始令自戊子兵燹後邑人柳十五

年矣其選於康熙四年至建始縣借典史尹德攜一僕茹蕨飲水共民出入者三閱月親刈荊棘環堵衛舍招回流民數百人定縣治興學勸墾三年致政舊夔州府志

吳李芳湖廣人內閣中書改補建始令建始士著甚稀接年文武生僅十名公教導三年士著入學二十八名自是始登賢書歷任後士民請崇祀名宦史晟贊其軸端曰撫民以寬勵士以勤刑不刻而民懷畝不履而野闢舊夔州府志

史晟福建晉江舉人康熙二十六年令建始兵燹後糧僅二十石公廳俱草房晟竭力經營創建學宮縣署易以瓦房五間常平義倉悉爲經始奉文益賦至八十餘石而民不擾真循吏也舊夔州府志

武令謨山西太原進士建始令留心民瘼培植人材邑人秦應光少孤貧公奇其才命與己子共讀朝夕提命後舉鄉試任河南淅川令有循聲皆公力也其他邑人士亦多所成就舊夔州府志

張良佐浙江衢州武進士施南營守備精騎射工書法禮士戢兵丙丁虫荒運米巴夔兩路接濟民賴以生焉舊衛志

劉珙徽江西臨江進士建始令聽斷勤敏加意學校公餘招集諸生講論經史勗以實行建邑之士習民風賴以主持

武怡陝西臨潼舉人雍正八年任建始縣知縣在任十年清廉愛民勸學禮士惠政孔多以老致仕歸舟至江中值暴風大作驚濤四起舟子白公請以豬羊許愿公不許手揮一絕投江中詩曰武怡作令不虧民

那有豬羊祭鬼神居官若有欺心事船到波心不保身頃刻風平浪靜當危急時其夫人金釧投水中默祈神佑及舟泊岸家人輩買魚沽酒相慶剖魚腹而所投之金釧在焉持以白公共相驚異此語雖近荒誕然故老相傳亦足以徵公清廉之政可質於神明矣迄今中元節各鄉民皆焚冥鏹舉之以酬公德

田三樂直隸深州貢生乾隆元年任施南知府四年詳請宣恩來鳳咸豐利川四縣士童另編新字號附恩施縣一體考試如文理可觀每於恩施正額外四縣

與士子考課文藝及身心性命之學

汪獻琛錢塘貢生任施南知府在官三年利興害除詳請學政按施考試立學宫臥碑設文廟鐘鼓修名宦鄉賢神牌移守荆州士民至今思之

[illegible]光驛浙江舉人任施南知府聽斷公明民咸畏服

陳嘉謨浙江錢塘進士任施南知府精嚴爲政慈祥居心去後士民思之

尹奕圖字北衙雲南蒙自人乾隆丁未進士歲壬子選授恩施縣知縣有惠政嘉慶元年川省教匪竄入縣境公率領紳衿義勇於縣屬之荆竹園擒獲賊首覃除餘匪賊又擾利川縣之長堰塘公會利川知縣陳春波奉節知縣周貫祖合三縣義勇及本協弁兵剿除淨盡事　聞　特旨[illegible]

[illegible]知府銜嘉慶七年授施南知府[illegible]

楊毓江字作舟陝西府谷進士由戶部郎中補授施南知府潔己愛民創立南郡書院振興文教吏畏民懷惠政不可殫書至今猶尸祝之道光十三年士民請祀名宦格於部議不果行

糾正紀江南吳縣人大田千戶歷桑植守備以熟悉苗情特疏改補恩施令

鹿驥豫阜陽貢生任恩施令革陋規整士習扶弱鋤强獎於無訟仕至貴州貴西道民於官坡建祠祀之今圮碑猶存

于執中字君徵山東昌邑人授湖南永順衛經歷雍正七年永順既改歸流經歷缺裁制府以其才猷明敏而又熟悉苗情檄委協理恩施縣事乾隆元年遂補來鳳令捐廉建本城及大旺義學二所置田四十五畝以資膏火

張冲河南太康人雍正癸丑進士任來鳳知縣多惠政附郭西南一帶膏田以數頃計皆捐俸鑿渠以資灌溉

劉毓瑶陸豐舉人恩施知縣才識通敏歷任有能聲

楊應求江西臨川舉人乾隆三年任利川知縣邑自改土歸流後治具未定前令以難治去任大府以其令麻城有能聲乃調兹邑下車之始即仿麻城規制創建衙署　文廟多方撫卹勸民耕作撫字十載不辭

勞瘁由是四境安謐人民得所至今父老猶稱道弗衰

邱岱鑲紅旗舉人乾隆十八年任建始知縣樂易愛民事必親理加意學校修葺城垣創建五陽書院勸輸置買房舍以資膏火課士勤嚴教澤所留科名相繼又創建明倫堂與節孝祠在任十餘年多方撫字至今口碑載道

林翼池福建同安進士任來鳳知縣重修岐陽書院定婚喪之禮創修邑志心存仁愛有古循吏風

嚴錫純浙江餘杭進士任建始知縣好賢禮士修飾學宮省刑薄斂以善政聞

王鴻典直隸舉人任恩施知縣法嚴令肅積牘皆清既去民猶思之

潘憲武貴州貴筑進士任咸豐知縣清慎簡易不務煩苛居官數載依然儒素因公解組竟乏歸資真廉吏也

黄升湖南巴陵舉人任來鳳知縣端方清介人不敢干以私簿書之暇即操鉛槧常聚邑中子弟課以經術制義文教爲振興焉

王嵩高江南寶應進士選利川知縣懲咽匪撫良民恩威並行置社倉建義學善政具舉

范汝軾河南蘭陽進士初任建始知縣建始原內地傒政簡刑清旋調任來鳳來鳳自歸流後民生雖裕而民性未純乃首事教化邑書院剏前令于公屋宇卑隘僅可訓蒙難容諸生乃充拓基址齋舍講堂規制周備延師訓課加意作興時各邑雖設學額尙未設學官親與諸生講學論文孜孜不倦以一身兼父師之任由是文學彬彬士林比之文翁化蜀焉

蔣灝江蘇上元監生任來鳳縣丞重修大旺義學又捐建卯峒義學

蒲又安甘肅秦州增生任來鳳縣丞修造安達三元二橋又與邑令林公同修邑志

劉若椿甘肅鎮原舉人截取知縣選來鳳知縣甫下車一洗從前因循粗畧之弊增修學校勸課農桑嚴禁溺女平反寃獄薄用刑罰[illegible]政彰彰至今猶載口碑焉

張曾敕安徽桐城舉人來鳳知縣重修書院培植人才

沈懷楓浙江烏程供事選卯峒巡檢教匪擾來鳳懷楓
保全三里重修義學捐助膏火卯峒始有入泮者

賈恩謨四川銅梁舉人改宣恩知縣邑本土司地文獻
無徵公纂修邑志爲政簡易因公解任既去民猶思
之

保泰蒙古正白旗人施南協副將重修問月亭後陞泰
寧鎮總兵兵民立有德政碑

林朝炳廣東電白人施南協都司署任五年兵民懷之

陳象渭江西高安進士利川令莅政明敏獄訟衰息興

利去害講學課士歷官五載去後民爲立生祠焉

范道立河南虞城舉人任恩施知縣政簡刑清士民愛
戴

高世俊江蘇陽湖監生利川縣丞居官勤慎佐理有術
聲

葉道傳江蘇無錫監生利川縣丞禮賢下士每月五日
一課生童備酒食給花紅是時生童赴宜昌考試公
捐助資斧一時入泮者忠路十居七八士民至今稱

頌不忘

江曾默麻城舉人任建始訓導端方爾雅士林矜式激
厲後學講論不倦捐俸修葺節孝祠又助邑令重修
學宮在任十八年實心化導故科名日盛陞襄陽府
學教授

戴廷杞蒲圻舉人任利川訓導時初設學公倡修學校
日集諸生訓以經義邑之文風賴以振興陞任常德
府學教授

李寶第山東惠民監生利川縣丞與民休息閭里安全

修建義學延師訓課民懷其德

王霖浙江山陰供事任南坪巡檢創修義學措置田產
以資膏火迄今邑中入泮者南坪爲多嘉慶二年堵
禦賊匪頗著勞績

樊繼祖四川三台人以祖廕任參將陞施南協副將嘉
慶元年教匪擾來鳳公率弁兵駐卯峒斷賊路不數
月而來鳳平二年教匪擾利川公率兵會恩施利川
奉節三縣知縣合鄉勇會勦賊匪全行撲滅仰荷
諭旨褒嘉

恩賚裴鉛彈子魚袋一筒花大荷包一對小荷包四筒
三年陞浙江鎮總兵積勞成疾卒葬施南其子孫遂
入恩施縣籍次弟之子從典繼襲任宜昌鎮中營遊
擊姪從鑾恩施縣庠生

趙源生河南郾城舉人任建始知縣有才能善武藝敏
於吏治民愛戴之嘉慶元年教匪犯境公募義勇數
百人率往直突賊營殺賊無算羣賊蜂擁圍公核心
義勇藏焉公潰圍而出復募義勇請援兵屢戰克捷
賊引去會本邑教匪潛謀起事公偵得實先發制之

全民保境爲功甚大陞荊州府同知

陳春波福建侯官進士任利川知縣修治學校招集流
亡循聲著聞嘉慶元年教匪竄入縣境公創築城垣
團練鄉勇於黃家山黃泥坡石莊坪長堰塘等處連
破賊巢擒獲賊目民賴以安軍功陞荊州府同知加
知府銜

莊紉蘭福建侯官舉人嘉慶元年任來鳳知縣値教匪
滋事公率鄉勇往捕爲賊所傷縛以去公罵賊被害
賜祀昭忠祠世襲雲騎尉詳本傳

張寧浙江山陰供事任來鳳典史同知縣莊公往捕賊
遇害
賜祀昭忠祠世襲恩騎尉

甘杜竹溪歲貢來鳳訓導邑令莊公捕賊被戕賊入城
公投水自盡賊援之送歸署賊圍學署公乘間自縊
死
賜祀昭忠祠世襲恩騎尉

蘇於洛河南湯陰進士任宣恩知縣教匪擾來鳳邑匪
起爲聲援公誘擒其魁餘黨悉就撫以功晉同知隨

營辦理糧臺以病卒於恩施之丫衣峪

浦寶光安徽東流監生任乾壩巡檢署來鳳典史堵剿
教匪於宣恩縣之魚泉被害

王三錫河南泌陽拔貢任利川縣丞才識明敏勤於吏
職教匪陷來鳳公奉飭往捕遂募集鄉勇與賊戰於
城下大敗之賊始舍城往據土堡復破之賊奔據紅
岩坨及旗鼓寨復屢敗之賊閉壘自固時出抄掠因
設卡嚴防奪其所掠迫大兵至一舉蕩平而公及鄉
勇之助爲不少矣

曹芳祖江西新建吏員任宣恩典史勤於供職教匪擾東鄉芳祖率領鄉勇保護縣城日後巡邏未嘗入息賊知有備不敢窺竇公力也

陳安信湖南鎮筸行伍施南協右營守備嘉慶二年賊匪入境帶兵四路攻勦多方捍禦民賴以全厥功最刪多

張定模當陽歲貢利川訓導訓課勤嚴多所成就邑甲科李耀翊出其門下勸捐重修 文廟及文昌祠嘉慶二年教匪入境公選派諸生多方捍禦復帶領鄉

勇赴巴東建始界運解糧餉軍器護守糧臺上憲保薦以年老辭後以積勞致疾告歸疾愈復任先後十八年賢聲最著年八十餘告歸而卒

李光地山西歲貢署南坪巡檢清廉有守禮士愛民

張裕莊安徽桐城監生任利川典史嚴於緝捕盜賊衰止斯民愛戴

韓厥田山東淄川進士任利川知縣清介有守勤政愛民嘉慶癸酉歲旱公齋祓祈雨甘霖立沛士民歡忭

東乂民江西泰和拔貢選恩施縣丞陞來鳳知縣移建書院增修齋房培植士類愛養斯民捐築土城爲民保障卓異陞興國州牧

朱鳴鳳浙江海鹽舉人任來鳳知縣實心愛民百姓安業重修學宮增建石城又勸諭士民建修[illegible]商客寨河石橋以便行旅輿情愛戴

張兆棠順天宛平舉人任利川知縣[illegible]明文吏畏民懷興學校建書院培植士類邑人頌德焉

王星榆安徽合肥進士任利川知縣仁恕清廉勤於聽政公餘集諸生講學課文多所成就修補城垣保障

有寄莅任三年以艱去父老泣送

陳瞻燧浙江龍泉舉人署建始知縣修建 文廟實心任事邑人德之

劉興國四川成都人施南協副將在任八年恤兵愛民合郡感戴歿於任

楊兆杏湖南舉人任建始知縣慈良成性廉靜有守莅自嘉慶元二年兵後書院荒廢文教日衰公加意振作捐助膏火勸學課藝士林頌德後調通城縣知縣

唐德玉監利舉人任建始訓導與諸生辯析經旨寒暑

不轂工制藝一日可成數十篇邑中嗜學通經者多
出其門

施南府志卷之二十二終

施南府志卷之二十三

知施南府事王協夢監修

選舉

選舉之法尚矣隋唐始設科目而施無傳人焉
傳者自宋詹邈中宏詞科始顧自宋迄今與科
目者亦復寥寥豈土司所治學校未廣士之振
興無由耶我
朝改衞設府府縣莫不有學其所以揚芹藻之風而
儲菁莪之選者至深且厚矣士生斯世宜何如

砥礪濯磨以仰副
聖天子作人之意也耶志選舉而武勳附焉

歷代選舉表

宋

元祐三年			
詹邈	都亭里人博學宏詞科第一	向九錫	字文疇進士
譚榮明	常平鄉人夔州知州	譚榮昌	常平鄉人蘇州知州
譚和撒		譚國計	

常平鄉人 襄陽主簿　常平鄉人仕至光祿大夫
譚汝山　向中之
常平鄉人 襄陽知縣　常平鄉人 任教授
寶祐年 李闓　道政鄉人 進士　譚日巖 南巖鄉人

元

譚正卿　譚易卿
常平鄉人 重慶府教授　常平鄉人 黔江縣令
黃勝　譚道卿

都亭鄉人 興隆府同知　常平鄉人 廣寧縣令
譚子達　黃升燕
常平鄉人 西充縣主簿　都亭鄉人 建州判官
譚國富
常平鄉人 巴東縣令

明舉人

萬歷丙子 張問禮 施州人
壬午 王之衡

施州人
己酉 李一鳳 施州人 嶽州府同知
崇禎庚午 董天閎 施州人

歲貢

洪武以後 鄧宗啟 舊志載拔貢　向得豪 交州府同知 祀鄉賢
申文才　唐彪 一作譚彪

嚴州推官　芒部檢校
崔文　楊富
廣州吏目　泉州府教授
廖忠　何侃
建昌經歷　耀州吏目
黃[illegible]　黃燦
彭明令　仙遊令
譚福　馮試
黃炎　陳濠

曾耀　童璀
萬縣訓導　主簿
湯貽忠　張屺
訓導　訓導
陳濬　盧紀
王忠　許深
顏麗美　劉煥
周洪　李森
徐起　葛瑄

建昌照磨　劉鎰
游正　陳材
鄭萬福　重慶府經歷
唐貴　韓瑞
程宏　鄧秀
魏進　思明州吏目
崔巍　徐鈴
高崇　謝文通
崇安縣丞　陳梳

黃錆　陳燧
經歷　夏景
申愈　許諶
鄧璽　張翽
吏目　趙瑩
羅慶　陳栗
許謨　渠縣主簿
張謐　閔惠
高陽令　化縣主簿

吳緒　許訓
成都照磨　西充主簿
周庭蘭　童旻
鄭州審理　連山令
陳燧　盧華
陸涼知州　李縉
許評　成都經歷
眉州州判　劉憲
陳楷　南戶部主事

劉華 房山縣丞
崔烱 峩眉令
葛澍
楊希孔 苑馬司縣令
金重
葛涵 宜陽主簿
彭魁春
陳加表 縣丞
李庠 宣城主簿
李源 綦江主簿
葛淇 縣丞

陳軒 南東城兵馬司
朱纓 南昌縣令
阮華 潼關令
呂維精
周庭芸 廣德州同
盧大中 縣令
張鷁 景州州判
葛鑾 新淦主簿
單朝儀 大足令
許誎 景州州判

屈乾伸
鄧節 瑞昌訓導
許環 睢寧令
劉鑰
金汝礪 滎山令
許瑝 資陽令
趙馬
葛釜 上元縣丞
陳址 潁州州判 有傳
童希陽 霍州州同

趙欽
童希達 通江令
陳熺 通江令
申瀚 淮安知事 祀鄉賢
王佩 欽州吏目
馮時元 太平令
陳桐 兗州經歷
杜道
童養浩 南昌經歷 祀鄉賢
周宦

李序
古田主簿
李如奎
萊蕪主簿
周邦爵
欽州知州
陳墨
華亭縣丞
周易

巫山教諭
童養氣
長壽縣丞
萬曆年
周謹
南溪主簿
劉逢春
梧州府通判
許可教
歸州訓導

泰州州同
陳加言
崔鳳陽
桐柏令
朱世卿
陳州判官
阮大節
蘄水主簿
阮大策
臨川[illegible]丞
陳奎
羅源令
吳江源
清江主簿
蔣仕進
劍州州判
李茂仁
李如昂

李如璧
中江令
有傳
李佳寶
永州府教授
黃訓
長汀教授
有傳
李佳祐
普定衛經歷
葛楚元

婺川令
周之楨
懷集教諭
張鉉
桃源令
童養成
桂林府通判
童養就
張問官

天長訓導
有傳
趙繼宗
邛州學正
鄧鴻烈
嚴州同知
有傳
林澍
潛江教諭
杜逢元
光山主簿
許可進
童大護
富州教諭
童大志
太原府經歷
陳大勳
長寧教諭
孫希孔
李友杞

銅鼓衛教授　華亭縣丞
童大奇　宜興令　蔣汝賢　海陽縣丞
崔佩　陳欽汝
吉安訓導　高應試
申大道　柳州教諭
醴陵教諭　高應登
盧之榮　吳江瀾
攸縣教諭　倪淑忠

童大亨　懷集令
張三陽　李一星
張所養　雲陽令
殷之銘　孫希柳
泉州衛經歷　修仁教諭
張文煥　朱正色
天啟　李友直　鄧楚臣
年　南昌照磨　張淑陽
童大望　陳元閎

永寧知州　山陽令
殷之盤　徐儼
蕭陽主簿　元氏縣丞
薛從儒　鮑輕金
崇禎　陳啟　德清縣丞
年　靖州學正　黃九鼎
陳欽賜　馬湖同知　有傳
歸州學正　李學綱
黃九官　建陽縣丞

經歷　鄧楚翹
童天泰　唐一鴻
湘潭訓導　雲夢教諭
童天申　趙光大
蘄水訓導　有傳　羅田訓導
李學會　童天偁
柳州訓導　有傳
童天成　陳元賓
鮑能變　童大道

舉人	貢
童大魁	陳元逢
唐一俊	屯田主事
張楫	周歷隆
黃九章	李學晟
周三畏	李枝芳
之驎之子	許天生
商思陟	童天衍
童復恒	商思徵
張廷緒	牟正非
童復昌	張楚
殷啓哲	陳樹杞
周鎬	陳樹桂
詳隱逸	
趙光大	
有傳	
選貢	
崇禎李佳徵	張治
年桂林府通判	榮昌令

舉人	貢
蔡軒	葛楚仕
夾江縣丞	和州知州
張應揚	張初揚
廉州通判	江都縣丞
張所修	倪天和
錢塘縣丞	兵部郎中
殷啓勝	王家棟
唐箴	
功貢	
向佶	唐一鶚
順天府治中	河南縣丞
童大德	李學沆
寧德縣丞	貴池縣丞
有傳	
例監	
周之夔	周化
羅源令歷泰州同知	陳陞
譚仲謨	左所建始令
陳源洙	廖漪

陳燈　周三元
左所崇府典膳　雲夢令
建始縣歲貢 時隸夔州府
曾文　輔祥
黃信　黃淮
譚忠　仲必達
于智　黃福
冉通　趙一智
向廷壽　譚濤

向敬　龍勝
向凱　蔡昌明
向賢　劉亨
黃明　于晃
譚萬忠　龍文
于昇　杜楷
李翰　劉志道
曾儉　向思
唐鸞　經歷

吳瑞　彭受大
馮鵬　李道
羅釆　兵馬司指揮
李仲傑　熊高
州同　冉鳴
徐宗堯　李如金
通判　王廷祿
胡書　于德剛
王槐　唐相

縣丞　向詠南
向德　黃一達
冉嵩　陰勇
譚第　向德第
歐枚　黃一龍
廣信通判　徐試
龍友貴　于調麟
黔江訓導　上海縣丞
向柏　龍爲正

石　麟　雅州學正　武進縣丞

向聯第　南州訓導　劉應諭　渠縣教諭　向門第

李永春　拔貢

國朝選舉表

進士

康熙丙戌　陶仁明　建始人

嘉慶己卯　李耀瑚　利川人

舉人

順治庚子　洪日旦　建始人

康熙己酉　江公棨　建始人

丁卯　陳　憲

建始人

丙子　關　琰　施州人　陳旭善　施州人　陶仁明　建始人　譚獻策　建始人　秦應光　建始人

己卯　歐陽汝升　施州人

乙酉　余　植　施州人　顏光佇　施州人

戊子　李正華　建始人

甲子　冉　洪　施州人　韓獻策　施州人

乾隆丁酉　范述之　建始人　江夏訓導六品軍功

壬子　朱貞玫　建始人　武昌教諭

戊辰　曾有光　來鳳人　安陸訓導

癸酉　李耀瑚

利川人

甲午 李鴻鈞 來鳳人

拔貢

府學 恩施 宣恩 來鳳 咸豐 利川 建始

雍正己酉 杜 墀 施州人

乾隆辛酉 陳 訓

丁酉 范述之 江夏訓導

己酉 陳文雄 金 達 覃珍光 王廷弼 劉 介 李光南 喻 琳

嘉慶辛酉 楊逢祥 宣施竹谿教諭 張能容 張書紳 軍功七品 雲夢教諭 吳尚貴

辛酉 來鳳人 歷署教諭

癸酉 李正盌 王家筠 王 煜 楊秀浩 賀伯厚 陳知新

建始人

道光 張有守 朱琇懷 張 鎔 馮永旭 夏曰瑚

施南府志《卷之二十三 選舉》 六

乙酉 來鳳人 甘肅州州判

恩貢

府學 恩施 宣恩 來鳳 咸豐 利川 建始

乾隆年 徐 綸 金 資 秦 釗 周 炳

來鳳人 魏 榮 朱文傑

嘉慶年 李甸春 譚正貴 夏 瑚 楊逢景 蔣世載 冉大進 黃 繹

恩施人 當陽教諭 軍功七品

鍾尚直 向登道 姚雲逵 陳天煦 孫維鏞 羅才美 劉曰桐

恩施人

周宏藻 龔顯才 王炳文 曾有光 劉宗賁 王應瑞 謝 瓊

來鳳人

道光年 朱榮祿 龍得珠 趙之璧 張廷松 鄭永烈 劉仕倖 王士紱

恩施人 枝江教諭 軍功議敘知縣

李文玉 張問仁 楊秀崑 楊如桂 耿邦桂 冉大璽 于士典

恩施人 牟維思

李大睿 瞿善運 戴用璠 楊秀煜 覃梓彬 龐澧昌

施南府志《卷之二十三 選舉》 九

年	施州衛	建始縣	
	歲貢		議敘七品軍功
	施州衛	建始縣	
順治年	王家賓	傅宗梅	
	羅紳	周之祚	
	江洪源	李含春	
	李運開	劉允達	
	張都	陶以景	
康熙	劉世壽	司濵	
年	謝嗣輝	李宗白	
	張世熊	楊英	
	王希述	吳碧	
	王國正	李魁先	
	楊鑑	吳[illegible]鳴	
	葉尉[illegible]	龍登榜	
	艾天英	向東旭	
	鄧默	吳天祐	
	康良俊	黃宗凱	

施南府志　卷之二十三　選舉　三十

施州衛	建始縣
夏錫履	向登甲
潘文煥	秦廷璋
楊大生 麻城教諭	
邵匡弼	王秉正
歐陽汝升	
雷玠	
葉本榮	
易宗旦	
鄭炯	
余翊	
張開禧	
楊祁	
劉澤民	
蔣大成	
劉國標	
張如彤	
永安教諭	
楊世學	

施南府志　卷之二十三　選舉　三十一

朱光迦
嚴之荎
張永賡
徐世德
柳首甲
崔毓炎
賀　澧
危　銘
王葉宏

趙世傑
曾夢龍
胡惟漢
李　盈
何　柱
萬如洪
曾子魯
宗　璣
江禹柱

年
陳　琰
王　倬
金鳳鳴
朝　銓
朱炳任
張黃堅
府學　恩施　宣恩　來鳳　咸豐　利川　建始
乾隆年　張鴻範　李開運　楊　楫　滕自達　蔣世凱　冉時雍　吳　震
譚天玉（來鳳人孝感縣）　石爲祥　覃述綸　楊勝忠　牟漢勳（監利訓導）

譚思賢（訓導軍功七品）　胡藎臣　覃　珖　文運開　冉萬崇　薛　魁
王正達　向必正　（軍功七品選遠安訓導）　譚一信（原名自富軍功）　向孔璠
童世輔　（議敘吏目）　冉紹捷　劉克宣
楊光室　覃述書　張文興　張世昱　黃大棟
吳光明　梅如楷　解宗朝（京山教諭）
朱　譜　祝嵩陵　冉武清　劉　珖
崔河圖　譚鍾翰（黃安訓導）
（房縣訓導）　冉正義　龍錫璜
顏如玉　黃世澤（安陸教諭）

李時英　牟天元孫　華
鄧熙學　譚紀修　竹谿訓導
劉光漢　牟天偉　龍鱗瑗
覃進會　鍾惟翰　長陽教諭
崔獻圖　黄永光
袁正俗　黄天佑
覃進廷　黄道祥
田嘉卉　秦　鈦
崔復載　龍縉雲

張如槐　于　江
譚述綸　枝江訓導
譚述涵　黄　綱
譚天景　監利訓導
郜　鵬　向大昕
李世達　尹啟鱗
陳楚材　吴　綱
羅文玫　冉　鋌
陳賢文　劉日校

通城訓導　范佑堂
翟相漢　田　春
陳金鑑　譚　昌
劉學禮　劉　佩
嘉慶年
郭志元朱尚志覃長有楊正誼冉廣耀牟承佩于輿禮
建始人雲夢教諭　向　鎬　棗陽訓導　軍功八品　蔣士槐牟承勳文元琦
姚光國龍官春覃旭和唐　峰譚鍾科于廷言
蕭德昭涂相國　通城訓導　公安訓導　汪本一覃世煜黄輿岱
咸豐人　黄開益高登甲覃祚桐張思誠郭文選吴正誼

魏登瀛吴文蘭楊太和覃協中李熙慶蔣德馨李國倫
恩施人　崔復初袁德亨　軍功八品　譚文彩
田文錦胡在泗劉大忠鄒代芝汪如桂
宣恩人　曾　祜　易世則
尹其璋　張廷松　龍澤江
恩施人鄖縣訓導　冉輿校
道光三年　七年
張光杰周炳先張光嶽王宗彝楊秀棣李天德胡南杰
來鳳人　陳啟倲張學源張　舉文士才張宗顔田衍賡
向述傳譚萬啟袁逢祿張　瀛文士衡牟秀龍于祖誠

來鳳人張大醇
十二年張瑛 褚上林
來鳳人王家璽
賴朝陽

覃梓彬
邛明新
秦廷祿
張學純
龍錫鈞
龍綸鈞
李春藏
喻湘珍
于大珍
李玉章

彭宗周
易啟芳
龍廷獻
李如桂
黃宗緻
朱士輝

武科

明武舉

施州衛

萬歷科 劉寅

國朝武進士

嘉慶戊辰 李緯光 恩施人 江蘇徐州衛守備

甲戌 李逢春 恩施人藍翎侍衛 山西得勝路守備

道光 向元魁 恩施人 湖南衛用都司

武舉

施州衛

康熙己酉 王碧

丙子 趙國璧

施南府

乾隆三年 袁天銓 恩施人

甲午 侯華冕

	建始人	
丁酉	田勇 建始人	
己亥	龍得元 建始人	
庚子	張明韶 來鳳人	
癸卯	熊金榜 咸豐人	袁若灃 建始人

己酉	熊彥青 咸豐人	
嘉慶戊午	呂殿元 建始人	
庚申	向明珍 恩施人	田世瑛 建始人
丁卯	李緯光 恩施人	劉于青 建始人
戊辰	向占魁	

	李逢春 恩施人	
己卯	袁大雄 恩施人	崔家霸 把總
道光壬午	向元魁 恩施人	
乙酉	向存道 恩施人	

戊子	黃玉山 恩施人	
辛卯	雷世興 恩施人	
壬辰	唐武釗 宣恩人	
甲午	蔡玉振 恩施人	
乙未	侯榜全	

宣恩人

施南府志卷之二十三終

施南府志卷之二十四

知施南府事王協夢監修

選舉

武勳

宋

譚汝珏　本州人南宋孝宗淳中以功陞都指揮使

馮友諒　綏德鄉人屢著邊功陞都指揮使

元

至大年

李達可　崇政鄉人至大中謝甲阿者容美等尚叛行省檄達可往招諭之酋長出降因設十寨以控扼之授達可巡檢使泰定間陞黔江令

廖敢龍　崇教鄉人至大中容美等尚叛同千戶塔求諭酋長墨施什用出降陞永寧判官

向同孫　道政鄉人資陽縣巡檢

唐志通　楓香木寨巡檢

泰定

滿國珍

年

[illegible]忠峝寨巡檢泰定三年峝蠻叛同孫志通國珍九姓長官彭忽都不花招降酋長曰先什用等立出明年大酋向大它覃錫等亦授款都元帥羅羅不花奏其功各授巡檢

至元年

向進益 至元十一年充溪峝安撫使三十一年從劉國傑討平諸峝又助官軍兩月餉進金紫光祿大夫

譚世鳳 常平鄉人至元二十一年從李廷玉討平諸峝三十一年從劉國傑討平諸峝陞都元帥萬戶

黃瓊鳳 道政鄉人從劉國傑討平諸峝授副元帥

譚子從 常平鄉人從劉國傑討平諸峝授萬戶

至正年

向壽福 詳忠義傳

向廷芳 詳忠義傳

向紹榮 詳忠義傳

明

童鐘 詳人物傳

童昶 詳鄉賢志

成化年

[illegible]衛千戶成化元年調征廣西苗攻克荔蒲縣思峝横嶺銀木寨大藤峽等處生擒賊首侯惡解官十一年調征靖州苗攻破大塘山箐龍翁箐雷塘箐等處陞本衛指揮僉事

周溥 指揮使成化中陞本省都僉事

覃寅化 官都督征四川余崇明有功

覃洪化 官副總兵

嘉靖年

石岳 指揮同知嘉靖以功陞道州守備

向有功 官總兵

童希高 指揮同知嘉靖中以功陞靖州守備

滿時芳 [illegible]指揮陞[illegible]

唐一麒 指揮同知以平播功陞守備

唐符一 麒子指揮

石美中 指揮掌衛印考天下清職最陞守備

覃勛勳 寅化子同授援勦副總兵

覃載勳 援勦副總兵

天啟年 牟海鰲 都亭里人天啟四年以黔功授貴州守備
覃奇勳 隨督師王三善勦貴州賊有功加總兵忠路宣尉使
崇禎年 牟海龍 都亭里人崇禎二年以渝城功授漢中守備
牟世龍 崇禎中以功授衛水守備
覃天允 詳忠義傳
徐文魁 大田百戶以功陞都司
周歷遠 本衛指揮[illegible]城參將
童復元 本衛指揮陞[illegible]參將

牟世勳 本參將[illegible]指揮領本處守備屯里相安
牟文綬 詳人物志
杜宗周 一本作杜永昌本衛指揮任屯田總兵
向鼎周 指揮陞總兵
鄧宗震 本衛指揮崇禎九年督土官勦賊有功陞守備
向汝選 遊擊
覃進孝 奇勳子隨楊嗣昌勦賊有功晉封忠[illegible]侯

國朝
加宮保
順治二年 龍國命 建始人雲南尋霑協參將順治二年李自成逆黨入川公率子姪團練鄉兵堵禦保護鄉里里人德之崇祀鄉賢
覃承國 進孝子忠路安撫使勦殺流寇有功
康熙年 陳世凱 詳人物志
牟大[illegible] 字宏開都亭里人由[illegible]殺賊陞定海總兵
牟之輔 都亭里人鎮筸副將
陳世奇 凱堂兄功授都督僉事

陳紀 凱養子以功授副將
張仲勝 詳忠義傳
牟大襄 詳孝義傳
傅再說 明百戶傅榮裔永寧副將
張益富 施州屯籍候選遊擊從征吳逆溺死洞庭
楊之絜 字矩菴施州屯籍初任襄陽遊擊歷陞虎頭門副將
黃正㭰
黃正卿

恩施人雲南提標遊擊陞遵義鎮副將　恩施人長沙營副將

陳天培　字篤公凱長子由世襲歷陞浙江提督
陳天開　凱次子由侍衛任左江鎮遊擊

陳天錫　三等侍衛任永昌鎮遊擊
陳天輔　台州守備

陳天德　江西撫標千總陞守備
陳重乾　四川黔彭營守備

陳有年　凱三子由侍衛任湖南提標左營遊擊
陳光漢　凱四子浙江台州協守備

陳恩遠　凱長孫由世襲任廣東湖州鎮遊擊
牟承珏　利川人流河營遊擊

張成榮　利川人陝西留壩營守備
李如會　利川人陝西潼關鎮千總

乾隆年

楊功興　恩施人湖南長沙營遊擊
張士相　恩施人廣東守備

魏國珍　恩施人雲南曲尋協守備
袁英　恩施人蘄州營守備

嘉慶

魏愼德
魏尊德

恩施人湖北撫標守備　恩施人鄖陽鎮標左營都司

李蔭　恩施人宜都營千總
李盛俊　恩施人長陽千總

王萬德　建始人甘肅遊擊世襲健勇巴圖魯
龍凌雲　建始人雲南千總

龍攀雲　建始人雲南守備
向[illegible]龍　建始人廣東順德營遊擊

祝鳳鳴　恩施人由軍功任貴州上江協都司
李文陞　恩施武生五品軍功任存城把總

宋承殷　恩施生員八品軍功任廣東博羅尉
徐正奎　恩施從九六品軍功任直隸遵化州巡檢

譚殿元　恩施武生五品軍功
王大用　恩施武生五品軍功

向宏道　恩施武生軍功把總
唐官箴　恩施籍松滋人六品軍功

許映奎　恩施武生軍功把總
伍國珍　恩施生員八品軍功

向愷新
向如龍

恩施武生軍功外委
恩施武生六品軍功
向登道
恩施人九品軍功
向思堯
恩施人軍功外委
黃天貞
恩施人軍功外委
向允明
恩施人軍功外委
麻光裕
宣恩人由軍功授遊擊銜換戴花翎任湖南提標都司歷署遊擊
龔廷拔
宣恩人府學生員由軍功任湖南靖州尉
王萬年
宣恩武生六品軍功
覃琥
來鳳人八品軍功

覃述疇
來鳳人八品軍功
何文龍
來鳳人龍山籍監生八品軍功
徐世玠
來鳳生員八品軍功
劉宗文
來鳳人湖南辰州籍軍功把總銜
徐梅
來鳳人八品軍功
任紹賢
來鳳人軍功把總
彭文
來鳳人軍功外委
牟承松
來鳳人軍功把總

周安瀾
來鳳人軍功把總
蔣士翹
咸豐附生六品軍功任湖南[illegible]陵縣丞署沅江縣事
胡有坤
來鳳人軍功把總
文中和
咸豐人九品軍功入學後以正八品用
龔起元
來鳳人湖南辰州籍軍功把總銜
熊大文
咸豐生員六品軍功
楊勝岳
咸豐增生八品軍功任貴州思南府經歷署桐梓縣事
趙錦文
咸豐吏員由軍功補五統橋巡檢

楊勝榕
咸豐生員八品軍功任直隸赤城尉
姚成章
咸豐人軍功任四川五統橋把總
馮世玘
咸豐例貢七品軍功以吏目用選涿州吏目
朱順皐
咸豐人九品軍功
劉有慶
咸豐人九品軍功
胡朝齊
咸豐人六品軍功
羅文治
游葵

咸豐人九品軍功

游春　咸豐人六品軍功

鄢有松　咸豐人六品軍功

楊定品　咸豐人六品軍功

吳三才　利川人六品軍功

牟承煜　利川武生八品軍功

陳奮烈　利川人世襲恩騎尉

龍夔　建始人六品軍功任宜昌鎮標長樂外委

董志松　建始人六品軍功候補千總

朱榮位

咸豐監生八品軍功

牟奇仕　利川武生六品軍功

朱瞻遠　利川武生六品軍功

朱艮一　利川監生六品軍功

李殿勇　利川人世襲雲騎尉

覃殿勇　利川人六品軍功

伍士綬　恩施生員軍功任廣西岑溪縣尉

江正桂　建始人六品軍功候補千總

向學久　建始人六品軍功候補千總

邓裕霖

恩施人軍功任山東補聖公府齋奏官

趙光宗　恩施武生軍功外委

黃錫功　恩施人軍功千總

柳榮湘　建始生員六品軍功

黃奇勳　建始人六品軍功任甘肅西寧鎮標千總

邓嵐　霖之子八品軍功任浙江於潛縣尉

劉朝文　建始人軍功外委

陳世秀　建始人軍功外委

龍澤鴻　建始人軍功外委

建始廩生六品軍功任湖南保靖縣知縣陞靖州直隸州知州

李文蘭　恩施人六品軍功

孫曾宗　建始武生六品軍功

向得勝　建始武生六品軍功

邓裕霆　裕霖弟八品軍功

潘榮陞　建始人軍功外委

田道釗　建始人軍功外委

梁世貴　建始人軍功外委

曹大坤　建始人軍功任甘肅千總

三年

傷忠建　恩施人軍功外委

宋士模　恩施人八品軍功

許錫富　恩施人六品軍功

方金榮　恩施人六品軍功

黃飛鵬　恩施武生六品軍功

王天衢　恩施生員六品軍功

譚天偉　恩施人軍功千總

向得科　恩施人府學生員六品軍功

四年

向開榜　恩施人六品軍功

譚必達　恩施人八品軍功

六年

金校　恩施武生六品軍功

張宏禮　恩施籍澧州人九品軍功

王春芳　恩施人六品軍功

黃登信　恩施人六品軍功

黃天爵　恩施人八品軍功

懷澤遠　恩施籍澧州人八品軍功

吳宏富　恩施籍澧州人九品軍功

七年

李昇浩　恩施人六品軍功

施南府志卷之二十四終

施南府志卷之二十五

知施南府事王協夢監修

人物志

楚國先賢傳襄陽耆舊傳志人物於楚此其嚆矢矣施爲楚邊郡春秋傳所載楚地人物既不得闌入自漢至唐亦無可紀者紀自宋以來舊志分門太瑣且以死節諸職官入其中殊乖體例今詳爲考訂總題曰人物而鄉賢忠孝諸傳各以類分焉志人物而流寓方技釋氏附後

鄉賢

周

巴蔓子周季氏巴國亂將軍蔓子請師於楚許以三城楚就巴巴國已安楚使請城蔓子曰藉楚之靈克綏禍亂誠許是三城將吾頭往城不可得也乃自刎以頭授楚使楚王以上卿禮葬其頭於荊門山之陽巴國葬其身於都亭山　明一統志

漢

尹珍毋斂人自以生長荒裔不知禮義從汝南許慎受經書學成還鄉教授於是南域始知向學仕荊州刺史

按毋斂非施地然舊志載入鄉賢今仍之詳辨訛

宋

詹邈博學宏詞科第一恩施利川建始三縣皆祀鄉賢

明

向得豪施州都亭里人歲貢生永樂十五年任交州府同知洪熙元年黎利叛陷交州被執不屈罵賊死崇祀鄉賢

童昶字明甫別號客星本衛世襲指揮僉事博學有文

武才初平獠向能蜀鄢藍二賊又從征石阡方四及廣西斷藤峽等處俱有功歷靖州參將及淮安總鎮命下而公卒著有施州衛大田所二志周正考樊川詩俱燬於兵燹崇祀鄉賢

童希賜字宗盟施州歲貢舉孝廉不求仕宦母强之仕受霍州同知三月聞母病即歸歿祀鄉賢

申潮字汝信施州人歲薦南雍歸見施蠻將變條成五事一議兵備宜專鎮施二守備宜移南坪三重虁軍糧宜復本邑解施四宜撤靖州戍兵五塗堡宜增兵防於

謁選上之部議免戍軍餘目爲迂闊授淮安府知事越三年土寇黄中扳會兩省兵討平之而地方受客兵害殆甚於賊始服其先見旋議善後悉如所議殁祀鄉賢

童希益號斬叁祖亥子衛諸生嘉靖中土寇黄中叛上安邊十二策聘作參軍同經歷汪鐸等說黄中降事平敘功力辭請以贖宗子指揮童養儀失律之罪以孫天閎貴受封崇祀鄉賢以上俱本衛志

向陞第建始貢生敦實行守正不阿崇祀鄉賢

國朝

龍國命建始人順治二年李自成餘孽入川公團練鄉兵保護鄉里仕至雲南尋霑營參將崇祀鄉賢

行誼

元

向午鳳施州人至元二十一年征尚蠻充哨馬把總身先士卒事平引蠻入覲授開封將領大德九年陞紹慶路總管 楚紀

明

陳德芳少聚生徒教授洪武四年明師伐蜀德芳諷施南土司覃州隆降附以兵助王師欲酬其功固辭不受獻藩欲以卓行薦使者及門踰垣而避焉 舊衛志

裴承祖施州人洪武中以秀才異等拜監察御史命同御史張亨等八人署都察院事承祖劾奏武定侯郭勳私蓄家僮擅殺無辜帝命議其罪已而宥之尋出爲浙江僉事治獄平允擢江西按察使 舊志

童鐘字景陽衛指揮天順間川寇孫居士等流入施南司鐘督擒孫居士等三十餘人其餘黨復竄入土陀寨攻刼彭水等縣蜀撫汪浩檄鐘再勦斬賊首二十八人

餘黨悉散川湖以安 舊衛志

黄深字大本穎悟好學師事黄溥以歲貢終宏治壬子崇教寨民叛當事欲由人山嶺進取公上言斑鳩崖之險一夫可守若由萬寨木裏園搗其背則彼險可奪從之遂擒首惡賊以平 宋志

陳濬字士哲性孝友博聞强記師事黄溥屢試不第隱居授徒 宋志

向佶施州崇寧里人天順間寇起佶以諸生率民禦賊圖境以安仕至順天府治中 舊衛志

陳址字對滄施州衛人博學工詩由歲薦歷潁州州判舊衛志

張問禮號立垒施州衛人萬歷丙子舉人睢州知州淸白自矢忤魏璫降馬湖通判尋遷嘉定州眉州知州告歸舊衛志

張應揚問禮子選貢任華州州同有惠政陞廉州府通判祀華州名宦湖廣通志

鄧宏烈字東升施州衛官籍由歲薦任雙流縣知縣督施兵征播連破三關及靑山川砦諸屯楊應龍自焚死

募土目火取得其尸事見平播全書歷遵義大理嚴州三府同知家貧如故卒年逾九十湖廣通志

黃詡字印合施州衛人常獨騎行山中遠見茅簷下敝露黃蓋知必官長乃徒步過之其古道如此由歲薦爲長汀教諭士服其教舊衛志

張三陽號熙還施州人以明經謁選注光祿寺署丞舊衛志

葛楚元字覲雲歲貢婺川令以調停播餉安集流民功當陞竟挂冠歸舊衛志

周經世字衡臨世襲衛指揮使歷二十年有能聲舊志

楊偉衛百戶當黃中之變暮夜訛言偉挺身偵探無事施城乃安蠛壁恃險負固偉冒死至寨曉以禍福遂詣軍門降後擢廣西都司世襲支羅年九十卒舊衛志

張鉉字五岳施州衛諸生少時喪妻不更娶由明經知孝義桃源二縣守違上以恤民稍不直郎袖律例以白後致仕歸與寒素講學不倦舊衛志

李一鳳字岐陽施州人萬歷己酉舉人知貴池縣歷數州同知以廉惠稱致仕歸開太莫園以課子弟重修衛

志舊志

牟文綬字章甫施州衛人天啟中以功授黔守備後移守鳳泗陵寢賊不敢犯陞淮安總兵征討川湖流寇晉鳳衛伯雖介胄之士冲和有儒者氣象舊衛志

童天閎祖裔孫崇禎庚午舉人初仕部郎福王唐王時扈以奔播晉三部尚書舊衛志

童天衢施州歲貢纂衛志頗稱博洽舊衛志

鄧宗啟字開甫號魯山施州衛拔貢授武選司郎中亂後不仕隱居教授舊衛志

張延齡字令齒號藥溪篤行博學精六書工詩文明孶禮遠近學者宗之有藁上下集二編行於世亂離之後先正云亡所以昭示來學咸魯山藥溪二先生之力云舊衛志

金鳳翔施州衛人意氣激昂王觀興搜山人民流離鳳翔不忍見投水死舊衛志

章大德施州衛歲貢任寧德丞委修海防不忍派民夫修屢壞作文祭之是夜大風濤湧沙成隄以功最遷去民尸祝之致仕歸囊無一物舊衛志

施南府志〈卷之二十五　人物　七

童大欽還孤客遺金數百兩貧不苟取鄉人重之唐志

劉志道建始貢生殖學敦品邑詩禮實一人肇之詳藝志

向門第建始貢生文章温粹性愛林泉好善樂施捐建玉皇閣鑄銅像二十餘尊

劉應諭建始貢生任岷州衛訓導陞渠縣教諭培植士類明季流賊之亂以儒官而捍衛城邑士民咸賴焉

國朝

張都字俞廷屯籍明末選貢康熙時授定興丞遷鄢陵知縣有惠政民尸祝之陞池州同知致仕[illegible]桑梓有所修營必遣奚相助焉舊衛志

陳世凱字贊伯屯籍今利川縣陳家灣人

國初滇黔蜀省猶未靖利地連蜀凱年十四與牟大寅統衆禦賊因獻策四川總督李國英隨征川東巫巴諸賊有功復從征閩逆耿精忠不著兜鍪攻城身被數創不退卒拔其城軍中號曰陳鐵頭牟老虎官至浙江提督浙人感全温之德崇祀名宦見湖北通志及舊衛志

牟大寅屯籍今利川縣大塘人年十五即能統衆禦賊與凱同功授定海鎮兵殁　賜祭葬勒碑紀功

施南府志〈卷之二十五　人物　八

王封鎮字建元衛諸生博學能文雍正七年館於容美土司署剛方正直土司敬禮之輯衛志簡嚴有體舊府志

牟承五字建極號龍山利川諸生幼有遠志十六入邑庠食廩餼聞夏太史驪農先生掌教江漢書院負笈從之十餘載博極羣書驪農先生甚器之當事鉅公更番考課選刻院文獨以承五居首於是名動遐邇州郡交聘延掌蘭臺鹿門墨池各書院門下列高科者指不勝屈而先生屢應鄉試薦而不售年五十一以諸生終

向龍字飛熊任廣東順德等處總兵勞績

德

劉允蓮建始貢生博綜經史教授生徒本邑及萬縣知名士多出其門下邑令劉珙徵贈詩有天留木鐸啟斯文之句今遺筆猶存

秦應光建始舉人授河南浙川縣令蒞政勤敏仕不廢學著有四書正解發蒙詩意二部文集十卷雜錄四卷詩餘二卷分校豫闈得士最盛卒於官子鐩貢生

范述之字泉麓建始廩生乾隆丁酉由選拔中式丁未大挑二等補江夏縣學訓導與修江夏縣志詳請終養

嘉慶元年教匪擾建始公團練鄉勇協勦時良民閒被牽連公白縣詳訊得釋者數十人厥後鶴峰州賊匪竄入縣境大兵勦捕公巡卡運餉日夜不息其父世榮年逾九十公一旦心動因便歸家越二日其父無疾終人以爲孝感服闋仍補前任數年致仕歸卒著有自有堂詩集子啟端廩生啟彝邑庠孫佑正廩生佑廉邑庠

龍鱗銓建始監生每逢歉歲常減省衣食以賙鄰里嘉慶二年教匪滋事銓與兄鱗魁糾合義勇捍衛鄉里及大兵進勦復捐五百餘金以助軍餉凡邑中公事無不先指爲倡子三長光斗邑庠生次如化武庠三文治邑廩生

譙本璉字賓侯恩施諸生性孝友敦行崇學時士之通經者多出其門嘉慶初白蓮猖獗本璉率鄉人於杉木壩之關門巖壘石爲關拒賊賊懾不敢進旋制府帥軍扣關本璉恐賊之僞扞益嚴乃令人引長絙縋己下與鄉人約曰如賊殺我可擲石擊之乃見制府制府褒其義勇年七十餘卒於鄉

忠義

宋

向艮施州道正鄉人初署參軍歷陞都統景炎元年元兵襲州城破之不屈死楚紀

元

向壽福施州人至正時從征襄陽功授行樞密判歷同樞密院守鐵築城時明玉珍據蜀明高帝遣蔡哲往諭其子明昇復令僞丞相戴壽攻城壽福死之

向紹榮施州人元末招集鄉人守禦本州大將劉應賢奏署元帥府事明玉珍據重慶屢招不應遣將李萬戶

求攻紹榮敗之執萬戶時副元帥譚登私釋萬戶以城降紹榮恥之遁入蠻中不知所之 楚紀

向廷芳壽福從子同宗兄向景仁征襄漢有功授夔路總管隨劉平章出征戰死景仁領其衆防鋏 城後城陷亦死之 舊湖廣通志

明

黃九鼎字君重施州人崇禎末以鄉貢授遵義府推官陞馬湖同知遇土賊不屈死 舊衛志

覃大允東鄉土司子事君天啟間征黔父子死事加二等陞宣慰司

童天申字祿所施州衛官籍由鄉貢授蘄水訓導流賊入蘄以身殉難贈國子助教 以上并見湖廣通志 乾隆四十一年附祀忠義祠

崔希文黃志明並衛旗軍覃璧之叛欲縛主將二人奮力又數人勢不能支并死之 舊衛志

趙光大施州衛歲貢生崇禎時死流寇之難予䘏 童志

國朝

張仲勝利川人隨陳世凱等投誠從川督征劉二虎等賊歿於陣

賜諭葬並給銀贍其家塚在四川萬縣五通橋 舊志

嘉慶元年以後勦除賊匪死事弁兵義勇祀昭忠祠者

向廷芳 恩施人嘉慶二年從征破賊於奉節縣賞六品銜七年二月從征陣亡世襲雲騎尉子茂祿嗣

王大倫 恩施人二年與向廷芳同破賊賞八品銜七年又與向廷芳同陣亡世襲雲騎尉無嗣大坤襲

王友貴 恩施人嘉慶六年在巴東長嶺殺賊有功賞外委後與向廷芳等同時陣亡世襲雲騎尉子守請襲

鍾志茂 恩施人施南協把總嘉慶五年從勦川匪陣亡世襲雲騎尉子尚爵襲

姚士華 江夏籍恩施人雲南景蒙營遊擊嘉慶五年從征川陝賊於成縣陣亡其子諸生金榜扶柩歸葬世襲雲騎尉子金榜襲

趙　甲 恩施人施南協把總嘉慶六年從征陣亡世襲雲騎尉子天申襲

李盛敏 恩施人施南協把總嘉慶三年從勦教匪陣亡世襲雲騎尉無嗣以兄子文桂襲

黃國珍 恩施人施南協把總嘉慶元年五月從勦教匪於旗鼓寨陣亡世襲雲騎尉無嗣國珠襲國珠子大成襲

曹緒德 恩施武生嘉慶元年從征教匪以功給六品銜五年在興山縣陣亡世襲雲騎尉子維藻襲

鄭紹舉 恩施人嘉慶元年從勦賊匪以功給六品銜五年在興山縣陣亡世襲雲騎尉子維武襲

滕美貴 恩施人施南協把總嘉慶元年從征賊匪於來鳳縣陣亡世襲雲騎尉子自莊襲自莊子成典襲

劉　鳳 興山籍恩施人施南協把總以事被議嘉慶元年從征教匪陣亡世襲恩騎尉子受爵襲

段茂林　許大成　李　唐　王朝龍

賈光祿　鄒倘連　袁世雄　齊登貴

許登敖　林如松　劉永和　劉從政

劉士信　康添元　舒　華　陳朝富

劉登舉　鄧明義　龍啟相　商文彩
潘世俊　李　雲　劉永國　潘世信
楊開太　吳啟文　陳廷富　胡啟文
張世明　彭世紀　張明聰　李文錦
商文星　袁存智　汪之選　吳廷珍
張　榮　楊萬朝　甯啟貴　張啟榮
王仕得　王朝良　熊廷照　陳　悅
徐成鳳　郭正祥　陳廷福　錢大勝
張啟瑞　陳　太　劉登榜　趙　文

袁天祥　張興貴　陳賢韶　李光大
梁　富　陳武福　吳天壽　馮勝元
謝光德　潘明先　舒紹雲　黃　貴
周朝品　張啟朝　羅仕元　肖立常
李　烈　汪正榮　李光耀　向光明
祝金榜　金　富　彭國富　王定科
張世觀　商恒德　吳天相　張　坤
張　烈　劉登魁　楊宗仁　賀繼全
魏登舉　譚英育　金　祥　賈　元

彭世義　潘世佐　袁　龍　金榮玉
金榮科　金　秀　金　玉　張元貴
周德榮　楊　烈　陳邦元　許登海
史　科　周尚義　江　坤　譚仕倫
毛　凱　肖立榮　彭恩義　楊　彪
李　安　黃廷祿　謝興林　崔復貴
荀　珍　張有德　彭世志　陳維德
吳啟富　袁廷槐　譚天才　李宗哲
陳才舉　梁　元　李朝俸　禹其貴

劉宗仁　李世德　王玉龍　張明遠
龔元貴　盧　貴　鄒啟成　莫士榮
黃望高　譚　海　陳正雲　趙　元
劉興德　陳　雲　孫　雲　劉朝信以上兵丁
彭平江九品軍功　趙彥龍軍功　張應國軍功首領　譚永謨軍功
黎青照文童軍功　高　相鄉勇恩施　陳大勇　蕭　太
周　龍　譚　貴　管　貴　向應道
李懷勛　吳允興　張朝青　楊正隴
易承達　張志相　熊瑤相　陳明爵

[illegible]自太　李添尌　沈啟才　陳萬清
孫成富　吳侯宗　劉添富　譚景賢
劉上坤　余正太　向思唐　田東秀
楊　常　毛成萬　吳宗伯　向明新
范正科　唐天其　向昌密　張　濤
向德成　向昌滏　李大富　向德貞
佘　雲　周能乾　向天義　王大貴
楊洪萬　文光富　胡德明　文明綱
況臨明　向晶明　救世富　龔廷祿

向元啟　周烈富　向萃先　賈　光
蔣元德　廖啟義　邱　堯　王國元
龔朝江　黃思富　楊必富　龎紹同
黃士江　肖玉振　李子明　方顯達
易丕周　易永春　陳之綱　向子琳
向子棟　張乾恒　劉永科　胡章龍
劉遠成　向文範　黃錫言　陳保尚
李光全　向應廷　劉宏達　孟　富
譚心榮　向光朝　黃世太　徐金華

劉秀福　金　升　馮　文　劉家恒
杜光廷　劉加善　譚永華　向應科
田　太　梁坤才　黃天全　黃錫元
周宗德　龔占先　魯紹勛　胡文祿
胡昌國　張　華　劉廷玉　廖澤明
李光文　冉大明　胡天順　黃希孝
田宏貴　陳世明　楊世春　李華國
向宗宇　楊萬陞　徐　芳　劉興教
金光裕　李祖元　周谷明　楊廷選

彭忠誥　賴廷相　胡傳仁　周天巷
汪家書　金大鵬　李元春　梅維玉
張志元　戴永倫　邵　魁　陳文榜
解舒聖　向登楠　李興連　劉　魁
盧　太　崔尚華　魏學文　李開先
譚文和　周文學　黃元宗　黃　義
孫月聖　張萬明　周宗雄　王啟和
胡天仁　王　猛　趙　文　舒公法
朱承鵬　楊正茂　黃廷貴　向　經

黃金魁　黃光榮　劉啟相　崔炳國
何大緒　向登舉　黃文清　雷士科
柴國選　劉大倫　余廷槐　傅賢才
萬　理　舒傑清　韓宗保　朱廷鳳
向士洪　李士華　向國用　楊國選
黃先鳳　吳敬福　劉德文　朱成學
夏良佐　錢　明　廖光林　方　吉
馮傳子　盧恒士　瞿世舉　唐正權
舒正益　李登山　趙大順　龍　富

趙德釗　黎盛貴　向登恒　方文盛
譚述朝　譚士品　鄒生義　劉正朝
楊德春　朱　朝　黃天純　陳國義
陳在鳳　謝萬有　楊文斗　彭起運
周德意　黃士彬　李士才　易　貴
朱正當　陳　富　周維斌　楊文龍
鄒若玉　劉大坤　夏天舉　謝家桂
向金元　譚大秀　金廷富　覃文美
周　貴　譚正楚　陳志禮　譚興德

黃希瑚　毛明揚　冉國義　潘國明
趙彥元　劉在貴　廖宗潮　許承富
熊彥朝　吳盛元　袁啟元　崔國順
熊景鳳　陳上魁　廖啟和　陳　喜
向盛明　龔紹贊　鄒　玫　張廷美以上恩施鄉勇
黃萬全恩施生員　黃振萬恩施鄉勇[illegible]二年[illegible]罵賊死
陳維指　趙成瑞　魯　全　魯　貴
潘　耀　梁朝佐　王啟舜　王志勇
張海明　沈先照　龔啟寬　李尚[illegible]

廖向文　魯世禮　舒　貴　田之受
趙化龍　張勝文　任　申　彭世勇
鍾尚勇　汪連陞以上貢恩兵丁　李　進　孫正隆
石遂臣　田永陞　趙正品　曹盛隆
曹逢才　李方中　何　先　潘必賢
唐興隆　席富生　伍爾學　姚長生
楊再能　陳大品　甘登舉　孫文福
呂宗文　滕玉林　郭學禮　李榮魁
符代武　吳朋九　侯世選　徐逢儒

劉世科　陳老二　晏勇貴　李必富
馮春惠　周昌貴　晏耳躲　唐士才
張子高　李文忠　陳巖匠　鄧如維
尹龍滕　楊玉才　楊昌敖　熊文舉
張宏榮　楊文龍　周　清　肖世科
易顯文　王立春　徐昌龍　秦秀虎
劉勇甲　席老四　王老么　張紹周
張登緯　李萬京　張榮先　席逢春
貴裴然　黃文澤　黃紹德　汪士奇

宋啟榮　朱文德　何安得　覃樹樊
張武俊　龍啟志　田生金　覃老七
侯良貴　田生明　佘昌應　陳良富
劉老二　王學仁　周朝選　劉必景
楊世爵　陳憲書　張谷相　陳上彥
鄧聖一　周國寶　王　貴　張文一
覃聖學　譚大才　鄒連陞　覃世任
胡南勳　范學元　向正品　李見忠
譚志華　彭忠告　李朝文　彭世傳

王占魁　譚文伍　陳　宏　趙國凡
張敬忠　陳　昭　羅開太　陳　富以上宣恩鄉勇
蕭大鐘來鳳生員　張正敖　譚　璋　張朝申
葉加朋　田　德　張　林　林從文
向文錫　向文盛　李　甲　田玉葵
楊世朝　向大勝　向正龍　劉世全
向學孝　張思能　沈大凱以上來鳳兵丁
宋元章　田正祿　羅在廷　段維文
田正乾　田生德　唐友義　鄭　全

鄭　祿　馮飛萬　田光玉　田應玉
莫萬選　王明富　張宗德　向文秀
丁世俊　陳合仁　張宗仁　楊正書
田金敖　梅常文　王應祥　陶英才
朱文才　雷顯才　胡德舉　姚文高
姚文智　姚彥才　姚彥陞　姚彥貴
乾正顯　徐起乾　譚寄保　田三陽
黃文學　陸朝倖　張有燦　楊再和
向勝隆　錢正敖　姚宗成　楊宗勝

唐武萬　姜應學　張明新　王貴
田有宗　王文新　趙必義　歐丹桂
張心奇　楊德昌　王光富　蕭仁
向大義　向大禮　張富　田科江
陳之榮　王起富　王起貴　朱克俊
楊大學　楊大仁　甯正化　羅志文
羅志奇　向化　楊有奇　羅士楷
黃明連　向德　易成聲　易成學
易成揚　向文廣　向文敵　向光才

向光英　田大成　向光宗　向光祖
向光志　易文高　滕茂魁　楊國華
向彭德　劉允忠　熊茂春　蕭景雲
向富德　楊芳茂　王德元　官伯才
魏之洪　謝伯順　田榮忠　田光顯
常廷貴　王之禮　朱克明　趙文科
陳魁洪　余朝榜　唐萬才　金德勝
田正偉　吳照一　黃明吉　黃連喬
段玉才　向老石　馬祖富　李文玉

羅爵然　曾德貴　陳文典　周德新
吳立得　安尙義　楊思誠以上來鳳鄉勇
龔殿元來鳳人軍功千總　劉宗文來鳳人軍功千總
蕭世文　陳邦英　龔組華　王鳳
馮龍雍　馮世清　冉奇文　許應科
張興國　楊宏德　陳大福　周維忠
秦富　孫金　張大魁　唐國才
陳開太　佘士學　張振文　李天德
張士學　郭太　馬友貴　黃志忠

童國祥　王文德　舒如德　石文燦
張光廷　楊宏榮以上咸豐兵丁　陳國祚
胡玉龍　莫懷義　吳天佑　莫玉衡
彭祿生　廖世成　賀光貴　王士蛟
滿廷棺　吳廷貴　吳士文　楊有瓊
朱學文　黃廷章　羅德相　冷世祥
符繼盛　彭正連　侯大選　王加祥
黃子正　張萬盛　鍾潮佐　鍾盛業
全文　張克明　李萬海　劉大明

曾世虎　龍鳳芝　王鳳才　秦登榮
枝萬柯　楊維貴　梁世太　王友南
林文清　藍正舉　彭　海　羅君友
丁勝典　張金蓮　彭萬明　彭經綸
胡朝珍　張志士　陳詩禮　王國榮
王鳳才　賀肇富　徐正籌　林雄才
佘以時以上咸豐鄉勇　牟承煜利川武生軍功
李世章　賈光祿　羅世俊　朱承鵬
黃國棟　覃章經　李昌茂　張仁義

賈　玫　金萬富　高宏明　馬應鳳
張明甲　石天明　吳天爵　谷面成
鄧國明　卞世國　金　魁　谷勝敖
羅仁義　楊應宗　劉　王　魏朝安
陳正義　楊與貴　李國相　孫開國
楊文明　楊作倫　劉　俊　楊大魁
鄧廷魁　楊宗明　王大魁　謝世華
吳天明　鄢學明　陳才申　楊之友
向學義　錢國賓　鍾志順　連世遠

冉　明　蔣達林　李國榮　蒲長青
[illegible]文舉　謝　太　馬大貴　夏長鳳
牟秀禮　陳景文以上利川兵丁　冉明康
莊老么　方來新　冉天仁　譚宇英
冉光美　劉洪才　張榮錦　冉大常
劉通富　楊明都　蔡善元　牟楚才
楊明受　譚甫義　牟振先　柏占魁
陳德明　向元鳳　舒貴英　鄒大明
朱勝功　吳存義　丁德明　牟大志

楊克修　譚三陽　鄧誠實　歐國安
姚奇章　黃世太　譚在揚　何以禮
周伯成　王得安　向日佩　冉廷舉
黃成武　游士倫　譚興位　冉明士
周遠富　冉玉連　譚恒修　劉秀富
冉明舉　牟奇桂　楊　洪　張選杰
冉光彥　童　富　楊禮富　熊世祥以上利川鄉勇
張　龍　陳進榮　楊宗禮　胡　鳳
胡天貴　陳　春　黃志德　李士洪

□武以上建始兵丁　李允卿　蘇敬德
□以清　王正榜　王敍武　吳中義
李克倫　向元松　解映梅　向學珍
李洪恩　蘇大海　陳言達　龍德勝
晏　陞　杜鳳朝　萬世方　羅天元
平安雲　宋士振　劉士龍　張大榜
向子夏　蔡學道　向鳳林　田朝應
田元一　田　俊　向先[illegible]　賀先爵
向　貴　曾安邦　王光[illegible]　周福遠

郝老大　尹興有　尹[illegible]子　黃國選
彭東桂　楊起元　彭明重　孫士榮
唐廷聰　戈從順　汪士忠　唐衣忠
王　兆　毛成順　龍發林　黎槐黃
張明楚　汪家書　金大鵬　張萬明
陳文榜　吳洪才　王光元　曹士科
劉廷開　陳正堯　熊會珍　朱成學
李開祿　尹登玉　陶朝魁　王啟龍
周國稅　鄒登科　黃禹排　楚清坤

冉國仁以上建始鄉勇　周大德　夏　雲二人俱來鳳人寄籍東湖
王朝龍恩施人寄籍東湖

孝友

明

陳鑛施州衞人父隆樂善好施年八十九將卒取大篚焚於庭皆負劵也鑛性至孝母遘疾慮不起乃旦夕拜禱割左脇取肝方寸和粥進母母疾遂愈以桑皮線紉其創亦無恙後母歿哀毀骨立尋亦卒楚紀

周誥字新吾施州衞人年十六割股療母疾學道取進

充學衞志

張森施州衞人生而母目已盲森常以舌舐之二十餘年母目復明楚紀

張一奇施州衞人割股愈母疾巡按趙學道周並旌其門

柳時達施州衞人年十五割股愈母疾

王家臣施州衞人割股救父疾

楊鵬翼施州衞行伍割股救母疾

黃鼎施州衞人割股愈親疾

張楚字郢伯施州衛人年十六割股愈親疾
李思施州衛人割股廬墓以上並見湖北通志皆今恩施縣人
李如昂胞弟如璧並施州明經事母至孝當並仕以次出留一以養母唐志
周之麟衛官籍歲貢生任羅源縣知縣歷秦州同知父嘗病痔麟跪吮之麟初無子父歎曰汝勿憂無子矣年五十有奇連舉三子二貴三奇三元俱成名童志
李俊明施州衛世襲指揮年十四割股救父疾
盧士奇不識詩書篤友于之義兄乏嗣强爲娶妻生子以續祀唐志

國朝

石堅施州衛學庠生年十六割股救母疾童志
石天麟堅子割股療母疾衛人有是父是子之號
牟大襲衛人與世凱同投城以功授副將剿勦賊事定繳劄歸田以養嫡母生母初在兵戈擾攘中每食必具甘旨以養兩母年七十居兩母喪涕泣如幼孩鄉人重之
童復慶幼失怙恃遭亂流入蜀堂兄海明和尚[illegible]紀其生理以續祖祀後海明病篤慶割股療之
楊維楫四川合州人天啟間兵亂流入衛拜楊姓爲父及父歿葬祭以禮母病割股療之崇禎癸酉歲火災近其舍拜之反風滅火人以爲孝感
張光耀恩施人少養於左氏頗知孝道母病藥不效割股愈之事在康熙二十九年十月朔時人爲之語曰養育親生子道須孝前楊維楫後張光耀
龍澤江建始貢生三歲失怙母董氏守志撫孤江承志力學年十八入泮隨食廩餼母疾衣不解帶及卒水漿

不入口母以節受旌江以孝聞積學課士及門成就者八十餘人

流寓

唐

李白流夜郎時經此地登城北碧波峰有把酒問月詩後遂以問月名其亭臺焉
杜甫集中有鄭典設自施州歸詩中云聽子話此邦令我心悅懌末云我有平肩輿前途猶準的翩翩入鳥道庶免蹉跌厄蓋公寓夔距施不遠或嘗至此

鄭虔訪裴施州冕至此

唐十八代宗時坐事配清江舊志 按唐書未載十八或寓李字

宋

蘇軾曾至施有贈施州喬太博詩

黃庭堅謫涪時嘗至施題詠甚多石通洞書有涪翁二字 按山谷有贈主簿趙彥成詩蓋趙爲之主也

朱勝非字藏一蔡州人宋紹興間拜尚書僕射宋史有傳曾至施有石通洞詩

張灝見一統志未載事蹟

曹鬈有題詠舊衛志

明

鄒維璉字德輝江西新建進士任考功司郎中天啟三年以攻魏璫戍施一載後起南太僕少卿巡撫福建在施著作題詠甚多有友白集大夢草俱燬於兵燹

文安之字汝止彝陵州人天啟二年進士改庶吉士授檢討遷南京司業崇禎十六年至施住四載明史有傳

滕之倫字伯倫廣西解元官庶吉士崇禎末至施有題象牙五峰二詩

熊汝學字自福江西南昌人荆州府工部廠官楚撫尚文公子避兵至施

張京字士將漢陽舉人陝西道避兵至施

陳正言字鹿野彝陵州人川東制憲工詩畫避兵至施

劉福字寶善蜀人訪黃溥至施

王奇字大可麻陽舉人訪袁守戎至施多題詠

方技

許環施州衛人博學通醫以明經任雎寧知縣有鄉紳

女得奇疾臥帳內揭帳即死諸醫不敢視脈許至其家命汲水二十石貯兩缸於臥內入房揭帳去衾見風死矣許令其家人將水淋之盡十石女微動再盡十石令侍女拭乾覆以衾許出坐未定女乃得大汗而愈又一紳士暮年得子赤肉無皮紳窘急謁許許問產母飲食起居紳曰某苦無子得孕置妾於樓產亦在焉許令以淨黃土末徧身撲之三日膚脫而皮生矣又一皁隸伏階下泣詢之曰母疾願得一方許曰孝子也往視之一藥而愈致仕後活人多類此

釋氏

玉峰不知何處人明時往來建邑初在小茶園建寺旣入石通洞煉丹洞在縣治西五里一日有樵者母病篤無喪具倉卒過洞前師知其故曰爾需幾何曰三兩足矣師命取一石來樵者取石不大師曰爾心誠置鑪中煉之成銀三兩樵者遂以辦喪有詭辭往懇者師亦曰取石來其人取石甚大哂之置鑪中煉不成銀師曰爾心不誠胡爲嘵嘵遂去不知所往

柳池與蓮池法兄弟蓮池入吳柳池入楚各以道顯結

菴咸豐縣北八十五里法名無林所居虎豹馴伏苗民和輯涅槃時吐火自焚鄉人建寺以祀 宋志

寂明不知何處人嫻武藝崇禎七年流寇猖獗檄施南東鄉二司進勦以指揮鄧崇震唐堯德及寂明分督之至巴東平陽壩遇賊入川大隊敗績寂明死之 宋志

施南府志卷之二十五終

施南府志卷之二十六

知施南府事王協夢監修

人物志

列女

詩稱女德曰無非無儀此蓋家人覩顧之辭而非謂無儀之爲至也若夫賢婦致堅確之操貞女亮明白之節綜其行蹟烈士或猶以爲難是以史志差次才行述爲列女傳今一郡之中孤嫠弱息雖難盡與少君德曜曹娥叔先等並衡

要其節孝之實信於比閭亦足以厲薄俗於當年扇芳風於來葉者也志列女

元

譚女向女施州常平鄉女明玉珍據蜀時選入宮二女結伴投池死後池自生蓮因名仙女池在今宣恩縣東鄉汛仙女塘張延齡童槼俱有詩

明

杜暹妻鄭氏施州衛人年二十夫故守節年七十終萬歷中旌

田宏錦妻李氏

譚氏施州衛人不知其夫姓名崇禎末軍民內訌土蠻乘釁肆擾鄉村婦女被執氏負幼子隨衆行至竹王沱投水死後二日母子浮水面如生

貢生鄧宗蔽聘妻唐氏教諭唐一鴻之女遭亂誓不欲生尋自盡者再俱救免後賊至賦絕命詩自縊於避亂之忠建村一說賊驅施民由荊投誠氏不肯受辱自縊

李成璘妻周氏璘弟成琪妻劉氏素相雍睦周年二十劉年十八並爲劉二虎僞牛總兵所刼相約以死至野

豬跳周在橋上一呼而下劉奮身從之俱死賊怒擊其夫後收其尸臂偎手挽膚著處皆相合强分之鮮血迸流因各去其棺左右以葬至今號妯娌墳 唐氏衛志

胡百戶妻童氏年二十夫亡誓死不嫁

周之屏妻許氏夫死族中人强嫁之誓死不從當事者旌之

陳堉妻李氏夫亡守節養姑教子有司表之

商思永妻吳氏夫早亡守節撫孤成立當事旌之

張延祚妻陳氏祚死幼子與繼祖姑閔氏繼姑那氏三世守節有司旌之

監生陳瀛妻周氏瀛卒周年二十二無子父母欲奪之周誓死守節以終崇禎中崇祀節孝祠瀛即孝子陳鎭子也

張延慶妻蔣氏慶爲賊所執罵賊死氏守節撫孤以終

生員黃鼎妻趙氏流寇入城鼎死氏殮畢閉門發火伏棺上焚死 以上並見湖北通志

光祿寺署丞張三陽妻那氏夫歿矢志撫孤節與慈并四十餘年而終

薛某妻鍾氏千戶某之女甲申後施地離亂至戊子兵荒饑饉斗米銀四兩觔肉銀三錢餓莩枕籍氏盡出己奩以奉舅姑自投水死

譚向氏被一隻虎兵所擄欲污之氏辭以夫在意在釋夫也賊殺其夫氏佯順之借賊刀埋夫竟賊方睡熟乃殺賊遂自刎

林國仕妻方氏被一隻虎兵所擄夫詣賊辦饋餉贖妻賊釋之妻爲賊執聞夫走且呼曰我不來矣遂自刎

童養用妻楊氏夫殺人報仇欲詣官自首氏出己奩貲

命之走自詣官詢其夫不言氏方孕不便刑置獄中數日度其夫已脫遂自縊滅口 以上本衛志

覃冉氏施州土司覃彝之母崇禎時剿流寇有功未邀旌賞

生員唐籤妻向氏恩施縣北木撫里民女年十六于歸次年歸寧母譚氏病篤女割股療之後其子亦以孝聞

李氏女施州衛人父病篤割股療之按院提學咸旌以額

趙氏女施州衛指揮趙承亭之女父病割股愈之

陳氏女施州衛陳欽順之女割股愈父疾

戴氏女施州衛戴汝相之女割股愈父疾

馬氏女施州衛馬應瑞之女割股愈父疾

彭氏女年十五割股愈父疾

旗軍王世臣妻杜氏姑不慈而氏最孝姑疾割股愈之因負痛奉姑不如意屢受杖氏終不怨

國朝

張盍膏妻陳氏夫候選游擊從征吳三桂溺死洞庭氏守節撫孤成名督學吳旌以額

何芳玉妻李氏年二十餘夫亡長子梅年三歲次子桂甫三月苦節撫二子成名督學繆旌以清門令範額

廩生杜蕃年妻陳氏夫亡守節事舅姑撫孤兒乾隆口年旌

李世傑妻崔氏年二十二夫死守節事舅姑撫孤兒英春入學乾隆口年　旌

廩生鄧熙皞妻黃氏年二十八夫死守節教子墉與埰皆入學乾隆十年　旌

劉靖邦妻陳氏年二十四夫亡守節養葬舅姑撫小叔

子劉純仁及其子皆入學乾隆十八年　旌

熊珍妻李氏年十九夫死守節撫孤成立乾隆十八年旌 以上本舊志俱恩施縣

武生陳廷策妻張氏其夫隨營効力乾隆六年從征湖南苗匪在營物故氏年十九矢志守節事翁姑撫孤子前太守尹公獎以勁節維風匾額長子陳玢拔補本協左營外委

張如玉妻廖氏年二十八歲夫故撫孤守節歿年七十七歲長子陞公入郡庠次能容辛酉拔貢歷署教職能

潛捐納從九品孫百籌邑庠生百笏邑庠生

高有魁妻李氏年二十八歲夫故撫二孤守節歿年六十餘

張子登妻楊氏嘉慶十三年四月蕪子崖崩壓碎其宅夫及舅姑妯娌皆死氏詣縣具呈撫孤守節其家復振

向源泉妻王氏年二十二歲夫故守節現年六十餘

姚承柱妻賈氏年二十四歲夫故守節

黃明錦妻向氏年二十歲夫故撫孤守節

黃得風妻譚氏年二十五歲夫故守節孝事祖姑撫孤

成立

李文範妻宋氏年二十七歲夫故撫孤守節子世瑩邑庠生

涂元臣妻張氏年二十一歲夫故撫孤守節

楊聯紱妻滕氏年三十三歲夫故無子守節坐臥一室雖內戚罕覯其面

譚謎連妻冉氏年二十五歲夫故撫孤守節歿年六十餘子殿元邑武生軍功議敘

外委李登龍妻鍾氏年二十九歲夫故撫孤守節歿年七十二歲子朝舉監生孫大章邑庠次大懋監生三太魁邑庠生

楊懋彩妻周氏年二十九歲夫故撫二孤守節歿年六十三歲孫程萬邑庠生

余思聖妻任氏夫故撫孤守節孫春波邑庠生

向志太妻劉氏年二十歲夫故撫孤守節歿年七十餘歲子明珠邑庠生孫朝瑛邑庠生朝班朝瑞俱邑武生

李傳賢妻李氏　李如金妻崔氏

李如栻妻向氏　楊典妻譚氏

楊夢熊妻白氏　向正學妻黃氏

向大明妻譚氏　向發載妻黃氏

劉漢典妻賈氏　嚴開思妻朱氏

向大立妻譚氏　李方圯妻尹氏

宋士楷妻鄧氏　張能靜妻黃氏

楊逢鎬妻鄧氏　張大榮妻左氏

戈文忠妻康氏　黃世文之母陳氏

劉國漢妻高氏　營兵許登海妻史氏

朱正璞妻王氏　武舉袁天銓妻金氏

吳思禹妻陳氏　吳永輝妻宋氏
涂聯富妻蔡氏　曾景芳妻熊氏
黃進遠妻王氏　向明耀妻張氏
程宗武妻范氏　彭紹禹妻黃氏
周學淸妻陳氏　劉惟楊妻廖氏
向登早妻黃氏　馬尙聽妻姚氏
向正寬妻崔氏　鄭楚華妻朱氏
朱正明妻黃氏　梁作華妻陳氏
萬國興妻魏氏　向應試妻譚氏

汪緒達妻張氏　葉大受妻龔氏
譚琛妻向氏　張靖公妻曾氏
金學順妻馮氏　朱正身妻劉氏
朱盛國妻鍾氏　劉敷愼妻黃氏
敖士進妻孟氏　李慶侯妻張氏
外委賀之德妻李氏　楊光柄妻王氏
袁天銳妻陳氏　陳光國妻余氏
黃光華妻向氏　張以忠妻李氏
顏方栢妻王氏　李碧堂妻唐氏

袁在珍妻王氏　馮光耀妻黎氏
向明貴妻陳氏
胡文杰妻杜氏　俱恩施縣

向先妻譚氏年十九歸向一載夫抱瘋疾氏鬻衣飾市藥醫治五載夫死無子亦貧如洗勤劬事翁姑年餘翁姑繼歿氏歸依母家時年二十五歲或勸之改嫁氏卽涕泣自矢尋父母亦亡諸弟長纔八歲次四歲季纔周歲氏竭力撫成教讀婚娶各立室家諸弟輪養如怙恃氏於向節孝俱著於譚嚴慈並推洵巾幗之罕覯者前令唐文遠擬請　旌未果

覃紹妻趙氏年二十九歲夫亡守節年八十六歲時孫兔入郡庠紹故土官某之弟

宋啟湛妻李氏夫亡守節孝事舅姑勤儉持家年九十四歲步履不須扶杖

田榜妻屈氏夫亡守節勤儉持家撫子若孫教讀成立年八十四歲猶健

田氏生員覃致遠之祖母孝事舅姑孀居五十年年九十三歲神明猶健　以上並李氏府志稿

田某妻趙氏　陳維國妻劉氏
宋壽山妻呂氏夫亡守節歿年一百六歲嘉慶口年
旌表貞壽之門
唐廷逢妻楊氏夫亡守節現年八十歲嘉慶口年呈請
旌表
侯文欽妻田氏夫亡守節呈請　旌表
孝女王石香孝養父母終身不字縣令詳請上憲給額
並請　旌表 以上並見湖北通志
石維仁妻孫氏年二十九歲夫亡遺孤二長五歲幼僅

三月守節撫孤成立次子中玉邑庠孫莊及廉相繼遊
泮眼見曾孫歿年八十五歲
生員朱宏謨妻董氏　唐開榜妻彭氏
郭文朝妻張氏　吳正順妻孟氏
劉廷綱妻唐氏　田文藻妻譚氏
夏治麟妻丁氏　張永年妻向氏
夏景唐妻祝氏　李之恒妻劉氏
曹盛隆妻張氏　田文世妻朱氏
嚴大信妻毛氏　周仁聲妻滕氏

[illegible]撥文妻胡氏　張士鰲妻鄭氏
黃飛鳳妻鄭氏　張永思妻李氏
生員鄒巘妻張氏
王秀琳妻袁氏
覃璋妻吳氏
田振萬妻向氏以上並見湖北通志
龍氏貴妻趙氏夫外出里惡少潘某入其室欲犯之不
可脅以死氏大呼惡少懼遂刺殺之事在乾隆三十五
年邑令康其寶誅惡少請　旌烈婦建坊邑東門外

周某氏生員周南之祖母周某氏生員周南之母兩世
孤孀冰霜共凜
何顯模妻吳氏夫故守節嘉慶十七年　旌
張鴻謨妻陳氏夫故撫孤守節道光三年　旌子光杰
府學歲貢生選拔訓導孫雲嶽庠生
劉魏氏年二十三歲夫故守節歿年七十一歲
龍雲妻劉氏年二十九歲夫故守節歿年五十六歲
生員何潭妻蔣氏嘉慶元年教匪擾來鳳潭罵賊遇害
氏守節撫三子成立歿年五十五歲學使王贈以額

監生歐陽紹裘妻鄭氏夫早歿撫孤守節歿年七十五歲學使王奭以頟子祖璵入邑庠爲名諸生皆母教也

王煒妻郭氏年二十三歲夫故遺腹生子懷曾撫孤守節年四十歲歿

鄧遠揚妻張氏年二十七歲夫故守節歿年七十一歲

鄒世澤妻管氏年二十歲夫亡撫孤守節歿年五十歲

生員徐世玠妻陳氏年二十歲夫亡撫孤守節歿年四十三歲

向仁瀚妻曾氏年三十歲夫亡撫孤守節歿年七十歲

向仁壽妻胡氏年二十五歲夫亡撫孤守節歿年四十

向仁溥妻彭氏年十九歲夫死矢志守節撫夫兄仁浩次子述傳爲嗣府學歲貢生

生員王元弼妻潘氏年二十七夫歿矢志守節無子撫大兄子煜爲嗣教之成立癸酉科拔貢

孫烈女父文登業儒乾隆二十六年於伏虎洞溺死遺腹生烈女母改嫁周氏周歿母復不貞烈女年已及笄屢諫不聽怒加楚撻烈女無如何狂且欲併亂之引誘百端烈女遂投北門外井中死越日出其尸面如生

鄒愈俊妻龔氏　歲貢曾有典妻潘氏

徐世琅妻樊氏　莫啟臣妻楊氏

郭近華妻鍾氏　朱相禹妻譚氏

何遠培妻劉氏　梁祚華妻蔣氏

黃璐紹妻王氏　顏大學妻陳氏

蕭添順妻段氏　劉經綸妻張氏

周世楷妻湯氏　向光連妻覃氏

曾德輝妻楊氏　張化仁妻郭氏

楊正衡妻石氏　郭宏敖妻鍾氏

楊秀成妻邱氏　梁慶亨妻何氏

王孝女王煥之女年十九未字其祖父篤疾女衣不解帶者經年其祖父歿女以積勞成疾亦相繼歿

田貞女其父母早死遺姪惟艮氏矢志不嫁撫之成立

俱來鳳縣

蔣進明妻覃氏故土官覃梓椿之女年十九夫亡撫子守節事姑以孝聞勤苦持家動中禮法戚里稱之乾隆四年請旌

廖錡相妻田氏　楊廷佐妻[illegible]氏

蔣宋妻周氏　田景華妻蕭氏以上本湖北通志
田景興妻蕭氏年十九夫亡撫孤守節嘉慶五年
旌
劉三女矢志守貞捐軀明志乾隆五十四年　旌
武舉熊金榜妻李氏　李天麟妻彭氏
黃天忠妻胡氏　滕成先妻李氏
陳德大妻詹氏　李均成妻戴氏
楊昌龍妻冉氏　宋瑰萬妻蔣氏
李正培妻周氏　謝正元妻曾氏

姚勝珊妻楊氏　袁章煥妻梁氏
李正權妻宋氏　蕭宏替妻李氏
楊繼貞妻袁氏　郜文祥妻王氏
楊秀洪妻程氏　宋朝選妻曾氏
宋朝榜妻江氏　馮世均之母汪氏
熊錫陽妻張氏　李天福妻楊氏
萬志珍妻田氏　嚴大堂妻周氏
嚴修文妻周氏　田先來妻王氏
覃廷璠妻黃氏　黃義和妻熊氏

劉正龍妻嚴氏
劉正友妻張氏俱咸豐縣
生員黃舉妻牟氏年二十夫亡遺孤纔數月撫孤成立養葬舅姑守節五十餘年歿
譚永毓妻牟氏年二十二夫亡矢志守節撫夫幼弟及子三人俱成立年七十六歲
牟元弼妻譚氏年十九夫亡遺腹生男矢志撫孤守節上無舅姑歸依母家母家勸別嫁誓死不貳忍飢耐寒女嫁男娶然後歸牟牽蘿補屋而居焉歿年五十四歲

陳思任妻牟氏年十九夫故遺腹生女斷髮自矢育女擇壻無親疏內外未嘗接語歿年五十一歲
生員牟承睿妻向氏年二十五夫亡守節撫二子成立次子大譜入泮歿年五十九歲李氏府志稿
蕭善正妻朱氏年二十九歲夫故撫孤守節子湛露入邑庠呈請　旌表
牟登岸妻譚氏年二十一歲夫故守志撫孤子亦早夭撫孤孫成立守節四十二年呈請　旌表
郭隆光妻宋氏年二十八夫故撫孤守節三十餘年呈

請　旌表
吳宗碧妻向氏年二十五夫故撫孤守節四十餘年呈請　旌表
徐天培妻曾氏年二十六夫故撫孤守節五十餘年呈請　旌表
牟照林妻陳氏年二十八夫故遺腹生男撫孤子事翁姑守節三十餘年呈請　旌表
郭傳德聘妻李霜梅年十八未嫁夫故在母家守志爲夫立嗣苦節三十餘年呈請　旌表

黃光太妻牟氏年二十八夫故撫孤守節歿年八十六歲
姚國太妻楊氏年二十八夫故矢志守節撫三子成立歿年七十四歲
冉光寅妻向氏年二十四夫故撫孤守節歿年八十五歲
覃世蘘妻馬氏年十八夫故遺腹生男撫孤守節歿年八十六歲
唐勝榜妻鄧氏年二十一夫故撫二孤守節歿年四十三歲
譚瓊英妻牟氏年二十二夫故撫二子守節歿年六十五歲
鄧子貴妻彭氏年二十七夫故撫二孤子守節歿年七十九歲
譚忠龍妻趙氏年二十一夫故撫孤守節歿年七十六歲
向永侯妻周氏年十九夫故撫二孤守節歿年五十八歲

劉應榮妻牛氏年二十八夫故撫孤守節歿年八十一歲
李俊明妻胡氏年三十夫故撫孤守節歿年七十七歲
劉世政妻湯氏年三十夫故撫孤守節歿年六十六歲
趙廷佐妻秦氏年二十四夫故撫孤守節歿年六十七歲
梁仲繼妻吳氏年二十二夫故撫夫前妻譚氏子早夭遺孤孫一撫之成立守節五十六年歿年七十八歲
牟元高妻譚氏年二十七夫故撫二孤子守節歿年四

十五歲
蔣思泰妻余氏年二十五夫故撫孤守節歿年七十餘歲
楊順達妻張氏年二十四夫故撫孤守節歿年七十餘歲
譚鍾璽聘妻陳氏年十五未嫁聞夫病往問夫尋歿矢志守節立夫姪英亨爲嗣苦節五十餘年歿年六十餘歲
牟登俊妻陳氏　文雅璠妻李氏

郭世倫妻王氏　牟承墧妻田氏
曾廣瓊妻周氏　孫韜訓妻覃氏
吳正綱妻楊氏　潘有才妻曠氏
曾廣斌妻李氏　伍登華妻李氏
張起蛟妻王氏　周德亨妻劉氏
周德利妻張氏
全三玉妻蔣氏
孫興德妻牟氏俱利川縣
龍鱗金妻譚氏　于大晟妻黃氏

黃大勝妻向氏　何允俊妻李氏
冉爾俸妻孫氏　向友隆妻陳氏
楊加秀妻于氏　黃加隆妻向氏
王端周妻楊氏　何其全妻向氏
生員向孔文妻黃氏　黃興福妻孫氏
喻國仕妻高氏　向登義妻黃氏
吳宏太妻湯氏　楊君誠妻吳氏
姚耀庭妻張氏　生員龍鱗九妻向氏
李永棪妻劉氏　黃天桂妻朱氏

唐達先妻吳氏　生員劉日楨妻于氏
劉瓊妻冉氏　張天福妻蔣氏
黃崙妻孫氏　龍相妻覃氏
車瑞妻蕭氏　向大宗妻于氏
向乾妻鄧氏　張光宗妻李氏
江葉妻龍氏以上並見湖北通志
李潤妻夏氏　劉世選妻汪氏
黃文相妻申氏　冉大潮妻黃氏
龍澤芝妻向氏　陳嘉品妻鄢氏以上俱請旌入祠

于廷騊妻向氏　蔣仲逸妻李氏
龍廷順妻黃氏　吳文書妻劉氏
黃奇琳妻喻氏　龍鏈妻張氏
譚學岩妻向氏　譚延忠妻向氏
龍德裕妻楊氏　姚廷孝妻陳氏
饒從典妻劉氏　向學龍妻于氏以上士民公請入祠未請
旌表
姚張氏夫亡矢志守節熊姓強娶之因自縊乾隆二十
六年旌

生員鄭文會妻張氏夫亡弟將嫁之氏鬪之故跌傷肢
體臥牀呻吟暗使人戒娶者曰必娶我先殺汝後自殺
也娶者懼乃止其姑性嚴急偏愛少子婦嫉氏氏善事
之及姑篤疾年餘惟氏捧負扶持不避臭穢甘旨醫藥
不惜貲財氏復善教其子孫相繼入邑庠乾隆五十七
年旌
何如淮妻孫氏年十九夫故撫二子守志敬事舅姑勤
劬持家歿年八十三歲
張傳智妻劉氏年三十夫故或勸改嫁氏剪髮明志敬
事舅姑姑病癰氏吮之而愈撫孤成立子含典入邑庠
嘉慶二十五年旌
鄭世綠妻何氏年二十一夫故一子甫四月家亦貧其
翁欲嫁之氏誓而自矢撫孤守節艱苦百端翁姑偶染
瘟疫一門俱傳氏在母家聞之蒼黃欲歸母兄阻之遂
子身趨歸奉侍湯藥翁姑病得起後翁姑歿殯葬之費
皆氏女紅所得守節二十五年歿年四十六歲子德聲
入泮
龍鈗妻譚氏年二十八夫故矢志守節上事孀姑下撫

幼子歿年五十六歲長子澤英入泮次子彩章廩生
劉文炳妻于氏年二十五夫故撫孤守節歿年六十歲
子遠垣邑廩生
潘成琥妻鄧氏嘉慶六年春適成琥其家貧無立錐至
五月成琥外貿而亡其姑年已七十氏年二十有四矢
志守節紡績奉姑延及五載姑歿殯葬無貲戚里高其
節孝賻葬其姑撫旁支子以繼夫後苦守三十餘年而
歿
張傳桂妻盧氏年二十五夫故矢志守節孝事舅姑撫

二子成立歿年七十二歲其孫入六武庠嘉慶二十五年
旌
黃道淸聘妻劉氏未嫁夫歿矢志守貞現年五十二歲
俱建始縣

施南府志卷之二十六終

施南府志卷之二十七

知施南府事王協夢監修

藝文志

史志藝文皆錄典籍卷目不及詩文湖北通志亦循此例各郡邑志則雜收詩文典籍或反闕焉葢一都一邑著述罕覯不足以備外史之紀也施志舊無成書昔賢遺典半歸零落至於殘碑斷碣之留傳學士文人之記錄紀山川詠風土方志猶有取焉是亦考鏡之資也志藝文

詩

鄭典設自施州歸　唐　杜甫

吾憐滎陽秀冒暑初有適名賢愼出處不肯妄行役旅茲殊俗遠竟以屢空迫南謁裴施州氣合無險僻攀援懸根木登頓入天石靑山自一川城郭洗憂戚聽子話此邦使我心悅懌其俗則淳樸不知有主客溫溫諸侯門禮亦如古昔敕廚倍常羞杯盤頗狼藉時雖屬喪亂事貴當匹敵中宵愜良會裴鄭非遠戚羣書一萬卷博涉供務隙他日辱銀鉤森疎見矛戟倒屣喜旋歸畫地

求所歷乃聞風土質又重田疇闢刺史似寇恂列郡宜競惜北風吹瘴癘羸老思散策渚拂蒹葭寒嶠穿蘿蔦羇此身仗兒僕高興潛有激孟冬方首路强飯取崖壁歎爾疲駑駘汗溝血不赤終然備外飾駕馭何所益我有平肩輿前途猶準的翩翩入鳥道庶脫蹉跌厄

贈裴施州冕　杜甫

廊廟之具裴施州宿昔一逢無此流金鐘大鏞在東序冰壺玉衡懸清秋自從相遇減多病三歲爲客寬旅愁堯有四岳明治理漢二千石真分憂幾度寄書白鹽北

苦寒贈我青羔裘霜雪迴光避錦袖龍蛇動篋蟠銀鉤紫衣使者辭復命再拜故人謝佳政將老已失子孫憂後來況接才華盛

把酒問月　李白

青天有月來幾時我今停杯一問之人攀明月不可得月行卻與人相隨皎如飛鏡臨丹闕綠烟滅盡清輝發但見宵從海上來寧知曉向雲間沒白兔擣藥秋復春嫦娥孤棲與誰鄰今人不見古時月今月曾經照古人古人今人若流水共看明月皆如此惟願當歌對酒時月光常照金樽裏

送張拾遺赴施州司戶　釋貫休

道之大道古太古二字爲名爭莽鹵社稷安危在直言須歷堯階挹諫鼓恭聞吾皇至聖深無比推席卻几聽至理一言偶未合堯聰賈生須看湘江水君不見頃者百官排闥赴延英陽城不死成令名又不見仲尼遥奇司馬子佩玉垂紳合如此公平公平施之掾江上春風喜相見畏天之命復行行芙蓉爲衣勝絁綃好音入耳應非久三峽聞猿莫迴首且竪千年蘗巴酒

送喬施州　宋　蘇軾

恨無負郭田二頃空有載行書五車江上青山橫絕壁雲間細路躡飛蛇雞號黑暗通蠻貨蜂鬧黄連採蜜花共怪河南門下客不應萬里向長沙

將次施州先寄張十九使君　黄叔達

書來日日覺情親今信施州是故人許我投名重入社放狂作惱未應嗔

一別施州向十霜傳聞佳句望風降空巻不易當堅敵振臂猶思起病創

題小猿叫驛　黃叔達

大猿啼罷小猿啼箐裏行人白晝迷惡藤牽頭石齧足
嫗攜兒隨泣陸續我亦下行莫啼哭

次韻答清江主簿趙彥成　黃叔達

日轉溪山幾百遭厭聞虎嘯與猿號笙歌忽把二天酒
風雨猶驚三峽濤已作齊民尋要術安能痛飲讀離騷
看君自是靑田質淸唳常聞徹九皋

和張仲謀送別　黃叔達

夜郎自古流遷客聖世初投第一人不是施州肯回首

五溪三峽更誰親

又　黃叔達

五溪三峽漫經春百病千愁達故人何故看君歲寒後
欲將兒女更論親

題驢瘦嶺馬鋪　黃叔達

老馬飢嘶驢瘦嶺病人生入鬼門關病人甘作五溪臥
老馬猶思十二閑

上南陵坡　黃叔達

風餐水宿六千里蛇退猿啼百八盤上得坡來總歡喜
摩圍依約見峰巒

次浮塘驛見張施州小詩次其韻　黃叔達

歎息施州成老醜當年玉雪瑩相照舊時去天一尺五
今日萬里聽猿叫

馬上口號呈建始李令　黃叔達

驛亭新似眼般明箐路開如掌樣平誰與長官歌美政
風搖松竹是歡聲

石通洞　黃庭堅

古木蕭蕭洞口風昔人曾此出樊籠崖前兒有涓涓水

好滌塵襟去效翁

通天洞　張綱

入道潛通小有天由來神物鎭山川蒼生切切思霖雨
試問龍曾在此眠

石通洞　裘勝非

涪翁詩名垂宇宙李杜摧鋒君殿後山川草木經品題
千古佳名長不朽中年微累謫黔中石通曾運羲之肘
不獨鄉人敬重之神物堪持百年久我昔涪溪口崖遊
敬誦君詩三四首至今聲價重瀟湘一字千金猶奉售

石通當在伯仲間更藉文人開匚口

羅盞山　張　顥

道盞原非盞言羅不是羅只因山突起簡倚盡如螺

通天洞　明　沈　慶

勝日尋芳蹟山中洞府寛碧桃千樹古流水一溪寒人伏丹應結雲凝龍尚蟠登天知有路即此蹈靑鸞

蠻王塚　沈　慶

路口蠻王塚蠻王塚已蕪高崖留夕照古木噪飢烏妖血腥猶在狂名世尚呼聖朝欣混一尺地入輿圖

圓通寺　沈　慶

凌空梵宇欝嵯峨暇日登臨景最多崖瀑雨晴飄素練山雲風捲漾靑螺經繙貝葉爐薰晷刻轉蓮花午漏過勝地難逢幽賞愜遂令塵慮頓消磨

問月臺　沈　慶

銀蟾初挂畫樓東皎潔清光萬里同樂奏有人開綺燕鯨騎無客寄仙風迢迢涼夜星河迥漠漠遥天寶鑑空鶴氅欲披誰共賞朗吟疑在月明中

洪崖山　沈　慶

聞說洪崖絕頂幽赤城霞舉碧雲頭光搖淺渚丹砂焰色映遥空火齊浮鸞鳳翥時偏趁晚雁鴻賓處最宜秋會當月白風清夜應有仙人跨鶴遊

興國寺 在咸豐　沈　慶

公餘幾度訪招提寶殿陰廊入望迷曲曲澗幽雲作路登登山險石爲梯忘情駐節從吟賞識與凭闌任品題珍重道場傳世業宗風千古[illegible][illegible]溪

寄施州衞黄經歷溥　蕭　榮

內臺久羨無雙士臬府初推第一人親見至公權國法

獎將剛直犯龍鱗春歸天府花千樹秋到淸江月一輪有道自應舒復卷相逢莫恨别離頻

贈建始令譚明然　張居正

天涯人去倍離憂故國情多感昔遊燕市有金神駿老長門無賦翠娥愁雲邊鳥送靑嵬下峽裏江翻碧樹浮白帝城頭天萬里相思應上最高樓

大觀閣 城南門外文昌祠後　鄒維璉

良朋招我遊選勝大觀閣河水漾如帶羣峰列成幄最高客是山空翠飛相泊鳥若參禪鳴花疑說法落塞哉

人世間百年苦塵縛謬以隋侯珠輕彈千仞雀所以瞿曇子出世稱極樂李公戴髮僧鮑君修翎鶴刹那西方移口中蓮花灼

澄清閣

鄒維璉

世間快意在何處山水卜築軒當樹雙柑斗酒一碁枰圖書萬卷供朝暮客來彈碁始罷觴人生得此樂事長摩詰曾搆輞川莊歐公亦有六一堂君家高齋面山水暮樹重重烟霧裏羈客何幸觸衆來座上清風兩腋起

問月臺同李一鳳張三陽小酌

鄒維璉

碧波湧出孤峰起浩蕩乾坤雙眼裏四山盡列翠圍屏當前一灣衣帶水登高俯視下界小城郭烟樹相繚繞月上江山清復清方丈蓬壺共潔皎天設形勝謫仙來探奇占作問月臺月在臺空謫仙去何人更舉臺上杯李公原是太白身張公飲中八仙人詩聖草聖依然在攜我捫蘿躡嶙峋青天作幔地作榻白雲當帷草當茵壺不必千鍾酒一笑已清萬里塵每羨前輩風流古今日名山君作主自有天地有此山何爲茲山重茲土登高覽勝峴山同感慨不獨晉羊祜

問月臺

鄒維璉

旅邸春歸賦早梅遐荒千古一亭開山多文筆叅天出江有清流遶郭來自別豫章寒雁少更堪巴峽暮猿哀幸逢此地名公蹟把酒時登問月臺

象耳山

鄒維璉

清虛一閣逼天宮上帝宸[illegible]呼吸通山似衆星紛拱北江如四瀆遶朝東參差古木紅塵外縹渺香烟碧落中欲訪廣成問至道登臨疑此是崆峒

大莫園 城南門外李一鳳別業

鄒維璉

閒園闢徑瞰滄浪招客亭臺綠草芳輞水莊中詩作畫浣花溪畔草名堂閒來隱几聽天籟嘯罷鳴琴送晚觴我愧羊求[illegible]許過白雲明月滿山房

戍施一載蒙詔放還且奉南太僕少卿之命留別

鄒維璉

匹馬蕭蕭自此東關河晴雪逗春融學經患難方知淺詩到窮愁尚未工雨露一天君德大風烟萬里友情同江干別後懷人夢猶在仙亭問月中

流落南冠學楚吟故園遼隔白雲深敢期湯網開三面

已信樂瓠老一岑忍死快聽明主詔放歸猶是歲寒心
停驂握手臨歧處轉眼吳門不可尋

鐵溝　鄒維璉

鑿火從教海底燒鐵心堪對鐵溝遙千年詞客題詩在
不與滔滔水共消

客星山　鄒維璉

青山何惜客星名幾度星移山自青我作客來君作主
煩供佳色到園林

猿啼山　鄒維璉

巴山何處不猿鳴今古羈傷逐客情猿自善啼吾善笑
誰云墮淚只三聲

清江　鄒維璉

滄浪幾處聽漁歌好解塵纓濯此波莫說涓涓衣帶水
還將一勺小黃河

題衛城　衛治諸水環流形若樓船　鄒維璉

萬里滄溟天際開探奇直欲問蓬萊夜郎有力舟能運
徐福頻來人未回潮捲岡巒蛟亂舞城環堞雉鵠飛來
殷勤分付操舟者莫道東洋那一隈

連珠嶺　黃溥

郊外春晴賦勝遊無邊風景入盈眸水聲帶郭清堪掬
山色連天翠欲流路隔紅塵江口寺雲迷畫棟戍邊樓
夕陽吟罷應回首贏得新詩滿擔頭

開元寺　黃溥

致齋信宿寓開元為喜山居隔市廛門抱玉虹雙澗合
窗推螺髻兩峰圓無聲葉墜來林樹不老花開寶地蓮
坐久悠然塵慮息始知方外好逃禪

梅溪　黃溥

別業迢迢遠世塵就中光景四時新斑鳩喚雨千峰暗
黃犢催耕百畝勻路曲疑通盤谷阻園青分得鹿門春
將軍花下開樽處明月天邊共主賓

客星山　黃溥

清江之山天下奇客星峙立無與齊低處猶疑紅日近
高處恍覺青天低群峰落落何嶻嶪欲斷不斷如劈鐵
雲間樹色白遠近雨後嵐光靡斷絕千巒萬岫勢壓天
憑凌五岳冠山川白鶴元猿歲相侶幽花野草春爭妍
孤高自是施之望左右群山皆退讓瀑流不數廬山雄

奔騰直下三千丈丹崖翠壁高重重閬風元圃疑相逢遊俗豈無曠世士採芝應有商山翁君不見太白人中仙謫仙於此曾盤旋又不見涪翁千載士居黔訪舊亦游此到處景物皆品題何事茲山無一語山川靈秘豈待時後三百年來何遲勝跡二公探索徧敢誦前賢畏後詩我有烟霞想欲賦汗漫游呼風乘雲駕黃鵠扶搖直上最高頭萬里銀河可飛越邀遊擬叩元皇闕下與濁世掃秕糠上扶青霄扶日月功成追逐浮邱翁冥鴻杳杳秋濛濛便欲與君飲一斗醉後拔劍斫取十二青

芙蓉

勸農臺　城東五峰山峽口　　黃溥

布穀聲乾雨初歇年年忙殺春三月大兒扶犁小兒耙新婦插禾阿姑饁沾體塗足不爲辱但願時和生事足大麥垂黃小麥青晚稻含華早稻熟木綿可紡麻可績蠶絲在繰布方織年豐祇足償逋租幸免官家多督責田家但了公家債更賀昇平時運泰

清江　　黃溥

清江浩浩天際來春波萬頃青於苔清江遷人事幽討古人載酒相徘徊城南山水更奇絕客星翠若終南結文峰兩點青插雲西嶺千尋寒積雪翠濤丹嶂遠相連天邊隱隱開金蓮大河一線抱城下流觴勝迹今猶傳良疇幾處帶山郭茅屋人家尤寂寞麒麟溪合梅溪水龍首五峰珠錯落觀瀾亭在江之濱空虛路僻無纖塵開元寺廢今復創覽勝能無千載人釣魚臺空峙江渚倚櫂臺邊一延佇山色晴迷遠岫雲灘聲寒瀉長空雨長灘北去灘復灘扁舟欲上獨蹣躚萬竿烟雨竹臨水隔竹彷彿聞鳴鸞龍潭深深清見底孤舟待渡橫沙際

徑殺江頭雙白鷗飛來點破波心翠清江故縣江之邊小澗通潮人漫傳離離禾黍泣寒露萋萋碧草飛晴烟月臺獨聳象耳北上頂有亭名半逸亂峰疊疊擁碧波萬仞芙蓉眩空碧雙鳳搖落江天開狂濤萬斛號春雷怪石如龍枕江滸爭奇獻巧何異哉教場北望田萬井東作西成樂豐稔行行又至鹽水河水碧山明好風景蟠龍溪遠難往還三百六十長短灘興闌返櫂更回首夕陽冉冉低銜山把酒吟詩歡不極此樂何須遊赤壁短歌聊寫寄行踪安得好事爲刻石

清江　　黃溥

千里清江一畫船遨遊況值九春天鐵溝河下尋坡老問月臺邊訪謫仙草色碧連天色遠波光清徹月光圓花然不悟身何處疑是蓬萊弱水邊

蟠龍溪　　黃溥

清江萬頃瀦重淵龍隱江中不記年四海蒼生望霖雨莫教閒處抱珠眠

釣臺 瑞獅巖上刻釣臺二字　　黃溥

百尺臺高坎水濱幾回來此獨垂綸不知應兆飛熊後

更有何人踵後塵

清江　　高維勉

清江秀絕三巴地草木香蒸二月天村裏烟波橫釣艇犂頭春色趁耕田

影娥洞　　龐一德

普陀禪寂處千古閟靈蹤壑有蒼龍護階都碧蘚封金界何幻杳元鑰自穹窿三五晴明夜姮娥下界逢

文昌祠　　龐一德

勝友繙經處光芒耀列星山盤來七曲水帶入雙汀天畔風初勁籬根菊已馨不妨從此別世外數高翎

五嶺連珠　　龐一德

一曲清江漫陸離山開五指疊牟尼羈人計日珠江去說着連珠淚一垂

野意樓 西北城上　　王直

野意樓高任客過闌簾四望足吟哦長松古栢雲霄過細草幽花雨露多遠水東流通渤海好山西下接岷峨閒來亦擬窮登覽白髮蕭蕭奈老何

觀瀾亭 城南石上鐫觀瀾二字　　王直

觀瀾亭在清江上暇日來遊喜不還正好馳心瞻北闕更宜把酒問南山白雲芳草渾無際野鳥江鳧相與閒景物盡堪供賦咏好留佳句在人間

施州衛寄所親　　夏熈臣

環衛皆君長東南盡筰邛流官乘小駟蠻婦織花竇刀劍生睚背衣冠列附庸不煩司馬檄尺土亦王封跋涉皆天意艱難未敢辭地傳巴子國人拜竹王祠山水多奇氣烟雲無盡時更兼旬日雨得不賦秋悲

通天洞　　潘希曾

洞門開倚白雲開洞裏殘碑半是苔奇絕自然超世界
桃花何處有蓬萊竅通天表原無極泉去人間定不回
萬里停驂一回首好題青壁記曾來

通天洞　劉子厲

一竅中通小有天旁開門戶揖羣仙金丹合就懸鍾乳
玉粒收成廢石田殘樹欲醒盧氏夢斷碑猶記至元年
游來擬作尋源客洞口桃花莫浪傳

通天巖　宋洪溙

竅引寒光竟萬尋誰將大斧鑿重陰兎升午夜雙拋玉

烏下平川乍破金箭括鈎深知絕險月巖取象定元鍼
往來多少探奇客擊鼓敲鏞石有聲

龍居寺　李若訥

寂寞招提獨宿時四千里外一身羈縱使寒來煨芋熟
長源無意懶殘知
半榻然燈磬一聲憑誰細雨說無明猿啼虎嘯空山外
一任羊腸世路行

天橋并序　李謙然

余以枝江趙尹雙廬典史徐瑩請驗木復至此守戎橋東胡公揮使別泉王君偕因小酌焉郡太守津南陳公前月督木臨衛欲覽此橋之勝連雨竟不得乘興一行茲對景念及且慨夏晤之不易也漫紀二律時嘉靖三十八年六月既望陳公名全之閩人甲辰進士前禮部祠祭司郎中

掄材徂暑入天橋懸壁清幽午夏饒流水彈琴如宓子（謂趙尹）
雁門鳴劍有嫖姚（謂胡公）巖藏鸚燕飛驚突石幻象
獅臥欲搖梁棟喜看緣纜出大夫期早上青霄

閬籠橫出跨溪頭底石中間巧引流谷口藤枝迎舊客
洞門風磴訝新秋莓苔就席情眞樸波影侵杯酒共浮
河朔不逢五馬飲（懷津守也）山陰共憶雪明舟

象耳山　李謙然

山徑通仙關崖扉迫市闤遠非遊郭外高已入雲端谿
目千峯秀清心水一灣碧霄原有路誰謂杳難攀

問月臺　李謙然

皂蓋影搖疎雨散竹枝歌罷夕陽催荊州山簡風流在
醉趁斜曛並馬回

梅溪　文安之

結伴尋春踏石間桃花深院賦閒居攢眉每笑陶彭澤犢鼻真慚馬相如陌上鶯花頻見約年來魴鯉久無書栽桑撲棗嫌多事半鹿初傳薄板車

文昌祠　文安之

雞壇清磬響暄妍靡曼春深柳正眠泥醉厭聞河朔飲刼灰愁望洛陽烟思歸引入桐三弄作賦眈餘月上弦卜築林塘無限好不堪重問杜陵田

野意樓　文安之

草堂題句柬頻呵高閣連口散委和自惜清時依釣艇豈因薄宦老漁蓑墨莊歲賦霞千畝江朵朝牽錦一梭北極春暉連馬轂客星山下盡恩波

連珠嶺　滕之倫

隔岸脩然處初春試一探足將窮上下目已槪東南灌木天藏碧流波柳帶藍尋常詩酒債花鳥與同貪

象耳山　滕之倫

酒煖春寒坐夜分論兵未已復論文城邊木落風兼雨天外山空雪間雲孤掌平臨星是客千頭奇崛虆爲君還嫌俗耳因絲竹故使鐘聲得得聞

梅溪　滕之倫

野外書堂晝不扃特來雨後看山青傍簷茶樹春分火隔水梅花天斕星宜我尊罍渾欲醉因君筆墨總能靈六時佳句堪流轉十二風光紙上屏

龍居寺　程道新

出谷清溪繞梵宮空門祇與白雲封客來越水四千里僧在巴山一萬重簷鳥見人鳴上下庭松挂壁影橫縱自憐鞅掌曾無補徙倚經臺聽暮鐘

梅溪　梁思泰

青呵結侶恣長遊別有仙人洞壑幽小徑隔溪窺邃窟虛崖布席俯長流風光絕似春三月景物全勝漢十洲飽飯胡麻歸路迥不知暝色在山頭

清江　黃珪

平臺雨後氣埃淨川色巒容開霽景澗中風過水生紋臺上月來花弄影臨流探道獨徘徊注目晴瀾發深省此身此樂信所之浪笑浮生類萍梗

大石嶺　許言詩

石嶺高無盡寒風拂面生尋常饒雨露倏忽變陰晴竹
塢懸崖密雲鋪大壑平家鄉回望遠遊子暗心驚

清江　許言詩

二水源來遠合流宜都行蜀江水自濁清江水自清

開元寺　王徵明

秋深蕭寺裏暮色淡孤烟人靜迷松徑僧閑對玉田疏
林清磬度古殿一燈懸最愛空門月幽棲恰問禪

葵園　袁于里

山水依園長翠莎濠梁遠遠度漁歌蒼崖入戶蘿爲幌

綠水侵階竹作波醉上江樓明月近夢離花樹鳥聲多
嗟予更隨山陰興夜半回船奈戴何

龍居寺　石淪

雲橫石柱添愁思雪擁山根斷旅魂何代有龍居此地
昨宵無犬吠花村

半逸亭　陳全之

不厭山中寂起登江上亭秋清驚鳥喚日午接雲屏山
色綠江碧花枝夾岸清興闌驅馬去細雨又冥冥

龍居寺　周宗休

雨餘幽靜半生苦屈指曾遊第幾回門外綠拖流水去
牆頭青送好山來宦情半落憑誰訴詩思淋漓信手裁
忙裏偷閒心自靜更無飛夢到陽臺

半逸亭　呂應時

不爲登高賦而因訪戴來風塵今日共尊酒故人開地
淨黃花少天空白雁哀杜陵愁轉切相對且徘徊

洪崖山　鄧[illegible]

巍峩形勢壯山城極目雲烟更莫京萬壑風颸聞虎嘯
五更月冷聽猿鳴葉飄鐘磬知秋老嵐起樓臺覺景新

每欲詠茅來此地訪求丹藥悟長生

清江　童泉

清江之水來施州與君夜宿江上舟我與清江最知己
戀戀欲流欲不流君不見清江水淺蜀江深蜀水不似
清江清清江若有蜀江大此水當擅天下名我昔與君
別又似別此水來年我若還此水鯢當起

奉憶黃溥　童泉

人與春皆去鶯花惜別離馬便來日路民有去思碑蘗
苦還堪味歧多慎勿悲一言能悟主洗耳豸冠時

客星山　童景

一日休得告芒鞋聊見親山寒烏欲毳岸古石多皴驅
虎人喧夜分蜂叟記辰隔林何處鼓知是賽田神

連珠山　童景

名山連絡面東開如貫勻圓江上隈疑是兩儀分藏寶
始知五嶺露珠胎風來水面驪龍戲月到天心老蚌猜
剖腹自知非我願獻圖作賦愧無才

興國寺　童景

撚指重遊又攝提蒼梧老木半淒迷簾含河水魚鱗畝

石次餘霞雁齒梯半日有緣隨衲子百年無警到雕題
吟成擬扣傳燈事歸促花驕月滿溪

石乳山　童景

界分楚蜀控喉咽諸葛遺踪俗尚傳一鎖南封千里地
雙峰高拄九重天華夷今古關防立草木春深造化權
我忝書生有邊寄瓣香心緒託前賢

臨流石閣　城南五里指揮唐一麟別業　童景

媧皇煉石補天處石破山空一洞天我欲闢開三十六
不知何處隱真仙

獨乘款段策長鞭來訪壺公靜裏天一樹梅魂招不返
欲將此訣問神仙

羊角山　童景

羚羊溪口石為門度馬盤多欲礙雲未信陰崖春不到
幽花偏自笑斜曛

都亭山　童景

竊慕平泉力不支好奇心與物皆奇愚公豈是真愚者
見好溪山便欲移

畫屏山　童景

雪慘雲屏四面開疋馬尋春處處梅忽見好山如素識

十年殘夢記曾回
瓦倉東接畫屏山山信多緣我再看喚作畫屏猶未識
郭熙重起畫應難

仙女池　童景

鶴質雲容去渺茫遠山如愧蜀宮妝紗絳不繫當年督
池上紅蓮歲歲香

成山書院　張問禮

小搆茅齋接上臺橫斜窗影數株梅五珠蒼翠環東遶

一鑑玻璃自北來課讀夜闌燈映月栽花雨後翠侵苔
古人若解窗前意萬種生機好自培

大觀閣　李一鳳

樓船不繫欲何之高閣中流一柱支勢刺碧雲迴燕雀
影沉滄海駭蛟螭月搖畫壁渾疑動潮撼窗紗恍似移
會待春來桃[illegible][illegible]錦帆[illegible][illegible]天池

龍居寺　李一鳳

閒尋香刹[illegible]溪灣[illegible]傍[illegible]門[illegible]止觀最是遠公留意處
蕭蕭細雨話松壇

猨啼山　陳止

西望崚嶒雪嶺遙土人占候準風飄巔迷柳絮秋纔老
麓散梅花臘正嬌叱犢不勞知凍解遺蝗應已共寒消
江南三尺家家慶共酌金罍賀歲饒

硃砂溪　陳止

煉藥山人失名姓硃砂化石溪如鏡早來溪上訪仙蹤
何必覓除勾漏令

大莫閣　唐一騏

曲折崖通徑蕭疏木擁樓開軒移客座倚樹聽江流詩
索青蓮調情深元亮甌何當饒綺席徒自愧羊裘

臨流石閣　唐一騏

雪鬢藤形憔應酬撥雲鑿石洞天幽俯聽碧澗潺潺響
遠見輕烟淡淡浮靜覺渾無蕉鹿夢忘機常伴白鷗遊
倏逢老衲談空妙遙指商山橘裏秋

江口寺　唐一元

千年峽口湧天波亂石參差水急梭載酒輕舟飛似葉
停橈江滸醉仙窩

石通洞　國朝　吳李芳

發興耽思遠尋幽得地偏酒酣千日後詩出萬峰巔樹
似雲支谷溪疑石補天山空迷曲徑洞邃隱長烟巨手
何年鑿當頭此日圓白光疑火伏紅旭照霞籠何必買
山隱於斯好坐禪曠懷因太室極目感桑田遺矛來求
牧徵文試古鐫涪翁堪尚論未敢薄荒邊

朝陽觀　史晟

策杖銀河麓猿聲引步長褰衣探石壁披棘入雲房冷
水淪苔綠輕霜洗菊香幽尋耽寂寞豈敢歎馮唐

朝陽觀　武令璞

蚓鳴蟻穴祝堯天雞肋畱封百里紘脂轄秦中曾七載
勞心蜀道已經年高峰遲步驚鴻雁福地聞香惹淨蓮
仙令飛鳧堪仰止何時許我得真詮

過石門　　黃襄

磴道崎嶇澗水分動行俯仰俘如焚崖懸走馬春愁雨
谷邃飛花日看雲古洞藤蘿皆鳥迹新碑墨刻半龜文
猙獰石虎山頭見更有猿啼兩岸聞

陪應明府桐岡前輩問月亭遠眺　　黃襄

乘興登臨夏日遊孤亭歷歷在峰頭秧苗稍長寒崖水
麥穗初黃綠野疇撩亂晴光石筍出森羅遠甸碧烟浮
追陪杖履行相訪舊碣新碑太白樓

賦贈陳贊伯將軍　　施閏章

漢家飛將舊橫行枹鼓年來臥不驚劍倚龍泉輕萬馬
身先虎穴拔孤城銷鋒海國歸樽俎錫土天書別姓名
共說軍前容揖客醉餘緩帶笑談兵

陳世凱勦十三家巨寇蕩平黔蜀　　高培

[illegible]風吹塞角殺氣起黃雲斬首俘千級疇功振六軍草
枯鷹已肅畝獻鼠無羣黔蜀山河定鐃歌到處聞

陳贊伯將軍新任浙江提督　　李仙根

彤弓寵錫煥東吳坐鎮娥江展廟謨甌海長鯨新屏跡
楚山威鳳舊規模投醪久洽三軍惠沛澤方行萬戶蘇
鈴閣從容消劍氣竚聞茅土下鈞符

賦贈陳贊伯將軍賊呼陳鐵頭　　蘇霖

聞道聯飛捷潢池未解圍蒼生餘病骨社稷恃戎衣灘
下東江急雲迷高嶺巍鐵頭纔一到百萬懾天威

核桃園　　商盤

停轡核桃園漸近建始縣連朝陟層巒到此稍平善如
經霜雪餘復覩陽春面巖草寒不枯石瀨緩猶濺稻畦
互高低竹塢多蔥蒨此景似江南村居頗堪羨勞生困
風塵知歷幾郵傳驛騮道路長蟋蟀年華晏失足因坦
夷策身在磨鍊艮止利永貞危途慎勿踐

南里渡　　商盤

意外見琉璃放舟南里渡四山屏障開一水醍醐注修
筲落鏡中連娟各呈露綠淨唾方宜翠深行易誤衡茅
兩旁分畫傍平林住是時十月交小春未寒冱早稻黃

屯不旋收西嶺芋年豐賽雞豚日吉行嫁娶此鄉誠樂
郊翻起無窮慮休將地利貪幸賴天心護他年幸大夫
或議減蠻賦

連珠嶺　商盤

城東五峰並峙狀若連珠爲郡治八景之一明
童昱有詩而形容未備補賦是篇爲茲山寫照
刻劃圭角殊傷大雅也

歷歷五星垂纍纍八音貫占象與區優典樂后夔贊茲
山靈秀鍾割取朶雲擴爲屬非爲獨相連不相斷十倉

雖未全一握已堪算數奇那得偶卦華安能渙挾將羣
嶽來蔚爲衆峰冠有鄰德不孤如珠光可玩神羊髯白
垂老蚌胎誰判驪容造次探鵲以等閒彈一云懸大寶
輝煌徹昏旦又云現牟尼色空驚變幻得因象罔尋投
或太阿按是石還是珠聚訟成疑案待叩妙明師眞假
片言斷

磨嵯神祠曲　商盤

磨嵯巖下紛擊鼓楚巫降神神不語聞昔西川廣政年
曾助官軍攻洛浦聰明正直神所爲生有厥功死祀之
能禦大災捍大患非此族者皆淫祠陰兵擊賊傳稗史
怪事荒唐違正理勅封本授孟知祥英烈翻過巴蔓子
廟食千秋蠻土同靈旗颯颯暮捲風喜嗔醉飽誰復見
斷猿啼月寒林空神兮寂寞歸山中

蠻王古冢歌　商盤

施州城北都亭鄉懸崖百丈勢鬱蒼下有洞門一十二
云是蠻王歸葬地高陵爲谷谷爲陵古往今來幾廢興
此冢亦遭人所發但存冢木纏枯藤當年曾作西南長
姑猶壁壘堅無兩花鈴蘆管散雲烟漆齒雕題埋土壤

苗疆尺寸納
天朝蠟壁高羅部曲消孟獲何曾縱復反尉佗敢稱生
前驕陰風吹冷荒郊月刀扇搖歌聲已歇杜宇雖平望
帝心幽篁空灑湘妃血安得蒙莊語髑髏殘魂剩魄莫
生愁牧兒夜火穿秦壟義士冬青表宋邱君不見纍纍
道左今無數玉魚石馬知何處有酒堪呼泉下人一尊
且酹劉伶墓

蠻村秋千曲　商盤

散毛司畔多村舍柳稊乍生梅欲謝蠻姑結隊鬪輕盈

早春已見秋千架秋千之架高如雲鳳翥鸞翔影不分
翩翩可惜落荒土未展六幅湘波裙黑白羅羅留部曲
蘆管聲中男女逐此戲還堪紀歲華相沿何用移風俗
君不見豪家高館三月時十尋綵索雙畫旗江南舊夢
成追憶安得梨花作寒食

苗刀歌　　商　盤

沙渠土司悍且豪大爲容美小散毛納地久降諸苗長
尙存苗種懸苗刀此刀出匣三尺水吳潭素練翻秋濤
春鵰長毛白皎潔鴛鴦安用尋常膏蠻兒捷健逞身手

累年剽掠橫相遭官軍纔攻議勦撫居民雜處思奔逃
留茲利刃經戰鬭往往深夜鳴嗚號即今向化買牛犢
兼有就學嫺風騷
朝廷有德加四海合兵不用皐蘭鏖羅平妖鳥避鷹犬
大宛天馬隨蒲萄東南自充財賦藪零星荒土輕秋毫
奠安有方賴守牧奸宄何日潛蓬蒿孟勞伏突本兇器
昇平盛世宜藏弢寒光如髮照無寐起看太白西方高

燒山行　　高　盤

朔風獵獵夜更遒烈炬燒山騰欝攸黃茅白葦何足惜
中有楩楠高百尺崑岡玉石竝雜焚其勢直欲蒼崖亮
火牛長驅燕壘破隊象突出吳師奔君不見天橋（郡治山名）
去天纔一握密箐深林掩圭角下策翻宜用火攻高坡
漸可施錢鎛
國家休養經百年蠻土盡闢爲良田炎炎秉畀應時合
太平了不驚烽烟須臾火熄風且止翠微依舊清如水
明朝樵客入山行爛額焦頭虎狼死

採蕨　　商　盤

採蕨復採蕨蕨生蠻嵩蹯秋將蕨粉收春待蕨苗發蕨

苗葱翠如禾苗布種不用施鉏銚婦女提筐立沙嘴兒
童負籠穿山腰施州地廣民富足況逢五穀穰穰熟比
鄰都有好田園此產還同閒草木君不見嫩韭初芽蔣
未花登盤蕨菜定足誇夕陽一片踏歌起社前競采西
巖茶

下車兼旬即景成咏以當采風　　商　盤

崗花犵鳥不尋常天遣題詩到夜郎特較江南風土異
雪中解籜見新篁
放衙官似放參僧小院人稀寂寞增乾鵲楂楂鳩穀穀

方晴忽雨總無憑

冉駹遺種語侏㑩大旺當年有舊司苗錦如雲成五色
勝他番褐紫駝尼

遠山疊疊近山攢負郭人家占地寬一帶枳籬茆舍畔
儘多豕柵少牛欄

蕨薇佳產並來牟葱翠連坡復滿疇春摘嫩苗秋貯粉
全家糧食不須憂

蠻俗新移尚未成不知紡織但知耕一城四面方如斗
三分居民七分兵

早禾晚稻積京坻擊鼓鼕鼕息蜡時白酒黃雞盛背籠
明朝去賽竹王祠

羊腸蟻穴路彎彎古迹猶存振武關散木良材同一炬
年年十月便燒山

東西贊佐舊留聞忠峝唐崖兩處分莫怪猖狂蠻語熟
新來蠻府作參軍

野性依人飲啄同白鷳養得羽毛豐一官潦倒無歸思
不與開籠只閉籠

椎髻雕題態若何利宣餘習未消磨金環貫耳誰家女
解唱龍龕蛺蝶歌

官符商引到山家綠雪紛紛乍吐芽莫怪采茶時節好
火前茶勝雨前茶

送保將軍勵堂之施南　袁枚

吳下驪歌夾耳聞我來剛值送將軍請看江上雙旌影
已似將飛一片雲

履舄星辰劍上方偏教生性愛文章倉山幾曲風華調
君盡能歌我轉忘

千條紅燭兩枝花餞別依依小杜家開周他日巴山聽夜

雨更誰行酒進琵琶

弓刀獵罷萬山青風捲紅旗過洞庭可帶橫塘一枝笛
夜深吹與老龍聽

善撫生苗與熟苗追陪嚴武與韋皋八風平處雙聲穩
一卷新詩郎六韜

送君南浦草萋萋望見楊花首欲低一樣天涯送行客
楊花能到夜郎西

鼇脊山　吳省欽

鼇者大鼇耳荒唐立四極從黽不從魚釣自謫仙謫而

伺檮昧徒竄取入名籍俗書眞誤人欲斷安可得我欲鼇峰來蕩蕩戟門闢一峰闖射堂竹樹映妍澤戒旦響清冷奉香影絡繹雖然靈所寰龜山名久錫孰與謚城隍未免僧扈繹矯首語山祇不如字鼇脊蛟脊嫌下施糜脊引旁射莫此枕清江燈[illegible]闢元夕

象牙山　吳省欽

昔聞象奴言象耳鼠所竄其鼻卷如席其背聳如案其牙如佛牙萬目競傳看滑澤自琢磨槎枒在標幹奈何艮爲古怨作坎爲贊初非熊耳尊孰與虎牙悍一山沿

二名疑獄待誰斷厥勢本崚嶒垂下欲旁擴巖巖杭學宮岌岌戴靈觀乃知耳與牙滅裂齒堪案牙錯史註譌牙布史文濾識字乃讀書邦人勿河漢

施州行署東芭洲太守時辛丑秋杪　吳省欽

夷水如羅繞郡樓使君管領漸風流隱囊紗帽無雙手賭得宣城太守不

皇華駐馬使臣光第十文風第一堂一種烟霏排闥好家山猶自話城隍楚北今設十棚行署射堂前一山有城隍祠土人謂龜山予改曰鼇脊並城隍山卽吳山

幾家買犢幾弦詩屬縣搜牢案涉疑人少石多公莫惱數通誰採色絲碑時利川甫捕匪而數覓碑材見示

周家鹽米戴家柑箋補文房藪瘦椙想像主人懸榻後不教精舍等荒龕時懷芳友衞倌至予爲題二容精舍辱以瘦木文櫃貽之

題問月亭　吳省欽

碧波峰隔夜郎東問月傳疑提月同在手一杯金激灩轉喉幾調玉玲瓏清新俊逸人如在頊屋流離主不聽憑仗高亭聯勝賞五峰環照夕陽紅

右亭見於地志謂太白流夜郎時醉此李司訓宗汾辨其非是辛丑九月廿七日校射既偕芭洲太守及諸博士逕焉憶商寶意前輩佐郡時二絕云謫仙遺蹟在人間采石當年數往還身到蠻鄉重懷古碧波峰似翠螺山披來宮錦暗無光一代仙才劇可傷莫話播遷天寶事三郎當日亦郎當商以翰林出丞太平移施故及翠螺山其末章非風人之義附此當詩話一則

石門　吳省欽

前過石門灘昨飯石門洞千峰接萬峰骨立寒天空插
對面兩崖無路許攜從偶從發浩呼四谷響交𣿅歷亂
如堆蓬突兀累桂棟混沌誰鑿開萬象歸飾弄莊嚴[illegible]
佛法金碧暈鞭鞚沿緣度雙磴出門快飛狃

問月亭懷古　李宗汾

何緣勝蹟千年後此日重尋與不窮清化汀光新夜月
碧波草色舊春風無端迫脅參僚佐曾向戎行識令公
一問停杯心事遠芳名千古在亭中

高羅訪太白宅　蘇於洛

夜郎傳遺宅青山何處尋空留一片月長照萬古心仙
才繼騷雅憔悴澤畔吟投老聲名累曠世遙沾襟

東門關　蘇於洛

曉樹依微暗遠村麥空直上俯朝暾千層石磴盤雲矗
百丈流泉赴壑喧地據積高齊北斗天開重險壯東門
遙知帝座通呼吸便欲乘風到九閽

高羅曉行　蘇於洛

一灣流水遶孤村水上梅花照影昏曉雪衝寒行十里
山家猶自閉柴門

李溪　蘇於洛

疏籬茅屋兩三家不爭當頭逼水涯欲訪春風猶未識
深山雪後見梅花

惜春　張寀

宦況頻年薄匆匆百五過春殘鶯尚囀愁重馬難馱花
骨埋紅雨吟魂散綠莎東風今已去幾度對松哦

來鳳敎匪未靖奉檄守硤寨　王三錫

竹架高蓬木棐城憑高扼要勢縱橫獨憐負戟抛鋤者
盡是宣恩鄉勇兵

拳室安身硤口間編籬隔斷舊青山耽詩自是書生[illegible]
談論孫吳不得閒

四野蛙聲雜雨聲溪流喧漲客心驚戍樓鼓角忙催柝
數到連宵第五更

喜得滂沱水漫川任他砲響震連天賊人不會投鞭過
寄語將軍自在眠

弔蕭紫峰大鏞墓　陳魁春

太乙靈旗指夜郎書生投筆事戎裝能伸大義𠟱妖孽
又挺雄心破鬼場叱下高談見隨陸天邊遺憾又金[illegible]

楓林關塞魂來遠死後猶聞俠骨香

狂風捲地水增波擊賊誰能競荷戈兩道烟塵昏戰馬一腔血淚洒長河使君正氣乘朱馬仙尉吟魂散綠莎太息蟲沙同往刼精神無處散頭陀張典史舊有惜春詩花骨飛紅雨吟魂散綠莎之句予館來鳳與蕭聽夜梵談古忠烈士事生云今夜精神抖擻如向頭陀矣

騰空蓬火動妖氛大節堂堂迴不羣為國共推唐許遠請纓何愧漢終軍烟銷虎嶺嘶殘月日落龍山哭暮雲浩氣成仁魂魄毅靈旗風雨夜深聞

妖星橫擁木城門獨有茲生氣節存臨陣未曾忘母病

入賊寨時生母病篤星奔省視焚香哀禱經宿遂痊讀書原要報君恩三忠碧血同心誓百里青山獨葬魂壯烈至今神鬼泣怒風穿骨散毛昏

上將威名動列侯幃中每得贊前籌雷聲震石魑魂碎匪有被雷震死者火彈衝雲劍氣遒時以火攻破賊三堡樹深狐嘯雨九龍烟淨日橫秋平妖可賦才人逝猿咽西風渡夾牛

和熊五夜有慈親羨爾才華迥絕倫千里孀居吟苦節生之母弓姨也半生歸夢慽孤貧悲風遠送黃驄曲片土沉埋玉樹春報　國心雄遺計毒慚他朱履上星辰

一枝春賦冠羣賢幾日聯吟小雪天塡海蒼茫饒健翼甲披慘淡是重泉何期春露叢蘭後竟化哀蟬落葉天奇字滿牀誰問訊竹窗螢火對愁眠

萋萋宿草墓門蕪憶爾悲歌擊唾壺義激生前倡勇士名留死後振頑夫深閨對影愁鸞鏡遠道遺言弔女嬃最是傷心寒食節一盂麥飯泣孤雛

莊邑侯殉難詩　王廷弼

到官甫三月山城熖白蓮相與與義勇倉卒無人烟賊衆奪公去云公是好官好官不可殺但令勿生還或曰

不殺官此舉為無名全尸瘞牆下眞待時太平今朝同公子啟殯易冠纓襄老喪既歸先軫面如生忠義格天日鬼神呵護情佇待天恩沛如公極哀榮阜復及今日招魂淚如洗愧我同公戰未得同公死公死猶如生公名不朽矣尙頓公英靈滅賊靖邊鄙送公昭忠祠英風鎮千紀

張尉殉難詩　王廷弼

分栽花縣多年歲一戰空留碧血殘化鶴仙人今在否更從何處葬衣冠

甘學博殉難　王廷弼

廣文學官耳一死不爲愚守土雖無責尼山亦有徒讀書明大義授命信良圖愧彼干城侶空留血肉軀

弔王明府伊犁遠戍　王廷弼

萬里玉門關流人幾見還大荒飛鳥外殘驛夕陽間此地難埋劍何年看賜環英雄流血淚落草即成斑

柳橋烟雨　張定模

垂楊幾樹占橋邊一望迷離翠接天綠染山眉朝過雨青遮渡口晚含烟長條折送行人轡輕絮飛迎釣客船

可惜靈和無限種風流誰復想當年

鍾靈疊翠　張定模

一山迤邐抱城闉疊嶂層巒秀絕倫駿馬奔騰張翠鬣神龍夭矯振青鱗靈奇未可容巢許鍾毓還應降甫申試看雲霞蒸蔚處分明間氣屬斯人

二郎廟　樊繼祖

古寺歸城北巖深花草馨江流依岸碧山勢插雲青灌口恩波舊施州惠澤零我來親展拜萬庶仰神靈

秋日登象牙山見暮色縹渺口占三絕　歐陽鑽

非霧非雲淡遠空無邊暮色望何窮人家聚處知多少盡在蒼然縹渺中

淡淡秋陰遠近鋪千家山郭半模糊登高認取喧闐處幾點燈光辨有無

晚炊秋罷暮烟低半露青山半罨溪好是秋光痕最淡輕拖匹練過橋西

蓮花池　茹棻

峭壁立萬仞刻畫龍雷文篆苔露微徑拂拂衣上雲起視對面山明若掌上紋卻恐人聲高咫尺帝座聞滑路劣容足土石渾不分籃輿任搖兀默默占盡氛

地已在雲上人還入天中但知徑路絕或有猿猱通桑麻並雞犬竟與人間同高高復下下其疾乃趨風攖身竟倒擲下視仍長空蒼蒼者正色聞之漆園翁

山城過百里寂寞無烟村侵晨戒僕夫雨氣猶昏昏常恐半道中勢若雷霆奔終朝竟闇雨入夜急溜喧欹枕叩天佑敢作再請煩豈知披衣起朝旭迎溫暾

城隍山　茹棻

廣庭初試士對面橫靑山城隍非與是一笑還開顏葱鬱富林木秀結菩薩鬘空翠撲人衣咫尺若可攀須臾轉蓬勃雲氣蒸鸞環雨腳迎面來檐溜聞潺潺山光豈有別愧此猿鶴閒

瘦木　茹棻

自我來彝陵婦女瘦垂頸山有不流泉衣裁常濶領飾以瓔珞珠晨粧鬬娟靚豈知施州山妙得香柟瘦鳥獸布奇形山川肖淸影匠石資磨礲布置眞井井慨茲材不材自古無定境人瘦容有曠於木乃成幸要知斤斧

頻驪䴥終爲靑天工巧結撰毋乃心精選山中失輪囷人間多器皿何如杜征南雅歌鎭荆郢

背籠　茹棻

山程行履艱厥勢利用控㯶株利若錐背籠圓如甕本爲採樵資猱升入雲霧嗟我乘傳來襆被勞爾送後塵前者呼小市成一鬨負戴存古風嘉茲樸與狂

錦雞歌　茹棻

篝籠籠雞聲喔喔誰辨生哺與生噣乍疑文彩雙鴛鴦羽衣蹁躚錦斑駁朱冠綠項應號翬儵然長尾還類鸛

介性本與雉不殊爾雅未熟費商榷今爲定指韓天雞於蜀有之此爲確何曾抗嗉一長鳴時其飢飽利用穉惟蔺有膏象有齒炫燿翻遭獵師捉試看斥鷃下蓬蒿兩兩飛去生處樂

山猴歌　茹棻

昔聞三峽多猿啼山猿躑躅[illegible]少陵但愛如拳小猿猴錯認空留題施州迢遞天[illegible]標主人好事重環攜子母擁抱提升木斷尾跳擲黃與黧垂胡作囊宿其粻用强凌弱占厥妻伸爪搔爬了不畏解避鞭箠供提撕

假師傀儡戲最古沐猴而冠宜與齊物生有欲斯有制蠢茲醜類何足稽

至施南二首　茹棻

到府不一舍過山仍幾重人迎論蜀使地是夜郎封戢守前朝監耘耔瘠土農山川新管領休說向王蹤

問道萑苻擾瘡痍剩幾村伏戎眞鼠竊比屋痛鯨吞掃籜書陳跡誅茅認舊痕多年勞捍禦韜畧試重論

施州校士對城隍山有感　茹棻

蠶叢直到夜郎灘淚說當年蜀道難鳩化盡教佳士許

龍蟠還得好山看蒼深定益詩囊富綷縩兼收藥籠寬
漫道城隍眞色在隔江轉憶禊亭蘭

朝陽觀　傅南川

拔地聳奇峰磅礴勢未倦如何覩象山昏旦氣候變閫
繞樹千株嶺積雲一片岸峭危如壁水鏡環若線朝見
金鴉出夜看冰輪轉扶笻尋古洞留題效昔彥披襟快
風淸聞鐘來深院豪興立山門一覽收芳甸朝陽夕勝
景由來推日觀誰識絕頂處風光宛然見著屐逢佳客
陟此定稱善欲入吳子筆翻失眞來面

九日同蔣明府登朝陽觀　范述之

憶昔登臨日於今二十年宴仍楓葉地人老菊花天遠
岫來秋色孤城入午烟相酬有佳句岸幘亦陶然

朝陽觀　范述之

西山繞奇峰東折欲登倦胡復至城隅賈勇倏一變夜
岡据鼎足挂石走帆片清湛環雙流蜿蜒界一線洞豁
午風生徑仄秋雲轉掃苔誦古詩恍若親昔彥最高得
平壤疎林隱僧院翻經息衆想放眸收廣甸況復逅吾
廬生小遊所慣人人惜茲山寂寞鮮表見予曰有佳境
僻處亦稱善雖遠名勝區不失本來面

元夜　銅鼓四作　范述之

雪霽寒猶洹村醪供取携卻看明月上不覺晚風淒四
井餘燈火三川尚鼓鼙總師新拜命傳是舊安西

石門感舊　范述之

石門千仞鬱崔巍五色霓旌映上台太守自行督屬吏
中丞親說見如來固知虛妄無常理轉盼繁華已刼灰
剩得匡廬眞面目依然山秀水瀠洄

巡戍至野三關贈龍一菴　范述之

山雞佐饌屢稱觥極目干戈白髮生烽火南通巴子國
羽書西過酉陽城借才纔序勞冰鑑蒐甲田疇尚水耕
邑侯論一菴練鄉兵兵集而民不擾毋惰毋驕君自省腐儒未許妄談兵
盈盈一水壓層巒橫劍高峰並馬看小醜漫云同瓦注
雄關此日藉泥丸戈鋋晝擁溪雲動刁斗宵沉嶺月寒
兩字功名何敢論男兒須是此心丹

施州行　爲尹太守作　鮑桂星

施州古之巴子國後來强族竊據之有明設官不銓授
以土治土聊羈縻

皇朝德威四暨訖改置郡治歸有司劃夔一邑建始隸其
屬遂領六縣開疆陲承平既久戶版盛髮垢不櫛蝨生
蟣白蓮苞蘖誰釀禍自蜀奔竄來恩施嘉慶六年恩施尹者
厥氏尹英圖閣學壯圖之弟海內知廉聲惠政稱杜母以母
召子形影隨提戈一呼四面集瘠僮跛嫗皆貔貙是時
賊衆凡數萬風鶴未免生驚疑公曰無疑急與戰第扼
關隘防奔馳韜鈐乃出文吏卩甲士可使胥徒爲謀成
胆決勇氣倍再戰再克殲渠魁合圍要遮大斬獲賊懾
不敢荆南窺大府飛章

帝嘉歎曰汝英圖功何奇汝一縣尹乃能爾胥汝上者
顏忸怩
璽書褒美擢五馬至今南郡喧口碑蠻雲瘴雨盡掃滌
日月所照風清夷我來重跰歷參井有童啞啞娃嬉嬉
禾麻既穫弦誦起選士亦復抽囊錐古者失官四夷守
況今
天子登軒羲施州一隅萬山窟障蔽荆楚連巴夔民愚
地險雜獞獠匪賢守令曷克治作歌美昔勸來者共襄
上理綏嘉師

施州選拔覆試日有作　鮑桂星

萬山青到古施州啼鳥聲中駐碧油鏡海日排雲霧出
升堂人比鳳麟遊十年偃伯弦歌起幾樹翹英藥籠收
聖主恩深莫孤負勉馳天路策驊騮

口號四絕句　鮑桂星

畏寒不踰濟喜雪偏耐冬鸛之復鴿之愛爾巢雲松
右鸛鴿

鎖院非梵宫鴿來殊不怖白衣何蹁躚飛飛出烟霧
右白鴿

圍人畜二猴人物情相狎清夜聞啼聲如過蜀江口
右獮猴

對面鼇脊峰涌出几案間朝暉與夕霏咫尺三神山
右鼇脊山

沙渠吟　張家㭬

石壁周環景最奇中通小徑草離離蠻王寨祇留遺址
不是持刀佩劍時蠻王寨

城南春雨水平池飛去蝦蟆正此時悟到鷹鳩及鴽鼠
拈毫何事浪傳奇蝦蟆池

威懾羣酋一世豪今留廟貌鎮江皋秋來浣女知多少
祇聽砧聲雜暮濤竹王祠

峰巒曲折擁青蒼人去亭空草木荒憑弔謫仙情切處
萬山如畫月如霜問月亭

童家莊北盡荆榛何處山深有異人試到白泥坡上望
幾家犬吠雨如塵白泥坡

野豬跳下水如油妯娌墳前日未收欲訪李家雙烈婦
悲風颯颯小橋秋妯娌墳

沙渠竹枝詞　朱寅贊

除石爲田石作園牛羊弗踐麥苗肥何須雨稻充家食
留待輸租願不違

伐木支椽爲草舍借糧作種號棚民但教粱稻俱成熟
流寓山中亦福人

男當門戶女親耕僻壤人家一半貧莫信離方惟女健
少陵詩註是傳眞

入鼻如腥晨霧壅風號峻嶺夏猶寒箐深石險多傾跌
客子空歌行路難

山下常愁濕熱侵氣多溫暖又多陰頭風難覓陳琳檄
最怕年衰病又深

臘月嚴寒已放亡祭山又喜季春忙肴蔬酒飯皆羅列
跪拜聲聲祝歲穰

竹王祠題壁　詹應甲

鬻熊弧矢開楚疆剪卻棘矢留篔簹出胎剖出孩兒香
竹君之後有竹王錦衣繡褓來何處化龍幾欲凌霄去
頗同佛子産空桑不屑將軍封大樹天生材武霸南州
自大方能馭衆酋始信平安貽兩字終教靈惠祝千秋（宗崇寧中立祠日靈惠祠）
我來竹下拜祠宇竹書難溯王風古金戈

鐵馬去空山瘴雨蠻雲歸故土落日靈旗水面斜年年
簫管賽山家夜郎城上誰投筆春水江頭自浣紗

斑鳩崖　詹應甲

鳩喚晴崖崩千丈巢易傾鳩喚雨崖懸一線巢難補鳩
能振翼枝可棲人苟失足身已糜崖上有嵯峨怒起之
怪石崖下有奔騰倒流之惡溪君今胡不自崖返試聽
鷓鴣林外聲聲啼我行十步九顛躋荆棘鈎衣始全活
鵲聞見喜鴉見凶萬事不如鳩養拙

種藥吟　詹應甲

施州西北曰木撫地最高寒無沃土山人不解藝禾黍剪盡荆榛開藥圃藥種分貽不貸牛藥苗倒插能辟暑板橋萬竈百餘家大半藥師兼藥戸刀耕火耨笑人忙拋卻農書翻藥譜雪後點處子勻排（藥種於雪後下之）雲葉恭時芽漸吐自然蔓長與藤抽三年不用占晴雨（種藥不憂旱潦下種後三年得之）無心盼到紫蕿甘有口差同黃蘗苦藥販居然列市釐藥租且免輸官府男攜背簍女肩鋤同問藍橋求玉杵蠻烟瘴霧積未消採向深山爇松煮藥氣渾如草氣薰藥名懶比花名古翻怪鄉人不信醫雖知藥

性終無補偶然疾病跳師巫畫符搗鬼無藥愈蕩田還可栽黍苗百藥何如穀有五

由鴨松溪尋源入山遇牧豎自言村居風景頗覺此間殊俗惜未詳其姓氏也　詹應甲

萬山中有一溪曲溪上人家松蓋屋松毛缺處隱山樓占得當門鴨波綠一牛導我尋溪行夾岸紅蕉兼墨竹滿身蒼翠濕衣裾失卻渡牛遇歸牧自言生聚託溪[illegible]不問溪源出深谷幾家落落自成村居鄰未識何年[illegible]薄有溪田聊共耕但計犂鋤便分穀歲時伏臘還相[illegible]

男女婚姻頗殊俗溪水從無瘴癘生不事醫療與巫祝松花吹落溪水香人如浮鴨沿溪浴今年溪漲到山腰未屆秋成已再熟君從何處入深山前路茫茫難託足郫筒釀就新濁醪佐以山殽無魚肉茆堂短榻尚能支可惜溪聲雜琴筑擾君終夜不安眠未敢邀留歌信宿一聲長笛破松風笑指青山飛散鴿回頭不見水遙村淡筆空描雲一幅

宿龍潭坪　史銘桂

登山復登山險峻無平陸忽見龍潭坪坦夷豁心目江

南好稻田播種乃包穀人言雪早降利取秋成速瑟瑟朔風鳴旅館進醽醁地爐火不溫料量加征服一廛數十家家瓦都木荆妻倘言念誰知在板屋

將近石門　史銘桂

將近石門道數峰高插雲卓立猿猱窮孤峙青若分豈是夸父觰將毋盤古墳野人喚石鼓象形吾亦云碑詞詩語別石虎傳紛紛（石門山背數峰土人稱石鼓及觀碑誌皆稱石虎不如石鼓之切也）

遊石門　史銘桂

寒澗響淙淙流出石門麓石門對岸呼七里才一個舍

輿下仙橋志稱憑虛結構亍亍行縮縮小憩移片時神凝氣仍促下下又高高扶持戒童僕凹處一綫微頂覆檐牙豚仰視蔽青天俯瞰惴深谷幾謂好奇心後殆不可復呀然石竇開神靈此修築幽閟蟄龍蛇陰森飛蝙蝠步步引入勝眦連列華屋末路奇之奇通明走山腹麻姑春散懷洞在麻城春間曾遊有詩三章三遊秋寓目洞在彝陵秋遊亦有鄙句得一已自奇未若奇相屬徘徊日向西好景看不足痴心訂歸路三日石門宿

石門歎　史銘桂

我行半天下石門景獨妍少見固多怪目覩未或先山水奇且險石竇相鉤連可以面壁坐可以丹鼎煎使其生絕域附會丹青傳謂爲古道場朝謁方喧闐茲雖具閣觀寂寞寒山邊由來耳目近難架詞虛元卽今我經過一家此借眠世人倘乍見鮮不疑神仙名勝人所造初不關林泉知希還故我山水全其天

南里渡　史銘桂

輿人指翠微前路青溪涔到見隔岸山彌高不可仰一棨渡中流手掬塵襟爽昨夜夢歸家從此泛雙槳

經花石版諸處　史銘桂

再上幾不敢咫尺排蒼穹詎宜喬野質闌入丹霄宮我欲遊層城營度驚九重我欲上蓬萊掣轉愁回風是皆疑信半縹渺虛無中泰岱四十里遠望吳門驄西華五千丈帝座呼吸通千人共瞻仰稱爲天下雄及經施州道萬古開心胸下一上十九所上俱高峰方謂造已極前望尤其崇登盡嶺又接迴瞻旋蟻封是惟坡陵遲層累躋遙空若拔平地起記里難爲弓更嗟南徼遠僻陋鄰蠶叢名人少經過渺無仙佛蹤欲買一邱住爲啟山鴻濛奮顧力太小[illegible]公

將渡清江望施郡城郭　史銘桂

羣山列屏障一水環襟帶江清碧油油嶺連雲靄靄雉堞倚巖隈望裏圖堪繪巖業崎嶇中蟠結大都會我聞漢晉前夜郎惟自大唐宋半縻羈畬遍蠻夷害聖朝二百年橐甲濃恩沛六邑土司多請屬叩關匄改土百年來椎結易冠蓋堯舜迄於今服畏始清泰近更混沌開文風寫天籟靈秀必有鍾覆幬何中外

施州草木詩九首　吳其濬

龍竹茁寒筍旬日得十丈霜雪壓脆梢勁直似松[illegible]佳兒見頭角未肯脫錦襁坐待春風來方作出塵想[illegible]兩三竿矯矯不成叢歲晚主人卧迎客自俯仰

菩薩頂皇樹詫爲衆木尊空山多碩果此實豈其元我行夔子國凜烈雪正繁百卉生炎洲隕落如中原孤峰見翠葆綠潤照璇源三年刻一楮此價未易論生平笑李衡僮比卓王孫利欲驅草木奴隸覩蘭蓀荒阜已成蹊桃李兩無言

三巴產密羅輪囷拙可笑敗絮實其腹黃與佛手肖但

乏麻姑爪不鑿混沌竅舊臘預傳柑賜果瑛盤照懷歸冰沾衣罌管色相爛歲寒臭味同無藉形骸妙方朔窮且醜偃僂金門詔閩中歲以蜜羅作貢去臘蒙賜十數枚冰堅如石置茶巾作佛手黃內廷珍之

哥窯兒褐盆錦石襯菖蒲年年盼花開徒爲古所愚豈知山居人蹴如秣馬芻根節走蛟龍綠葉淨可娛石竇無寸土靈液相滋濡細梢戴曉露皎如摩尼珠倘能照發心不辭山澤臞

櫌鋤剔山骨爬土得盈握亂石如犁齒仰刺牯牛足[illegible]豆苗寒藤枯槎寄瘦綠蔓弱不自勝倒垂玉鈎曲采擷供朝餐脆滑壓苜蓿但恐羊踏園不愁魚疾腹土人相驚猜嗜欲鼻爲蹙他日元修來饕盡冬山綠貯藥吾未能此事差免俗

磥砢不材木生無萬牛引不如自僵僨朽腐成美菌深山無冬日陰雪蛟龍盡由蘖蒸濕雲生機傲擇隕錯落小疊錢輪囷大揚盾肥豈姜晚菘滑宜蜿凍筍草木餘菁華旨爲造物窘君看疢疾人智慧出愚蠢

北方千尺冰曝檐醉白日南山十日雪不禁池水溢池

中如船藕皎如玉縝栗池上寶珠茶赤燄忘凜慄芙蓉自畏寒晚花露蕭瑟始知天地氣升降非膠一舒慘互相循生機仍時逸長安方臘鼓海棠照盤橘

雪中畫芭蕉俗眼親詆毀不知玉樓臺綠天更淸美粵犬不知雪鎮歲吠蕉子結爲炎熱蒸無復風致矣淸江竹王城甘苴照綠水上有六出花飄灑風吹梯青山瘦固寒白戰淨可喜欲織五銖衣惟有姑射耳

虎刺珊瑚珠的皪紅纍纍移向壺中峰旬日漸已萎节爲小草生差作卷施死不如寒天竹結實垂堂凡凍雀

啅丹砂纍星攢朱李藴剔作盆栽金屋藏彼美嗟哉此
離離南國相思子世無相思人棄爲籬邊枳

余試施南讀壁間鮑覺生前輩口號四首詩格謹嚴
然未能測其寓意所在余以道旁所見草木有所感
觸得九首蘭芷滿山不見採擇有如此矣

業州竹枝詞　周鯤化

三里板橋七里坪烟墩山下業州城居人愛飲夾河水
只有西門水獨清

一年一樹打冬耕壩厰渠疏便種秔菽麥沿山聊布種

菽麻方可望三成

包穀根從石罅尋石田戴土土如金秋風莫掃野雞啄
包谷種名傳說天荒救老林

亦有斤茶勉貢輸火前香味最清腴趁他陽雀未開口
好挈筠籃伴小姑

年糍成對米花紅簇簇堆盤餽歲終要是山人情意重
鮮魚新出小池中

道經石門用香山遊石門磵韻　顧彝梅

路絕通石門幽深駭仙跡經傳古無稽遺聞訪耆舊

臨萬丈溪對峙千尋壁車馬少經臨碑碣難尋覓殘雪
沍高巔新曦照瘦石藤蘿蔓垂垂松杉樹歷歷探奇縱
大觀紫翠嵐光夕

東瓜寺用韋蘇州義演法師西齋韻　顧彝梅

連步上層巒到耳聞清磬僧寮訪白雲府鳥適天性松
竹蔭經臺蘚苔鋪曲徑靜聽玉板禪蒼然暮色暝

關口　顧彝梅

破曉上層巒風高清露沃拾級連步躋蛇徑紆而曲后

興旋轉難登頓勞雙足杉檜籠寒烟楓柏絢初旭垂蘿
鬪攀援野花自繁縟雲氣濕征衫泉聲漱鳴玉乘興窮
其巔停憩無茵褥扼隘儼雄關考古無高躅俯視人村
稀炊痕互斷續

來鳳雜咏　周向青

邑小咨求易民貧補救難所期存利濟何忍薄飢寒心
在周千室身非戀一官夜深作封事枕上尚汍瀾

弔三士墓 三士蕭大鏞龔超元劉尙文詣賊巢說降被殺於指甲坡

何雪方

東風料峭夕陽寒杜宇啼聲血未乾忠烈同時埋指甲
草茅一樣露心肝妖氛未靖身先死闖帥何心命共殘
御惜史編搜不到空留精氣散毛關

夏日即景　方策

到來長夏似深秋早晚陰晴氣不侔一陣蠻風吹瘴雨
征人五月尚披裘

往散毛土司勘田日行萬山中　柯煜

歸州已歷萬重巒又入蠻中地屈蟠舉首對天原咫尺
放懷行路豈艱難竹兜可坐寧嫌窄冬日如春未覺寒

要使遐方蒙闓澤祇憑勞苦致均安
籃輿雖駕半徒行徑曲巖欹怪石橫縹渺似仙身已憊
鱗皴入畫骨還驚僕隨猿引常連臂水激鐘撞不絕聲
欲倩巨靈平險阻試捫心地更宜平
奇秀還如目未經雲開天朗快瞻聽瀑泉聒耳疑匡阜
修竹連山宛敬亭高嶺劈分雙髻綰遠峯環列千眉青
飛行濟勝慚無具且挹清暉養性靈

入施南司界

漸覺山平遠殊方豈憚行車徒雖簡略父老尚逢迎樹
暖經冬綠溪寒見底清君看漢循吏半是魯諸生

入箐

歸州山險鴿穿天此地兼無鴿可穿深箐互施重頂幄
奇峯徵露倒垂蓮猿吟隔澗紛相應樹臥當途礙折旋
遙憶曲江同宴客紫霄穩步作神仙

散毛司即事

誰道南荒行路難　聖朝冠帶徧羣蠻計程不似巴山
峻莅衆宜知漢法寬豈有憑依成險阻共遵禮教自平
安石庵行處皆稱佛莫作蕃虎乳成羣

高林深箐翠成圍人自中原到者稀懶訪丹砂收箭礦
兼無綺語織弓衣犬牙相錯勤區別蝸角紛持孰是非
父老聚觀添喜色漢官言動諳蕃情

宿建始農家

異哉荊南行忽涉西蜀界酒用蘆管吸屋取木皮蓋田
家有淳風話言極親愛見其二子焉雞黍辭之再雖非
隱者流悠然自塵外

苗民有乞詩者賦此示之

踏徧西山路更西山高祇覺白雲低愧無治行傳三楚

嗜有詩名播五溪夜宿葦林如過鴈曉驚茅店聽鳴雞
更從三酉探奇秘不負平生古與稽

大田道中

絕少豐貂可禦冬敝裘聊復敵霜濃涓涓石底通泉脈
隱隱山頭見匿峯磧稍平時欣馬駛宿當投處尚雲封
眼看漢地勞如此何況蠻溪險百重

萬山深處

除却樵夫到者誰畫師詞客幾曾窺略無十步寬平徑
但訝千巖孔竅奇轉側豈惟騎馬滑岩塍祇覺過雲遲

丹青百斛殊難狀那得形容入小詩

猴子嶺

木冊誠哉險他山不足言莫驚猴嶺峭扶侍有青猿

大田至施州途中偶記

天然氣象異蠻中秀色聯綿望不窮點黛山川環禹甸
含春草木被華風戍樓迎客三聲角儒者談經一畝宮
牧豎樵夫知避立問津歷歷指西東

冒寒涉水加犒輿夫

天逢九九氣嚴凝赤脚何堪更踏氷就淺已驚波洶湧
礙人尤避石崚嶒宛渠螺遠應難覓蚱蜢舟輕未易乘
辛苦輿夫功不細豚肩斗酒鼓飛騰

施州遇雪

忽洒施州雪中宵起視勤客星添照耀天女散繽紛兩
滯人千里踟躕酒半醺莫為行役計且就火氤氳

施州城外見清江

源出蠻中瀧瀧鳴碧波千里繞崖行施州城外清江水
直到江州始著名自注此江至宜都城北更寬澄碧迥異他水稍過城東併入大江即無此色矣城東有合江亭蓋謂此也宜都一名江州

宿崖寨壩

界分楚蜀戍樓連小隊弓刀楚獨前自愧彈丸虛撫字
轉於粉堠有因緣金光百丈迎人立黛色千尋隔水懸
處處與山成莫逆數峯又到枕函邊

又經建始界

陟嶺捫修綆下坡頓長繩嚴冬歷蠻尚春夜夢已徵人
事莽難料前定若可憑心契山水緣日有翰墨增跋涉
縱勞苦尚勝行脚僧再經建始地茅棟適寢興蜀山人
我掌積雪添崚嶒君平不必問且復醉瞢騰

施州石門

石門連石屋結搆自天成豈獨堪招隱端宜習養生涼逾松作蔭光似月添明鱗次餘巖洞誰同枕漱情

石菴先生浙江嘉善人康熙辛丑進士選宜都令著有慈恩集此其勸田散毛時作也因爲補入

郡治後圃有檑柚二果同時竝蔕各生五枚詩以記之　譚光祥

禾不生九穗麥不秀兩歧年年幸免饑饉耳無一善政愧可知小園不少雜花樹如下董帷都懶窺民和未見頌聲作瑞應敢望天公私去年竝蔕檑四實忍冬再花

曾作詩今年兩事皆再見謂此易得非罕希庭前移栽兩桂樹秋未著花意頗疑摘檑五實忽竝蔕五柚竝蔕又益奇中央一枚似居首左右前後輔相之如統所尊衆環拱如序以齒肩相隨如星聚奎聚東井如臣佐舜禹衍箕如聲如色如方如嶽如鄰如伍恰應天地數如嬴秦五松如漢京五柞如移彭澤五株柳如折燕山桂五枝傳觀一座歎希有詹尹信手穿仲尼長城分詠四十字筆花落紙光陸離徐陵紀事許濡墨楊炯妙詞待藻掞檑旁取象頌多子厥包橘柚東南宜徵蘭吉夢不啟卜五丈夫得一亦足慰我思一心有定似碩果三品作貢或如杮榦梧柏菁茅龜豐年爲瑞不貪寶民欲必從天聽卒春華閱盡見秋實風雨露雷無妄施未來事業且休問眼見聚散風中鷺（續舶亦將乞休將之武昌）當歌對酒聊盡興嶺上梅花開及時

長陽道中　王協夢

疊叢不覺路崎嶇到眼□□□□畫圖莫信陰晴難定準南山有雪北山無

甲午首夏按行□□途中有作四首

山石似層冰一一水痕凍鴻濛未闢時想見勢澒洞浩乎挾天風滔滔孰能控凝結萬萬古猶訝波濤送方理君然解可代瓴甓用巖前一把茅塗壁欲無縫石罅自成畦山田緣方種

方從山後來忽度山前去下下而高高沿緣百盤路盤輿行山腰徑可入縑素絕壁噴飛泉俯峯隱深樹此間著鬮焦豈謂烟霞癖惜哉蜀道難羈遊寡歡趣且吟詩藉薇且飽嬾殘芋

山靈笑我俗鳴騶到山阿重厓歷石磴宛轉如旋螺居

人共牽引直上無延俄恍師巴猿智連臂下飲河泝[illegible]
蠟遊屐視此應殊科部民樂趨事吾政敢側頗要須去
害馬無爲勞者歌
石骨定堅綴嵌空何玲瓏木髮土爲膚縮亙蠻烟中祟
山極鳥道絶磵開欝叢山攢水亦聚氣本相流通天生
此略彴底用丸泥封瀑泉自聒耳飛雲應盪胸何當覓
遊侶桐帽支吟笻

輿中口占

迤邐新秧綠如針出水旁橋通蒲澗直路繞麥田低行

縣春方老還鄉徑欲迷萬山青不斷終日子規啼

山中曉發

嶇軋籃輿嶺路長沿山花草逐風香百盤危磴青雲近
十里疎林曉日涼滴露竹梢偏裊娜經霜木葉漸丹黄
吳麻蜀黍皆成熟不用循行策救荒

九日

鬱晨爨竹滿山城問俗知緣節序更插萸方邀八共醉
登高難得雨初晴此間福地尋荒徼幾處豐年樂太平
虎渡蝗遷成底事静聞衙鼓有餘清

施州食物

菽乳肪淮南宵分不停磨如大輅椎輪漿未石膏和野
菜錯雜調温膾出土鋌嘉名踵黎祁柰何罔以惰懶豆腐
蒲桃有佳醞果實成釀材況聞番薯蕷亦可供尊罍山
中富蜀黍麴蘖缸面開糟牀滴真珠浮蟻堪銜杯包穀酒
晨炊菰米香更有鮮可食根在碧澗中清脆遠雕餚傳
聞性頗寒每每中厨敕長安競華筵薦此亦增色茭白
安肅詫秋菘牛世菜根齩覯此圓如毬造物亦何巧胚
胎至味含頓食可以飽持以敵吳蒓何必憶蓴鄉繡毬白菜

閱考神農經著錄列山藥濃涵土脈厚方壯乃[illegible]
爲玉糝羹滑甘殊不惡蠻鄉蔬品奇莫評稱名錯[illegible]
山田出野菌痞癟如蜂窠遠作肥羜想孫頤頁足詡遠
莫致雞㙡費無踰燕窩樵子筠籃中采掇何其多羊肚菌

五峯山建塔記

王協夢

天下不盡皆可待之事而有不能不待之時施州初立郡縣規模草創尚沿樸僿之風官斯土者築城鑿池相陰陽觀流泉雖未明言其坐向環衛之勢若何而證之形家者言固無一不脗合也嘗過通都大邑睹波多峙於巽方説者以爲巽己木火有文明之象青囊天玉催官諸書亦未有不以此方爲最吉者往往無塔之區或就城東南隅建危樓以祀奎宿蓝榜頻登歷有明驗乾隆辛卯前太守鄜山張公來守是邦創修府志募建

考棚政通人和百廢畢舉復念士人無奮跡於科名者周覽五峯山之南地當巽維而適踞清江樂溪巳渡麟溪四水之勝議置浮圖七級以肖木星以象文筆經始未幾旋即罷去道光壬辰余復繼來守郡蓋去張公建議之時逾六十年矣先是蜀人姒大令權恩邑宰鼓舞紳庶僅甃七層之二歲且不登土功亦輟甲午弋陽陳君捧檄茲土禾黍有秋乃銳意成之民志既同士氣亦奮是秋踏省門者四十餘人而來鳳李生鴻鈞遂褒然獲雋誰謂堪輿之不可信也耶抑余聞之塔爲之作原於釋氏信心皈依如無量功德是役也無侵佛之作有作人之美張公所竭歷從事而力有未逮者不能不有待於後之人至於民俗之隱賑文物之班斕無不蒸蒸日上而有開必先行且見科名之聯翩而起也古司事者朱明經榮蘇李茂才大魁以記來請余樂觀厥成因不辭而記其緣起如此云

石通洞記

寶祐元年歲在癸丑郡太守潼川王次疇待親遊本抉仙人洞約貳車開封趙與珹郡從事重慶焦震雷清江

令忠南青陽龍孫法曹掾眉州蔡昌文偕行洞府窈深奇怪不類人間世親年八十歲步履如飛觀者屬目嘆春十有二日

施南府志卷之二十七終

施南府志卷之二十八

知施南府事王協夢監修

藝文

明

高帝告太歲諸神文

上帝好生凡有國者必欽承之則民安物阜邇年以來施州衛夷歲爲邊患斯患也稱自堯舜以至於今化弗循教征弗畏威蓋恃山崖之險固林木之叢深故跳梁出沒虐境傷生也今遣江夏侯周德興充征南[illegible]軍進

取散毛安慶侯仇成充征南副將軍取容美等峝合擊散毛其遺將發兵必期摧堅撫順以靖東南 舊衛志

諭江夏侯周德興征蠻

昔君之武臣有忠於君者盡其筋力所以爲君禦災捍患至終身而後已朕於史書見之每歎賞不已洪武十四年蠻谿爲盜病民朕命年壯能防崇山峻嶺之將率兵討之爾時開國元勳江夏侯周德興侍其旁即請願行朕不覺興歎將謂古有是而今無此今乃若是豈古人獨名者耶朕本憫其年逾六十不忍使行今必固請遂命行抵秋成功凱旋賜卿田一莊爲子孫世祿嗚呼勤忠不怠禦侮安民非卿而誰故茲敕諭 湖廣通志

明太祖頒衛指揮誥

昔聖王之治天下也必資武力以安黔黎未嘗專修文而不演武朕特仿古制設武治以衛治功受斯任者必忠以立身仁以撫衆智以察微防奸禦機無暇時能此則榮及前人福延後嗣而身家永昌矣敬之無怠 舊衛志

與湖廣巡撫議裁施州兵備書　張居正

辱翰示知道從巳臨楚地無任欣慰茲有一事請教施

州兵備舊無此官偶以鄰境小寇漫事增設今地方事定此爲贅員矣夫官多民擾供億費煩姑未敢論且分司荆南道原控制蜀之瞿塘如得其人何事不舉而另設官於事體便乎否也今李僉憲堯德已題銓部停缺未補俟兩院具題即議省矣惟裁之幸甚

再與雷巡撫書　張居正

屢辱翰示已一一具復近聞施州兵備缺當裁革乃李僉憲亦自以爲當裁則輿論可知矣部中已停缺不補幸具議以便題覆 二書見張文忠公集

擬奏制夷四欵　童昶

蠻獠多詐而少實貪爭而好鬭事無大小與詞具奏委官行勘兩造俱避督責少急則據寨固守以後土官有奏無印者照腹內人民遞解不與給引有印者非其該管部屬立案不行提問不出亦立案註銷計必擇廉明謹勤有司一員專撫夷情久於其任務使情形允當即不得已委之武弁亦必擇清廉者始可

施衛所屬田覃二姓當宋元未分之前其勢甚盛故屢爲邊患自國朝永樂以來二氏子弟分爲十四司傳之

後世親者漸疎遂爲仇敵勢分則患少蓋彼弗靖則環視他司有内顧之憂此與主父偃令諸侯王得以戶邑分子弟同意眞制夷長策

國朝設立關隘把截甚嚴至今尚傳蠻不出境漢不入峒之語永樂二年令守臣招撫不意漸徙內地如施南金峒等司則入施州地矣宏治間忠路忠孝又徙施州都亭等里施南唐崖又侵黔江之夾口夫軼侵其地其貪未厭而守土不之問勢可畏也宜先事制之

國初土官襲職屬吏部三年改兵部七年子絕許弟姪襲永樂十五年例出十年者亦准襲天順二年許會就彼處冠帶宏治二年許年未十五者亦管事五年令土官襲於本衛習禮三月回司理事今皆蕩然鄭端簡公之論尤宜整頓矣

施州衛爭復額餉永思碑　朱光祚

施州自漢唐歷宋元我高皇始省州入衛改爲軍民指揮使司編戶三里領五所轄十四土司專節制於楚而制始定於是設守戍以坐鎮之增撫夷同知以禦牧之貞肅於上則有兵備道蓋夷漢錯繡楚蜀咽喉方千里

一大重鎭故兵設而餉即隨之其來已久胡以曰復曰爭有紛更之者矣粤稽衛餉歲三千五百五十八兩四錢額於荆岳二府徵給嘉靖間因蜀之重夔輸漕險遠而荆岳餉施亦艱跋涉公私交病當事者疏議楚代蜀漕蜀給施餉此其初便固在蜀也至萬歷庚申夔丞譚天相代府庖安議以施餉給驛移重屬以永久道傳銀抵夫永適不能近贍夔驛而肯遥餉施戍乎迨天啟辛酉蜀事方殷既借援於楚復留餉於施而請者諄諄聽者藐藐竟以楚欠協餉爲口實夫協餉即欠亦屬全楚

胡忍聽施士之呼庚苦荆郡之偏累乎坐是年復一年官無俸士無廩戍無糈興臺不飽在公之祿洶洶昏昏無日不登郡庭而號焉太守紫珍熊公暫以永折息錢畧支旦夕甚苦心非長計也光祚竊聞而憂之是以王戍守奉常有重撫夷增使寬約法以塗邊釁之疏意爲施云荏苒五六年余從河上歸問之當事仍蒿目蹙額云蜀中泄泄猶故也於是太守問歆胡公力爭於上會二元朱公署撫夷事竭力佐參節次申詳措給觀察泰來游公來旬至止目擊衛衆鱗集搶額之狀與公同心

併力轉於中丞直指臺大中丞學海吳公行方伯友白杜公復上洪公亦既咨蜀會題矣而胡公仍關札夔守五雲謝公游公仍咨重慶道忠虞樊公春碧熊公其詞危廹有不得請不休者余乃述二公意再致樊公與奉節令元之劉公共切未雨徹桑之慮乃夔守詳書兩道轉呈蜀撫張公允議從三年爲始仍楚代蜀濟蜀解施餉在夔屬二千五百三十七兩六錢與重屬忠州一千二十兩八錢之額編徑解施州不煩展轉夫然後蜀數十年紛亂之舊章始復荆府道廳十年舌敝穎禿之葛藤始斷施衛官師而下十年歎息愁慨之聲始銷是胡公之大有造於楚蜀也施餉既復施之人喜可知已乃思勒石而乞言於不佞如胡公輩者何可一日忘也故繫之曰爭復額餉永思碑以志今日有斐不諼之感以垂昔者庸夫擾事之戒於聖朝設衛衛民輔車楚蜀至意億萬斯年與天無極矣是役也措餉四年焦心禿穎克復舊章者太守胡公名公胄浙之德清人萬歷癸丑進士署撫夷司理朱公名邦圻浙之桐鄉人天啟乙丑進士兵巡參知游公名玉庭江西臨川人萬歷丙辰進

士綢繆於昔者則前守熊公名秉鑑直隸吳縣人萬歷癸丑進士在蜀則節令劉公名汝乾楚人夔守謝公名宸秦人重慶守道大參樊公名王家楚人巡道泰副熊公名花江西人而請勒石者則施紳徽州府同知李君一鳳等守備陶希謙等衛弁石美中等備紀石後

唐衛侯力復諸生貲斧碑記　葛楚丰

衛自建學來因其赴省險遠各項俱額有路費正科舉每生一十兩遺材每生六兩每年正陪貢共十六兩至科歲二試至荆一千有餘里歷蒙憲尊憐其跋涉艱辛

困於季考給賞派爲盤纏八錢徵於三里每年五十兩厥後諸生衆而數不敷撫夷陶公特立猪鹽二秕以增之迺考每生各給銀八錢惠至隆而法可久已迺袚中傷暗議裁革幸我唐侯新主衛政首事恢復惓惓以崇儒爲任遂稟院道府各批遵舊永爲定例事雖因而非創惠則減而能全秋毫皆公力也是用鐫石以誌俾後來誦習者感恩而知所自秉政者厚士而知所法焉

重修施州衛學記　黃　棨

道之大原出於天而任於聖若伏羲神農黃帝堯舜禹

湯文武之相傳天之道也然而講明斯道以扶植綱常彌休治理以垂憲萬世使天下國家不可一日無者實賴孔子孔子之功萬世之功也我國家列聖相傳內而國都以及天下府衛州縣靡不建學以崇祀孔子顯用其道以化民成俗其尊之也至矣迄今百有餘年太平之治良有以也施州衛遠在數千里外而亦不廢學學故在南門外遷於衛治之西北有年矣景泰中湖廣按察司僉事沈慶分巡夾茲病其卑隘弗稱列疏於朝仍徙故址更歷十六年廟學傾圮時按察副使新淦盧君

巡施衛謁先師慨然嘆曰廟學弛而明祀弗崇教化弗立人才弗振匪徒無以稱塞令典抑亦司風紀者之責遂謀諸揮使李君捐清俸爲之倡凡百僚耆舊生徒咸佐爲之費乃諏日鳩材鳩工廟自大成殿以達東西兩廡戟門櫺星門學自明倫堂以及志道據德依仁游藝四齋會饌之室休息之廬賓客之位下至庖湢廩庾周垣悉撤舊更新瓦甓塈塗丹漆黝堊之飾加於舊規又飭先師及配饗之儀增製簠簋籩豆罍爵之屬以嚴祀事百壺咸備制度森如煥然壯觀經始於成化六年六

月八日成於是年十月十一日役不費民財不費官於是李公率學官諸生行釋菜禮訓導王聰具事本末來請紀其成嗚呼學校之興廢治道之隆替係焉使今之司風紀者皆能如盧君奉宣德意作新學政以充彌聖天子文明之治則教化興行人才丕變風俗淳厚天下何有於治乎施在遐方得沾風化來遊士子進謁廟庭就學官務講明聖人之道以深造乎格致誠正修齊治平之理入焉而孝於家出焉而忠於國夫然後不忝明憲司與衛侯作新之盛意矣謹爲記其歲月俾鐫諸石

重建問月亭記

鄒維璉

李太白之在唐可謂流落不偶矣其身後遺跡所在遝弔珍惜有若甘棠是故沔陽則有太白湖漢陽則有太白樓江油則有太白臺姑蘇齊魯之間則有太白祠而施城北碧波山則有太白問月臺一峯特聳天濶無垠江山雉堞城郭烟樹無不在目天籟泉響鳥語猿聲無不在耳誠施城之大觀也予初奉旨謫施親友作詩贈行皆指斯亭以爲辭予曰璉無謫仙才而患難行素講習有年當不令此君在施獨邀千古及抵施訪之州人

張熙寰李岐陽云年久亭圮正欲新構而時未遑一日二子載酒招余同遊果見奇絶如其所聞爲之衷猶不忍去至是亭成問記於予予曰古今重太白與太白之所以爲亭重者果酒與詩而已乎清平三調暗刺玉環此諷諫也人主倘悟禍水立消豈有馬嵬之事耶唐之宦者干政自高璫始媚竈賈寵有徒太白於人主之前呼役如奴隸豈眞使酒慢上無人臣禮蓋借酒以規刑餘賤役原非天子所當寵此諷諫也使人主能悟而不留褻以貽子孫又何至北司重於南衙天子在其掌中哉嗚呼太白似醉非醉似狂非狂有遠識有深心而又有俠骨謂其爲智士可直臣可酒仙詩聖足以盡之哉予尤羨其少時謁時相題海上釣鰲客相問以何爲絲釣曰虹霓爲絲明月爲鈎又問以何爲餌曰天下無義氣丈夫爲餌相悚然奇哉斯言已見直道事人落落難合之端矣不然以彼之才少自委蛇卿相何難之有然則永王璘之事何如乎曰道迫脅不從揮金明節太白詩序甚詳九江王中丞昭雪疏辭亦甚明蘇子瞻曰太白能於儔伍中知郭子儀之爲人傑豈不能知永王璘

之無成此語足爲千秋鐵案矣予願登斯亭者想見其爲人即酒與詩才不逮謫仙但以義氣丈夫一語相礪味勉力名行仰止古人無徒爲太白充釣餌則太白重而亭亦重庶不負乎構亭義舉哉亭修於天啟七年月日成於月日前軒中堂及後室繚以周垣祀太白於其中置田若干畝飯僧一人司香火董其事者張公熙寰諱三陽由明經官光祿署丞李公岐陽諱一鳳以孝廉官徽州府同知而土司某暨鄉紳某學某某共勸厥成

七里坡石磴記

童[illegible]

石湖范公感浮屠德寶之新峽路也爲詩以諷當官者有曰勿云此事小惟有行人知又曰豈無金閨彥不如林下緇蕊有所激而云者二州守長竟亦不聞有所興余每過此地誦此詩因以慨數百年無再造也然則是誠小事哉周禮掌方國之道路既有候人又有野廬掌天下之道路既有司險又有合方主治者非一官夏令曰九月除道十月成梁月令曰季春開通道路無有障塞修除者有其時也王政不行日趨惕玩當官者以簿書法律爲能以征科逢迎爲急其委爲小事而使緇流

掩爲已有者得不重起石湖之感耶昔鄭之大夫以其乘輿濟人於溱洧孟子譏其不知爲政陳之司空廢職道路若塞單子知其必亾石湖之心孟單二子之心也誦其詩豈不重有感於今日耶施東有山曰槖駝有水曰鐵溝並山水爲路曰七里坡坡夷上洒下厥土塗泥雨濕淖溢陟不能寸而輒躓雖晴亦擇地而後投步乘者荷者折股墊貨之患久矣郡人孫君懷藝者見恤於此歲甲申發貲於家庀徒葺石鱗次而階之六百餘尺爲級三百五十有奇糜錢三萬五千爲工七千二百有奇始仲秋訖歲除爲日百二十有奇乃告成焉初或有勸其募於衆者懷藝曰余豈浮屠氏之爲耶余聞而益有感焉夫浮屠氏以橋道爲八福田之一彼因衆而成者尚有望於福田之獲懷藝固不若浮屠氏之爲亦不有浮屠氏之望矣則其志爲可嘉矣若德寶者石湖猶矻矻許之若見懷藝其許之又當如何耶周生廷蘭請爲記遂不辭而書之懷藝名能同知衛事孫君廉之叔父涖是役者則二子恩惠也

成志橋碑記

陳址

衛城南有麒麟溪兩岸相距近三百尺其下水激如箭其冷如冰雖盛暑涉者莫不股栗天雨岸上泥滓没骭雨驟水漲則謀利者渡人以舟漲退不可以舟也厲揭稍失足及溺者有焉先年唐公嘗建木橋而木易壞者老又嘗募造石椿而板易漂是必純用石庶乎其可久耳然而仁者有是心而無其力富者有其力而無是心未見其有成也周君汲泉仁者也而力足以副之乃於建橋之前一年聚穀爲糧范金爲器尅日興工而等人二江公疾篤汲泉視膳嘗藥不少暇二江公卒之進汲

泉於榻前而勵曰橋成亦吾志也汝勿以吾疾而懈於用力其勉成吾志汲泉遵父命乃運石鳩工親自督率其妻躬親執爨二子之楨之麟往來涖事不以委僮僕也計橋十八度每度樹石柱二約高一丈二尺總計新舊三十六柱每二柱跨石盤一約長七尺厚一尺二寸許計十九盤每盤覆石板三或二約長六尺濶五尺許計石板五十有奇兩岸泥濘處各設石磴三十餘級經始萬歷七年季秋至次年孟夏計二百十日而事竣於是大尹西野許公同雲岡諸公散步於橋而贊曰是橋

穹窿壯麗可與江山爭秀當皎日霽月天水相照之時則如長虹飲水當籠烟迷霧谿水暴漲之時則如蒼龍臥波橋長在則汲泉之功亦長不泯矣夫遵父命孝也濟病涉仁也汲泉洵可紀矣

夜郎辨

李一鳳

夜郎非古文獻之邦何必强附以名高所以紛紛者以太白流寓所在千古依光爭太白非爭夜郎也今亦不辨太白之至與未至但問施亦夜郎境地否亦不問夜郎之是施非施但問夜郎惟播獨稱否嘗考通鑑問夜郎註以竹王說爲據而竹王事詳華陽國志云女子浣江邊見竹中流有兒聲剖竹得男養之材武自立爲以竹爲姓死封侯立祠施州宋賜靈惠廟額此崇寧中事也夫播去施遠甚與竹郎漫不相及何得强施人以尸祝乎不然又豈宋人考核不逮今人而謬爲賜額乎夜郎嘗有詩曰沐芳莫彈冠浴蘭莫振衣此蓋指清江而咏也夫播亦有清江否貞觀十六年置夜郎麗皐樂源三縣後并爲夜郎又并爲珍爲鶴爲業夫珍在施歌羅奏歌羅乃今高羅司地楊升庵丹鉛錄可証珍在施

夜郎獨在播乎不然又豈唐人考核不逮今人而漫以命名乎城東二郎廟故老相傳爲竹王祠王訛爲郎蓋黃石崖詩曰清江猶繞竹王居豈無所見而漫云又考山谷詩夜郎留仙客郎云施州肯回首施與夜郎不屬何故同筆而咏耶又五溪去播甚遠而與施近鄰杜每以五溪咏施而太白亦云過五溪到夜郎此不可証乎或謂夜郎不知漢大在黔中郡夫秦伐楚取黔中郡地七百里置黔郡今稱貴州黔中施之交界爲黔江縣楚之辰寶及施亦稱黔然則秦郡包舉楚蜀貴州皆夜郎

所據所以不知漢大也又豈獨一播也哉大抵夜郎也不止播而施實竹郎之豐沛也故謂太白過施而流寓不在施亦可謂太白流播而稱夜郎亦可謂施非夜郎界而獨一播稱夜郎則不可是不能無辨

重修城隍廟記　張鷚

我國家奄甸海宇祀典維嚴燔柴瘞玉之後詔有司建城隍廟於天下凡一千四百七十二處施有廟舊矣址在衛治東龜山之巔正德間客星童侯昶陋祠宇弗稱禱祀率同案孫侯廉趙侯輔李侯宏捐俸貲以新之鳩

工營建爲殿者三間爲廡者東西各稱是爲拜廳者如之外門坊額二座則爲衛處士陳海陳溢昔所創者周爲繚垣對樹嘉木完飾宏敞輪奐一新迨後歲久物敝鼎新有待嘉靖甲午得賈人王再六者傾橐倒廩鋭然以興壞起廢爲已責化塵埃耀金碧燦然改觀幸丑復工彰施采色列騶馬侍從周以樓檻幬以雕甍門闔靜深丹漆輝映足稱神棲便瞻仰矣是歲予自成均歸瞻謁庭下怵然興懷乃作而嘆曰夫爲事在志不在貧富富者財力雖有餘惟務多積爲子孫計其肯拔一毛建一事哉貧者又力不贍此事之所以不克濟也茲再六之志良可嘉哉未幾再六踵門告曰某繼諸衛侯修廟今既殫力矣適值石侯岳唐侯訓伐石布砌鱗次相比以便登者且廊廡日入於圮者茲又新之使不爲記不惟前績漸泯抑何以使將來嗣葺者勸敢請予方唯唯或有從旁而謂予曰厥靈不顯有禱必應賈人之心毋乃徼福者之爲也予曰不然再六江西金谿人也僑居吾施家不及中庸力不足以幹濟未知其心之徼福與否而其志之有恒爲可取也則安得而勿記乎且請錄諸衛侯之績是不沒人之善尤爲可記也遂援筆書之

俾鐫諸石焉

關聖廟碑記　何騰蛟

閱古今精忠之氣萃於西北而關聖挺生焉靈顯歷朝功貫當代迄今且食報無疆矣余偕忠貞營諸勳鎮奉命督師念夙昔赫濯之威儀型如在乃中營副將[illegible]懷等適於施州建廟鳩工落成問記究厥所繇以先年虜酋犯順本營將士奮勇勦除滅此朝食默禱其靈明以事齊崇新廟貌乃自遠安以迨巴巫苦無善地後奔馳

未逞今於夜郎南郭開元文祠兩古刹間山僅數武背
勢壯麗珠峯雪嶺麟水鐵灘峙滙其間旺哉　神居而
以俎豆萬年矣於是諸將諏吉醵金庀材命匠不日成
之嗚呼時有治亂神無古今以帝歷千數百年人心思
如一日則時事大義神人應共之鞏山河如斯廟奠園
陵如茲靈千萬斯年庥垂天壤庶不虛諸勳鎮結搆苦
心矣

國朝

重建城南文昌祠碑　范福咏

施州憑江環山壤界楚蜀三峽之陽一要區也城南郭
外儒學舊址原建文昌祠莫知所自始兵燹之後鞠爲
榛莽焉余以甲戌秋受事茲土俄歷五霜簿書之暇遊
息於斯有語尔者曰城舟形也此祠爲桅桅必舉舟始
通余不習形家言亦弗深考但此都人士彬彬而自
國初定鼎以來科目寂然毋亦惟是坤靈弗効之故按
文昌爲斗宮貴曜司嗣祿桂籍名區大邑學舍黌宮皆
祀之是非不典爰諮於衆盍抑圖功有衆同志載欣載
奔庀材鳩力榱桷丹堊繚垣塗茨次第就規刻期告竣
乃擇穀旦登禮而憑眺焉四水縈會雙峯聳峙近則月
臺象嶺遶而客星香爐金瓦羅醆諸山如芙蓉萬疊掩
映雲霄信爲此[illegible]之關梁神人之快覩矣是役也自寮
采紳士下逮氓庶相助觀成余不佞豈敢尸之且余既
荒先人緒業從事韜鈐復蒙
聖朝舉之制科畀以民社朝乾夕惕負戾曠瘝尚奚徼
冀之有惟祈神庥丕符佑於此都人士匪青紫是侈將
有文章道德如宋濂溪眉山其人者則余不佞與有榮
施焉當拱而俟之耳

陳世凱提督紀畧序　施閏章

覽古命世之英多歷試於艱難而後成天下之膚功當
其竊贓困踣幾不得苟活與傭販者伍及功建名立天
下以偉人歸之說者謂有天待要非知勇深沈經百折
世路而不挫則尺寸不能以偉成譬若楩楠松柏之
材天固老之以待用向使其才不勝任則凋霜雪而殞
崩崖其不爲槁莖腐草者鮮矣陳公贊伯之以戰績顯
也余舊聞而偉其人有故人高使君尚孚分巡溫處二
州說溫鎮陳將軍不去口既相見抑抑禮讓如儒生語

及戰陣間事惟上頌
朝廷之福親王貝子督府將將之能及師武臣之力無一語自伐請至再乃出紀畧一册夫功業待時而建者也勇畧不待試而具者也公姿岸不過中人生而雄武有晝地爲陣之意明末寇大擾其先公棠難憤不共天聚鄉人殺賊殲其渠羣賊必欲得公甘心公脫身獨走衝虎豹披榛莽飢三日夜至生啖野蔬肩墜眢井深穴中伏匿得免可謂萬死餘生矣然終不肯黃項老牖下轉徙川蜀

國家拓定蜀土仗劍効順累授都督始以敢戰聞久之部補協守杭城多善績杭人頌焉會頑閩搆逆溫處連陷金與衢且剝膚督府今大司馬李公謂公才可大任
親王貝子試可決策推轂一二歲間大小三十餘戰卒復溫處而綏靖金衢遂以總兵鎮溫州當是時賊衆所在數萬東陽義烏之間蠶食豕突而金衢故浙西門戶也溫處又所以屛翰金衢而關海之衝也公料敵策勝於處則先奪桃花嶺於溫則率其子紀先破石塘皆二郡最要害處既奪迎刃解節一郡遂平公既負勇敢戰數以寡殲衆直擣中堅或仿陰平入蜀故智騰鳥道緣出山背皆身先士卒或免冑冒矢石大呼而入間舉一儆摧鋒折纛應聲而倒賊望之披靡呼爲陳鐵頭及其師旋則又以身殿全軍無恙昔人有言使遇高帝萬戶侯豈足道哉捷聞
天子大悅於是以左都督加世職又
特簡浙江提督公感涕靈膺未嘗不追痛出萬死而重被
國恩也客請書其本末乃畧紀之以勸有功以示後裔

且誌諸王督府之知人善任使也功臣宿將多漁獵子女玉帛以侈娛樂公懲念少賤仳離不置歌兒舞女戢部曲毋淫掠又多方從他將贖釋俘婦於戲豈非知仁勇廉者哉爰敘其畧

贈提督陳天培紀畧　　包秉燮

公非所稱翩翩佳公子耶何氣之壯而勇之至功之深而績之懋哉公總角齠齔時即好演武習騎射駸駸不羣已具千里駒之氣象及長而膂力超人射穿七札胸富萬兵不僅勇畧冠軍即運籌帷幄決勝千里無不發

亂中發今事平論定其忠心義膽偉畧豐功不能言其
也請僅紀其畧當閩疆告變浙壤震驚楚粵蜀隴莫不
騷動公受賛伯翁老祖臺之重任毅然受命曰當此
而不捐軀以報
國恩并以報父恩非臣子也苟畏死以貪生生無可幸
舍生以就死死有餘芳於是倅易賊銳東衝西障戮叛
撫服恩威並布非智勇雙全孰能披堅陷陣有如摧枯
拉朽者乎於是進浦江義烏則恢復二縣進永康縉雲
則席捲長驅進括蒼甌江則屢戰大捷在在奇功莫可

殫紀至石塘一役地勢險峻峭壁層巖礮矢如雨我師
三進三却公奮勇獨登發三箭殺三人大呼直上遂奪
梁走賊貝子見而嘆曰眞將種也嘖嘖贊美不止錄爲
首功劄載石塘開路奮勇爭先冒鋒破壘戰功懋著廳
授游擊職銜此貝子之獎勵也制府李公劄開處州逆
賊久踞石塘官兵進剿尅期掃蕩本官獨能奮勇前驅
立功建績足徵勇敢此制府李公之嘉尙也勤撫功勞
隨經制李公題授寧村營守備地方初復人民逃散各
撫恤流離多方招徠漸見哀鴻甫集而士女各還舊土

矣當兵燹之日飢饉洊臻米珠薪桂民不聊生公捐俸
採買賑濟度歉而所活無窮矣汪洋逋寇連艅行使沿
海殘黎每遭刼掠公遴員給費悉心招撫遂至投誠接
踵而海不揚波矣他如設閘防川而水有蓄泄旱魃步
禱而立沛甘霖豁免夫徭而兵民愛戴廉潔持己而餉
無虛懸此皆彰彰在人耳目者也若夫修臺築寨則措
置有方兵民無擾而地方永固捍外衛內則相度地利
點難登犯而邊境肅寧總之功難盡數績難盡述是以
制府李公特疏題薦奉

旨紀錄又奉
皇恩議敘軍功加授副將又荷撫提二公會疏題陞盤石
營偏將又蒙
聖恩特簡浙江寧波提督將來勳猷爵秩正未可限量
其克紹箕裘克振峻業要皆不外乎昔聞膝下諄諄訓
諭燕翼貽謀之所致也噫公非所稱翩翩佳公子耶何
氣之壯而勇之至功之深而績之懋哉

衛守備徐尙謀宜民碑　童天衢

康熙四年歲在乙巳春本府奉　簡來衛適王營盡襟

士民投誠荆南之日也夏五月自巴東聚衛民老弱殘瘵者十餘家典衣脱驂裹糧露宿相攜進衛手闢荊榛足履頽垣卧薪枕塊并日不炊者久之始得哀鴻稍集又四路關取流民陸續發回撫字雖勞瘠苦未蘇較之前季百不存一矣舊制安可問哉嗣奉上憲查取丁糧頃畝荒熟數目咨詢數月始知大畧顧以城市灰燼建倉實難民力衰疲輓運不易請改折色蒙賜 題達俯准民糧每石徵銀三錢屯糧每石徵銀四錢五分其民丁正力仍照舊例征輸本府五年於兹悉見爾等淳樸

無華奉公守法本府自愧不敏莫予云德諒後來製錦有人爾等食福有日但恐章程不立賦役無稽不免追究前愆因酌條欵庶幾上不病國下不病民云爾

一民種軍田納軍糧當民差軍種民田納民糧當軍差

一夫馬差徭奉裁不設而各上司差委到衛不得不勉爲應付凡勘合牌內有夫馬字樣村屯應派夫役

一年終冊報無則以情理善辭

一每年應進表箋乃臣庶恪恭之心但無存留開銷合於官紳士民公同捐備

一錢糧庫秤交納花戶自封投櫃不得假手胥役而里書屯書亦不得借民指索

一投誠紳士奉批務宜安插得所酌於正糧外免其雜派

一本衛正堂及佐貳儒學衛役現在辦公除正糧外免其雜派

一鰥寡孤獨者本無養濟糧石如之有田地除正糧外免雜差以恤困苦

重修文廟記

吴李芳

學校者人才所出也

皇上崇文重道雅意作人實度越前代而兹邑聖廟殿宇摧頽圮墮趨拜於荒烟蔓草間是非有司之責歟芳不敏竊大懼儒學蕪廢輿慨子衿罔以稱

上德意且重益守土罪戾爰進諸生而詢之知邑原有

聖廟燬於明末兵燹我

朝康熙十二年邑侯譚君特爲營造曾幾何時蕭條若此豈聖靈陟降所不到而人文化成之盛獨不可見於

此地耶夫三蘇之文章四陳之氣節蜀中人才昔曾甲於
耀寰宇矣兹固蜀疆而銅鑼故墟實維宋詹狀元邈讀
書之區訪水邨而問釣遊至今父老猶有能言其地者
可見人才不擇地而生而鼓舞培植之必有其道也其
不可不以文廟爲先務之急矣爰以紳耆之同心咨度
經營鳩工庀材不擾不亟自冬徂春四閱月落成妥侑
有所陟降如在泮宮之詩曰魯侯戾止言觀其旂而繼
以濟濟多士克廣德心異日者學成而材裕邑人士熙
績亮工以光輔我

王國也芳亦藉以宣
上德而奉厥職欣覩儒術經濟之盛豈惟競科目而邀
利祿云爾哉

重建文廟記　　史晟

蓋聞學校肇自有虞聖宮始於先漢世代相沿日益昭
灼但未有
崇尚文教如我
皇上今日者也余於丁卯冬來宰是邦視事之明日謁
至聖先師廟但見半椽茅蓬荆棘蕪穢所謂階墀牆廡
無一存者亟詢厥由始知建邑自明季寇亂地絶人民
者四十餘載城郭宮室焚毀俱盡而聖廟竟瓦礫焉繼
以吴譚壘逆殘害蹂躪作者無人成之無力是以衰替
凌夷一至於此也嗚呼職忝
天子之命臣身爲聖門之私淑者如之何不疾首痛心
竭慶籌度也於是集諸生創建焉諸生學同所宗思同
所瞻懽欣共事鳩工購木日以繼月靡有倦色是役也
工興於康熙庚午年十月十四日告成於康熙辛未年
九月二十日一匠一作一木一石皆余躬親董率以底

於有成凡兹殿宇廊廡悉如制雖無刻棟雕楹山節藻
梲之華然　至聖端其座先賢妥其列風雨不侵瞻拜
有地視前之敝廬荒區鞠爲茂草者私心少慰焉若夫
闢宏敞增華麗全兹所不及盍兹所未就以輝美漢唐
佐
聖天子右文之治者又端有望於後之同志君子也夫

四癖老人傳　　童天衢

四癖老人者明季一老窮酸也生平落落無多結交人
與之遊終日無可言笑若有談往事則欣欣聽之忘倦

若呼之飲則避見人嘻戲或由醉之言則悵悵不欲聞其貌面黃骨瘦疏齒顛毛居家內子不問飢渴亦未嘗自言人以是知其有癖病焉或問之曰子病癖乎曰有之吾癖有四問者曰一癖尚足以害生況四癖乎子試言之吾能爲子藥四癖老人曰吾少也三歲失怙而形貌尪羸年十歲嚴君始令就外傅及解字義卽嗜羲畫姬爻所謂龜龍之負而自水出彩鳳之啣而自天降者竊心究之年長則自周孔顏孟而外青囊黃石莊老浮屠岐黃方餌天官輿誌以及諸子百家之編古今傳記

之牘無不欲得而飢餐渴飲之間有得者猶以爲未足也今老矣國覆家貧寇氛灰燼雖襤褸藜藿一字不堪炊用而此志亦復不衰惟苦於殘缺難得力疲鮮記旨趣無歸不敢比左氏之痼結病則同也此其癖一春葩秋蕚吐秀舒芳苔痕布綠草色搖青庭樹交香山禽對語固不敢冒讀書之樂事亦自幼至老之所愛惜也其癖又一靜夜更闌身寒骨瘦坐不成寢穿茅破壁之間俄而氷輪乍湧瞻望盈眸不覺窮愁勞攘令然消也抑或魄生半壁影落千江隱現松頭移映花影種種清[illegible]皆所戀戀乎心者也其癖又一深山幽谷古道頹垣茂林豐草之下有物焉或頑或怪或蒼或黃或磷磷而臥或如羊如虎或如醉道士或如望夫婦或可鞭而晴鞭而雨或可醉者臥而醒光怪萬狀蓋輞川之畫圖莫可繪其奇犯斗張騫必俟持詣君平而後識也雖一卷之多而夏雲之奇峯秋雲之白衣蒼狗以至如龍如馬如倉囷美人莫不根從此生是能靜而壽者與宜米顛之袍笏以拜攜而與俱臥者也吾甚愛焉苟遇之則坐臥不遽去焉其癖又一奈不能自藥殆將抱斯病以老矣

問者曰子之病中於性情入於膏肓矣起岐伯診其脈軒轅主其方神農和其劑秋夫思邈操其鍼砭盡厥神聖工巧何能爲哉問者辭歸而爲人語之予聞之因問其爲人衣冠陳腐坐立花間手時執書一卷咨類儒者問其貌黃瘦雞肋脩然柴骨問其年四十有五六問其平居服食蕭蕭似野僧破衲問其姓字因久逸而不記自號素道人云予以其年近五十也卽謂之四癖老人是爲傳

邑侯鹿公祠記

張如彤

嘗讀南山有臺之詩曰樂只君子民之父母父母也者好惡同民之謂也今我邑明府鹿公蒞任六載撫字心勞僻壤化洽弊無不革利無不興善政不可殫述茲特撮其大者言之廉以勵己莊以臨民坊表所以獨隆也緩征薄歛雜徭悉蠲國課所以樂輸也設學明倫作育人才化導於焉振興也巡行阡陌勸課農桑民生所由盈寧也折獄明允寬猛互濟訟端日見其息也飭諭鄉保嚴禁游惰盜賊已清其源也柔遠惠邇傾廪稱事百工莫不忻悅也倉穀充實散斂及時凶荒莫不攸賴也

凡此諸善政咸以實心運之匪伊朝夕矣是以士之誦永保赤洽人頌縣下之聽依匪懈將其惻怛深恩厚澤仁人有加無已爵堂介壽悉殷每念不忘父母之頌舍此其誰與歸乎故凡屬在士民莫不其篤緇衣之愛永懷甘棠之澤以見秉彝好德三代直道雖處下邑何嘗一日不在人心也爰建祠堂鐫列德政以垂不朽云

修路碑記　蔣宏毅

郡城之道路若人身之血脉然荒蕪則底式微坦蕩則兆昌熾理固然也故周禮司於合方氏[illegible]除道設

最攸關不但譙樓更鼓而已施城僻處山陬咽喉楚蜀自宜至施計程五百置郵凡九其間巉巖絕澗平陂[illegible]參仄徑羊腸行者苦之迨己丑秋　林公蒞任斯土披高歷險籌棧道危乃慨然曰是郡子之所駐是路郎子之責也越翌歲仲吕乃捐資鳩工遴營目能者任以監督六閱月而告成由是陟山而不知山登險而不知險此都人士謂是不可不誌厥美也故請記於余余念斯路自入
國朝其閱夫軒冕多矣而必有待於公則公之自命為

何如哉紬天衢之羽儀而輝煌楔棘降補袞之訏謨而疆理坑阱行旅出途歌蕩平者嘖嘖不衰則使施不式微而俾施於昌熾者微我公其誰歸公諱濬字哲庵江南秣陵人由庚辰武科及第陛侍五載出參潼津而調鎮施城經文緯武輓近無與頡頏韓范并溢美也其尊大人將軍公提師入閩一靖海氛能活生靈數萬公與伯兄提督公悉魁天下以是知公之德業皆可久而可大流福祚於無窮者矣至萬民謳歌之事亦不暇記請自以此意勒之貞珉俾不忘於奕禩

掛子山界碑記　　　賈思讜

聖天子天下一家何事區分畛域哉然不分者胞與之仁不得不分者經緯之義也義定而爭端息矣粤稽唐虞建官內有百揆四岳外有州牧侯伯夏商官倍制亦如之周置三公三孤六卿師長三百六十屬漢唐以下置軍路盡海內之地而郡縣之內外相維大小相恤守其地子其民各正疆圉無相侵制凡期以義相安耳楚之利川與蜀酆都東西界連先雍正以前忠路一帶俱屬土司酆都無干於楚十三年容美土司率施州衛土

司投誠於乾隆元年議准改土歸流建施州衛爲施南府號各土司設府屬六縣而利川乃爲酆都接壤當分疆時查奏者楚地制軍[illegible]年履勘者荊南道施南守圖案俱西南從後鄉塘河上大粱東北抵掛子山高峯爲兩縣界卽川楚大界厥後土司覃姓以此間荒山契賣張行珍爲業是時深林密箐虎豹蹤跡遮霞蔚雲蒸藏天障日乾隆某年[illegible]避出酆都民彭長濤乘機分佔越古沙子關會哨之處且踰掛子山大嶺內兩溪張行珍契買之馬尾水鴨溪木瓜金壩一帶強佔拒墾互相搆訟或在川或在酆都結訟數十人歷經數十年[illegible]斷數十次紛紛界案未得澄清乾隆四十年酆都民彭上控川藩及督憲檄楚飭員會勘定界利邑署令胡某稟請署施南府前憲遴員上界冀消積訟以其事飭知宣恩事賈思讜前往勘訂於四十一年四月會同知酆都縣詹士适卜日臨界會於四川興隆寺之旅店面約從界外細勘忽於次晨變計且直進忠路一帶登記山水地名全不及疆界圖而移掛子山於崖門左右去關刀崖大粱遠矣去沙子山則更遠矣究其意直欲附和奸詭爲侵

蝕計耳豈復問分疆原處哉咲乃從掛子山外尋沙關故處轉上大粱西去簡家壩後鄉塘回首上關刀崖馬尾溪三口口等諸地方度危岩深谷走叢棘茂林剪荊撥霧悉心周覽及旬日乃得掛子山內嶺巉岩如削界劃天成於是從忠路之上下土溪等處捷道回車欲與詹定界乃相隔數十里愈追愈遠竟乘夜飛馳杳然去矣讜次日乘天氣清朗再登掛子山大嶺尋最高一峯坐而憩之立而望之意見決定歸卽先傳圖西南抵關刀岩馬鹿河東北抵掛子山高峯中則岩岫峻截因於

喜自慰謂此誠天生界限常見定界者刻石立碑斷處森嚴奸民暮夜互移潛口賴訟久則山水俱謀改易漸漸之石形踪磨滅抑又何所憑也而此嶺則奸狡無所施其技矣既不留後人以爭釁亦不失古分疆之遺迹繪圖繕詳併檄鄂都永以此山爲兩縣界即以爲兩省大界乃者四十三年鄂民彭又赴部内控事經上聞爰令兩省督撫行飭大員詳細再勘湖北則委施南知府汪獻琛宜昌別駕王[illegible]川省則委直隸忠州甘隆濱各率屬縣利川令李廷渭鄂都令張某查勘參閱

圖據陝日研求仍以此嶺定界而彭長清等俱皆俯首遵依無再置喙亦可見事之公而當理其界不易者確然之義也輿情翕服者同然之義也而奸等之默息無辭者畏於義而不敢妄吠也其各安爾土協於經緯之義一也是役也兩省府州縣竭心盡力身任勤勞長至之日車馬臨山冒雪披霜不辭辛瘁明大義以啟鄉愚定三四十年結訟之案而使界限瞭然皓月雞鳴百姓安堵永息爭訟其嘉惠安有窮與然使（讀）先此之日稍涉私意亦若貿貿遊山者之冒無成行安行指劃必[illegible]

若此之彼此共信先後同揆也其不至貽笑於大方者幾希矣是爲記時乾隆四十四年八月也

卯峒記　林翼池

環鳳皆山蜿蜒盤鬱一百二十里至西南挺然特峙聳立數千仞是爲卯峒峒之坳穿穴成洞形如圜門深四里許龍鳳兩邑諸水皆由此出沿嶺樹木森翠東偏一小營窟前列欄柵壞則隧浮洞口尋復設如舊制人見其更造不替意上有仙靈然究莫能攀躋從無問津者施州衛舊志仙洞崖即此

治來之明年五月六日因省農與蕭二令董司至縣南百二十里爲卯峒峒濱河司署在焉南北行從此登畔其東流自施郡由宣入來西北大旺衆水歸焉以河與龍山分南北界西流自蜀酉陽來東西二水滙卯峒出口浮辰河達常德山勢迴環擁抱不見水去處暴雨時下流未通漲幾數丈其上三十里爲漫水以水勢平緩故名漫從此舍輿駕小艇順流行二十餘里爲欄河蓋將以洞石作水欄名河歟鄉民相率迎官官司呼其老

者以從撐數里河漸臨僅十餘丈左右崖壁陡削墻立無堆阜突怒嵯硪硬礙狀天作地成細膩光澤互相繞映如雕琢磋磨就者顧使雕琢磋磨必不能就若斯之細膩光澤者忽而見浮圖對峙方圓層級丈尺不紊忽而見天門重開淺深廣狹出入可由或作靈犀分水開判截止勢或作巨鼇戴山負重隱伏勢俄而鄉民指爲石磨龕則見其團圓對合可以碾食糧指謂下碁枰則見其坦平位置可以布碁局指謂香鑪崖疎然作篆起烟雲想指謂蓮花飯飄然作凌波仙子想中有崗門最

廣可數武鄉民云此大洞也乃攝衣披草而進內有兩層周圍幾半畝中有石几方廣一二丈若削琢安排者上層幽邃細覩之石菩薩坐象若現若隱几側有蓮花座儼然觀音大士一尊旁侍龍女作鞠躬奉持貌復有倒垂蓮花數百十瓣冰雪淸姿亭亭出水眞所謂遠觀而不可近褻者也更可異者中有四靈龍鳳矯首奮翼半入上空杳渺之鄉龍尾搖曳五六尺曲屈蜿蜒具飛天勢鳳尾扇開有雲儀千仞之意而靈龜隱伏兩相對待毛介栩栩生動徘徊留之不忍遽去噫異矣反而去旋

渺陡有急湍湧激鄉民曰此正洞也離洞半里攏舟不得逼視遙望崖壁數十丈截流半壁有洞門頗窄較之大洞僅四之一半門置一横欄孳三杆鄉民謂壞時即依舊制易新陳者墜下予人見之不能拾以去是或有神者主之與第見水從崖壁下濤瀑難測杳不知其所之商人運木至輒折散漂沒放流綠畔行三四里許下口撈拾數百間有失一二根者以其中之屈結淵濺有未易以直達之處益觀夫大川之利涉彼輸國權奇者之出山而爲其用從未有若此之蹊徑迴別者也鄉民

謂冬月水淺時從下口而上其中水徑之幽曲石態之變幻蜿蜒尤不可方物時張尉因覲國犯疾未偕至始意其素稱佳境及謂秋冬從下而上閱歷猶奇絕益信矣而鄉民猶殷殷有詞謂昔有仙人遨遊此間杖履逍遙父老能述其蹟噫異矣夫以茲空洞之深窈川流之灣瀠山石之靈怪幽異設置之中土通都遊覽品題者日不知其幾千百輩即未經遊覽品題者亦能熟聞其名而心慕其勝以不親歷爲恨也乃今棄之遐僻之鄉輿荒之地豈造物者故於蓬萊瀛島外別爲餐霞羽化

者闢一區宇不欲使凡跡之相溷也千百萬年寂寞淸泠曾無有過而問者而爲孳孳圖利之徒所懊嘆謂一闢未達之不能擴包荒之量歟孳孳圖利之徒亦烏足與論此者哉余故愛茲洞之奇而惜茲洞抵抵於此之不幸也貳令蒲君謂吾儕今日之遊而茲洞得公之顯其微闡其幽則其幸也余謂吾子斯言對山靈而滋愧矣夫以千百萬年之寂寞淸泠於此曾無有過而問者而且爲庸夫俗子之所懊嘆余亦何力而能顯微闡幽使遊覽品題者之不致抵抵而歎闡其名而慕其勝者

之以不親歷爲恨也則仍愛之而仍爲茲洞惜其不遇於今茲也夫雖然茲洞之深窈瀠潛靈怪幽異天秘而地私之固宜爲庸俗之所懊嘆而亦何藉遊覽者之品題闡其名慕其勝者之以不親歷爲恨也必藉是以顯其微闡其幽則非所以成其洞之深窈瀠潛靈怪幽異也已

宣恩縣治廳事名來宜序　姚　棻

余辛巳釋褐後爲選得宣恩蒙
恩調綏靖遠靖爲陝右新設邑番民雜處而風[illegible]治二年遷皋蘭靖民走五百里詣大府請留不得而余亦惘惘不忍去因思宣邑亦苗疆始闢未知其民情何若也越六年來守鄖復守鄖每以不得一至宣邑爲憾甲午施州衛廳創興余奉
命調任茲土行部所至宣之民扶老攜幼歡然荷插而來者踵相接也回憶曩者靖之民惜余之去今者宣之民喜余之來然則宣之民情固無異於靖民也邑之人士涵濡
聖教三十餘年今歲始有應試者邑宰楊紫園年友爲

舉賓興禮觀者如堵墻而余之來又適當其時乃思向之瀕來而不果欲來而不得者今得與其民若士勸農講學駸駸焉共臻於治化豈非幸歟宣揚
德意二千石之責也爰竊取詩人之意題於縣治之廳事所願與賢邑宰勤勤勉勉共襄治理庶幾無忝厥職云

重建問月亭記　乾隆四十年　保　泰

余讀昌黎滕王閣記至無侈前人無廢後觀之句不禁掩卷三嘆而知古蹟之不可湮沒也蓋古人之遺跡山

川藉以生色文風與之轉移不徒作後世之觀瞻已也施州問月亭者唐李太白酎月處也太白以永王璘事謫居夜郎每於此賦詩問月以自鳴瀟灑不羈之致而亭於是乎傳自唐迄今歷年久遠宋元時已半屬苗疆亭之存與否邈乎莫考自明季李自成張獻忠輩次第跳梁其鄙蔵往來滋蔓者十餘年田舍民廬蕩然一盡此亭竟付之荒烟蔓草中矣在太白詩名卓越千古原無藉乎此而流風餘韻歷久常新亭雖無存猶與長安之市采石之磯並挂人齒頰也我

皇上御極之初改土歸流設郡縣以東徧建立學校以崇文教四十年來人心向化陋俗潛移已大非昔比惟文風尚覺鬱而未彰夫文風之發越在乎讀書讀書之端倪由於慕古昔蘇子瞻讀老莊而得心周必大登廬山而選勝是古蹟之相沿實與文風相表裏也余系出蒙古少值

禁廷家承鐘鼎之休性有詩書之好參戎吳下頻探佳境以抒懷載旆施南更仰先賢而留意因於公退之暇出北關外里許登碧波峯之巔尋遺跡於枳棘中爲之流連不忍去謂斯地也斯亭也斷斷不可湮沒者也遂慨然有更建之思邑宰劉公渭川聞之與余有同心因偕文武各同僚捐貲興作亭之外兼設數椽以爲遊人憩足之所俱古樸不事繁華未匝月工已告竣而問月亭得於此再覩矣自茲已往士子果能知所觀感究心讀書俾文風駸駸日上向所謂悍梗之邦者一變至魯再變至道數百年後安知非文獻之邦也耶此正余之厚望也夫

新建石門佛寺記碑

陳輝祖

乾隆三十七年夏四月之上浣余以新築施南府城道經建始縣之石門石門者山石中洞如門往來人必出入是門以爲路人從巴東來傍石虎山東北下趨而南三里許至石罳橋橋稍西乃西南上行而北五里許至石門穿門出稍北列垂如簷土人依巖結茅屋簷下市酒飯以待行人小憩崖下林木排立自石罳橋望之可歷歷數東西相對可呼應而崎嶇上下經時乃達當是時余未至石罳橋即望見石門高處有金身螺髻狀世間所塑如來佛者一又有白鬚公冠巾而侍者一其林

木枝葉間放光如金丸纍纍指示從者曰無見也至橋下馬熟視猶在上而至石門無有矣夜宿施南二僧見夢曰衣破願捨新衣許之而覺此其日之所見幻而入夢者耶既歸鄂城述異於我母太夫人曰是當作寺即寺如石門崖屋之右琢石而象如所見一爲如來一爲伽藍尊者其傍爲小廳事官人過客謁寺可憩息落成當勒石惟余素不善佛佛乃於我現丈六身枝枝葉葉放大光明倘如佛氏言有所謂因緣者也石之爲門幾千百年其地不有佛佛乃今得寺石門倘亦有所謂因

緣者也夫使余不覩城無由至石門不至石門無由見佛光明即無由作寺予不語神怪而曰如在其上如在其左右今余所見非直惝恍窈冥如之也夫豈狂言以惑世要以歸之於因緣也云爾迺作頌曰不生不滅是生生無住無去必有住佛在人心亦在眼光明在眼却在樹石門石虎相對出澗水中流無休息如來也借草鞋錢伽藍到此鄉一歇説與路人莫失迷千秋摩挲此碑碣

清江爲禹貢荆之沱辨

吳省欽

楚有兩夷水其一以桓溫父諱彝改曰蠻水明統志謂之蠻河源出房縣至宜城西南六十里入漢即臭敖亂夫以濟者也其一今曰清江水經注夷水色清照十丈分沙石因名清江齊氏召南曰清江源出四川石龍關東山東南曲流百餘里合大跳敦河經官渡埧南又東至忠孝司（今利川縣境）北有水來會至火鋪塘伏焉（即磁洞）北踰重山復流出折而東又數十里至恩施縣北境有龍馬河合東北水田埧河西南來會又有乾平溪自西南經沙子門嶺東北流來會又南經三龍埧西西受一小

水又東南經恩施縣城東北東受一小水又東南有冷水河自西南經出水洞來會折東北流數十里經三岔口塘南又東北數十里有一河西南自施南司之南山東北流經司北又東北八十里來會清江又東有龍潭河自西北來合建始縣之小河諸水來會水勢大盛東北經桃符塘金雞口紅沙堡（俱恩施縣境）黄家灣天地口（俱建始縣境）又東南經長陽縣城南又東稍北受北來傳斬溪塘水折而南經灣西市有十八堰溪西自楊柳池來會又東南至宜都縣城西北會西南來之漠洋河東入大

江只行六百餘里受數縣諸小水無數又曰龍溪河所會建始縣之小河源出縣北灉瀩南岸大山東南流經水坪東南曰蒲潭溪折西南流有桐木溪自西來會又南有木瓜河合二水自西北來會南經縣東南有西溪自城西南來會曰小河又南折西流又南與龍溪河會龍溪河源出十三關大山者南流折而東南八十里其南源東北流來會又東流七十里會小河又東折而南經雙耳洞東又南經南里渡西又東南與清江會胡氏渭曰水經夷水出巴郡魚服縣江東南過佷山縣南又

東過夷道縣北東入於江註云夷水即南山清江昔廩君浮此水據扞關而王巴是以法孝直有言魚服扞關臨江據水實益州禍福之門夷水又東逕建平沙渠縣縣有巫城南岸水山道五百里其水歷縣東自沙渠入佷山縣水流淺狹裁得通船又東經佷山縣故城南又東北逕夷道縣北又東逕宜都縣北東入江渭按夷水首出魚服江尾入宜都江行五百餘里是亦荊州之沱也古自巴入楚避三峽之險皆由此路史記張儀說楚王曰秦西有巴蜀大船積粟起於汶山浮江以下至楚三千餘里舫船載卒十日行三百餘里不至千里而距扞關此言舟師由夷水入楚也何以知之楚世家肅王四年蜀伐楚取茲方正義曰古今地名云荊州松滋縣古鳩茲地即茲方於是楚爲扞關以拒之後漢書李雄說公孫述曰東守巴郡拒扞關之口徐廣曰巴郡魚服有扞水扞關章懷註曰扞關故基在今峽州巴山縣寰宇記云廢巴山縣在長陽縣南七十里即古扞關也水經註江水自江關在今奉節縣南瞿塘峽口東逕弱關扞關弱關在建平秭歸界益大江出三峽逕弱關江沱出佷山逕扞關劃然兩道儀言浮江以

下距扞關則不經巫山明矣夷水受江處不知何時就湮後漢建武中岑彭率舟師長驅入江關吳漢留夷陵裝露橈船泝江而上其時夷水已不勝戰艦自後荊梁有事舟師未有不由峽江者然酈云裁得通船後魏時水道猶存下逮唐初建始之北遂成斷港故章懷云夷水出清江縣西都亭山寰宇記云夷水自施州開蠻界流入長陽縣明一統志云夷水源出自舊施州開蠻界經建始巴東長陽至宜都入江蓋不復知此水出西北奉節之大江而以爲西南施州衛之山源矣然漢志巴

疎畧不言首受江水經注原委詳明而又有儀之言爲證禹導江自梁入荆必浮此水也愚嘗讀而趨之玆過建始境抵恩施知清江伏流處尚多重山連亘非如峽江之可鑿且巴東之峽禹旣鑿以導江何復以人力萬難施之處與數百里重山爭此尺寸之水且漢志南郡夷道縣應劭曰夷水出巫東入江是夷水自巫出非自巫而受江索隱曰扞關楚西塞以愚度之當在今巫山巴東江岸故法孝直言臨江據水水經注亦言江水自江關逕弱關扞關扞關所以扞敵非止一處故方氏以

智謂趙扞關在陸楚扞關在水況酈氏言扞關廩君浮夷水所置是廩君之扞關非卽楚肅之扞關張儀又言扞關驚則從境以東盡城守矣黔中巫郡非王之有是扞關在巫郡上游尤爲明證要而論之是水在夷道入江故曰夷水其發源處曰夷溪以其有扞關故亦曰扞水其經流謂之鹽水後周鹽水縣故城在今施南府東十里亦謂之清江亦謂之佷山北溪佷山漢縣屬武陵故城在今長陽縣西明廖永忠伐明玉珍別將由長陽巴東境所云百里荒者潛出夔門之上游此固踵張儀之故智而反行之儀謂以舟師下扞關非謂舟師可由夷水也蘇代曰蜀地之甲乘船浮於汶乘夏水而下江五日而至郢吳漢岑彭以前舟師無不由峽江者胡氏括地最精而以夷水爲荆州之一沱不可不辨苟欲求合漢志過郡二行五百四十里之文則以奉節縣灩澦南岸白鹽山所出者爲是水之源也可

王封鎮傳

李宗汾

王公名封鎮字建元施州衛諸生績學立品雍正甲辰館容美土司署中有女若加侍門稱奉主命來公拒弗

納次日以大義責主人束裝欲歸主人固留乃止由是益重之一日將歸省主人欲捕魚以遺其母邀同觀魚池魚多而所捕者少疑校人爲奸欲殺之公正色告曰天子以民付公撫循何得以細故殺人自取罪戾況事起捕魚贈余遺母是重余不孝罪也主人竦然聽命乃弗殺嗟乎建元見色不惑醇謹之士猶可企及惟當土官橫暴生殺自恣之秋正色昌言能使之有所憚而不敢肆此其剛正之氣足以攝奸權之膽則其所以保全土官而爲

朝廷靖邊為生民息禍者厥功匪淺矣雖以諸生終乾之擾巍科登顯仕而功業不著於時者其賢不肖為何如耶建元誠可述矣公在容美署中纂輯衛志簡嚴有法今得藉為粉本焉

六六井銘 李宗汾

乾隆元年施州衛改府建學宮二十八年癸巳始設官乙未春余秉鐸斯郡明年太守呂公就學宮開房招生徒任以講席公署原無井掘西廡墻外地不數尺兩穴泉湧結砌井署內生徒養而不窮焉嘗考皇覽云

先聖講堂在諸弟子旁舍並井甃猶存今茲所穿望後世存而不廢雖難與洙泗書院井甃比然泉出廟旁學者可即掘井及泉想斯道之有本必無掘井不及泉之慮也其名六六井者成於六月既望記時也因為之銘曰文德誕敷蠻夷率服舊衛新府黌宮考卜特開義館英才樂育井從旁穿味甘氣馥不損不益淵涵渟蓄川月代明澄清照昱因時命名標以六六列井寒泉象耳山麓

問月亭辨 李宗汾

施城北碧波峯問月亭相傳李白謫夜郎嘗於此賞月此一統志所載也衛志取青蓮集中把酒問月篇以實其事嘗考太白年譜肅宗至德二載丁酉二月永王璘兵敗白亡走彭澤坐繫潯陽獄宣慰大使崔渙及御史中丞宋若思為推覆清雪若思率兵赴河南釋其囚使參軍事並上疏薦白才可用不報乾元元年戊戌即至德三載終以永王事長流夜郎二年己亥未至夜郎遇赦釋回憩江夏岳陽復如潯陽此集中有流夜郎半道承恩放還兼欣剋復之美有懷示息秀才作也圖經載

施州形勝南人號為夜郎夜郎即今遵義府是去施幾千里太白未至夜郎而施又非其所屬此問月之亭臺其足信哉再把酒問月篇原註故人賈淳令予問之未題流夜郎且白自詔流夜郎如於烏江留別友贈辛判官劉都使易秀才憶秋浦桃花舊遊諸作不題曰流夜郎則題曰時竄夜郎是未至夜郎有作自敘且然豈已至長流之所而自序所作顧獨不然乎且篇中俱不似在施碧波峯者又安見必為此地咏乎或謂明一統志載遵義府有懷白堂在貞明長官司南六十里昔

人建以懷李白據半道承恩放還又何以稱焉不知堂之以懷白名可想矣必既至後懷之乎又安知非望其至懷之乎至謂有宅在夜郎里一統志不統載此無徵不信者矣抑謝君直解詩貢然來思云貢者華采也賢人所過之地山川草木皆有精采蓬户蓽門皆輝華也太白有長流夜郎之詠則無論既至與否可作既至觀何必懷白之不有堂也並無論過此與否可作過此觀也何必問月之不有亭也圖經南入牂牁之夜郎施也南夜郎錯壤又東北入南郡之巫縣太白雖未至夜郎

曾泛洞庭上三峽至巫山矣安知自竄流以及放還時不嘗過此而把酒問月乎倘承恩放還過此應無流夜郎與時竄夜郎之自序矣郎令此篇非爲此地咏而既以問月名其亭臺何不可摘此篇以實之乎此亦如東坡賦赤壁於黃州周子號濂溪於廬麓固無乎不可也況青蓮芳躅所在如彰明之宅江油之臺嘉定之亭汶上之山發源之渡漢陽之湖以及濟寧之酒樓梢州象耳平武牛心萬縣悉有讀書處無不嘖嘖人口問月之亭臺亦然更如會同白杜山藤縣懷遠之太白巖俱前夜郎時遺蹟何獨於問月亭臺而疑之至嚴氏書記載文進李白問月圖見任碕玉珊瑚網張以寧題竹王祠詩如雨躑躅花開啼杜鵑是指施爲證然則斯人也於也斯亭也而在斯地也俱足千古矣

詹邈中元祐三年宏詞科辨　李宗汾

宋哲宗本紀元祐三年三月丁巳御集英殿策進士已巳賜禮部奏名進士諸科及第出身一千一百二十二人九月丁卯御集英殿策賢良方正能直言極諫科又選舉志元祐三年因劉世安奏詔大臣奏舉館職並如

舊詔試除授此則元祐三年有進士及賢良方正能直言極諫館職召試諸科無所謂宏詞科也哲宗本紀紹聖元年五月甲辰罷進士習試詩賦令專一經立宏詞科又選舉志紹聖初哲宗謂制科試策對時政得失進士亦可言因詔罷制科試既而三省言今進士純用經術如詔誥章表箴銘賦頌赦敕檄書露布誡諭其文皆朝廷官守日用不可缺且無以兼收文學博異之士遂改置宏詞科歲許進士及第者詣禮部請試凡試一百四題試者雖多取無過五人此則紹聖初始立宏詞科

科也詹公既中元祐三年狀元則必非中博學宏詞科既爲博學宏詞狀元則必不在元祐三年當在紹聖年間矣舊志載元祐三年博學宏詞狀元則與哲宗本紀及選舉志俱不合恐考之未詳也又考哲宗本紀紹聖二年三月乙未試宏詞黄符等五人各循一資選舉志紹聖初宏詞科詞藝超異者奏取旨命官詹公既中宏詞科想亦必循一資矣想亦必奏取命官矣而舊志失載惜哉

施非夜郎考　李宗汾

夜郎之名由來久矣或名縣或名郡或名郡即以名縣或名縣仍以名郡或名郡或名縣而隨省之或所屬之州廢而改屬之總之不離牂牁郡者近是而施無與焉前漢書南夷君長以十數夜郎最大皆屬西南外蠻夷師古註後爲縣屬牂牁郡此以夜郎名縣也施在漢屬南郡不屬牂牁也晉永嘉二年分牂牁立平夷夜郎二郡此以夜郎名郡也施在晉屬建平不屬牂牁也宋書晉懷帝永嘉五年寧州刺史王遜分牂牁朱提建寧立夜郎太守領四縣夜郎其一此名郡即以名縣也施在宋不屬夜郎太守也至唐武德四年以思州之寧夷縣置夷州義泉郡析置夜郎縣後夷州廢而縣省此名縣而隨省之也貞觀八年以辰州之龍標縣置敘州潭陽郡析置夜郎縣十六年開山峝置珍州並舊夜郎縣後爲夜郎郡元和二年珍州廢而縣屬溱州溱溪郡此名縣仍以名郡後州廢而改屬之也施在唐屬清江清化郡不屬義泉潭陽溱州溱溪也蓋夜郎最大唐書地理志爲夷爲敘爲珍爲溱悉屬其境夷在今貴州石阡府敘在今湖南沅州府溱在今四川涪州之西珍在今貴州遵義

府桐梓縣正安州等界宋史云夜郎在漢屬牂牁郡今涪州之西溱漢播珍等州封域是也然封域雖大不能强施之不屬者而包舉之宋史施州蠻南接牂牁諸蠻施州圖經南入牂牁之夜郎通志施州形勝遠控夜郎夫曰南接曰南入曰遠控則施本非夜郎而夜郎總不離漢牂牁郡境界斷可識矣

高羅太白祠記　蘇於洛

高羅唐夜郎郡太白長流處也北有李溪相傳舊居在焉因以得名然亦不可深考余嘗往來過之青山碧水

篠竹茂林掩映於疏籬茅屋間楓低徊留之不能去欲爲堂以祠之顧方有事於文廟土木之工不可重勞吾民遂有志焉而未逮也高羅田生者故土司裔於其祖祠之餘地築室三楹背山面河環植花木翛然有塵外之致聞余將有是舉踵門而告曰某築室久而未有以名之也卽以祠太白可乎余深嘉其義額以謫仙芳躅遂迎神主而祠焉嗟乎太白之從永王璘非從祿山比也况出於廹脅心迹甚明故少陵於太白反覆嗟嘆一篇之中三致意焉然錦里浣花名昭千古夜郎遺蹟士

人無知者唐代詩人李杜同稱而所遇又有幸不幸焉豈非天哉余令宣恩不乏讀書好古之士而於音韻尚所未諳因於簿書之暇課以文藝教以詩律邑人士咸樂從予遊也於是祠之日遠近承學者咸在因定於歲春秋仲月望日修祀事獻花酌酒不用牲牢從公所好也僉曰諾遂記其事如此

李太白流夜郎說　蘇於洛

夜郎之名始於漢國也非郡也夜郎之郡置於唐郡也非國也名同而實異如黑白涇渭之分明而說者紛紛聚訟皆未嘗博考而詳辨之也按史記西南君長夜郎最大始楚威王時使將軍莊蹻將兵循江上畧巴蜀黔中以西莊蹻者故楚莊王苗裔也蹻至滇池地方三百里旁平地肥饒數千里以兵威定屬楚欲歸報會秦擊楚奪巴黔中郡道塞不通因遂以其衆王滇秦滅及漢興皆棄此國而開蜀故徼建元六年番陽令唐蒙始請通夜郎道乃拜蒙爲中郎將將千人從巴蜀筰關入遂見夜郎侯約爲置吏使其子爲令夜郎侯始恃南越南越已滅夜郎侯遂入朝上以爲夜郎王此漢之夜郎也

考其地臨牂牁江自巴蜀黔中以西至滇池方數千里豈獨播州遵義哉今指播州與遵義爲夜郎而以施南非所屬疑之誤矣又按唐書施州隸江南道領清江建始二縣尋廢業州入施州卽今施南府恩施縣又置珍州貞觀十六年置夜郎麗皐樂源三縣後爲夜郎郡此唐之夜郎也考其地在今宣恩高羅里地有珍山故名珍州後罷夜郎郡宋初復稱珍州刺史田景遷內附乾德中賜名高州元明爲高羅土司楊升庵丹鉛錄載夜郎在歌羅卽高羅也今距縣治東南一百二十里太白

詩註引証確鑿不惟與漢之夜郎無涉並與施州亦無涉也而一統志載施州衛北碧波峯有太白問月亭者蓋亦有說公嘗自敘泛洞庭上三峽至巫山過五溪到夜郎矣此地爲夜郎必經之路振衣千仞把酒問月非謫仙高致何克有此今讀集中流夜郎聞酺不預詩云北闕聖人歌太康南冠君子竄遐荒又放後遇恩不霑詩云獨棄長沙國三年未許回則公至夜郎明矣說者謂公未至夜郎以集中有流夜郎半道承恩放還爲証今考年譜公以永王璘事當誅繫潯陽獄郭子儀請解

官以贖有詔長流夜郎宣慰大使崔渙御史中丞宋若思爲之推覆清雪若思率兵赴河南釋其囚使參謀軍事並上書薦白才可用不報時肅宗至德二載半道放還正在此時詩義甚明至乾元元年終以永王璘事長流夜郎二年遇赦得釋故於中道放還詩後又有至西塞題葵葉諸作讀其詩考其傳則公始未至而終至更無疑義矣論者紛紛聚訟皆由以唐之夜郎郡誤爲漢之夜郎國知至德二載之半道放還未嘗考乾元二年之遇赦得釋宜其格格不合也予新修宜恩縣志見而入考辨皆游移其詞竊歎考古論世未可輕心因詳述其始末以俟知言者

施南府志卷之二十八終

施南府志卷之二十九

知施南府事王協夢監修

藝文

重修府學文廟碑記

馮維馭

施郡自乾隆元年丙辰改衛爲府置六縣立七學而郡學文廟之設則自二年始董其成者田公也乾隆庚寅歲張公復補修之迨後歷年久遠已就傾圮五十四年前守赫公勸捐修建工甫半旋以事去日朘月削敗堵頹垣鞠爲茂草嘉慶四年春余來守斯郡莅任之初恭

謁文廟目擊情形踖踧者久之因思　至聖爲萬世吾儒之宗郡學乃六邑會萃之所舉凡春秋祭祀鼓徵講習昭誠敬而宏教化胥是賴焉亟應鳩工繕葺以肅觀瞻若任其剝蝕漂搖罔彼郡人士之咎實亦守土者之責也正擬創議經營欣逢督學陳公按臨希郎以茲事請公聞而欣然慨捐清俸導諭諸生而鼓舞之靡不踴躍趨事爰估計工料除原存基址舊料堪用外其棟柱磚石采飾之需非二千餘金不能蒇事用是繕立捐簿分給六邑會同各學廣爲勸輸諏吉於九月之朔興工所有經費出入庀材購料董率工匠皆於衿士中擇其廉實老練者俾司其事無濫無浮務使歸於實濟其樂輸各姓字並備載碑記以昭盛舉庚申孟冬月告竣而崇聖祠明倫堂亦一律剏造焉規模彌煥廟貌維新將聖教昌明由此而鄉舉里選爲賓王國其所以啟士林之盛盡守士者崇祀之忱不無有裨也夫

新建文昌祠碑記

尹英圖

粵維郡城麓脊山一峰獨秀襟帶清江舊列城隍祠宇

於上體制卑陋歲壬子余宰恩邑徘徊瞻眺深用慨然夫神奇靈奧之區實斯文發祥之地施郡文昌祠歲久傾圮奎星無閣而斯山巍然面重離象文明允造物精英所聚更張位置一得其宜則氣象發皇數十年後人文會萃休徵其有聿見者顧非常之原黎民所懼棼撩棟桴所需良復不尠爰於課士之下進諸生於庭而倡言之諸生踴躍歡欣李生瓊李生忠朱生尚志張生啟明首任其事勸諭樂輸人士坌集舉凡捐貲出入諸生掌之不雜胥吏先建城隍廟於山麓以妥神靈規模宏

闢山頂更建奎星閣三層暨文昌祠煥然一新不數
報竣祭告之下列衣冠者數百人可謂盛矣由是而諸生慕實學崇正軌家弦戶誦丙辰歲邪逆倡亂遠近騷然無一青衿爲其所惑文生黃萬全竟以罵賊死烈受
朝廷獎祀卽余東西帶兵勦除文武生効力行間克昭允濟謂非神之祐不至此壬戌秋仲賊匪蕩平余奉
命撤巴卡兵再來守是邦是歲奉
諭旨崇祀文昌禮儀並同關帝於是重登斯閣潔齋將
事感神人之昕合期文風之丕振加勉諸生其益肆力

於學以期黼黻
皇猷無忝山川鍾秀是則余之所厚望也諸生等問序於予予爲誌其緣起如此

潘成泰傳　楊儒江

潘成泰者恩施縣奇峰壩人父學超世業農嘉慶十四年十一月十四日虎晨至其村嚙斃郭氏兒旋蹲於成泰屋後一村皆驚村民朱六率張起科陳楚貴等十數人各執械逐之虎咆哮起衆皆震慴虎乃撲朱六傷右手及脅背並嚙父折其柄勢益猛厲奮身一躍以爪攫學超項及右膊衆益股栗成泰挺矛直刺虎後復連刺其脇虎始舍學超走陳楚貴趨而前刃及虎口力怯不能中然虎已先負重傷不暇顧衆亦遂聽虎走伏林莽間不敢復擊有頃鄰村方家壩方啟義聞之約其村數人來觀逐之虎復起嚙傷啟義於是兩村之人始合力斃虎逾日朱六死衆舁虎來獻勞以酒肉而使鬻虎皮骨給死傷者之家成泰年甫十九方學超之與虎格也設成泰亦如衆人之怯則學超亦朱六之續耳烏能爲成泰身不滿五尺力非强於衆也問其當虎嚙朱六時

胡不卽挺矛刺之曰小人懼然則繼之挺矛刺虎固不懼也虎一而已人之心忽懼忽不懼何也前之懼者心有虎也繼之不懼者心有父也有父故不懼而勇於刺虎性也孟子曰親親仁也達之天下也孔子曰仁遠乎哉我欲仁斯仁至矣觀成泰之刺虎可以識仁道矣

修龍祠記　譚光祥

祭法曰山林川谷邱陵能出雲爲風雨見怪物皆曰神諸侯在其地皆祭之龍之爲神昭昭矣雲行雨施屢豐之年以紓萬民厥功鉅焉故春秋之祭載在祀典郡縣

皆然而施南獨闕施南雖步皆由十日不雨則民有憂色其邀貺於龍神宜亟矣前太守法公偉建祠壇於城東五峰山之麓廣九尺袤半之背山面溪有攀躋之勞無綿蕞之地日久並廢其禮欲擴充之限於勢仍其舊不可也今於郡城南門內黌宮之西得袁氏舊居改建祠宇於孟春諏吉鳩工期以仲春告成舉行祀事倉庚未鳴東作方興守土者為民祈福之心同於百姓自爲祈福之心而其所以祈福之由則惟於龍神祠自獻其心而已同官既捐俸於先紳士商民量力以施於後因

而尅期告竣則守土者爲民祈福之心以慰而民之實受其福亦可從而決之矣

巴公溪豐樂橋記

譚光祥

出南門西行半里有橋曰文明其下爲樂溪溪南行半里有橋曰成志其下爲麒麟溪又南行里許爲巴公溪有橋曰濟政屬縣宣恩來鳳咸豐之要津也志載明指揮唐貴貢生李庠始造木橋鄉官周汲泉改用石爲巴公溪者相傳郡南有巴公塚昔有巴國大柵王世葬於此或呼爲巴公山也大雨時行溪漲洶湧斷行旅輒數日水落猶苦泥濘橋卑隘屢需修治己巳夏五月遂圮辛未仲夏貢生朱尙志等議作石堤於溪南廣五十有二尺袤八十有一尺高三十有六尺其北則鑿山爲路廣十有三尺袤百九十有五尺砌以石級繚以石欄增以石橋高三十有六尺廣十有八尺袤七十尺秋七月鳩工冬十有二月橋成余以九月之武昌今年五月始歸六月堤成路治適以禱雨未暇一視秋七月乃偕同知徐公副將曹公往視之是日也小雨乍凉秋氣自清行者忘其勞居者悅其色顧瞻四山高下一碧庶幾哉

其可免於凶年乎猶憶去年六月尙志等議建橋時方旱禱而得雨七月霪雨禱而得晴今橋成余又以禱雨後至登斯橋也蓋亦欲以歲事豐稔民氣和樂爲施人祝而不僅以橋成爲行旅幸也志載濟政橋卽跨虹橋施郡多山無河渠之利十日不雨則憂虹爲雨止之象不宜稱因汲泉濟政之廢而改作之而非濟政之舊其名可易也昔歐陽子嘗以豐樂名亭余以豐樂名橋可乎汲泉爲明萬歷時人其所建橋至於今不可謂不久安知今日之大而新之不可爲數百年不壞之基耶因

而志之遂請爲文以記之

南郡書院開講碑記　　佟景文

郡未有書院楊作舟譚蘭楣兩太守經始而落成之主講之席尚虛歲甲戌余奉命來守斯土遂坐臯比蓋一時之權宜耳丙子閏夏督課之日董事生礱石以待請爲記以志之余曰唯否夫廣軒司馬之爲記志書院之權輿也前太守雅望鎮俗政教兼施故不可以不志余不過師其意繼其聲而已曷志乎生曰不然夫莫爲之前雖美弗彰莫爲之後雖

盛弗繼且錫嘉名翊正學制府之盛心也蠲俸錢以爲之倡督學之雅意也覈義田以沃之膏邑侯之惠政也翼教宣勤郡人士之盛義恐後也公以課吏之暇進而課士所以爲教者皆前賢之嘉言懿行務俾多士敦實行通經術爲　國家有用之材而不徒講乎文藝之末旣爲大府嘉尚謂教士子卽以正民風爲方今要務願並志之而並傳之繼自今讀斯記者皆曉然於朝廷興賢育德之原司牧移風易俗之效胥由於此父詔其子兄勉其弟慕前修之高躅希往哲之芳踪樂善好施積小成大使講院之中虀粥而外束修以上皆寬然有餘然後延訪明師朝夕砥礪文行並重名譽日彰孝友著於家庭廉讓型於閭里薰其德而善良者且蒸成風俗矣則斯記也故猶是司馬剖析義利激厲薄俗之意前郡伯爲之未竟留以有待者其志於是乎慰而其效正未有艾也余曰諾是爲記

建立南郡書院碑記　　徐潤第

嘉慶十有四年歲在己巳前施南太守府谷楊公名毓江創爲南郡書院方啟其端以他事去職明年庚午夏

南豐譚蘭楣先生以戶部河南司郎中來守郡躡其議而督勸之明年辛未夏潤第來爲郡丞至則太守方籌辦地方大讞許登魁高齊周輩太守義不吐剛而拔奸之難有符噬胏涉二千里赴武昌會鞫明年壬申夏始旋郡而書院落成遂謀束修膏火之貲維時川匪不靖所至搶奪郡三面皆川舉步可入太守用守望相助法教民待暴披圖籲俊日夕靡寧郡民素健訟往往敢與鉅獄而鮮情實案牘之繁且難又加勤焉然太守雖庶[illegible]交迫而籌畫書院思所以成之者自下車以來至於

今三年未嘗刻誒也潤第曰南郡陋土也書院之設似非急務而我公皇皇焉者何也太守曰子陋斯郡而欲以書院爲緩圖耶吾則正以斯郡之陋而欲急建書院以救之也夫斯郡之弊一言以蔽利而已矣天下熙熙皆爲利來天下穰穰皆爲利往斯郡地瘠民貧土流雜處其走利也爲尤甚强者力佔則土豪所由滋也智者詐虞則訟師所由聚也日相尋於爭鬭譸張之場一旦外侮皆使其不至乘勢相害亦云幸矣欲其互相救邺不能也然此豈刑格勢禁可以回其嗜利之心而使之

翕然向義也哉義之與利勢不兩立而兩相需從事於義利者義之和也建立書院收其英俊教以民義俾知行義未嘗不利而去義懷利以相接則利未得而害反隨之庶幾睦婣任邺之行多爭訟之風不期其衰而衰矣惟學術爲民風之本圖故書院爲吏治之先務楊公創此可謂知政而子乃欲緩之不亦謬乎潤第曰地方之有書院者亦多矣其有驗者至於得科甲而止未見其有裨風化者何也太守曰是非書院之無益乃擇師不精講學失旨有司者苟且從事之咎也夫學以明人倫非以求功名富貴也學在求放心非爲飾語言文字也今學旨不明師之長技不越乎記言文字弟之立志不外乎功名富貴又其下者陽託掌教肆業之名陰懷束修膏火之計求一工文章取科甲之效且不可得遑言風化哉然此自有司苟且從事之咎而非可據是以罪書院也子愼毋因噎而廢食也潤第改容謝曰若是乎書院之設與鋤奸待暴聽訟折獄諸政乃一事非兩端也彼第理其標此乃治其本也是非鄙人之所及也是誠今日之急務而不可不竭力以爲之者也出而語

人則皆曰善且請作記以告後之有司與爲師爲弟者潤第以癸酉秋引疾告休將歸恐泯沒兩太守建立書院之意因序次前言手書泐石至其經營節目之詳則經營既足延師講學之日自將另文以記今不具書時六縣之爲宰者恩施詹應甲宣恩王信芳來鳳朱鳴鳳咸豐祥爾利川韓厥田建始楊兆杏也

重修恩施縣學文廟碑記　石時和

予以嘉慶二十一年秉恩施鐸值　崇聖祠及明倫堂漏爛將圮學宮圍牆倒塌不蔽內外爰商之諸生共捐

微貲用以葺類補壞飼是每歲檢蓋暫可支持惟正殿以中柱堅實雖敝未傾兩廡及大成門名宦鄉賢兩祠勢已難支屢擬勸修因連歲歉收未果至道光三年閤邑紳士建議重修予適奉委晉省將行以經理事宜商之邑侯雲南左君章晌議以克合差竣回署則美舉果行維時衆舉貢生朱榮祿監生李朝舉提總領修踴躍急公鳩工庀材辦理頗善越歲而正殿及大成門粗就餘擬以次興修而左邑侯以銅差回籍天津張君映璧接篆未幾以奉委去任四鄉捐貲不繼工遂止矣冬慕

徇谿張君起雲來署斯邑銳意踵修追繳捐項不狥情面措置周詳閱歲餘而功竣竊以

文廟乃文明重地闔邑根本本撥而求枝葉之茂其道無由每見各州縣學宮規模宏遠壯麗可觀恩施學前明崇禎己卯重修迄今幾二百年雖屢經修葺不過隨地補苴未遑遍及此次則殿堂門廡丹漆黝堊煥然一新非復從前小補氣象行見清江毓秀五峰呈祥文教日以興學校日以盛佻達無譏藹吉載咏諸生誠由庠序躋古人之迹今日之端人誼士卽他日之理學名臣人傑地靈科名蒸蒸蔚起基諸此矣是爲記

補修郡城記

孫仲濤

施郡治恩施原施州衛地雖處一隅然接壤三蜀藩籬全楚實要區也舊衛城久圮乾隆間因故址重築倚山環水頗稱天險余於嘉慶十五年綰是篆始至見城郭完固廨舍嚴整謂可肩隨諸郡旋受代去閱十五載客秋重莅是邦覺風景少殊焉郡署門堂榱頹棟欹環城周覽內外圮者不一處西北城樓皆已傾塌女牆墮壞尤多牛羊之入可徑門關之鑰空筦復隍致吝兢塞夷

庚設險是占誰籌先甲郡守職司專城詎宜聽其若是補築之舉固難刻稽況乎功非甚鉅亦無事籲上憲請帑金也已於客冬捐廉重建署門補修堂室及今夏五集郡士民籌修城事士民亦咸孑意慷慨輸金得如干數乃命恩施尉魯鵬翮董其事經始於乙酉六月迄八月竣工重建西北兩樓擇用舊材三之一補築圮城數十丈高厚如舊式增女牆數百堵共用錢七百餘千是役也一切木石瓦甓皆賦價於民而取其物遲遲修築皆借力於民而酬以資凡物視其時之值凡工如其私

之傭是以民樂趨事成之不難且速也爰伐石以紀其始末併鍥樂輸姓名於左

施非夜郎考　　陳詩

恩施張涵谷卸黃陂廣文篆需次鄂城一日言其鄉古蹟有問月亭相傳李白謫夜郎嘗過此賞月見明一統志人遂有疑其地爲夜郎者是果然歟予曰是非可以臆决也乃偏檢史傳示之而後申其說焉夜郎在未設郡縣之先爲夜郎國漢書地理志犍爲郡領縣十二牂牁郡領縣十七皆其地也設郡置吏乃有夜郎縣班志

於夜郎下注云温水東至廣鬱又於鬱林郡之廣鬱下注云鬱水首受夜郎豚水東至四會入海過郡四行千三十里後漢書所謂東接交阯者是也其非施州明矣夜郎之縣隋志無之唐時設縣凡三其一武德四年析牢夷置夜郎貞觀元年省今遵義府綏陽東有廢牢夷縣其一貞觀八年析龍標置夜郎李白聞王昌齡左遷龍標詩云我寄愁心與明月隨風直到夜郎西即此然天寶元年已更名峩山矣其一貞觀十六年開山峒置夜郎縣隸珍州後屬溱州今遵義之桐梓縣東有故夜郎城是也白詩有曰我寘三巴九千里又曰夜郎萬里到西上令人老其此謂乎太白之謫以乾元歲八月半道承恩寄王明府詩去歲左遷夜郎道今年勑放巫山陽蓋自梓州聞赦得還而往來皆由水道其留別詩云白帝啼猿斷黃牛過客遲又有自巴東舟行經瞿塘峽登巫山最高峰作而朝辭白帝千里江陵何嘗取道施州百舍重趼乎涵谷於是釋然以喜乃摘史傳及太白集彙而錄之都爲一帙云

書來鳳知縣莊公紉蘭死節事　　王協夢

余守施之明年將有修志之役來鳳令祥君上前令莊公紉蘭死事狀覽其義烈有足紀者來鳳故屬散毛土司其地有小茆界連蜀之酉陽乾嘉之際白蓮難作先是匪目韓瀘煽亂歲癸丑攝尹蔣君以計擒之併其黨楊龍等置之法逾年公受代嘉慶丙辰二月訛言紛至公患之忽鄉民報忠崇里夾牛洞賊匪於十五日刼奪行旅人情恟懼悌恭里陳松者革役也通賊爲內應詭陳形勢願自効勸公剿之十七日公偕外委王清帶兵二十八典史張寀率民壯鄉勇百餘人行至楊柳溝紅

巖沱賊大至埑水堡峽口左右夾擊官兵陣亡者八人王清受創逸鄉勇死者十之八公因被擄匪目田谷登勸之降公罵不絶口遂遇害七月破賊降匪黄金印指其瘞所始得歸葬方莊公之陷賊也張尉太呼入陣白刃攢刺所乘馬爲賊所砍與馬俱墜溪橋下亡其屍十八日訓導甘杜命其子文郁擕印乞援於龍山縣俄而賊已入城學署被圍乃乘間至翙鳳山麓自沉於水妖僧佛懺拯之迫降不屈仍令其徒送歸其夜如厠縊焉事平之後

賜䘏蔭敕祀昭忠祠夫以死勤事祭法也列於俎豆宜矣

書吳白華清江爲荊之一沱辨後　羅德崑

按胡氏以夷水爲荊州之沱古自巴入楚避三峽之險皆由此路蓋泥於水經注之一言因附會羣言以實之而不知夷水之必非由受江必不可以行舟也蓋自夷陵以上大江兩岸連山複嶺其地高於大江不可以尋丈計水惟入江而不能出江此夷水之源必非由受江也其水自發源以至入江中間五百餘里伏流不一處其通流處又多自峻嶺下瀉此其不可以通舟勢則然也考夷水源出都亭山在今利川奉節兩縣界地則水經注謂出巴郡魚復縣本爲不誤惟謂出魚復縣江多一江字遂滋胡氏之疑至其引史記張儀之言浮江而下距扞關則扞關之在大江岸而不在夷水岸原灼然無可疑胡氏惟欲明夷水之可以通舟從而爲之辭

文昌祠培築山麓記　羅德崑

鼇脊山居郡城之中郡境之山自北來迤西入城至此而止嵬然爲一城之鎮國主名山自古志之不必形家

言也前太守尹公遷文昌祠於其上前建魁星閣蓋取占鼇頭之意爲郡士兆科名其意甚盛而一郡主山苟有剝削亦能召災故立祠鎭之則其所以保護居民者意尤切也自時厥後户口益繁環山四面而居雖切宅私地亦無敢稍侵山麓者蓋耆舊相傳故不禁而自戢焉歲己丑郡民潘甲乃於東麓築牆造宅侵削山根郡衿崔元魁等顲縣飭止署令姒公朝綰諭衆購地入祠時把總譚君綸楊君應忠以梓誼調劑其間潘甲遂願賣地入公受直毁垣因培築山根永封禁焉諸衿以爲

一時善舉也礱石請記予維施郡居楚上游昔爲各土司地自乾隆元年改衞設府而後迄今九十餘年生息涵濡物豐饒而民樂豈詩書弦誦之聲比隆上郡此固聖朝郅化所陶成而地靈人傑凡官斯土者所爲仰體德意以惠恤此邦者固宜若是無微不至也夫山川清淑之氣磅礴鬱積久而必洩吾知秀異之士奮志科名必有出而效國家之用者其於諸生尤有厚望焉是爲記

施非夜郎辨

羅德崑

施州南接夜郎見於圖經後人因作問月亭於城北碧波峰上謂太白謫夜郎時嘗過此賞月載明一統志然未嘗謂施爲夜郎也迨後郡紳李司馬一鳳則徑謂此地爲夜郎以竹王祠及歌羅寨爲證謂竹王祠宋賜靈惠廟額卽施城東二郎廟歌羅卽衞屬之高羅援古證今其辭甚辨蘇明府於洛又謂唐之夜郎郡非漢之夜郎國唐夜郎郡屬珍州在今宣恩縣之高羅高羅有珍山州以是名則因李氏而實之而不知其非也按史記西南夷傳西南夷君長以什數夜郎最大索隱曰荀悅云夜郎犍爲屬國也韋昭曰漢爲縣屬牂牁後漢書云夜郎東接交趾其地在湖南其君本出於竹以竹而爲姓也正義曰今從州南大江南岸協州曲州本夜郎國又牂牁江入南海據此則知施非夜郎國也考唐書地理志武德四年析宷夷縣置夜郎縣武德七年析龍標縣置夜郎縣貞觀十六年開山洞置珍州并置夜郎麗皐樂源三縣後爲夜郎郡長安四年以沅州之夜郎渭溪二縣置獎州龍溪郡以今考之宷夷麖縣在貴州遵義府綏陽縣珍州卽府屬之桐梓縣樂源卽府屬之正

安州沅州原屬湖南辰州今爲沅州府龍標城亦在其地然則夜郎之地蓋在黔蜀之交居辰沅上游過五溪而至夜郎太白贈王龍標詩亦其證也蓋唐之夜郎郡卽因漢之夜郎國而名固不必岐而二之而今之遵義府卽唐之夜郎郡尤不得移而他屬也抑漢之夜郎爲國猶與施州相接而唐之夜郎爲郡距施州甚遠雖太白之流風可慕不能無溯洄宛在之思其如風馬牛之不相及何矣至永王璘敗後白當誅郭子儀請解官以贖有詔長流夜郎會赦還尋陽坐事下獄時宋若思將

吳兵三千赴河南道尋陽釋囚辟爲參謀未幾辭職李陽冰爲當塗令白依之代宗立以左拾遺召而白已卒此本傳之文並無再放之事年譜舛謬蓋不可信

平山堂記　　羅德昆

今上御極之十一年辛卯三月北海吳公遜甫以給諫來守施南數月政通人和乃顏廳事曰平山堂而題其後義取乎稱物平施而平其政也其言平山也施故山區公之始至登頓顛勞旣而民安其教吏畏其法若不勞而理者幾莫測其致之之由乃今於平字得公爲政之原焉嘗稽左氏記夫子之論政曰施之以寬曰糾之以猛而終曰平之以和蓋寬猛濟而後和和乃平也公始至時搜慝剔隱使上澤必得以下究下情不壅於上閭則施以寬之義也去蠹懲奸使吏不得以魚民豪不得以蝕憍則糾之以猛之義也如是而政乃平雖然此其迹也至於變動隨時不膠成見喜怒中節不參浮情鑑不設形而妍媸畢照衡不留物而銖絫難欺則又學問所陶淑師友所輔成者文法俗吏殆不能窺其藩籬況堂與乎而其大端則猶有可言者蓋公始至楚或謂公不妨少留可權他郡事曰審之習施者言郡僻在萬山中犖确不得施犁鉏其稍夷衍者又多陷爲洞壑無幾穀土財賦不及列郡百分之一窮谷之民狐狸與居藜藿爲食獷眦黠蜀莠民出沒其間露刃拔關而掠財傷人者無時無之往者藉鄉兵之力協勦教匪故其民習於技勇忘死輕生昔以急公義者今或即以快私仇焉又流人麇至桀黠煽誘悍鷙之心濟以機詐睚眦之怨釀爲事端郡縣或不能平至於仰行臺擊登聞者踵相接也施殆不可爲也公曰君命也雖難焉避旣至信然某謀引去某避不來或意公不必久留公曰天子幸不鄙夷此邦視同列郡慎選守令且視列郡爲優況國家生息涵濡薄海同風其可以山區異視不能撫字其民顧謂民不可爲理也耶此則公之盟諸夙夜者惟其析義理精審物情熟故不擇劇易不問嫩惡以大公至正平其心斯可以不剛不柔平其政也其顏斯堂也以自鏡抑以厲寮屬也故竊衍其義如此或疑歐陽文

忠公平山堂在廣陵其上爲蜀岡茲郡近蜀義蓋取此則公序未之及亦不贅

南匯吳公視學碑 附　　李宗汾

施南例赴宜昌附院試歲己亥前院洪公以前郡守汪公之請與督撫兩院會請分棚報可辛丑九月廿二日學使南匯吳公至公自歸州山中遇險步行胼胝甚憊顧不以爲憾扁院齋曰至喜堂曰揚清考清江源出白鹽山以台漢志以救禹貢錐指之失改象耳山曰象牙山以正舊志之罔以府學額不及他郡之半謂須由縣

府議請而行十月五日試已迺去蓋歲科試文武生童四千餘卷隨予發落試期則兩月前早檄示諸生童落卷點閱燦然無聚糧之苦無抱璞之憾公前按數郡皆兩月前示期及期連雨輒霽當盛暑則雨必在前夕日施多秋雨今僅於公抵施夕及撤示後雨雨無所患嘻亦異矣公名省欽字冲之號白華丁丑　召試內閣中書癸未進士今　日講起居注官翰林院侍讀學士洪公名樸字伯初歙縣人辛卯進士以吏部郎中來視學汪公名獻深字鑑堂錢塘人以正安州牧擢守此郡今守荆州提調是事者今郡侯陳公嘉謨字芑洲辛巳進士恩施邑侯則韓公悅曾字以安長洲人禮部尚書文懿公孫皆注意學紀勤於石乾隆四十六年十月初四日述

施南府志卷之二十九終

施南府志卷之三十

知施南府事王協夢監修

雜志

雜記

方志之末多有雜記以舊聞軼事諸類未能盡收或野史稗官事蹟足資考証故别而存之亦補闕拾遺意也舊志捃摭史志涉於泛濫今增損其半較爲簡要云志雜記而以辨訛附於末

爾雅釋獸貔如小熊竊毛而黄註今建平山中有此獸

狀如熊而小毛麤淺赤黄色俗呼爲赤熊疏竊淺也狀如小熊淺毛而黄者名貔

巫山縣在峽中亦壯縣也市井勝歸峽二郡隔江南陵山極高大有路如綫盤屈至絶頂謂之一百八盤蓋施州正路黄魯直詩云一百八盤攜手上至今歸夢繞羊腸卽謂此也　陸游入蜀記

黄山谷云予既作竹枝詞夜宿於歌羅驛夢李白相見於山間曰予往謫夜郎於此聞杜鵑作竹枝詞三疊世傳之否予細憶集中無有請三誦乃得之一聲望帝花片飛萬里明妃雪打圍馬上胡兒那解聽琵琶應道不如歸竹竿披面蛇倒退摩圍山間猢猻愁杜鵑無血可續淚何日金鷄赦九州命輕人鮓甕頭船日瘦鬼門關外天北人墮淚南人笑青壁無梯聞杜鵑

恩施縣南三十里許有地極幽僻名白泥坡明末紳士童大護莊也莊丁童有福一日山行見二白犬搖尾而前狀甚獰獰異而逐之入一洞洞内有水淸且淺犬涉水而過有福亦隨之往不數武出洞口豁然開朗烟村繡錯桑柘依稀宛然桃源景物心益異之欲窮其迹約

里許有數老人聚飲樹下見有福詰所自以逐犬對老人曰是吾犬也賜之食有福食訖納所餘於衣袖及出視之肉則木石蔬則草也歸而告其主同往訪之頭石荒草茫然無迹矣　秋燈叢話

開元寺鐘唐開元中淸江郡叟牧於郡南田間忽聞有異聲自地中發叟與牧童俱驚走自是叟病熱甚少愈夢一丈夫青衣襦顧謂叟曰遷我於開元觀叟驚寤及曉偕其子往郡南鑿其地約丈餘得一鐘色青乃所夢丈夫衣色也遂白郡守移至開元觀日辰時不擊自鳴

聲振震響清江人莫不驚歎

恩施縣紅崖山高數百仞峻嶺崇崖爲全眞棲遊之所順治初有蔣道士者入山訪修煉地忽見茂林修竹中瓦屋數楹白板朱扉最爲幽潔履其室空洞無物惟粉壁題七言一絶筆勢飛舞墨跡猶濕詩曰頑石盤旋白玉松枝頭暗結紫芙蓉青雲有路終須到紅日光輝滿太空蔣諷吟數遍默識其處次晨負笈至竹樹依然而舍宇杳如踏尋竟日終不可得又山中有巨杉恒隱藏沙土內傳爲千百年物居人求之者持錐刺土嗅錐末

有香氣則掘得之或負之不盡表異其跡異日往覘並表亦失之矣 宋志

杜詩云籠竹和烟滴露梢施地慈竹筍出與林齊籜全不解一線彎彎如垂柳如此兩三月方解籜次年始見枝葉山深多霧午時露珠猶滴未嘗不嘆詩人體物之工也 宋志

湖廣通志載施州漫水寨有木名普舍樹普舍華言風流也昔覃氏祖於東門關伐一異木隨流至那車復生根而活四時開百種花覃氏子孫歌舞其下花乃自落取而簪之他姓往歌花不復落尤爲異也 格致鏡原

施南枚馬洞有泉每日流出五色圓石數枚居民拾之次晨亦然又野貓洞經水漲退時流出八方水晶石石現山岑人物諸狀通泉中亦有類此者 童志

杜詩云土俗坐男使女立男當門戶女出入施地鄉僻處皆然男主家中接賓客飲酒食肉而已水耕火種婦女任之舊聞坎爲北方卦故男健於女離爲南方卦故女健於男健者常勞弱者常逸驗之冀北交趾皆然今見一斑也 宋志

獸莫猛於虎施南則有一豬二熊三虎之諺豬有羣有獨羣者年未深無大異獨者經年既久無可羣而羣亦莫敢近也合抱木齧如拉朽大石喙觸之立碎虎豹見之咸避莫敢鬬者 宋志

趙姑者施南崇寗里民女也及笄未字餉父於田渴而飲於溪久不返父覓不得惟見飲處插金釵一股拔之不起夜見夢於父曰兒爲龍攝去不能生還明春豫於溪內插籬置笱春雨雷鳴得魚必夥卽以爲甘旨之供父如言歲頗獲利以此畢餘生焉村人以香楮往祝者

亦必得魚至今相沿爲趙姑魚而所插金釵化爲鐵柱云 童志

恩施縣龍洞山在城東七里山半有洞高廣丈餘洞口水盈盈清淺內則淵深不測相傳爲龍窟也洞有潮子午時至其未至之先有聲如雷俄霧氣迷濛自洞中出而洞口水騰湧若鼎沸如是者三潮卽噴激上射高可數尺迅折而下匹練飛空勢若倒海砰砰之聲震溢山谷食頃始退落如初歲旱守令祈雨必芟疏通誠往祭候潮至以瓶取水馳歸雨立降不誠則潮不至

殷太公者衞旗軍性長厚而婦極貪鄙公外出有買穀數石者婦量與之矣公歸佯曰家有秕穀何不石攙二三升乎婦曰已攙若干矣公默計其數補買者曰代昨日茶蓋覆妻之短也其夜夢神授以二紗帽曰以旌善人後妻生子之盤妾生子之銘俱以歲貢先後任主簿書香不絕 以上童志

明時蔡姓者衞富紳也吝而刻家有餘米先一宿用水漬之[illegible][illegible]售於人一日雷雨大作掣蔡跪庭中書其背作[illegible][illegible]用水四字而皆闕其中豎雷殷殷宅旁木上其火如線牽宅中而不然越二日有狂生候蔡見其字曰符非符字非字何以服人雷復震視蔡背則中添長直始識其字踰年死子孫亦不振其田園宅舍皆化爲烏有矣 童志

施黔州多白花蛇螫人必死縣中板簿多退丁者非蛇傷則虎傷之也州連蠻獠三月草長蛇盛則防戍至九月草衰蛇向蟄則又防秋矣居民造毒藥取蛇倒懸之以刀刺其鼻下以器盛其血第一滴用以毒人立死故只取第二第三四者毒血一滴以麴和作四丸中此毒

者先吐血須臾五臟壅滿潰爛李純之少監云惟朱砂膏可治此毒純之以藥救人無數仍刻其方以示土民 談苑

人山嶺在老熊坡下坡上望之峰與坡齊遠至一二十里則坡隱不見一峰特聳如人形叛民向龍祖塚向焉相近戎角村捲洞寨內有石類婦人出廖氏女亦材武向龍娶焉成化間向廖二姓相比以叛剽掠巫建等縣屢勤王師戎角前據板龍尾斑鳩崖下有淸江後有容美萬山之阻中多良田廣圃故官軍至卽保老鷹捲洞

等寨人山後小溪前清江二水周圍險固難奪正德五年指揮童昶奉檄破之擒首惡數十人追出被擄戶口餘萬撫順昶精地理知人山作祟穴石生妖乃移向氏老熊坡祖塚鑿人山腦復至捲洞寨鑿其石人山鑿雷復震之尤見天人感應焉

向述河內郡人爲漢景帝駙馬時巴蠻攻㘳帝以王鎮秭歸元妃公主劉氏次妃許氏王之健將則許氏兄弟也王在鎮安攘有功教養有法得楚蜀人心生子十六分十子入衡陽六子入川聚橋頭分遺破釜命各執一

片世守爲信王卒葬秭歸籗竹沱東晉桓誕自立爲施王後以沔北降魏施爲向氏所據王顯靈於大宋爲歸民驅疫民上狀遂敕封建廟賜額蠻人畏疫故自歸而上達於施州多有不祀其先而祀所謂向王者

許環歿之明年有衛紳張姓者夜夢勾見本衛城隍則巍然上坐者許也怒數張曰爾以明經出仕讀聖賢書枉致人死可乎命鬼卒以刀插兩耳張以同窗故再三懇令去其右喝之出則見左廊梁上有鐵鉤鉤背而懸之者亦衛紳張姓亦明經出仕皆許之窗友也夢醒駭然適月而左耳後病疽潰至頸久而垂危所夢鉤背者猶無恙也一日來視歸而疾作疽發背二張相繼而亡

蝦蟆石在東門渡口水中見則有災眚

方洞峽口有一方洞無路可達只可北岸對望其中有板或露或隱或整齊或參差每見則附近居民多不吉祥

蝦蟆池在衛城南一百二十里池中多蝦蟆方春水生輒跳擲岸上後渠生爪前趾變翼隨衆禽飛去變未成者土人常得於雀網中 以上童志

土產香楠而民不知蓄陳者絕少產茶而民拙於焙香者絕少產五加皮以浸酒香美有殊效而民尚桂花酒三者皆恨事附志之 宋志

俗以麴糵和雜糧於罎中久之成酒飲時開罎沃以沸湯置竹管於其中曰咂篁先以一人吸咂篁曰開罎然後彼此輪吸初吸時味甚濃厚頻添沸湯則味亦漸淡蓋蜀中釀法也鉛山蔣心餘太史忠雅堂集有咂酒詩可謂曲盡其妙附載於此地鑪暖深甖酒香生座隅緩火蒸融融膂發看浮蛆截竹爲甾翠露頸沒其趺主客

次第嘗吸之嘯徐徐中通風過簫暗引樂出虛注泉便
作醴仙釀逡巡如醻面白水添醻底醇醪儲貫糟出沈
齊氣體成須臾枳橘性則一涇渭源豈殊神丹變兼金
黃芽轉河車物理可旁悟速化然非歎再拜求釀法酒
經願箋疏秔稻穀粱稷皆可麴蘖俱和以衆露香欲點
塞上酥百花歸蜂銜五金同一鑪至味哂乃出淺嘗得
其粗蜀有雲安春復有郫筒酤可惜少陵翁取醉徒咨
且東坡不解飲眞一堪胡盧胡唊道士蜜寧發調水符
浙人尙越釀六載糟邱居今夕換別腸沈湎不願餘只

疑虹首垂又疑斗柄斛底須吸西江欲續無功書久出
醉翁門才識涪溪醽彭宣醑侯芭是皆聖人徒

祥眚

宋

太宗太平興國元年五月施州麥秀兩岐

端拱元年秋七月施州衛鼓角池邊生嘉蓮

二年七月施州虸蚄蟲生害稼

眞宗大中祥符七年九月施州禾一莖九穗至十二穗

仁宗嘉祐六年八月施州歌羅砦生芝四本

英宗治平元年施州大水

哲宗元祐二年正月白虹貫日

元符元年八月施州李木連理

高宗紹興二十三年八月施州大風雨

三十一年八月建始大水漂民舍死者甚衆

孝宗淳熙三年冬施州大饑以上並見宋史五行志

明

永樂初施州地大震苗蠻七十餘處隨相攻害

宏治三年春二月施州石信村山崩有大石二類人形

卓立路傍距五里淸江南岸山裂大石塞江水遂壅
爲灘

十八年施州大水

正德十一年夏施州大水壞城漂民居馬欄寺山裂以見湖廣通志

十二年七月龍馬村柿樹僵仆三年忽有聲如雷自起
卓立復生枝葉王志

國朝

康熙二十二年施州蟲

二十四年雨雹
乾隆十九年秋大熟
四十四年清江水溢以上見舊志
嘉慶三年恩施咸豐利川建始俱有年
五年恩施麥有秋秋恩施建始有年
六年宣恩麥有秋秋恩施有年
十三年四月十六日恩施縣西鄉燕子巖山崩四里許壓民韓姓張姓宅斃男女共二十一口縣令張家榘哀以詩

辨訛

舊志魏咸熙二年施州靈龜產於龍溪考魏志元帝咸熙二年春二月甲辰朐䏰縣獲靈龜以獻按朐䏰屬蜀郡故城在今夔州府雲陽縣西非施州界且三國時無施州名舊志殊失考

舊志載此地唐爲業州珍州鶴州費州按唐書地理志施州清化郡本清江郡天寶元年改爲縣一清江一建始隋義寧元年置開夷武德元年省入清江義寧二年置業州貞觀八年廢屬建始此則業州之隸清化郡也至蔣州龍溪郡本舞州長安四年以沅州之夜郎渭溪二縣置開元十三年以武舞聲相近更名鶴州大歷五年更名蔣州領縣三峩山梓薑渭溪此鶴州之隸龍溪郡不隸清江郡也費州涪州郡貞觀四年析思州之涪州扶陽置縣四涪州扶陽多田城樂此費州之隸涪州郡不隸清江郡也貞觀十六年開山洞置珍州併置夜郎麗皐樂源三縣後爲夜郎郡元和二年廢縣皆來屬此珍州之隸溱州溱溪縣不隸清江郡也

杜甫寄裴施州詩黃鶴以爲裴冕朱鶴齡力辨其非以

是詩爲大歷二年冬月所作引公移居東屯詩及史所載大歷二年二月左僕射裴冕置宴於子儀之第爲証援據甚辨但裴冕貶施州刺史唐書本傳紀載甚明豈可因詩未註名遂謂非其人乎又唐書陳元振傳亦云冕貶施州則黃鶴斷以爲冕未可云誤

舊志載巴蔓子尹珍於人物考明一統志未載二人巴蔓子爲巴子國臣在重慶府以施郡都亭山有巴蔓子墓故收入人物至尹珍爲毋斂人在今遵義府乃漢武平夜郎所置牂牁郡屬縣也與施無涉

謹按明一統志施州在春秋爲巴國界何必巴蔓子之不爲施人況都亭既載其墓而不載其人於人物義亦未安

舊志載趙君復於選舉趙國珍田康於人物考唐書南蠻列傳開元中牂牁酋長謝元齊之孫嘉藝襲官封其後趙氏爲酋長二十五年趙君道來朝其裔趙國珍有方略授黔中都督屢敗南詔護五溪十餘年終工部尚書又趙氏世爲酋長夷子渠帥姓季氏與西趙皆南蠻別種勝兵各萬人自古未嘗通中國黔州豪帥田康諷

之故貞觀中皆遣使入朝按三人皆南蠻世襲酋長非施州人舊志誤載致通志亦相沿而誤宜刪去

舊志載杜甫於流寓考唐書本傳及杜集年譜實未至此

舊志載鄭虔於流寓以杜甫有鄭典設自施州歸詩遂以鄭典設爲虔也按唐書百官志典設爲東宮官考鄭虔本傳虔未嘗爲此官杜所贈詩者自別一人未可以虔實之也

按舊志載杜甫鄭虔於流寓相承已久或別有所據今李志以唐書列傳未載遂並去之然明鄒公維璉謫戍施州本傳亦未載而鄒公在施遺蹟甚多未可謂其未至施也史之缺略者多矣其軼時見於他說與其過而去之不如過而存之少陵贈鄭典設自施州歸詩末云我有平肩輿前途猶準的翩翩入鳥道庶免蹉跌厄舊志載入流寓蓋因此也今仍舊載入

舊志載施王屯云桓元子誕竄蠻中自稱施王考晉書桓元誅後桓氏遂滅亦不載誕爲元子此當刪去

按魏書太陽蠻酋桓誕遣使內屬高祖嘉之拜征南

將軍東荊州刺史襄陽王聽自選郡縣誕自天生桓元之子也初元奔至枝回洲被殺誕時年數歲流竄太陽蠻中遂習其俗及長多智謀爲羣蠻所歸誕既內屬治於郎陵卒謚剛子暉襲爵弟叔興拜南荊州刺史正光中南叛二荊西郢蠻大擾據此則誕乃元子荊州蠻亦其所統施王屯之名殆始於此歟

舊志載董鉞於職官考宋史熊本經制瀘井事蠻酋田晛等內附夔路轉運使判官董鉞副使孫珪知施州寇平皆以招納功被賞是董鉞爲夔路轉運判官非施州

職官也如何載入職官乎

按宋史云判官董鉞副史孫珪知施州是言二人知施州也寇平皆以招納功被賞是言蠻寇平二人皆被賞也考各史言某官知某州及某事某寇平者非一寇平不必爲人姓名也今李志不載董孫二人於職官而以寇平爲人姓名載入職官考宋史及統志俱不載寇平知其非人姓名也且李志以夔路轉運丁謂知夔州林栗列名宦內而不載董孫二人於職官又何謂也丁謂爲宋巨姦林栗倡禁道學豈可厠

之宮牆使濫儕俎豆乎今於名宦志內去丁謂林栗於職官志內去寇平仍列董鉞孫珪焉

舊志以沙渠作施州按沈約宋書州郡志吳孫休永安三年分宜都縣置建平郡領信陵興山秭歸沙渠四縣晉亦有建平郡太平元年吳平併合永初宋武帝年號郡國有南陵建始信陵興山永新永寧平樂七縣按太康地理志無南陵永新永寧平鄉新鄉五縣疑是東晉所立信陵與山沙渠吳所立建始晉初所立也領七縣巫秭歸歸鄉太康地理志秭歸有歸鄉故夔子國北井泰昌沙渠新鄉此宋書所載也今按巫卽今巫山縣秭歸卽今歸州歸鄉亦在歸州北井卽今夔州大寧縣後周省入太昌按晉太昌後周改大昌大昌亦卽今夔州大寧縣惟沙渠新鄉不詳所在考水經注渠出南巴嶺流逕宕渠縣謂之宕渠水漢有宕渠縣明一統志渠縣本漢宕渠縣地俱在今四川順慶府之南充蓬州營山廣安渠縣大竹岳池等地界有渠縣而無沙渠之名以愚考四川順慶府東與夔州府梁山縣連界建平與夔州府連界建平沙渠旣無明文可考大抵不離順慶府所屬州縣等界者近

是且宋書云沙渠晉起居注太康元年立按沙渠是吳建平郡所領吳平不應方立不詳是宋書不特未據太康地理志註明沙渠所屬並所立亦且不詳舊志謂卽施州何所考據而云然

謹按舊志以沙渠作施州地原非無據李氏宗汾雜引史志力辯其非且援水經注渠出南巴嶺流逕宕渠縣謂之宕渠水遂欲以四川順慶府之渠縣爲沙渠地謂沙渠屬建平郡建平與夔州府連界順慶與夔之梁山連界沙渠旣無明文可証大抵不離順慶

州縣等界者近是此臆說也今即宋書州郡志考之吳孫休永安三年分宜都立建平郡領信陵興山秭歸沙渠四縣沙渠既隸建平分宜都地置則沙渠必近宜都可知且與秭歸諸縣同隸建平則沙渠必與秭歸諸縣相連可知今施東接宜都東北接歸州興山其爲沙渠固已確然可信何至越夔至順劃一渠縣來屬之理且尤有可據者則在夷水即今清江水經注夷水又東逕建平沙渠縣縣有巫城南岸山道五百里其水歷縣東出焉又夷水自沙渠入佷山縣佷山漢縣屬武陵故城在今長陽縣西又東逕佷山縣故城南又東北逕夷道縣北又東逕宜都縣北東入江沙渠爲夷水所經下流入佷山宜都則即夷水以定縣沙渠之爲施不大彰明較著乎安得謂無明文可証而牽一不相聯屬之渠水且以一字偶同之渠縣當之真不足資一噱矣

舊志載成汭於名宦因唐書本傳有請立廟以祠之文更不詳考本末今考本傳則知汭本盜賊因時多故竊據歸施其攻鄂州則黨朱全忠而抗王師至於兵敗身死遂失施州本無功德於施不得入名宦詳兵事志

舊志載伍思志於名宦考宋史係伍思智又增其文云以拒元兵竟復夔州今節錄宋史入兵事志

按恩施縣志載東坡鐵溝行贈喬太博一詩查初白補註云鐵溝水原出烽火山流經諸城縣東北一十五里入濰水見陳圻山東志今闌入施州非也然明一統志亦載鐵溝水在衞城東則承訛已久矣

南史解叔謙母有疾夜於庭中稽顙祈福聞空中語云此病得丁公藤爲酒便差即訪醫及本草注者無識者乃求訪至宜都郡遥見山中一老公伐木問其所用荅曰此丁公藤療風尤驗叔謙便拜伏流涕具言來意此公愴然以四段與之并示以漬酒法叔謙受之顧視此人不復知處依法爲酒母病即瘥按東醫寶鑑湯液篇云性温味辛無毒主風補血衰者是其驗也一名南藤莖如馬鞭有節紫褐色葉如杏葉而尖今利川縣小溪河猴子崖有之

施南府志卷之三十終